张远航 ◎ 主编

中国近代马克思传记稀有版本文献

⑦

马克思传

（下册）

李季 ◎ 著

中央编译出版社
CCTP Central Compilation & Translation Press

图书在版编目（CIP）数据

马克思传. 下册 / 李季著. -- 北京 : 中央编译出版社, 2025. 6. --（中国近代马克思传记稀有版本文献 / 张远航主编）. -- ISBN 978-7-5117-4922-2

Ⅰ. A711

中国国家版本馆CIP数据核字第202575AM71号

马克思传. 下册

选题策划 张远航
责任编辑 周雪凝
责任印制 李　颖
出版发行 中央编译出版社
地　　址 北京市海淀区北四环西路 69 号（100080）
网　　址 www.cctpcm.com
电　　话 （010）55627391（总编室）　（010）55627312（编辑室）
（010）55627320（发行部）　（010）55627377（新技术部）
经　　销 全国新华书店
印　　刷 廊坊市印艺阁数字科技有限公司
开　　本 710 毫米 ×1000 毫米 1/16
字　　数 312 千字
印　　张 37.5
版　　次 2025 年 6 月第 1 版
印　　次 2025 年 6 月第 1 次印刷
定　　价 2380.00 元（全 7 册）

新浪微博： @ 中央编译出版社　　**微　　信：** 中央编译出版社（ID：cctphome）
淘宝店铺： 中央编译出版社直销店（http://shop108367160.taobao.com）（010）55627331

本社常年法律顾问：北京市吴栾赵阎律师事务所律师　闫军　梁勤
凡有印装质量问题，本社负责调换，电话：（010）55627320

馬克思傳

李季著

神州國光社

馬克思傳

下

李季著

神州國光社

倫敦高門的馬克思墓
合葬者夫人燕妮幼女伊利安樂女傭蘭欣

馬克思傳　下

第四篇　晚年時代（集成時期：一八六七年至一八八三年）

第一章　資本論

「資本論的出現對于馬克思物質的地位，毫無所改變。然此書却指出他的生活中一個轉向點。並且使一般仇敵必須承認他爲第一流學問上的思想家。」（見昂格思與馬克思書信錄第三卷編者小引二二頁。）我們承認柏柏爾和卞斯天于校訂馬昂兩氏書信錄時所說的這幾句話是十分正確的。關于資本論的出現爲馬克思生活中一個轉向點一節，昂格思于此書付刊時即已說過（參看本書第二冊三六四頁），本書以後的敍述也可以表現出來，此處用不着多講。現在單就柏卞兩氏最後一句話引伸幾句。馬克思秉質極高，又生性好學，在「少年時代」，已經是學識優長，嶄然露頭角，所以黑斯讚美他對于哲學造詣之深，而歎爲合盧梭，福祿特爾，何爾巴哈，勒新，漢訥，和黑格爾爲一人（參看本書新版第一册三九頁）。迄他移居巴黎，亡命不律塞，思想發生變遷，學業與時俱進，因此發現歷史的唯物論。他爲『第一流學問上的思想家』的證據是明白表現出來了。後來遯跡倫敦，潛心學術，著政治經濟學批評一書，開經濟學的新紀元，爲無產階級在理論上獨樹一幟，他爲『第一流學問上的思想家』的證據又明白表現出來了。然當時的人士，不必說他的仇敵，就是一般朋友也很少確切看出並承認他是一個『第一流學問上的思想家』，觀於李卜克內西和華士坎浦對他的政治經濟學批評沒有好評（參看本書第二册三五一頁），即可見一斑。然自他自認爲『主要著作』（見昂格思與馬克思書信錄第三卷三三二頁）的資本論出世，表見其精深博大，自成一家言，不獨是普通一般人稱之爲『勞動階級的聖經』（見英文資本論第一卷昂格思序言三〇頁，一九二一年芝加哥出版），就是馬克思的仇敵，只要不是完全盲目的，或成見極深的，也不能不承認此書爲千古傑作，不能不承認作者爲『第一流學問上的思想家』。因此資本論的出現在馬克思的生活史上確是一個新階段的起點，故我們特據此爲他的晚年時代的開端。

馬克思的資本論共有三大卷，這仍是繼續從前的政治經濟學批評一書的，不過他後來覺得這部書所論的多屬于資本的問題，名之爲資本論，較爲妥當，然他在書上所標的副題仍是政治經濟學批評。　當他在世之日，資本論只出了第一卷，其餘第二第三兩卷是他死後由昂格思于一八八五年和一八九四年兩次校訂出版的。　本書下編既有專篇論馬氏的經濟學說，資本論中的學說，此處自不必提及，惟將其內容，主旨，特點各項略說一下。

資本論第一卷所論的爲資本的生產進程（Der Produktionsprozess des Kapitals.），共分七篇。　第一篇論商品與貨幣，計三章，第一章商品，第二章交換進程，第三章貨幣或商品流通。

第二篇論貨幣轉變爲資本，計一章，即第四章，章名與篇名相同（按英文譯本將這一章的三項作爲三章，即一，資本的一般程式，二，一般程式的矛盾，三，勞動力的買賣）。

第三篇論絕對剩餘價值的生產，計五章，第五章勞動進程與價值增殖進程，第六章不變資本與可變資本，第七章剩餘價值率，第八章工作日，第九章剩餘價值率與量。

第四篇論相對剩餘價值的生產，計四章，第十章相對剩餘價值的概念，第十一章協作，

第四篇　第一章　資本論

第十二章分工與手工工廠業，第十三章機械與大工業。

第五篇論絕對與相對剩餘價值的生產，計三章，第十四章絕對與相對剩餘價值，第十五章勞動力價格與剩餘價值大小的變化，第十六章剩餘價值率的各種程式。

第六篇論勞動工資，計四章，第十七章勞動力的價值（又價格）變成勞動工資，第十八章計時工資，第十九章計件工資，第二十章各國勞動工資的差異。

第七篇論資本的蓄積進程，計五章，第二十一章單純再生產，第二十二章剩餘價值變成資本，第二十三章資本主義蓄積一般的定律，第二十四章所謂原始的蓄積（按英文譯本將本章改作一篇，將其中的七項改作七章，即一、原始蓄積的祕密，二、農民被驅逐于土地之外，三、十五世紀末葉以來對于被驅逐者的殘酷立法．減少勞動工資的法律，四、資本主義佃農的興起，五、農業革命對于工業的反響．替工業資本創造國內市場，六、工業資本家的興起，七、資本主義蓄積歷史的傾向）；第二十五章近世殖民的學說。

概括地講起來，這一卷向我們指出價值和剩餘價值是怎樣生產出來的，因此揭露資本的生產場所的歷史，本質，營業技術的和經濟的祕密。　我們在此處所看見的唯一重要事件是資本家剝削勞動者，而階級爭鬥卽根源于此。

資本論第二卷所論的爲資本的流通進程（Der Zirkulationsprozess des Kapitals），共分三篇。第一篇論資本的轉形及其循環，計六章，第一章貨幣資本的循環，第二章生產資本的循環，第三章商品資本的循環，第四章循環進程的三種公式，第五章流通期間，第六章流通費用。

第二篇論資本的囘轉，計十一章，第七章囘轉的期間與度數，第八章固定資本與流通資本，第九章投資的總囘轉・囘轉的循環，第十章關於固定與流通資本的學說・重農主義者與亞丹斯密，第十一章關於固定與流通資本的學說・李嘉圖，第十二章工作時期，第十三章生產期間，第十四章流通期間，第十五章囘轉期間對于投資大小的影響，第十六章可變資本的囘轉，第十七章剩餘價值的流通。

第三篇論社會總資本的再生產與流通，計四章，第十八章引論，第十九章過去對于本問題的討論，第二十章單純的再生產，第二十一章蓄積與擴大再生產。

概括地講起來，這一卷引導我們到資本的和商品的市場，探討資本循環的各種形態，說明資本家實現曾經生產的價值和剩餘價值——即換取貨幣——以便再行購買生產工具和勞動力，使生產進程得以繼續下去。

資本論第三卷所論的爲資本主義生產的總進程（Der Gesamtprozess der kapitalistischen Produktion），共分七篇。第一篇論剩餘價值化作利潤與剩餘價值率化作利潤率，計七章，第一章成本費價格與利潤，第二章利潤率，第三章利潤率對剩餘價值率的關係，第四章回轉對于利潤率的影響，第　章應用不變資本的經濟，第六章價格變動的影響，第七章附註。

第二篇論利潤化作平均利潤，計五章，第八章不同的生產部門因資本的組成不同而有不同的利潤率，第九章一般的或平均的利潤率的構成與價值化作生產價格，第十章競爭引起一般利潤率的均衡·市場價格與市場價值，第十一章勞動工資一般的變動對于生產價格的影響，第十二章補註。

第三篇論利潤率下降傾向的定律，計三章，第十三章定律的本身，第十四章反對作用的原因，第十五章定律內部矛盾的發展。

第四篇論商品資本與貨幣資本轉變爲商品交易資本與貨幣交易資本，計五章，第十六章商品交易資本，第十七章商業利潤，第十八章商人資本的囘轉・價格，第十九章貨幣交易資本，第二十章商人資本歷史的材料。

第五篇論利潤分作利息與企業利潤・担負利息的資本，計十六章，第二十一章担負利息的資本，第二十二章利潤的分配・利息率，『自然的』利息率，第二十三章利息與企業利潤，第二十四章在担負利息的資本形態中資本關係的具體化，第二十五章信用與空資本，第二十六章貨幣資本的蓄積及其對于利息率的影響，第二十七章資本主義生產中信用的任務，第二十八章流通媒介與資本・圖克（Tooke）和佛拉頓（Fullarton）的見解，第二十九章銀行資本的成分，第三十章貨幣資本與實在資本一，第三十一章貨幣資本與實在資本二，第三十二章貨幣資本與實在資本三，第三十三章信用制度底下的流通媒介，第三十四章錢幣原理與一八四四年的英國銀行立法，第三十五章貴金屬與匯兌率，第三十六章資本主義以前的狀況。

第六篇論剩餘利潤化作地租，計十一章，第三十七章引論，第三十八章差額地租　總論，第三十九章差額地租的第一種形態差(額地租一)，第四十章差額地租的第二種形態(差額地租二)・總論，第四十一章差額地租二，第一例：不變的生產價格，第四十二章差額地租二，第二例：下降的生產價格，第四十三章差額地租二，第三例：上昇的生產價格・結果，第四十四章差額地租與最劣的耕種土地，第四十五章絕對地租，第四十六章建築地的地租・礦山地租・土地的價格，第四十七章資本主義地租的發生。

第七篇論收入，計五章，第四十八章三位一體的程式，第四十九章生產進程的分析，第五十章競爭的外表，第五十一章分配關係與生產關係，第五十二章階級。

概括地講起來，這一卷分析剩餘價值變爲利潤：資本家在市場中所實現的剩餘價值不是一部分人所能壟斷的，必須分配于整個的資產階級，即以利潤，利息和地租的形態而分給企業家，銀行家和地主等等。　資本主義生產方法的謎子至此乃完全解決了。

資本論三大卷的內容雖略如上所述，然還可用盧森堡(Rosa Luxemburg)幾句最洽當的話總括一下：「就這部大著作的全體看，我們可以說：第一卷及其中所發揮的價值律，工資和剩餘價值，將現社會的基礎赤條條地暴露出來了，第二和第三卷則表現立于這種基礎上面的上層建築物。 此外也可以用一種完全不同的圖形形容出來，就是：第一卷示我們以社會有機體的心臟，而血液即產自這個心臟，第二和第三兩卷示〔我們〕以全體的血液循環和營養，一直到最外部的表皮細胞爲止。』（見墨爾林馬克思傳三八四頁。）

哥郎瓦爾德（M. Grundwald）說：『凡在國際資本主義佔勢力的地方，馬克思的資本論也佔勢力，只有資本論佔了優勢，才能夠克服資本主義。 這種克服就是指一個新時代的開始，就是指另一種經濟和歷史結構體的開始。』（見哥氏馬克思資本論入門一三頁，一九一二年出版。 Zur Einführung in Marx' "Kapital"） 資本論爲什麼有這樣大的威權，牠一佔了優勢，就可以征服資本主義呢？因爲牠是科學的共產主義的基本著作，或像考茨基所說的一樣：『是近世社會主義鐵的基礎。』（見工人教育報一九二三年第三期四頁。 Arbeiter-Bildung） 可是不獨我們在上面說明資本論的內容時沒有涉及共產主義，即翻徧全部資本論，也不能發見關於共產主義的長篇大段的議論，並且在這一部二千餘頁的宏篇鉅製中，簡直連共產主義或社會主義這個名詞都很少映入我們的眼簾。 所以昂格思說：『有些讀者對於此書將十分失望。 自許多年以來，有幾方面希望牠出版。〔他們以爲〕眞正社會主義的祕密教義和萬應靈藥終久應在書中揭示出來，當某些人見着此書行世的時候，也許預先想到現在將從書中看見共產主義的福音地是怎樣一回事。誰想及這種享樂，誰就是根本錯誤。』（見耶贊諾夫主編的馬克思與昂格思叢刊——Marx-Engels Archiv——第二卷四四九至四五〇頁．楚柏爾：昂格思對於資本論第一卷的七篇評論。一九二七年佛郎克佛出版。——Ernst Czóbel: Friedrich Engels, Sieben Rezensionen ueber den ersten Band des "Kapital"）既是這樣，資本論怎能稱爲科學的共產主義的基本著作，或『近世社會主義鐵的基礎』呢？

但我們應當知道，資本論所以得着這個稱呼，並不是因爲馬克思像一般烏託邦社會主義者一樣，憑着自己的腦子，在書中作出一些共產主義的圖案，或訂出一些共產主義的條文，以爲新社會實行或遵守之具，而是因爲他『將近世社會的經濟運動律表現出來了。』（見考茨基註釋的資本論第一卷序言三八頁。）所謂近世社會，『即資產階級的社會。探討一定的歷史階段的社會生產關係的起源，發展和消滅——這就是馬克思經濟學說的內容。』（見德文列甯全集第十八卷二四頁，維也納，柏林出版。——W. I. Lenin Sämtliche Werke.）或像特媛爾池所說的一樣：『資本論是從特別勞動和生產狀況的經濟中心點出發，對於近世文化作一種極明徹極銳利的分析，牠並非一般的國民經濟學說：這是一個主要點。此書的確是在極力注重反面的意旨上，描寫近世文化的飛揚，進步，憂患和將來的結局。但這個結局不是文化的滅亡，而是人類新時代的開端與前提，是在大家同樣享受從資本主義獲得的生產力的結果之下，繼續推進這種生產力。進到這一步的轉變是一種不可避免的世界革命，馬克思確信這種革命將除去種種不可保持和矯揉造作的關係，這就是一切人類眞正的進步與眞正的幸福。』（見特媛爾池全集第三卷歷史論及其問題三五八至三五九頁，一九二二年杜平根出版。Ernst Troeltsch Gesammelte Schriften III. Der Historismus und seine Probleme. Tübingen.）

我們爲使讀者深刻了解馬克思所謂近世社會的經濟運動律起見，特在此略加發揮。藉以表現資本論的主旨何在。　昂格思稱馬氏生平有兩大發現，其一爲『暴露資本主義的生產利用剩餘價值的祕密。』（見昂氏杜林的科學革命一三頁，一九二一年司徒嘉德出版。）脫尼斯以爲資本論的『名稱又可以叫做「剩餘價值論」。』（見脫氏馬克思傳及其學說一〇九頁，一九二一年葉那出版。）這是什麼緣故呢？因爲近世社會的經濟運動是爲資本戶宰制，而資本的目的却在於生產剩餘價值。

一般資本家購買生產工具和勞動力，製造商品，出售於市場，爲的是掠取剩餘價值。凡商品的價值是由其中所含的社會必需的勞動量決定的，勞動力也是一種商品，所以牠的價值是由勞動者維持生活和蕃殖子孫所需的生活品的價值而成的。例如勞動力每日的價值爲一元，資本家卽以此數雇用勞動者，作工十點鐘。他在五點鐘之內所生產的價值等于勞動力的價值（除去資本家所投的資本的價值），然他必須繼續作工五點鐘，此後所生產的價值便是一種剩餘，卽一種剩餘價值，完全爲資本家所壟斷。

資本家將勞動者所製造的商品送入市場，實現其中所含的價值與剩餘價值後，不獨依舊購買生產工具與勞動力從事於生產，並且將剩餘價值（除用於消費的一部分外）變作資本（卽資本的蓄積），從事於更大規模的生產，以便獲得更多的剩餘價值。同時他們更將各單個的資本集合攏來（卽資本的集中），使蓄積的作用擴大並加速，又使資本技術組成（卽不變資本與可變資本的關係）的革命擴大並加速，於是生產的組織便由單純的協作進而爲手工工廠業，再進而爲大工業了。

當最初的資本家出現之時，工資勞動的形態雖已存在，然這種勞動只是例外的，副業的。迨資本家使生產變作一種社會的行動，由許多工人在工廠中着手實行，工資勞動即成爲全部生產的常規與主要形態，而工人即以工資勞動爲唯一的活動。然生產工具與生產物都爲資本家所壟斷。這就是社會的生產，與資本家的私有，其中的矛盾表現爲無產階級與資產階級的對抗。

這種對抗並非偶然，而且是日趨劇烈的。在一方面，因大資本壓倒小資本，小資產階級相繼破產，以致無產階級的人數日多，在另一方面，因技術進步，機器日精，人類勞動的需要減少，以至無產階級的失業者日多，形成龐大的產業預備軍，隨時隨地供資本家的驅策去壓迫現役勞動軍。而『那種使相對過剩人口或產業預備軍與蓄積的範圍及精力保持均衡的定律，將勞動者釘在資本上面，比黑佛斯托斯（Hephästos）火神的楔子將布洛累托斯（Prometheus）釘在巖石上還要堅固。牠形成一種貧窮的蓄積，以與資本的蓄積相呼應。所以一方財富的蓄積，同時就是對方——即生產自己的生產物作爲資本的階級——貧窮，勞動痛苦，奴　狀况，無知識，兇殘和德性墮落的蓄積。」（見考茨基註釋的資本論第一卷五八二至五八三頁。）

無產階級既對照着資產階級而日趨貧困，牠的消費即降至極小限度，牠所購買的商品僅限於維持生活所必需的。但在另一方面，因近世機器不斷的改良，生產力不斷的提高，生產範圍不斷的擴大，商品的數量有增無已。世界市場雖可加以擴張，但不能和生產的擴張同其步驟，於是發生商業的危機。在危機之中，生產物充斥於市場，無人過問，現金匿跡，信用消失，工業停滯，工人因替資本家生產了過多的生活品，以致自己得不到生活品，而破產之事也層出不窮。大量的生產物和生產力必須加以毀滅，才能夠使生產與交換逐漸恢復原狀。

但這種危機絕非例外，而是隔若干年出現一次的。「自一八一五年至一八六六年，總是每隔十年出現一次。後來雖不甚如期表演，然並沒有停止。」（見考茨基註釋的資本論第二卷考氏序言二〇頁。）而且每次出現，比較上次危險更大，蔓延更廣，現在簡直成爲一種錮疾，永久不退了。這種錮疾就是暴露資產階級再也沒有能力管理近世偉大的生產力。

近世無產階級特別是受了危機的壓迫，愈加增進牠的反抗，牠『因資本主義生產進程自身的機構而受訓練，互相聯合，並且組織攏來了。　資本的壟斷變成生產方法的桎梏，這種生產方法本來是在牠的下面繁榮的。　生產工具的積集和勞動的社會化所達之點，與牠們資本主義的外殼不能相容。　這種外殼行將破裂。　資本家的私有財產搖着喪鐘。　剝奪者將被剝奪了。』（見同書第一卷六九〇至六九一頁。）

『由資本主義生產方法發生出來的資本家佔有方法——資本家的私有財產——是建築在自己勞動上面的個人私有財產第一次的反（Negation）。　可是資本主義的生產依一種自然進程的必然性，產生牠自己的反。　這是反之反（Negation der Negation. The negation of negation）。　這種反之反不再對工人恢復私有財產，但恢復基於資本主義時代所獲——即基於協業以及土地和勞動自身所生產的生產工具的公有——的個人財產。

『將基於自己勞動的個人零星私有財產變為資本家的私有財產，比較將資本家的財產——在實際上這種財產已經是建築在社會的生產營業上面的——變為社會的財產，這種進程自然是更長久，更激烈，並更困難。前者是少數篡奪者掠奪民衆，後者是民衆掠奪少數篡奪者。』（見同書同卷六九一頁。）

統觀以上各節，便知道資本主義的起源，發展衰落和傾覆都種因于掠取剩餘價值。資本家最初所以孜孜汲汲，購買生產工具和勞動力，從事生產，爲的是掠取剩餘價值。後來發展技術，擴張生產，在世界市場中作猛烈的競爭，爲的是掠取更多的剩餘價值。但市場有限，人慾無厭，他們因此所生產的商品竟無法出售，於是危機四伏，險象環生，近世的生產力不斷地反抗近世的生產關係，使資本主義不得不陷于孤城日落之境。這是因爲牠吸收剩餘價值太多，消化不了，以致僵死。

馬克思在資本論中對於這種發展的進程很詳細地剖解出來，就是將牠的出路昭示我們，這條出路卽共產主義。所以資本論雖沒有多談共產主義，却配稱爲共產主義的基本著作，或『近世社會主義鐵的基礎』。

資本論的主旨既經明瞭，現在當介紹其中足以感人的特點。克卡樸說：『資本論第一卷從英國的歷史紀錄內和國會委員會的藍皮書中對於資本家奪取剩餘價值，引出許多證據，這是英國工業制度中種種弊端的一幅慘淡無光的畫圖，這是英國工業興盛中一種黑暗和悽慘的反面。』（見克氏社會主義史中文譯本上卷一六二頁。）　朋斯(C. D. Burns)說，資本論的『實在勢力似乎是在對於一般學者和享特權者所同聲喝采的制度，善於堆積宣告罪狀的證據，去反對這種制度。　凡不懷成見的人讀了資本論，對於著者眞摯的慈愛，及其反抗工業制度所舉無可反駁的證據，不能不印入腦袋中。』（見朋氏革命原理三七頁。　The Principles of Revolution）　因爲『沒有人像馬克思在資本論中一樣，更「深入社會確定的具體的關係中。」』　他花費二十五年的工夫從一切方面去探討此等關係』（見昂格思的住宅問題七二頁，一八八七年和亭根・沮利克第二版。——Zur Wohnungsfrage. Hottingen-Zürich 1887.），而他所列舉的英國工業主人虐待男女工人和童工的事實，尤足動人觀感，尤足使人知道資本主義生產方法的發達是由一條血路中撕殺出來，是從千百萬工人的身上踏踐而過，因此所演成的罪惡，實足遺臭萬年，非五大洋的水所能滌蕩乾淨的。

馬克思告訴我們：『產業發達的國家對於產業不發達的國家，只是指出其自身將來的模型。』（見考茨基註釋的資本論第一卷序言三七頁。）　現在國際的和國內的大工業在中國許多地方開始萌芽並發展了，工人因生活困苦，待遇不良，舉行同盟罷工之事，層見疊出，『黑暗和悽慘的反面』逐漸暴露出來了。因此我們對於馬克思所舉工業發祥地的英國資本家虐待工人的事實尤有知道的必要，今特介紹其中最重要的節段如左。

首先從關于男工的講起。『三個鐵路工人——一爲守車，一爲司機，一爲信號手——立于倫敦命案陪審官之前。鐵路上一樁極大的慘變將好幾百旅客送入陰間地府去了。鐵路工人的疏忽是這種不幸事件的原因。他們三人在陪審官之前異口同聲說道：當十年或十二年之前，他們的工作每日只有八點鐘。至最近五六年中，此項工作增至十四點鐘，十八點鐘以至二十點鐘，當着旅行客車（開車）的時候，在旅行者一種特別嚴厲緊逼之下，他們作工常是經過四十點至五十點鐘，不得間斷。他們也是凡人，並不是天神。他們的工作能力一達到某種限度便喪失了。他們自然趨于痲木。他們的腦筋不復能想，眼睛不復能看。那些十分「有體面的」英國陪審官發出一道宣判書，判定這三人是犯了殺人罪，移歸審判廳辦理，並在宣判書上輕描淡寫地加入一個「附條」，表示誠懇地希望鐵路上的資本貴人將來多破費幾個錢，購買充分的勞動力，對于搾取所購買的勞動力更「節省」一點，更

「自制」一點，更「顧惜」一點。』（見考茨基註釋的資本論一卷二〇一至二〇二頁，及英文資本論一卷二七八至二七九頁。 按英文資本論雖係從德文原本譯出，然內中所徵引英國事件的文字係由馬克思的幼女伊利安樂直接從英文原書抄來，故我們對于此項文字，概以英文資本論爲根據。）

托爾斯泰（L. Tolstoy）因俄國鐵路上的運貨工人繼續作三十六點鐘的工，在現代的奴隸狀況（The Slavery of our Times）一文中詫爲驚世駭俗之事，然以之和英國鐵路工人的工作時間相較，猶不免有慚色。 上述的變端是起于英國的資本家沒有購買充分的勞動力，致以人命爲兒戲，此外還有因他們節省小費，設備不週，致以人命爲兒戲的。 『讀者知道最近二十年來，麻業大加擴充，而愛爾蘭的梳麻工廠因此也增加了。 當一八六四年的時候，該處有一千八百個梳麻工廠。 照例，一到秋冬兩季，一般婦女和少年人——她們都是鄰近小農民的妻室子女，完全不知道使用機器——從農場勞動中抽調出來，和麻一起去作梳麻工廠中機輪的養料。 關于出險的次數和種類，在機器史上實在是無與比倫。 在科爾克（Cork）附近的乞爾的蘭（Kildinan）一個梳麻工廠中，自一八五二至一八五六年共發生六次致命的事件和六十次傷殘肢體的事件；只要花幾個先令的費用，作最簡單的設備，這些事變都是可以避去的。敦巴特里克（Downpatrick）的工廠檢驗醫生懷特博士（Dr, W. White）在一八六五年十二月十五日所呈的正式報告中說：「梳麻工廠所發生的重大事變是屬于一種最可怕的性質。在許多場所，（工人）四肢的一部分被截斷了，或因此致命，或成爲將來的殘疾。此處工廠的增加自然會使這些可怕的成績擴大，如果把這些工廠置諸立法條例之下，便是一椿大幸事。我相信如果對于梳麻工廠加以適當的監督，則生命和肢體的大犧牲當可免去。』（見考茨基註釋的資本論一卷四二三頁，及英文資本論一卷五二六至五二七頁。）

柏柏爾說：一國文明最好的標準，就是婦女在社會上所佔的地位。（見柏氏婦女與社會主義英文本。）可是在『文明的』英國，勞動婦女所處的地位的惡劣還在男工之上。『「露天漂布人」藉着沒有婦女在夜間作工這種謊話逃出一八六〇年關于漂布業的法律。這種謊話爲工廠監察員所發覺，同時國會因工人的請願，把那在淸涼馥郁的草地作露天漂布的提議打消了。在這種露天漂布業中，乾燥室中的溫度常是華氏九十至一百度（攝氏三二至三八度），室中的工作大部分由女孩子擔任。「納涼」是她們有時從乾燥室中逃到新鮮空氣中所用的專門術語。「十五個女孩圍着火爐。麻布須有八十至九十度（攝氏二十七至三十二度）的溫度，而葛布則須在一百度（攝氏三十八度）以上。另有十二個女孩在一間十方尺左右的小房中熨布，和上漿，在這小房的中心地方安着一個緊閉的火爐。女孩子們圍爐而立，爐中常吐出一種可怕的熱氣，使葛布迅速乾燥，以備熨布人作工。她們的工作時間沒有限制。當忙碌的時候，作工常至晚間九點鐘或十二點鐘，並繼續許多夜不停止。」（見一八六二年十月三十一日的報告五六頁。）一個醫生宣言：「沒有規定特別的時間納涼，但當溫度太高，或她們的手為汗水所污的時候，才准出來休息幾分鐘。……我對于療治火爐工人的病症所得的經驗——這是很多的——強迫我發表一種意見，就是，她們的衞生狀況決不如紡紗廠中的工人（資本在向國會的請願書中描寫她們非常健康，肉色和紅蘿蔔一樣）。她們中間最顯著的病症，是癆瘵症，喉管火症，膀胱作用失去常態的病症，最劇烈的神經昏亂病，和風濕症。我相信所有這些病症都是直接或間接起于工人在工作室中的空氣不清潔和熱度過高，並且是起于她們于冬季歸家時缺乏適體的衣服，可以抵抗濕冷的空氣」（見同書五六至五七頁）。」（見考茨基註釋的資本論一卷二四四至二四五頁，及英文資本論一卷三二五頁。）

照基督教講，地獄中盡是火，凡罪人及不信教的人死後當投入獄中，這種神道設教的話原屬『子虛烏有』，卽令眞有其事，也只在陰間地府；然我們一看馬克思上節所徵引的事實，在資本主義的社會裏面，爲着生產剩餘價值，陽世中也設有『活地獄』，而一般沒有罪的，甚至于還是信奉基督教的青年女子竟被投入其中。可是英國的資本家不獨替青年女子設備了基督教所宣傳的『火地獄』，並且還替她們設備了基督教所未曾宣傳的『窒息苦役地獄』。『在一八六三年六月最後的一個星期中，全倫敦的日報登載一段記事，應用「純因工作過度而死」，這種「驚心怵目的」標題。這是講一個女裁縫瓦克萊（M. A. Walkley）致死的事，她年二十歲，被雇于一家信用素著的製衣店中，受一個芳名伊利斯（Elise）太太的掠奪。古來常講的故事又重新出現，此等女孩子每日平均作工十六點半鐘，逢着生意忙的時候，常是繼續作工至三十點鐘，她們垂盡的工作力是靠先敵酒，葡萄酒，或咖啡的偶然供給來恢復的。那時的生意異常忙碌。〔店中〕必須在頃刻之間，替一班貴婦人製成一些華麗的服裝，以便其參加歡迎新到的王太子妃的跳舞會。瓦克萊已經作了二十六點半鐘的工，沒有間斷，此外同作工的還有六十個女孩子，三十個人在一間房中，而這間房所供給的空氣，只有她們所需的空氣立方尺三分之一。到了夜間，她們兩個人一對，睡在窒息的洞中，裏面的睡房是用木板隔開的。然這還是倫敦最好的製衣店之一。瓦克萊于星期五起病，星期日死去，伊利斯太太對于她不預先將手中的工作做完，〔便倆死去〕，大爲驚訝。凱思（Keys）醫生來到死者的牀前太遲，他在命案檢查官的面前正當證明，「瓦克萊之死是由于在人數擁擠的工作室中做長時間的工，並且是由于寢室太小，空氣不良。」命案檢查官爲着給這位醫生以一種善于處世的教訓起見，發出判詞道：「死者是由于中風，但在人數擁擠的工作場中作工過度，死得更快，這也許是一種理由。」自由貿易論者哥布登（Cobden）和伯來脫(Bright)的機關報晨星（Morning Star)大聲疾呼道：「我們的白奴啊，我們的白奴啊，勞苦終身，大部分是靜悄悄地凋榭了，靜悄悄地死去了。」（見考茨基註釋的資本論一卷二〇三至二〇四頁，及英文資本論二八〇至二八一頁。）

瓦克萊爲着替伊利斯太太生產剩餘價值而死，後者猶以她未將手中的工作做完，引爲憾事，資本家唯利是視，不顧工人死活的心理由這位太太盡情暴露出來了。可是資本家雇用女郎做長時間的工作，因勞致死，禍猶只及于作工者的本身，他們還雇用有孩子的婦女做長時間的工作，不獨直接害及這些婦女，並且間接戕殺她們的小孩了。「在英國十六個註册區中，每十萬個一歲以下的兒童，每年平均只死去九千（有一區只死去七千零四十七）；在二十四區中這種死亡超過一萬，但少于一萬一千；在三十九區中，超過一萬一千，但少于一萬二千；在四十八區中超過一萬二千，但少于一萬三千；在二十二區中超過二萬；在二十五區中超過二萬一千；在十七區中超過二萬二千；在十一區中超過二萬三千；在荷阿（Hoo），烏爾味罕普吞（Wolverhampton），亞施頓（Ushton-under-Lyne），和布列斯頓超過二萬四千；在諾定昂（Nottingham），斯它克波爾特（Stockport），布剌德佛德（Bradford）超過二萬五千；在衛斯俾芝（Wisbeach）爲二萬六千；在曼切司特爲二萬六千一百二十五。（見公共衛生第六次報告三四頁，一八六四年倫敦出版。）一八六一年的官場醫生調查指明死亡率之高，除掉地方上的原因外，大都由于母親被雇離家，結果對于小孩的照顧不週，待遇也不良，如營養不足，食物不相宜，給予安眠藥，和其牠等事都是；此外，在母親和子女之間又發生一種不自然的疏遠之情，此事的結果是故意餓死和毒死小孩子。（一八六一年的調查……又指明在曾經描寫的情形之中，母親因職業的關係，對于小孩子的照顧不周，待遇不良，以致小孩子流于夭折，然母親喪失了對孩子的自然感情達到一種深可悲痛的地步——她們對于子女的死亡大概不甚關心，有時甚至於……用種種直接的方法以速其死。）在那些「雇用婦女最少的農業區域，（小孩子的）死亡率便甚低。」』（見考茨基註釋的資本論一卷三四二頁及英文資本論一卷四三四至四三五頁。）

勞動者的嬰孩既因母親在工廠中作工，不免大批的夭折，或被毒死，即倖免於死，稍長也還是要受自己父母的掠奪。『一八六六年兒童雇傭委員會最後的報告說，「兩性的兒童所需的保護，所當防備的人，無過於自己的父母，由全部證據看來，不幸此事是顯然無疑的，並且達到一種可悲痛的程度。」普通對於兒童勞動作無限制的掠奪的制度，和特別所謂家庭勞動「所以能夠維持下去，只因做父母的人不受限制，不受拘束，能對於他們幼小嬌嫩的兒女，行使這種專擅的和惡作劇的勢力。……父母不當具有絕對的權力，使自己的兒女僅成爲『獲得許多星期工資的機器』。……所以兒童和少年人在所有這些場所，可以從立法上正當要求一種自然的權利，就是，凡毀傷他們身體，和減少他們智識及道德的事都當免除」（見兒童雇傭委員會第五次及第二次報告）。然這却不是因親權的濫用造成資本主義直接或間接對於兒童勞動的掠奪；反之，這却是因資本主義的掠奪方法掃去了親權的經濟基礎，遂使親權的行使流於權力的濫用。」（見考茨基註釋的資本論一卷四三一頁及英文資本論一卷五三五至五三六頁。）

勞動者既因受資本主義掠奪方法的壓迫，對於自己幼弱的子女無所顧惜，而一般資本家對於掠奪兒童勞動，更無所不用其極了。「一八六〇年一月十四日諾定昂所開的一個會議，主席爲郡長查爾敦（Charlton）君，他在會中宣言道：「在和花邊業有關係的一部分人口中所受的許多窮困和痛苦是國內其他部分所不知道的，也眞正是文明世界所不知道的。……九歲或十歲的小孩子在早晨兩點，三點或四點鐘的時候，便從他們污穢不堪的牀上拖下來，爲着一種赤裸裸的生活資料，被逼迫去做工，直至晚上十點，十一點，或十二點鐘，他們的四肢凋萎了，體格衰弱，面色蒼白，人性全然降至和石頭一般的麻木不仁，想起來簡直是可怕極了。」」（見考茨基註釋的資本論一卷一九三頁，及英文資本論一卷二六八頁。）

九歲或十歲的小孩子爲着獲取少量的日食，每日替資本家作工竟達二十點鐘，這已經是駭人聽聞的事，然他們中間還有繼續作工至三四十點鐘的。『「在一個製五金板片的工廠中，名義上的〔工作〕時間是自上午六點鐘起至下午五點半鐘止，一個男孩子每星期作工四夜，至少要到午後八點半鐘，……這樣做工六個月。還有一個九歲的男孩子有時將三個十二點鐘的班一連做下去，到了十歲，他便兩日兩夜連起來作工。」第三個男孩子「現年十歲，……從早晨十點鐘起至晚上十二點鐘止，連作工三夜，其餘的夜間則作工至九點鐘止。」「還有一個男孩子現年十三歲，……從晚間六點鐘起作工至異日正午十二點鐘止，共歷一星期，有時將三班〔的工作時間〕連在一起做，這就是說，從星期一早晨起至星期二晚上止。」「還有一個男孩子現年十二歲，在斯特夫列（Stavely）一個鑄鐵工廠中服役，在兩星期之中，從早晨六點鐘起作工至晚上十二點鐘止；他不能再多做了。」』（見考茨基註釋的資本論一卷二〇七頁，及英文資本論一卷二八四至二八五頁。）

十歲或十三四歲的小孩子連日連夜作工，已經是戕賊生機，忍受不了，然他們內中還有受嚴刑壓迫的。『費爾登(Fielden)宣言：「在德彼州(Derbyshire)及諾定昂州，特別是在蘭卡州，新發明的機器應用於建築在河流能轉水輪的河邊的大工廠中。此等地方忽然需要從遠處城鎮招來的千千萬萬的工人；蘭卡州素爲不毛之地，居民較少，當時所需要的就是居民。纖小敏捷的指頭，明白些說，小孩子是最需要的，于是從倫敦北明翰和其牠地方各種教區工廠中招致學徒的規例馬上興起來了。成千成萬不幸的兒童從七歲至十三四歲，都被送到北方去作工。這種規例是主人須以衣服供給學徒，並使之食宿於附近工廠的『學徒室』中；監工人被派出來監督工作，後者的利益在使兒童極力作工，因爲他們的報酬是以他們所誅求的工作量爲比例的。殘忍暴虐自然是（此事的）結果。……在許多製造區中，恐怕特別是在我所屬的那一個惡區（蘭卡州）中，最堪痛心的殘忍暴虐之事，實行加在這些受製造主照顧的無辜和孤立的兒童身上；他們因過度的工作，煩惱得要死，……他們遭鞭韃，被捆綁，受刑罰，備極慘酷的能事；……在許多場所，當被鞭打去作工的時候，他們饑餓到露出骨頭來了，……有時甚至於被迫而自殺。……德被州，諾定昂州，蘭卡州美麗的和富於風韻的幽谷一逃出公衆的眼睛，便變爲嚴刑和殺戮的悽慘荒涼之所。製造業的利潤極大；此事本來當滿足（他們的）慾壑，竟反擴充了（他們的）慾壑，因此製造家又借助於一種計畫，似乎要使自己獲得利潤，沒有任何限制；他們開始實行所謂『夜工』，這就是說，既使一班人在日間作工而致疲勞，又另換一班人去做夜工；夜班（的人）才離床，日班（的人）卽睡上，反之，日班（的人）在早晨才離床，夜班（的人）又復睡上。蘭卡州一句普通相傳的話是，從來沒有冷床」（見費爾登工廠制度的禍患——The Curse of the Factory System——五至六頁，一八三六年倫敦出版）。』（見考茨基註釋的資本論一卷六八六至六八七頁，及英文資本論一卷八三一至八三二頁。）

就以上三段話看來，便知道無產階級的兒童因作工所受的痛苦遠過於少年及成年的男女工人；然這還是就七歲以至十三四歲的小孩子講的，此外還有四歲至六歲的小孩子也要去替資產階級作苦工。『花邊的製造不是在所謂「女主人院」中完成，就是在各婦人自己的家中完成的，她們或有小孩子的幫助，或沒有這種幫助。開設「女主人院」的婦女自己也十分貧窮。工作室就是一種私人的住宅。……小孩子開始作工的平均年齡為六歲，但在許多場所，却在五歲以下。通常的工作時間從早晨八點鐘至晚上八點鐘，內中有一點半鐘作為餐時，然飲食一事出現於不規則的閒暇時間，並且常在汚穢的工作室中。當着生意忙碌的時候，工作常從早晨八點鐘，甚至於六點鐘到晚上十點鐘，十一點鐘，或十二點鐘。英國兵營中對於每個兵所規定的空間爲五百至六百立方尺；在軍用醫院中爲一千二百立方尺。然在這些工作豬欄中，每人只有六十七至一百方尺（的空間）。同時空氣中的養料爲瓦斯燈所消耗。因爲要使花邊乾淨，地板上雖鋪有磚或石板，小孩子的鞋仍常被迫脫下，即在冬季，（也有所不顧）。「在諾定昂常有十四個且至二十個小孩子擠在一間不滿十二方尺的小室中作工，每二十四點鐘內做十五點鐘的工，這並不是不通行的，這種工作的本身因爲麻煩討厭和單調無變化，已經令人困倦，並且還是在不衞生的狀況中進行的。……甚至於最小的兒童對於工作那種勉強注意和速度，眞令人驚訝，他們殆沒有讓自己的手指停止過，也沒有使自己的動作遲緩過。當有時詢問的時候，他們從不使自己的眼睛離開工作，因爲怕失去一轉瞬的時間。」工作時間一經延長，女主人便愈加用「長鞭子」作爲興奮劑。「小孩子們逐漸感覺疲倦，對於自己職業的不自在，就和久稽樊籠的鳥雀望着一個終止期一樣，這種職業既十分單調，又耗費眼力，並且因（作工時）身體姿勢的不變動，使人易於疲倦。他們的工作和奴役是一樣的。」（見一八六四年兒童雇傭委員會第二次報告十九，二十和二十一頁。）當婦女和她們的兒童在家——即現今所稱的租屋，常爲屋頂一層的房子——作工的時候，情形更要壞些。離諾定昂八十英里以內的一帶地方卽從事於這種工作。小孩子們在晚上九十點鐘離開工場時，常接到一捆花邊，帶回家中去做。資本主義的僞善者由牠的一個奴僕代表出來，自然用一句滑頭的話來解釋此事，說：「這是給母親做的，」然他却深知那些可憐的小孩子必須坐在旁邊幫助（見兒童雇傭委員會第二次報告第二十一和二十六頁）。』（見考茨基註釋的資本論一卷四〇九至四一〇頁，及英文資本論一卷五一〇至五一二頁。）

四五歲的小孩子因爲替資產階級產生剩餘價值而作苦工，已屬駭人聽聞，然尙有一樁萬不能相信而又千眞萬確的駭人聽聞的事，就是兩歲半甚至於兩歲的嬰兒也被投入工作室中了!!!『英國枕頭花邊的製造大槪在兩個農業區中。……農業勞動者的小屋通常是實行工作的地方。許多製造家雇用這種家庭勞動者至三千名以上，他們大槪盡爲兒童和少女。在花邊製造中所描寫的情形，在枕頭花邊業中又重演一遍，不過那裏的「女主人院」在此處改稱「花邊學校」罷了，此等花邊學校設在貧窮婦人的家中。兒童在此等學校中作工是從五歲——常是更早些——至十二歲或十五歲；在第一年中最小的兒童每日作工四點至八點鐘，以後則從早晨六點至晚上八點或十點鐘。「教室通常是小屋中平常的住房，爲避風起見，特將房中的煙突封塞，人們專靠自己的體温抵禦寒氣，即在冬季也常是如此。在其牠場所，所謂教室和小貯藏室一樣，沒有燒火的地方。……此等巢窟中常是擁擠不堪，而空氣的汚穢也常達於極點。此外，還有靠近這些小屋旁邊的陰溝，廁所，腐敗物質，和其牠汚穢東西所蒸發的有害的氣味，參透進來。」至於講到距離：「在一個花邊學校中有十八個女孩子和一個女主人，每人只佔三十五方尺（的空間）；在另一個花邊學校中，那種氣味令人忍受不住，內中容十八人，每人只佔二十四個半方尺（的空間）。在這種工業中，兩歲和兩歲半的小孩子都被雇傭作工」（見一八六四年兒童雇傭委員會第二次報告二九和三〇頁）。」（見考茨基註釋的資本論一卷四一一頁，及英文資本論一卷五一二至五一三頁。）

從上述各節的事實看來，英國資產階級以及附着這個階級討生活的奴隸們待遇一般男工，女工和童工，殘忍刻薄，暴戾恣睢，眞是達到絕頂！英國資產階級的人常泰然自得，稱他們的國家爲『快樂的英格蘭』（Merry England）。原來這『快樂的英格蘭』裏面是陰風苦雨，是慘霧愁雲，是血肉模糊的殺人場，是嚴刑酷罰的活地獄。馬克思對於此等事實特別寫得詳盡無遺，特別說得淋漓盡致，于是一般唯利是視的資本家的罪惡便一齊暴露出來了。桑姆巴特常責馬克思只看見人性中壞的和弱的方面（參看桑氏社會主義與社會運動五九頁，一九二〇年第九版——Sozialismus und soziale Bewegung），其實在初期資本主義的剝削制度之下，因工人漫無組織，不能作強有力的反抗，以致一般利慾薰心的資本家的性格中壞的和弱的方面特別顯著，而好的方面已經無形消滅，因此馬氏自然也無從發覺了。

馬克思的資本論學理的湛深，議論的精當，包羅的宏富，事實的正確，結構的雄偉，感人的深遠，在全世界著作中眞是罕有其匹。昂格思說：『世界上自有資本家與勞動者以來，沒有一部書對于勞動者像本書這樣重要。資本與勞動的關係是現社會全部制度的樞紐，這種關係在本書中才第一次依據學理發揮出來，其持論既徹底，又復銳利無匹，關于這一點只有一個德意志人才做得到。渦文，聖西門和傅立葉的著作現在是很有價值的，將來仍是很有價值的——然一個絕頂却留給一個德意志人來攀登，而近世社會關係的全體從這個絕頂上便一眼望得清清楚楚，這就和一個站在最高山峯上的觀察者望着起伏于他眼前的小山一樣。』（見哥郎瓦爾德馬克思資本論入門一八至一九頁。） 此外，洛利亞對于資本論的批評也很恰當：『這部書是一種傑作，書中一切敍述和議論是宏偉的，無匹的，並且令人驚異的——論分析是精密的，全書是莊嚴的，體裁是暢達的，所以作者要表同情于貧民的禍患，則紙上滿佈愁雲，作者要斥責有力者的奸邪，則筆端露出憤慨，此外，論學問則淵深廣博，論熱情則如火如荼。在這部書中種種不相容的東西都有一種奇異的調和，因此我們像在宇宙的神祕創造中一樣，只看見眞正的整齊與顯然的紛亂有一種幾乎不可思議的結合；縝密的注意和偉大的組合結合，數學和歷史結合，靜止和運動結合；就此書的一切纖維講，牠好像是超人的勞動和超人的痛苦兩者間一種不可測度的和超越的聯合產物。』（見洛氏馬克思英文譯本六五至六六頁。）

資本論的內容，主旨，特點和批評，我們已經講過了，現在再進而敍述此書與昂格思的關係。馬克思因受昂氏金錢的接濟，才能開始著資本論，這是我們所熟知的，但他不僅獲得這種物質上的幫助，並且還獲得精神上的幫助。他于一八五八年四月二日寫信給昂氏，報告政治經濟學批評第一册的計畫，講及資本一項，說：『在實質上這是第一册中最重要的一點，我最要徵求你的意見』（見昂格思與馬克思書信錄第二卷二六九頁）。至一八六七年八月二十四日，他復向昂氏詢問關于工廠主的蓄積基金(Akkumulationsfonds)的問題，並且說：『你對于這一點（不講理論，專講實際情形），必須予以答覆』（見同書第三卷三九六頁）。昂格思于是很詳細地舉以相告（參看同書同卷三九七至四〇〇頁）。因爲他久居工商界，深悉資本主義社會的內部結構，故常能以種種材料和意見供給馬克思，使之演成一貫的理論。當資本論第一卷正在排版之時，他從馬氏處接到此項排印稿，即先讀一遍，並對于馬氏貢獻意見，給予忠告，無不立見採納（參看同書同卷三八一，三八三，三八六，三八七等頁）。他當時且提議，俟這一卷出版後，由他幫助穆爾(Samuel Moore)譯成英文（參看同書同卷三八四頁）。此事雖未能即時見諸實行，但當一八八六年穆爾和阿衞龗共同繙譯此書時，他親任校訂之責，故畢竟如願相償。

昂格思對于資本論第一卷助力之處固多，然對于第二卷效勞之處尤不少。當馬克思在世之日，資本論只出了第一卷，迄他將死之前，自知不久于人世，遂將沒有付印之稿交給他的幼女，請昂格思代爲校訂出版。昂氏至一八八五年才把資本論第二卷校完付刊，因爲這種校訂工作與平常所謂校訂不同，實含有著作的意思在裏面。他在序言中說：『這一卷的大部分大抵是些零星碎片的作品，遂使（校訂的）任務難于着手。內中可以直接付印的，至多只有一部分（第四抄本）；但這裏面的大部分也因新近編輯的緣故，變爲陳舊了。書中的主要材料雖大半是關于事實的，然在文字上却未嘗完成；馬克思作草稿時所用的文字：不注意于體裁，應用習慣的——常是極詼諧的——熟語，參用英法文術語名詞，有時全句甚至于全篇都爲英文；這只是照作者腦筋中每次所發展的思潮紀錄下來的。除掉某些詳細說明的部分外，其他同樣重要的部分都只有些暗示；凡說明事實的材料雖已徵集攏來，但差不多沒有編排就緒，更說不到完成；在每章之末，因爲迫于要做下章，常只有幾句殘斷的句子作爲該處的發揮沒有完全的指標；最後有一些手稿甚至于連作者自己也不能認識。我對于這種草稿，只要辦得到，便以編訂原文爲限，關于體裁一項，凡馬克思自己一定要改之處，我才加以改變，凡中間的說明語，和承上接下的語句，如係絕對必需，而在意義上又毫無疑問，我才予以增補。凡在解釋上最少疑義的句子便逐字逐句刊印出來。我所作的和增補的地方，合攏來尙不滿十頁，並且還是屬于一種如法泡製的性質。」（見考茨基註釋的資本論第二卷序言三二頁。）

昂格思校訂資本論第二卷費神已經不少，然校訂第三卷，盡力尤多。馬克思這一卷的稿子只是一些堆積的材料和不完全的圖案，還沒有成書的形態，所以昂氏的編輯和增補工程便非常費力。他在此書一八九四年十月的序言中說：『〔本篇〕第四章只標出一個題目。但此處所討論之點爲：囘轉對于利潤率的影響，極關重要，所以我自己將此題作就，把全章括入方括符中。』（見昂氏校的資本論第三卷第一册序言六頁，一九二二年漢堡第六版）。然這並不算是困難，還有使他耗費歲月，絞盡腦漿的。『主要的困難點爲第五篇，牠所討論的也是全卷中最複雜的對象。馬克思恰在此處着手之際，卽爲曾經述及的一種重病所侵襲。因此這裏沒有留下完備的草稿，也沒有圖案可以完成起來，〔此處所留下的〕，只是一種工程的排場，大抵是由一大堆沒有整理就緒的標註，批評和規模粗具的材料組成的。我起初想依照我對于第一篇的辦法，把內中的缺略處加以增補，把那些只有暗示的零星碎片配合攏來，使著者意中要說的每一樁事至少大概都包含在裏面，藉此完成這一篇。我對于這種計畫至少嘗試過三次，但每次都遭失敗，因此所損失的時間就爲〔本卷出版〕遲緩的主要原因之一。到了最後，我看出這一條路是走不通的。必須將關于這一方面宏富的全體著作研究一遍，然結果所完成的東西便不是馬克思的書。所以我只好直截了當地以本篇的次序爲限，僅加以最不可少的增補，除此以外，實沒有別的法子。因得于一八九三年的春季將這一篇的主要工作弄完。』（見同書同卷同册序言八頁。）

統觀上述各節，可知昂格思對于資本論的功績非常偉大，二三兩卷幾乎是他自己著作的一樣。阿德雷說得對：『校訂馬克思的資本論第二和第三兩卷，是昂格思送給無產階級最後的大禮物。與其說是「校訂」，無寧說是一種新創作，他雖十分謙遜——只有大人物才具有這種讓德——將自己對于朋友的著作所費的工作，視爲無足輕重，〔然在實際上決不如此〕。他從〔馬克思〕遺下的零星碎片，概略，插語和暗示〔的草稿〕中完成資本論二三兩卷；除他以外，沒有人能夠跟得上他的奮鬥的同志思想的軌道。〔馬氏草稿〕材料的最大部分，就文字方面講，係急忙草成。這是就馬氏腦子中所發出的思想紀錄下來，未嘗加以整理；有些地方差不多已完全草就，但有些地方僅只有標語，半爲德文，半爲英法文，並且十分潦草，常使人難於認識。要照着第一卷論生產進程的方法，用高妙的手段，描寫資本的流通進程，剩餘價值的起源，及其後來的命運，利潤的分爲利息和企業利潤，與地租說的發揮——這不獨是身體上一種最大的努力，精神上的工作也是必需的，並且還要不弱于原著者。只有昂格思才配做這樁事，因爲在生存的人中，沒有一人像他一樣具有（和馬克思）同樣的思想方法，與同樣對于最微小之點——如對于資本主義的經濟機輪的結合——的明見。昂氏爲他的朋友作出「資本論」的最後兩卷，就和豎立一塊萬古長存的紀念碑一樣。但用不可磨滅的文字將自己的名字刻在這塊碑上，是他所不願意的。馬昂兩氏在生平既不能分開，所以世人對于「資本論」不能單稱爲他們內中一個人的作品，在國民經濟史上必須常稱爲馬克思與昂格思的「資本論」。昂氏「對于馬克思所供給的事實上的材料，自己必須作出結論，而又須爲合于馬氏精神的結論」，他對于這些節段雖用方括符和他的姓名起首的字母F.E.表示出來，然世人却永不能分別那種是馬克思的精神，那種是昂格思的精神。』（見一八九五年八月七日維也納工人報。Wiener Arbeiterzeitung.）

馬克思的資本論雖是一種最有名的傑作，雖被譯成各種文字，可是世人從頭至尾讀過一遍的，實不多覯。這是什麼緣故呢？因爲此書不獨是篇幅繁多，而且極難了解。阿白海默說：『馬克思的資本論是（他的）思想邏輯上的結構體，這種思想有一部分包含在爭辯中，有一部分包含在歷史的附錄和客觀的描寫中，其中的容積很大，因此使一般人對于這種傑作很難懂得，而許多人便不能懂得。』（見阿氏馬克思社會學的基本律序言。Das Grundgesetz der Marxschen Gesellschaftslehre）博洽德（J. Borschardt）以為資本論最初幾部分對于平常人好像是用中國文做成的（參看博氏通俗資本論中文譯本編者序言一一頁）。柏爾也說：『第一卷表現最大的難關。作者為着創造一種名著起見，以極大的努力，使價值和剩餘價值的學說達到一種哲學——一種黑格爾邏輯——的高度，這本是非必要的。作者是以一個精神上角力者（的氣魄）去對付他的對象』（見柏氏馬克思傳及其學說一〇六頁）。由此可見資本論——特別是第一卷——的難懂已為一般學者所公認。考茨基著馬克思經濟學說一書，意在替資本論作一個通俗本，使人容易領略，然他在序言中偏說：『（世人）見解的荒謬無有過于認「資本論」的體裁是乾燥無味和難懂的。作者從沒有看見一部經濟學著作陳述的清晰，活現，與體裁的優美，能與此書相比擬』（見考氏馬克思經濟學說序言六至七頁）。考氏稱讚資本論『陳述的清晰，活現，與體裁的優美』，固然不錯，但因此認牠為並不難懂，却是一種違心之論，果如所言，則他的馬克思經濟學說大可不作了。

資本論的第一卷既『表現最大的難關』，然世人偏只要讀這一卷。　如資產階級著名的經濟學教授施班著書指示研究經濟學的方法，開列資本論，僅及于第一卷，就是一個顯例。（參看施氏·國民經濟學的主要學說一七六頁，一九二二年萊比錫第十版。）　其實這部書是一氣呵成，互相貫串，互相說明的，如果遺棄二，三兩卷，不窺全豹，對于第一卷的意義便容易誤解，至少也是不容易明瞭。　考茨基說得對：『要完全懂得其中的一部分，必須知道全體。　沒有第二和第三卷，不會充分了解第一卷，第一卷中有許多（部分），特別是第一篇商品與貨幣的最大部分，構成二，三兩卷的預備（材料），比構成第一卷後面的發揮（張本）更多，並且對于了解流通進程比了解生產進程更爲重要。』（見考氏註釋的資本論第一卷序言三四頁。）　所以要想懂得資本論，必須全讀一遍，切不可蹈一般人向來的積習，僅翻閱第一卷。

『現在讀這部書是每個願意了解現代（社會）發達或願意在其中活動的人不可避免的義務。』（見博洽德通俗資本論編者序言第一頁。）　博洽德這句話是極對的。　不過人們一開始，卽遇着『最大的難關』，因此我們對于研究此書的方法便有介紹的必要了。

柯格爾曼夫人要讀資本論，覺得起首就很困難，柯氏以此訴諸馬克思，馬氏囘信道：『你可告訴你的夫人，先讀「工作日」「協作」「分工」和「機器」各篇，然後讀「原始的蓄積」』（見馬克思與柯格爾曼書三二頁）。馬克思所舉的這幾章大概是講歷史的事實，不像其牠各章一樣充滿了抽象的理論，所以比較容易了解。然讀完這幾章經濟材料，終必及于理論部分，依照考茨基的意思，卽可從頭至尾按步就班地讀下去（參看考氏註釋的資本論第一卷序言三二頁），可是哥郎瓦爾德曾擬就一種方法，於讀過上述各章後，依法進行，較便初學。就是：『初學者也要先讀第一卷的起首兩篇，卽：商品與貨幣，貨幣轉變爲資本。接着讀第三篇絕對剩餘價值的生產，至第九章爲止。……于是讀十七，十八，十九，二〇各章，然後讀十四至十六章。最後才讀整個的第七篇。』（見哥氏：馬克思資本論入門一〇頁，一九二二年出版。）此外，考茨基又說：『讀者要是對于講貨幣的第三章發見非常的困難，不可因此畏縮不前。以下各章比較簡單。這一章有許多議論要到第二第三兩卷才繼續發揮出來。所以讀者起初雖不能一一了解，仍當一直前進，胸中當確有成竹，拿定後來必再有一次回轉到〔原來的〕出發點。』（見考氏註釋的資本論第一卷序言三二頁。）

資本論第一卷最有精彩，也最難讀，第二，三兩卷和第一卷較，不免稍有遜色，然却較易了解，因此可一直讀下去，不必像對第一卷一樣要顛倒次序。 可是內中也有很重要的地方與不甚重要的地方，關於這一點，昂格思在致微克武阿德勒(Viktor Adler)的一封信中說得十分詳細，今特介紹如下：

『第二卷第一篇。 細心讀完第一章，你對于第二，三章便易爲力。 第四章係一種更確切的撮要，第五，六章是容易的，特別是第六章所討論的爲補助事件。

『第二篇的七至九章是重要的，第十和十一兩章尤特別重要。 第十二，十三，十四，三章也一樣〔重要〕。 反之，第十五，十六和十七，三章初只是供隨意的翻閱。

『第三篇陳述重農學派以來第一次所討論的資本主義社會中商品和貨幣的總循環，十分美滿——依照牠的內容是美滿的，但依照牠的形態却非常笨拙，第一，因爲這是用兩種不同的方法補綴攏來的兩種編纂，第二，因爲第二種編纂係在病中——此病且引起一種失眠的錮疾——勉強完成。 我本打算將牠留在最後，即於完成第三卷後才來動手。 這一點對于你的工作也初非必要的。

『現在來講第三卷。

『這一卷的第一篇第一至四章是重要的，反之，就全部結構講，第五，六，七章不甚重要，所以用不着花費許多工夫。

『第二篇的第八，九，十章十分重要，第十一和十二章可隨意翻閱一下。

『第三篇的十三至十五章都很重要。

『第四篇的十六至二十章也一樣重要，並且容易披閱。

『第五篇的二十一至二十七章十分重要，第二十八章却不甚重要。　第二十九章是重要的。　第三十至三十二章對于你的目的全不重要，第三十三至三十四章討論紙幣等等，是重要的，第三十五章講國際匯兌率，也很重要，第三十六章對于你很有趣味，並且容易了解。

『第六篇論地租。　第三十七和三十八章是重要的。　第三十九和四十章不甚重要，然却要一起翻閱，第四十一至四十三章（差額地租一和零星事件，）不必多注意，第四十四至四十七章又是重要的，大半也容易披閱。

『第七篇很好，可惜是一個無頭的軀像，此外也有因失眠症所遺留的重大痕跡。

『你此後如果將內中主要的事實徹底研究一下，將不甚重要的略加瀏覽（最好將第一卷的主要事實預先再讀一遍），對于（此書的）全體可獲得一個大觀，此後對于那些疏忽的節段也更容易下手了。』（見一九〇八年的爭鬥月刊第一卷三月號二四八至二四九頁，昂格思的一封信。——Ein Brief von F. Engels)

我們對于馬克思資本論的內容，主旨，特點，批評，歷史，和讀法等等，已經或詳或略地講了一遍，在略的地方固然是掛一漏萬，在詳的地方也仍然是徵引無多，所以讀者必須親自去讀此體大思精的著作，才能識其內容，知其眞相，而不致貽『道聽塗說』之譏。可是柯洛（Heinrich Cunow）說得對：『沒有辯證法，馬克思做不成資本論。他在此書第一卷第二版的跋文中說，「歐羅巴先驅報」（Europäisches Bote）的批評者所讚頌的方法不過是一種辯證法，這並非自欺之談，也不是一種空話。』（見柯氏：馬克思的歷史，社會及國家學說第二卷三四六頁，一九二一年柏林出版。——Die marxsche Geschichts-, Gesellschafts- und Staatstheorie） 因此，『人們要好好懂得資本論，必須首先徹底思索政治經濟學批評有名的序言。」（見蒲列漢諾夫：馬克思主義的根本問題德文譯本八五頁，一九二〇年司徒嘉德出版。G. Plechanow: Die Grundprobleme des Marxismus.） 即首先徹底了解辯證法的唯物論。 此外，柏爾所說的一段話也很值得特別注意，就是：「要懂得資本論，必須記着下列各點：（一）馬克思沒有下永久有效的界說；如資本，工資，和價值等等的觀念都是歷史的範疇，這就是說，牠們在一定的歷史時代中有一定的意義，在其牠時代中便沒有此等意義。 例如價值的觀念在其牠時代中可以只指物品的有用性講；在另一時代中價值的決定可以用一種物品所表現的功效或美麗做標準。 但在現社會中，價值是由生產費決定的，而這種生產費，由馬氏用科學的分析，化爲勞動。 （二）他對于科學上發見的諸原則，視爲事物內部的眞正的性質，對于與之對峙的實踐，視爲事物表面的和由經驗得來的現象；例如價值是理論的表現，價格則爲經驗的表現；剩餘價值是理論的表現，利潤則爲經驗的表現。 由經驗得來的諸現象（價格與利潤）固然和理論有參差之處，但沒有理論，此等現象即不能爲人所了解。 （三）他對于資本主義的經濟進程在本質上視爲不受外界的阻礙與擾亂，視爲不受國家和無產階級嚴重的干涉；他在資本論中所說的工人爭鬥與工廠立法，與其說是用爲限制獨立資本的剝削作用，毋寧說是用為完成生產力的發達。（四）他的心目中總是看着資產階級，不是看着單個的資本家。』（見柏氏馬克思傳及其學說一〇六至一〇七頁。）

末了，我們來講世人對于馬克思資本論所持的態度。德國資產階級的智識界和新聞界中人從前對于他的政治經濟學批評既是一字不提，直欲使之湮滅無聞（參看本書第二册三五一頁），此時對于他的資本論，仍舊使用這個老法子。昂格思從一八六七年十月至一八六八年的上半年雖做過十篇左右匿名的評論，由柯格爾曼，錫柏爾（Siebel）他們兩人替資本論宣傳十分努力，尤以柯氏為最，馬克思稱他的盡力處比全德意志為多），和李卜克內西等介紹登在資產階級的各種小報上（大報是不得其門而入），却不容易打破他們沉默的態度。當時資產階級的學者只有兩個人出來作批評，這要算是絕無僅有的例外。一為柏林大學的講師杜林，一為有名的經濟學者化合（Julius Faucher）。杜氏于資本論出版後，即在『現代研究補編』（Ergänzungsblätter zur Kenntnis der Gegenwart）上面對于此書的內容加以詳細的評論，他雖採取一種敵視的態度，並表現不少的誤解，然到底是第一個發表意見的專門家，不由得馬氏後來不表示幾分謝意，同時並將自己書中的『三種基本新元素』表現出來了。

他于一八六八年一月八日回信給昂格思，論及杜林的批評說：『此人對于本書三種基本新元素沒有感覺到，未免奇怪，一、從前一切經濟學總是在牠的租金，利潤和利息的固定形態中，開始討論剩餘價值的特別片段，我才首先論及剩餘價值的普遍形態，其中尚未分離的一切東西可以說都獲得解決。二、商品既具有使用價值與交換價值兩項，在商品中表現的勞動也必定具有兩重性，如亞丹斯密和李嘉圖等僅僅分析勞動　必定到處解釋不清楚，一班經濟學者沒有例外，竟不懂這種簡單事項。在實際上這是批評的觀察全部的祕訣。三、〔我〕第一次表現勞動工貲為一種背後隱藏着的關係不合理的現象形態，並且表現這種關係恰在勞動工貲的兩種形態中，即計時工貲和計件工貲。』（見昂格思和馬克思書信錄第四卷六頁）這是馬克思的經濟學和舊派經濟學幾個主要的不同之點，應爲我們牢牢記着的。

至于化合在他主編的國民經濟與文化史季刊（Vierteljahrsschrift für Volkswirtschaft und Kulturgeschichte）第五年度二十卷（一八六八年六月出版）上面批評資本論，極爲幼稚可笑，他斥馬氏爲巴斯楊不肖的門徒。但馬氏夷然不以爲忤，並于是年七月二日寫信告訴柯格爾曼說：『化合在他的季刊中嘲笑我的書。這些先生畢竟將自己的忿怒發洩出來，是很好的。』(見馬克思與柯格爾曼書四四頁。)

可是其他專門家仍舊一聲不響，連這種忿怒都不高興發洩。他們後來看見這樣的抹殺政策沒有多大的效力，才改變一種方式，拏起對資本論加以惡意的批評。關于當時資產階級學者們的態度，我們可以用墨爾林的幾句話概括起來，就是：『當一八六七年資本論第一卷——這是世界學術中萬古不磨的稀有著作之一——出版時，雖被世人按照資產階級不忠不信的規矩，私自剽竊，然對于公衆却一字不提，迄至最後隱瞞不住，于是就被科學的批評斥爲一個沒有成熟的自修者錯誤百出的練習作品。』(見新時代雜誌第二十一年度一卷七〇八頁，墨氏：馬克思。)

此外卽有一，二學者心中十分讚賞資本論，也禁若寒蟬，不敢代爲宣傳。馬克思于一八六九年二月十一日報告柯格爾曼說：『德國一個大學的經濟學講師寫信給我，說他完全信服我，但因自己的地位關係，「和其他同事一樣」，不能形之于口。在一方面這種專門學究的怯懦，在另一方面，資產階級和反動報紙緘口不言的詭謀，使我受很大的損害。』(見馬克思與柯格爾曼書五三頁。)

上述資產階級的學者和新聞記者對于資本論的態度不僅在德國爲然，卽在英國以及其他各國也無不如此。　馬克思于一八八一年十二月十五日寫信給索爾格，說是年六月有一個叫做海德曼的刊佈一本小書，其中『論勞動與資本的兩章不是資本論的摘要，就是一種迂曲之詞，但……旣未見引書，也沒有指出著者，只在他的序言的末尾說「關于第二，三章的觀念和許多材料，應感謝一個大思想家，和自出心裁的作者的著作等等」。　他寫一封信向我道歉，內中的意思是「英國人不喜歡向外人領教」，「我的名字極爲人所厭惡」等等。此人雖十分「庸闒」，甚至于還沒有徹底研究一樁事物的忍耐性——這是造學問的第一個條件——然他的小書旣經剽竊資本論，卽做了很好的宣傳。　所有這些可愛的中等階級的著作家——如非社會主義者的話——都是見獵心喜，要因利乘便，從任何種新思想中馬上獲得金錢，名譽或政治資本。』（見倍克，曾慈根，昂格思，馬克思等致索爾格等書信錄一八〇至一八一頁。）　馬克思最後這幾句話眞是罵盡古今中外一般藉新思潮作文字投機的人們了！

各國資產階級的學者們對于資本論所施的手術猶不止此。　馬克思在此書第三卷中說明，當資本主義的生產方法十分發達時，商品的市場價格在供給和需要的影響之下，依生產價格的水平線而或上或下，至于生產價格自身是以價值爲基礎的。迨這一卷出版（一八九四年）後，他們便用『以子之矛攻子之盾』的方法，一致喊着資本論的第三卷與第一卷互相對抗，互相火碰！　其實這是子虛烏有的事。　考茨基說得對：『馬克思在資本論第三卷中指明，在發達的資本主義商品生產中，因力求利潤平衡的結果，大部分商品的價格長和牠們的價值分離，其中一半的價格長在牠們的價值之下，另一半的價格則長在牠們的價值之上，一般反對馬氏價值說的人遂以爲他在第一卷中所發揮的學說被第三卷推翻了。　可是馬氏要是曾經指出價格對于牠們的價值沒有關係，　才算推翻了自己的價值說。　資本論第三卷絕未出此，並且證明，被市場價格視作標準的生產價格完全依賴價值律，否則無從解釋。』（見考氏：馬克思經濟學說九三頁。）　馬氏說明商品的價值，生產價格和市場價格，源流分明，首尾一貫，那裏有什麽『火碰』，什麽『矛盾』呢?!

然資本論既是世界學術中一部空前的傑作，自不會因資產階級學者們的抵制與誣蔑而消滅下去。　自第一卷出版後，銷路雖不甚好，可是不到一年，即被譯成俄文。　馬克思對于此事極爲高興，于一八六八年十月四日報告昂格思說：『我的書譯成俄文，在彼得堡出版，我聽見這個消息，自然非常歡喜。』（見昂格思與馬克思書信錄第四卷九五頁。）　他于同月十二日寫信給索爾格復說：『數日前，彼得堡一個書店主人給我一個消息，說資本論譯成了俄文，正在排印中，此事殊令人驚訝不置。　他要求予以相片，刊在卷首，對于「我的好朋友」俄國人，這種小事不好拒絕。　自二十五年以來，我不斷地對俄國人作戰，不僅在德文中是如此，即在法，英文中也無不如此，然他們總是我的「保衛者」，這是何等的一種命運。　一八四三至一八四四年寄居巴黎的俄國人待我十分和善。　我反對蒲魯東的著作（一八四七年）和在洞刻（Duncker）處出版的著作（一八五九年）銷路之大無有過于俄羅斯的。而繙譯資本論的第一個外國民族又爲俄羅斯。』（見馬克思與柯格爾曼書四七至四八頁。）

俄文資本論雖于一八六八年付印，但因受檢查委員會的檢查，遲至一八七二年春季才得發行。　雷士列說：『當一八六八年十月初間，馬克思與高采烈地告訴我，說資本論第一卷已譯成俄文，在彼得堡付印。　他對于俄國當時的運動甚爲重視，每說及該處人士爲着研究和傳播理論上的著作而受的大犧牲，以及他們了解近世觀念等事，深致敬意。　當俄文資本論從彼得堡達到他那裏的時候，他和自己的家人及朋友都視此事爲一種重要的時代指標，而開筵慶祝。』（見新時代雜誌第十一年度一卷七五二頁，雷氏：一個工人對于馬克思的回憶。）俄國人士自繙譯資本論以後，更進而灌輸馬克思主義的學說，俄國的無產階級及其先鋒隊受這種學說的淘冶至三；四十年之久，故能于一九一七年十月奪取政權，開世界無產階級專政的基業。馬克思及其家人朋友于接到資本論的俄文譯本時，視此爲一種重要的時代指標而至于開筵慶祝，這便是于不知不覺之中，替他的主義將首先在俄國獲得實現的機會，預爲誌慶。

當俄文資本論發行之際，法文譯本第一卷第一册也出版了。法文本的銷路勝過德俄文本，因爲第一版印刷一萬本，在出版之前即定去八千本（俄文本第一版只有三千本，德文本的數目不過一千本左右），而書的內容復經過馬克思的修改，較德文原本爲完善。他在一八七五年四月這個譯本的跋文（第一卷至是年才出完）中說：『我既擔任這種校訂工作，便覺得須在原文——德文第二版——的基礎上加以擴張，將各處的說明弄簡單些，完全些，並加入一些歷史或統計的補充，和批評的註釋等等。這個法文版即使有文學上的缺點，然于原本之外，具有一種特別學術的價值，還應爲一般懂得德文的讀者所利用」，見普萊基註釋的資本論第一卷序言一七頁。）法文資本論既較德文原本爲完善，所以考茨基于一九一四年和一九二六年所刊佈的民衆版資本論一，二卷，都將法文本改善之處採入了。

資本論的英文譯本出現于一八八六年。在十年之中，歐洲幾個有文化的主要國家都有這種名著流行，因此對于工人階級也發生不少的影響。特別是在德國的成績尤爲優良。「此書的根本思想很迅速地表現于工人階級演說家的講演中和政論家的論文內，並且由千百種途徑間接侵入羣衆裏面。老倍克在先驅報（Der Vorbote）上鄭重宣言：「我們將盡力之所能及，使此處〔資本論中〕所表現的寶藏成爲一切被壓迫者和被剝奪承繼權者的公共財產！」德意志兩個互相爭鬥的工黨的領袖們爭先恐後地替這種著作宣傳。李卜克內西的機關報民主週刊（Das Demokratische Wochenblatt）登載〔資本論的〕序文，——于許多徵引和評註之外——昂格思的兩篇論文，晉絲根的燦爛的評論（四續），和昂氏所作的馬克思傳。當德意志工人聯合會在努連堡開第五次聯合會時（一八六八年九月五至七日，）施維協爾和李卜克內西從資本論引出證據，「而資產階級的經濟科學在這種論證之前，即無能爲力，只好默不作聲。」「拉塞爾派的領袖」石衞茨在全德工人聯合會的機關報上從這種著作的議論中作出十篇論文，並宣言「當文明世界有一種經濟科學的時候，此書將成爲研究的對象」。這個聯合會一八六八年八月二十二至二十五日的漢堡大會特邀請馬克思爲與會的大賓。邀請書的日期係七月六日，因爲要經過聯合會執行委員二十八的署名，此書遂走徧全德國，至於邀請的理由是因馬氏的著作「對於工人事業所獲的」「非常的功績」。大會對於石氏所宣讀的馬克思的回信「鼓掌接受」。（季按馬氏因故不能與會，特回信致謝，並指出大會應將爭取完全的政治自由，規定工作日，以及工人階級在世界史的大任務中有計劃地國際合作等項列入議事日程中。）石氏在閉會詞（八月二十四日）中談論這種著作。……布拉克（Wilhelm Bracke）於八月二十日的第二次大會上也講到「馬克思的著作」。』（見耶贊諾夫主編的馬克思與昂格思叢刊第二卷四四〇至四四一頁，一九二七年佛郎克佛出版。）資本論既這樣受德國工人階級熱烈的歡迎，所以馬克思在一八七三年一月德文本第二版的跋文中很高興地說：『資本論在德國工人階級的廣大範圍中迅速地獲得了解，便是我的工作最好的報酬。』（見考茨基註釋的資本論第一卷跋文四〇頁。）

此外，其牠各國的工人階級對於本階級『理論的聖經』（引昂格思語，見馬克思與昂格思叢刊第二卷四四五頁）也是一樣的歡迎。當馬克思之世，『資本論變成各國社會主義者的讀本，一切社會主義和工人的報章都將牠的淵深的學說通俗化，當紐約發生一種大同盟能工的時候，有人採取這種著作中的章節印成小册子，藉以鼓勵工人，使之堅持到底，並對他們證明他們要求的正當。』（見新時代雜誌第九年度一卷四一頁，拉花爾格：回憶馬克思。）

就上述各點看，各國工人階級的先鋒隊是何等重視資本論，尤其是民主週刊所載曾慈根的『燦爛的評論』（見一八六八年八至九月份報），值得我們特別的注意，因爲曾氏不獨爲馬克思的朋友與同志（德國寬恩人，生於一八二八年），並且是一個製革匠，爲眞正工人階級出身的作家（他僅受過中學教育，於一八四九年亡命美國後，有時猶做製革匠），他的議論表現這個階級迫切的需要，今特介紹其中的數節如下。

曾慈根站在工人階級的立場上，首先感覺本階級的對於智識的提高與資本的認識，是一種切要之圖，所以他說：『我們階級中人畢竟開始一致了解，我們如果長久令他人給予一點知識，便長久有人要藉這種精神上的優越，來從事於物質上的剝削。一個願意參加本階級自救工作的工人第一種需要在乎不仰給於他人所給予的知識，而倚賴自己的知識。關於特別的，單個的知識，我們可以讓諸專門家。至於資本是我們在社會爭鬥中有力的共同敵人，認識資本是一種普遍的階級利益，這是每個人應有的任務。」（見哥郎瓦爾德：馬克思資本論入門附錄二六至二七頁。）

他於是介紹馬克思及其作品道：『作者將明鏡與光明送給我們，不是要使我們信仰，而是要使我們觀察與認識。一種巨大的工作橫在我們的前面。這不是爲着日常利益，爲着市場及其投機者而創造的工業生產品。這也不是出於虛榮心與炫耀我們耳目的學者裝架子的作品。這是一種工作。大家從此看出牠是一種注於堅決愛的生活的結果。這種愛又不僅是從過去著作與現在生活的廢料中挖出此等知識的寶藏，加以洗刷與改造。牠除掉對于事業的熱烈心腸外，還具有一個優越的頭腦，一種邏輯精神不可抵抗的鋒芒，一個天才思想家稀有的才能，一個學識超越和訓練有素的研究者不感疲倦的辛勤。……現在接近人類——特別是現代，尤其是工人——的，無有過於目前物質生活品的生產進程。作者將對於這種進程的認識及其定律的研究，作爲他的目的，我可以說，作爲他的終身任務。此外，他所論的不是單個的事件，不是我，你或他獲得日食的問題，而是我們，是民族，是國際的勞動組織。』（見同書二七至二八頁。）

魯慈根於這樣鄭重的介紹之後，復進一說明資本論的性質道：『可是大家不要誤會這句話，以爲這種著作是討論何種計劃，討論關於應當出現的制度的私人意見。這種著作是一種科學——指這個名詞最高的意義講——的產物。科學所討論的只是現有的事，只是可由事實證明的事，不是計劃，卽使是計劃，也只限於牠們是實際存在，並侵入科學中間的。國際的勞動組織不是未成的，而是現成的。我們的生活是間接依賴自己勞動的生產物，直接依賴國際的勞動生產物，俄羅斯的五穀，荷蘭的魚，美國的棉花都在我們的消費之列，由此證明我們從事生產不是運用孤立的勞動，而是運用共同的社會勞動。現在每個人都知道，這種勞動的外表不是一種共同的勞動，而是一種私人的勞動。然科學的任務就在經常地指出，外表是欺幻的，例如太陽並不繞地球而行。政治經濟學科學的任務在乎認識現今私人組織的勞動的社會性。馬克思在他的批評中已經將這種任務的解決向我們提出來了。』（見同書二八頁。）

曾慈根接着又以淺顯的文字，介紹資本論的內容，對於生產進程大略加以說明，他的結論是，凡不懷成見的讀者都會相信，『社會問題不僅爲工人階級的問題，並且是資產階級社會的主要問題。』（見同書二五頁。）

工人階級中的智識分子認識資本論的深刻，與歡迎資本論的熱忱，可以由曾慈根一文爲之代表。

我們試將資產階級與無產階級對於資本論所持的態度比較一下，便發見牠們是互相對抗的，這是源於階級的利益，本不足怪。然眞理之爲物有如皎日，終不會因陰霾的障礙而失其光明，凡明敏的科學家也決不因階級的成見而無所察覺。試觀達爾文對於資本論的意見，即可見一斑。

當德文資本論於一八七三年第二版出書之後，馬克思特贈送一本給達爾文，即引起達氏的共鳴，特於是年十月一日回信說：『承賜大著資本論，謹謝厚意。深願我更能了解經濟學各深奥和重要的問題，以期無負此次的餽贈。我們研究的領域雖不相同，然深信我倆志在鄭重傳播學術，而這種學術終必造福于人類。』（見新時代雜誌第十五年度二卷七五三頁，阿衞靈：達爾文與馬克思。）

十九世紀只有兩個最偉大的科學家對于人類有絕大的貢獻，即達爾文與馬克思。前者發現生物界的發達律，後者則發現人類歷史的發達律。達氏對于馬克思及其著作旣具有如此的熱忱與敬意，現在第一要問馬氏對于他和他的著作持一種什麽態度，第二要考究他們兩人學說的異同及其關係，因爲世人對此每多誤會，値得我們在此處特別提出來。

當一八五九年達爾文的名著物種原始出版之後，馬克思讀了大爲讚賞，于是年十一月底寫信給昂格思說：『我現在正讀達爾文（的著作），眞是名著。結局論（Teleologie）在一方面尙未被攻破，此時却實現了。關於證明自然界的歷史發展，從來沒有這樣大規模的企圖，更少這樣的成功。不過粗率的英國方法，自然必須除外。』（見昂格思與馬克思書信錄第二卷三六四至三六五頁）至一八六〇年十二月十九日他又對昂氏說：『此書雖是用粗率的英文發揮出來的，牠所含的自然史的基礎，却具有我們的見解。』（見同書同卷四二六頁）他在一八六一年一月十六日致拉塞爾的信中復說：『達爾文的著作十分重要，自我看來，恰爲歷史的階級爭鬥中自然科學的基礎。』（見拉塞爾書信與著作第三卷三四六頁。）他後來在資本論常引用達氏的學說，並稱讚物種原始爲『開新紀元的著作』。（見考茨基註釋的資本論第一卷二八八頁。） 此外，昂格思于闡明他們所主張的辯證法時也說：『自然就是對于辯證法的一種實驗，我們必須反覆申明，近世自然科學對于這種實驗已經供給一種極豐富並逐日堆積的材料；因此證明自然界的運動畢竟是辯證法的，不是玄學式的，牠不是在永遠一成不變中往復循環，而是經過一部眞正的歷史。 在此處當首先提出達爾文，他證明現今全部有機的自然界——植物和動物，人也在內——是幾百萬年繼續發達進程的產物，因此予玄學的自然觀以一種最有力的打擊。』（見昂氏：從烏託邦到科學的社會主義之發達三〇頁，一九二〇年柏林出版。）

馬克思和昂格思上面這些話表現他們對于達爾文及其著作也具有同樣的熱忱與敬意，並且認此和他們自己的學說可以互相發明，這是確切不移的。 所以阿衛靈說：『世人以爲達爾文的學說與馬克思的學說互相抵觸，而自然淘汰說與社會主義的見解尤不相容，其實社會主義是歷史發展進程中邏輯的結果，而達爾文之說則爲社會主義最有力的科學的幫助，馬克思深識達氏的全部著作。』（見新時代雜誌第十五年度二卷七五二至七五三頁，阿氏：達爾文與馬克思。）　考茨基也說：『達爾文與馬克思的並行不悖不是新的事實，他們兩人的學說極爲相近。　各人都在爭鬥中找着發達的鎖鑰，達爾文求之于生存爭鬥，馬克思則求之于階級爭鬥，達氏在自然界中所發現的運動律和馬氏在社會中所發現的運動律都出源于同一運動律。』（見同書第十三年度一卷七〇九頁，考氏：達爾文主義與馬克思主義。）

蒲列漢諾夫說得對：『和達爾文的名字相連的學說是一種眞正辯證法的學說。』（見蒲氏唯物論史一四二頁，一九二一年司徒嘉德出版——Beiträge zur Geschichte des Materialismus）　至于馬克思的學說更是如此。　所不同的，是前者的對象爲有機物界，而後者的對象爲人類社會。　可是前者以動物學爲終點，而後的卽以社會學爲始點，在不同之中又有互相銜接，連貫一氣之處。　還有一層，達爾文與馬克思生平同受人誹謗，他們開新紀元的著作于同一年中出版（參看本書第二册三四八頁），而『終必造福于人類』一點也爲彼此同具的自信心，這要算是十九世紀兩個最大的偉人一段佳話了。

我們在本書對于馬克思和昂格思的著作雖儘可能地一一加以介紹，然特設專章來討論的，只有共產黨宣言與資本論。　有好些人曾將馬克思的生平分作少年與老年兩個截然不同的時期；以爲少年馬克思是革命家，共產黨宣言爲之代表，老年馬克思是進化論者，資本論爲之代表。　對于馬氏這樣劃分時期，並將革命與進化對抗起來，固屬愚妄，然資本論與共產黨宣言的面目的確有些不同，例如共產黨宣言極力主張無產階級用武力推翻資產階級，奪取政權，而資本論則從未表現無產階級專政的語句，這是值得我們注意的。　關于這一點，柏爾說得簡單扼要，今特徵引如下，作爲本章的結束。他說：

『革命與進化對于馬克思並不是對抗。……共產黨宣言進化的色彩不減于資本論或政治經濟學批評，反之：資本論革命的色彩也不減于共產黨宣言。

『此事怎樣講呢？

○　○　○　○　○　○

『……凡讀馬克思著作的人必須首先了解這種著作所討論的是什麽：牠是討論一種客觀的進程——經濟的發展，資本主義生產和流通的分析——還是討論無產階級的活動。

『經濟的進程是進化的材料，無產階級及其領袖的活動是革命的變化。

『在共產黨宣言或共產黨的講演中，無產階級是討論的對象。　因此革命的關鍵提到前列。馬克思在此處表現為革命的思想家。

『在資本論中，資本主義的經濟是討論的對象。因此進化的關鍵站在前面。馬克思在此處表現為經濟發展的剖解者。

『黑格爾在他的邏輯（Logik）中對于思想的理性所演的任務——卽矛盾達到頂點——馬克思則加之于有階級覺悟和犧牲精神的先鋒隊，這個先鋒隊使從生產條件中發生出來的無產階級的階級爭鬥達到頂點。

『因為馬克思和黑格爾一樣，矛盾的互相衝突與對抗的達到頂點是生命的發展和宇宙各種力量的充實最有效的手段。

『進化而輔以革命的手段：卽社會經濟的認識與社會革命的行動——這就是馬克思的遺囑。』（見柏氏：社會主義與社會爭鬥通史第五册四三至四四頁，一九二三年柏林出版。）

第二章　晚景與家庭

『我希望並且確切相信，在一年以後，有確定的貲財，使我得從根本上改善自己的經濟狀況，並終能自立。』（見昂格思與馬克思書信錄第三卷三七五至三七六頁。）這是馬克思于一八六七年五月七日寫信對昂格思說的。當時他正在漢諾威監視資本論的付印，滿擬于此書出版後，從出版人邁斯列（Meissner）處分得巨額的紅利，來改進自己物質的地位。『可是第一年還沒有利潤，馬克思與邁斯列的契約不是規定一定的錢數，而是分取純利潤的半數，故第一年未嘗獲得分文。邁氏報告這種不好的結果，幾乎是惶恐而慚愧的。一切費用越過收入之數約有二百四十達列。他希望在下屆兩彌撒節後能有好消息相告：「這種爲難的話，我雖不願說，却不得不再說一次。」（一八六九年一月二十七日邁斯列致馬克思的信。）……直至一八六九年才獲得少許利潤。但這種「爲數有限的版本」還有三百零八本未曾售出。當一八七〇年僅賣掉五十本，至巴黎公社一年銷路才轉旺，邁氏乃能于一八七一年十一月二十八日「以令人愉快的消息報告」馬克思，說第一版差不多要售罄——僅剩五十本——必須再版，「當于一八七二年一月開始」。馬氏于一八七〇，一八七一和一八七二，三年中所獲的三部分利潤總計約四百達列，卽六十鎊，他在「紐約特里標報」做通信員，不到三個月便可獲得此數。』（見耶贊諾夫主編的馬克思與昂格思叢刊第二卷四三八至四三九頁楚柏爾：昂格思對于資本論第一卷的七篇評論導言。）

資本論的出現既不能如馬克思的預期，可以改善他的經濟狀況，而倫敦又是米珠薪桂，不易寄居，窮困逼人，于是有遷居的計劃。他于一八六八年三月六日寫信給柯格爾曼說：『我的情形十分痛苦，因爲我不能做一些獲得金錢的附屬工作，而又常因女孩子們的緣故，必須保持一種體面。如果不因完成這兩卷糟糕的書，（此外並找英國的發行人），只有倫敦是「適宜的」地方，則我當遷往日內瓦，靠我所獲得的資料，也可以很舒服地度日。』（見馬克思與柯格爾曼書三八頁。）他於同月十七日復告訴柯氏說：『我離開倫敦，遷往日內瓦一事不獨自己思索過，和我的家人討論過，並且也常向昂格思提及，這是你可以想到的。我在此處每年須用四五百鎊，在日內瓦，有兩百鎊就可以生活。但通盤籌算一下，此事暫時却不可能。只有在倫敦，我的工作才可以告竣。並且只有在倫敦，我才可以希望終久從此項工作中獲得一種相當的利益。因此暫時必須留此。還有一事尚未計及，就是：全部工人運動是由我在中間指導的，倘若在這緊急之際離開此處，則這種運動將陷在壞人的手中而誤入歧途。』（見同書三九頁。）

馬克思這兩次信是表示，他爲自己一身一家的利害計，當離開倫敦，但爲完成資本論二三卷起見，只好留在此間，方可利用不列顛博物館的書籍，以供參考。（洛利亞以爲自資本論第一卷出版後，馬克思對于此書不復動筆，凡他死後所刊佈的，都是一八六七年以前之作。——見洛氏的馬克思英文譯本七二至七三頁。其實馬氏在晚年時代對于二三卷都有增補和修改之處，關于這一點，昂格思在第二卷的序言中也說明出來了。）並且爲護衞工人運動起見，尤不能不就近指揮一切，所以他甯肯使自己和家庭陷入困境，而不顧無產階級的利益有所損傷。他于是年四月底在致昂格思的信中說，再過幾日，就是自己的五十生辰，而行年五十，猶是一貧如洗。這種情形一直到他的老年，仍然如此。英國一位學者替蘇格蘭的大詩人朋斯（Robert Burns）一部書作序，內中有一句說：『他所要求的是麵包，而他所獲得的是一塊碑石。』（"He asked for bread and received a stone,"）馬克思生平的遭際正與此相同。

可是馬克思雖一貧如洗，終不致流爲餓莩，實因有源源接濟的昂格思在。昂氏自一八六〇年三月底喪父後，在自己服務的公司中所具的權力逐漸擴大；至一八六四年的夏季，與公司訂約五年，在此期內，不復做書記，而作治事的股東。然此更非他所心願，只是不得已而爲之，他于一八六七年四月二十七日寫信給馬克思說：『我除掉願從這種狗商業中自贖出來外，別無所希冀，這種業務耗時甚多，使我的精神完全頹唐了。我一日留在其中，卽一日不能做事，自當領袖後，因爲要負更大的責任，特別壞得多。如不因收入較多的緣故，我眞儅可再做書記。然無論如何，我的商人生活在幾年之內應告終止。』（見昂格思與馬克思書信錄第三卷三七三頁。）

昂格思要在幾年之內脫離『狗商業』，畢竟達到目的。他在一八六四年和公司訂立的契約應于一八六九年六月底滿期，因于一八六八年十一月與合夥的老股東歐門開談判，結果歐氏允于此項契約期滿之日，予以巨款，而昂氏允其獨力繼續營業，並負有脫離關係後五年之內不在同處作同樣商業競爭的義務。 談判既妥，昂氏於是月二十九日寫信給馬克思說：「你將信中的問題完全正確答覆，並且即時答覆，使我於星期二早晨接到。 一，你需多少錢償清一切債務，毫無掛欠。 二、你每年有三百五十磅是否足敷經常的需要（我將疾病和意外事件所需的費用除外），這就是說，你因此用不着借債度日。 如果不足，望以所需的數目相告。將一切舊債預先償清，是一個前提。 這個問題自然是一個主要的問題。……歐門給我的數目……足以使我每年給你三百五十磅，的確可至五六年之久，遇着非常的事故，還可增加。」（見同書第四卷一一六至一一七頁。）

馬克思接到昂氏這封信，心中感激，簡直不知所云，他於異日回信說：「我因你的過大的恩惠，竟完全失措了。 我已經讓我的妻子將總賬單弄好，所負債務的數目爲二百一十鎊，比我所想的大得多。（內中有七十五鎊是要付當舖和利息的。） 但診治星紅熱病的醫生賬單尚未算入，因爲他還沒有送賬單來。 我們近年來的用度（每年）超過三百五十鎊；但這種數目（現在）却頂夠了，第一、因爲拉花爾格近年和我們同住，家中的用費增加很多，第二，因爲實行一種借債的制度，對於一切物品所付的價格非常昂貴。 我一經償清夙債，才可以施行一種嚴格的治療方法。』（見同書同卷一一七頁。） 馬克思因爲獲得昂格思巨額的幫助，此後才舒展一點，不致長受日常極瑣屑的生活的壓迫；至於昂氏幫助他的期限，初雖擬定爲五，六年，然在實際上直至他死才止。

昂格思替馬克思解決了生計問題，才於一八六九年七月一日脫離商業界，他當時報告馬克思說：『哈哈，今天與可愛的商業關係宣告終止，我是一個自由人了。……當我第一個自由日的早晨，托細（馬氏幼女的乳名）和我在郊野作長距離的散步，藉申慶祝。』（見同書同卷一七一頁。） 昂氏久居商界中正如樊籠之鳥，一旦飛入山林，宜其樂不可支了。

昂格思既與『歐門昂格思廠』不復發生關係，自無再居曼切司特的必要，因於一八七〇年九月底移居倫敦，來就馬克思。『當昂格思表示要從曼切司特搬來的時候，這便是馬克思家庭的一種慶祝節。 大家對於他的行將降臨，早就紛紛談論，當他要來的一天，馬克思（盼望到）忍耐不住，竟至不能作工。 這兩個朋友（相會之後），於是整夜坐着吃煙喝酒，談論他們前次相會後所發生的一切事故。』（見新時代雜誌第九年度一卷三九頁，拉花爾格：回憶馬克思。） 昂格思住在里眞公園路（Regents Park Road）一二二號，離馬家只有七分鐘的路程，他們朝夕相見，隨時可以聚談，自後除出遊外，不復藉書信作通聲氣之具，因此我們不能和從前一樣，可以從他們的書信中找出種種材料，或政見。　然在昂格思居曼切司特的最後兩月中，我們猶得窺見馬昂兩氏對於一樁重要時事的意見，這就是德法戰爭。

『法國路易波那帕脫曾利用資產階級與無產階級的爭鬥，藉着農民的幫助取得總統的位置，復藉着軍隊的幫助，取得皇位。』（見孔拉底——A. Conrady——編的建國與公社——Reichsgründung und Kommune——昂格思：德意志帝國建設中的暴力與經濟八一頁——Gewalt und Oekonomie bei der Herstellung des Deutschen Reiches）　這個第二帝國的皇帝對外的政策是代表資產階級向外侵略的政策。　他在一八六〇年固然聯合英軍來攻擊我國的北京，取得巨額的賠償與通商的利益，至一八六九年更向普魯士尋釁，想抑制後者，使之唯命是從，否則不惜以兵戎相見。　可是普魯士究非中國可比，特別是自一八六六年戰勝奧大利以後，國勢日盛，兵力日強，牠在畢士馬克的鐵血政策之下，也正想打敗時常擬攫取萊因河左岸的法國，統一德意志。　這兩方面既不肯相讓，戰禍便不能避免了。

然此事是怎樣爆發的呢？　因一八六九年普國王族里阿坡爾德（Leopold von Hohenzollean）將繼承西班牙王位，拿破崙第三向普王威廉第三提出抗議，決不承認此舉，於是兩國仇恨從此日深。至一八七〇年七月十九日，法國向德意志宣戰，以普魯士隊伍為主體的德軍在八月間屢敗法軍，至九月一日更大破十二萬法軍於色當，翌日又生擒拿破崙第三。法國因此組織國防政府，資產階級雖抱定不抵抗主義，但仍不肯割地求和，德軍於是直逼巴黎。自是以後，德意志的防禦戰爭告終，而侵略戰爭開始了。至一八七一年一月底，德軍陷巴黎。法國國會於三月一日批准和約，割亞爾薩斯（Elsass）和洛林（Lothringen）兩州於德，並償金五十億法郎，德法戰爭乃告結束。

昂格思於德法戰爭正式告終的前五月即已移居倫敦，他和馬克思的書信往來既因此早經中止，除國際黨所發表的文件外——，自無從窺見他們對於這種戰爭結果的詳細評論，然他們在一八七〇年八月間的兩封信已經將自己的態度明白表示出來了。昂氏以為拿破崙第三是一個專制魔王，對外則直接阻擾德意志的統一，間接妨害德國的工人運動，對內則壓迫本國的工人，因認德國的抗法是出於民族的圖存，而打倒拿氏，實於兩國工人運動有莫大的利益。他於八月十五日寫信給馬克思說：『依我看來，大局的形勢如下：德意志為着民族的生存因巴當給（Bodingnet按此爲拿破崙第三的渾名）而出於一戰。德意志如屈服於巴當給之下，則波那帕脫主義（Bonapartismus 按卽拿破崙主義），在許多年中便鞏固了，而德意志在許多年中——或許多代中——便敗滅了。至於獨立的德意志工人運動更無從說起，因爲一種企圖民族生存的爭鬥將耗去一切精力，德國工人至好也不過落在法國工人的窠臼中。德意志如果勝利，則法國的波那帕脫主義一定敗滅，而那種因造成德意志統一的長久紛擾畢竟也被剷除，於是德國工人可以在一種和前此完全不同的民族標準上組織起來，法國此後的政府無論是屬於那一種，法國人一定會比在波那帕脫主義之下獲得一種較爲自由的（活動）地域。德國各階級的人民的全部羣衆已經看出他們首先當注力於民族的生存，才可以因此馬上抬頭起來。」（見昂格思與馬克思書信錄第四卷三一九頁。）

然拿破崙第三對於德意志的武力侵略實由法國人尊崇己國蔑視鄰邦的愛國主義（Chauvinismus）助成的，所以昂格思對於這一點大加非難。『法國的民衆，有產者，小有產者，農民，以及由波那帕脫在各大城市所造成的帝國主義的寄居者——這種人是由農民出身的建築業無產階級——如果不抱一種愛國主義，則巴當給便不能實行此項戰爭。這種主義如果不連根拔去，則德法兩國間的和平終久是不可能的。大家可以期望一種無產階級的革命當擔任這種工作；但是戰爭既經出現，德國人除掉自己馬上做這一着外，別無牠法。』（見同書同卷同頁。）

在德法戰爭中，德國方面主戰最力的重要人物是馬昂兩氏向來極力反對的畢士馬克，然他們從歐洲的大局着想，從德國的工人運動着想，認為暫時無特別反對畢氏的必要，所以昂氏接着又說：『現在講那次要之點，這種戰爭是為列曼，和畢士馬克等所主持，他們如果幸而戰勝，必定享得目前的榮華，這是應由德國資產階級的可憐任其咎的。此事的確討厭，但也改變不了。因為將反畢士馬克主義提起來作為一種單獨的指導原則，未免荒謬。第一、畢士馬克現在和一八六六年一樣，總是在他的方式中，將我們的工作做了一部分，這雖非他所願意，然却做了。他和從前一樣，替我們創造乾淨的地皮。』（見同書同卷三一九至三二〇頁。）

然在另一方面，昂格思却要盡力去防止畢士馬克掠奪這種戰爭的勝利，所以他對於德國人民指出幾個要點：『我以為人民能夠做的事是：（一）民族運動既以防衛德意志為限（在現今狀况之下，侵略一事，一直到媾和爲止，並非不可能），（便可以）加入其中，……（二）注重德意志民族利益與普魯士朝代利益的區別，（三）反抗亞爾薩斯和洛林的合併——畢士馬克所暗示的意見是將此等地方與擺陽和巴登合併，（四）在巴黎一經有一個共和主義的——非僅崇己國蔑視鄰邦的愛國主義的——政府出現，即力圖與之作一種公正的和議，（五）繼續注重德法工人利益的一致，他們對於此次戰爭沒有贊成，也沒有自相爭鬥。」（見同書同卷三二〇頁。）

馬克思接到昂格思這封信，於同月十七日囘信說：「你的信和我腦子中所預備的答案的計畫完全一致。……亞爾薩斯與洛林的（併吞）慾望似乎是在兩界中特別顯著，即在普魯士的在朝黨和南德意志如醉如癡的愛國主義中。這是歐洲所能夠遇得到的最大的不幸事件，尤特別是德意志所能夠遇得到的最大的不幸事件。」（見同書同卷三二二至三二三頁。）德法兩國近數十年來的深仇夙怨，互相擴充軍備，以求一逞，實起於德法戰爭後德國併吞亞爾薩斯和洛林，因此促成一九一四年至一九一八年兇殘猛烈，亘古未聞的世界大戰，現在歐洲——特別是德國——的殘敗達到極點，馬克思的話不幸言中了。

昂格思對於德法戰爭的政治態度固十分正確，而他對於這種戰爭的軍事觀察尤特別精密。當拿破崙第三向德意志宣戰後，他應倫敦很有體面的『帕爾馬爾報』（Pall Mall Gazette）之請，從一八七〇年七月二十九日起至翌年三月十六日止，共作軍事論文六十篇，比較德法軍隊的編制，指陳山川要塞的險阻，分析軍事的形勢，推測戰爭的趨向，繪影繪形，歷歷不爽。當他還只草成三篇論文的時候，馬克思即在八月三日的信中說：『戰爭如果延長幾時，你將馬上被承認為倫敦第一個軍事名家。』（見昂格思與馬克思書信錄第四卷三一〇頁。） 至是月三十日，他果然報告昂氏說：『觀察報（Spectator）在八天以前宣言你的論文是英文報中唯一重要的作品。』（見同書同卷三二六頁。）

迨拿破崙第三被擒，德軍和法蘭西共和國對抗，他即于九月十七日草『怎樣和普魯士人作戰』（How to fight the Prussians）一文，極端反對普魯士的軍國主義。 他以為『現今建立在普魯士制度上面的德意志軍事大力量正是無戰不勝，大家開始自問誰並怎樣在將來和普魯士人作戰。 德意志的作戰在初時只是防衛自己，反抗法蘭西尊崇己國蔑視鄰邦的愛國主義，現在既表現逐漸確切轉為一種有利于德意志新的尊崇己國蔑視鄰邦的愛國主義的戰爭，這個問題便値得加以考慮。』（見昂格思的軍事論文五一頁，一九二三年維也納出版。——Notes on the War.）這篇軍事論文同時表現昂氏的政治態度，恰好彌補他上面一信的不足之點。

關于昂格思在軍事方面的活動與著作，我們已經說過許多次。（參看本書第一册——新版——一四五，一四六，四〇七，四五一，四五二，四六三，四六六，四六七各頁，第二册二，一五至二〇，六五，八四，一四四至一四九等頁。）現在應在此作個總結，品評他們的價値與意義。馬克思在資本論中于敍述原始蓄積的事實後，作出一個結論道：『暴力是每個懷孕的舊社會的催生婆。暴力自身就是一種經濟的權力。』（見考茨基註釋的資本論第一卷六八〇頁。）馬昂兩氏爲無產階級的革命家，自然深深感覺到這個『催生婆』是新社會出生時萬不可少的。所以昂格思後來覺得爲革命的利益計，對于自己所素習的軍事學有再加深造的必要。他于一八五一年五月二十三日寫信給馬克思說：『一班大軍人如威里系，隙墨爾普斐尼格，(Schimmelpfennig)和息格爾(Sigel)愈加結合在一起，固然很好。……大家最好是現在卽注意于這種由舊兵營與軍官表中出來的軍官團精神，卽察看這種黨派心在亡命的軍官中恰和在正式的軍隊中一樣，是如何的強固。 我們要向這些先生指出「非軍人」的意義何在。 不過同一歷史指出，我除掉繼續我的軍事學的研究，因此至少使一個「非軍人」得在理論上和他們對抗外，實別無善法。」（見昂格思與馬克思書信錄第一卷一八八頁。）

就表面上看來，昂格思此後對于軍事學精深的研究不過起因于對抗這些亡命軍人，然細心思索一下，便知道他還是準備下次革命的武器，否則所謂『和他們對抗』即絕對沒有意義。 觀于他在是年二月二十六日，四月三日，和十一日三次寫信給馬克思，早就提及研究軍事學，或練習軍事論文（參看同書同卷一五〇，一六六至一六七，一六九至一七一各頁），即表現他具有更深一層的用意，觀于他在是年秋季對於泰却夫登在紐約州報（New Yorker Staatszeitung）的『將來戰爭的概觀』（Die Umrisse des kommenden Krieges）所作的駁論尤可表現這一點。 他認近世戰術是資產階級和農民解放的前提，是這種解放的軍事表現。至於：

「無產階級的解放也將有一種特別的軍事表現，也將產生一種異常的新軍事方法。 這是顯然無疑的。這種新戰術的物質基礎是那一種，也已經可以決定了。

『但現今混雜的和一部分構成其牠階級尾巴的法德無產階級僅僅奪取政權，和無產階級眞正的解放——這種解放在乎消滅一切階級對抗——相差旣甚遠，而將來革命初時的戰術和眞正解放的無產階級的戰術相差也是一樣遠。

『英國的共同活動，至少是德法現有的生產工具增加一倍，爲無產階級眞正解放的前提，爲完全剷除德，法一切階級差別與完全集中一切生產工具的前提。但一種新戰術一樣是此舉的前提。……在無產階級的革命中，對於工業一項旣不是廢除蒸汽機，而是增加蒸汽機，所以對於戰術一項也不是減少數量與活動；而是增加數量與活動。

『生產力的增加是拿破崙戰術的前提；新的生產力必定是戰術中每種新改進的前提。鐵路和電報在歐洲的戰爭中現已使一個有能力的將軍或軍務大臣演成完全新的〔軍事〕結合。生產力的逐漸增加以及因此而起的人口的逐漸增加，一樣呈出調集更大羣衆的機會。

……

『但因剷除階級而產生的新戰術的力量不在乎因人口的增加而可供〔軍事〕指揮的百分之

這種力量是在乎召集百分之十二至十六——不復是百分之五〔的人〕即構成永遠重要的羣衆。這種力量是在乎召集百分之十二至十六——不復是百分之五或七——的人民配上武裝，此數就是成年男丁——即從十八至三十或四十歲的精壯人民——的一半以至三分之二。俄國如果不完全改革整個社會和政治的內部組織，尤其是改革生產，即不能將牠所指揮的兵力由〔人口中〕百分之二，三增至百分之五，德，法如果不改革牠們的生產，使之發達到一倍以上，也不能將牠們所指揮的兵力從〔人口中〕百分之五增至百分之十二。當每個人的平均勞動借助於機器比現在的價值增加一倍時，才可不需要勞動的加倍數目，然這也只是短期的，因爲沒有一個國家能夠長久維持這百分之五的人。

『如果此等條件已具，國內的生產有充分的增長與集中，階級也被剷除——這是絕對必要的——……於是便只有能執武器的人口的限度爲眞正募集的界限，——這就是說，在萬分緊急之際，可以臨時武裝百分之十五至二十的人口，眞正驅策百分之十二至十五的人口去對付敵人。但這種絕大的羣衆是以比現今軍隊完全不同的一種活動爲前提。沒有完全的鐵路網，此等羣衆既不能集中，也無從得到給養，既無軍需，也不能動作。沒有電報，便無從指揮；因爲在這些羣衆中，兵法家和戰術家（在戰場上任指揮的人）不能同爲一人，必須有一種分工。兵法上的動作和各軍團的協同活動必須藉電線由中樞指揮；戰術上的動作則由各將軍指揮。在此等狀況之下，軍事上可以並且必定在一個較拿破崙所需還短得多的時期中決定勝負，這是十分顯明的。軍費浩大使此舉成爲必要，而運用如許大軍作戰的決切的效力更使此舉成爲無可避免的事。

『此等軍隊在容積和兵法的活動上必定令人聞所未聞，爲之咋舌。在兵士中，戰術上的活動（如戰場上的偵察巡邏和小戰等等），也必定要增大得多；他們比現社會所能履行的一切事件要更強健，更敏捷，並更聰慧。』（見昂格思百年紀念雜錄一八〇至一八二頁。）

昂格思這篇論文不獨表現他具有軍事天才，能正確測定後來的軍事發展，並且指出他將新戰術與無產階級的解放連在一起，爲對世界無產階級的一種貢獻。社會黨人對於他所精深研究的軍事學不視作他的終身事業的一部分，僅認爲他的一種消遣的科目，這是一種絕大的謬見。佛利德利系·阿德勒（Friedeich Adler）說得對：『昂格思爲着履行他的終身事業——即社會主義科學的基礎與科學的通俗化——精研許多門科學，而軍事學並不是其中次要的一門。他最初以「軍事爲專科的研究」，的確是僅由于一種實際的興趣。一八四八

馬克思傳　下　　八一

年的事變，特別是他于一八四九年積極參加巴登和帕拉替內特（Palatinate）的變亂所獲的經驗明白向他指出，對于兵法和戰術的理論基礎加以鑽研，是革命的利益迫切的需要，至于這種革命，他以爲又近在眉睫。他于一八五〇年底移居曼切司特後，即首先研究此等部門的科學。旋因東方問題發生，他利用自己軍事學知識的機會，竟比初時所想像的形態完全不同。此後出現的事件不是革命，而是一批戰爭，對于此等戰爭政治和軍事的分析，費去他許多工夫。當他在曼切司特寄居的二十年中，于「可惡的商業」之外，以始終一貫的精力，精研理論的工作，數量實足驚人。當時發生俄土戰爭（一八五三年），意大利戰爭（一八五九年），美國南北戰爭（一八六一年），普奧戰爭（一八六六年），和德法戰爭（一八七〇年）。昂格思對于這一切戰爭非常用心觀察。他的最大部分的論文是匿名發表的，因其精細透徹，常被猜爲一個高級軍官的作品。……他和馬克思討論這次戰爭（指德法戰爭）的信件中的節段在政治態度上固極重要。然就用軍事科學觀點對於這次戰爭作批評的觀察講，他在帕爾馬爾報上所發表的有統系的研究，比上述各節段更爲重要。」（見昂格思的軍事論文阿氏序言三至四頁。）

昂格思對於德，法戰爭固然發表了許多重要的軍事論文，對於因這種戰爭結果所引起的德國住宅問題尤有三篇精闢的作品。德意志席戰勝的餘威，從法國取得巨額的賠款，新興的大工業受其滋養，日趨興盛，大批的農業工人突然擁入各大城市——即大工業中心點——而住宅的缺乏遂成爲當時最迫切的問題之一。魚騰堡的醫學博士睦爾柏格（A. Mülberger）對于住宅問題在萊比錫的民國報（Volksstaat）上匿名發表六篇論文。昂氏對于此報的編輯部接受這些論文表示詫異，編輯部便要求他發表意見。他于一八七二年草蒲魯東怎樣解決住宅問題（Wie Proudhon die Wohnungsfrage löst）一文答覆上述一批論文。旋又草資產階級怎樣解決住宅問題（Wie die Bourgeoisie die Wohnungsfrage löst）一文答覆薩克斯（Emil Sax）博士一八六九年在維也納所發表的勞動階級的住宅狀況及其改良（Die wohnungszustände der arbeitenden Klassen und ihre Reform）。過了許久，因睦爾柏格對于他的論文加以反駁，復草對于蒲魯東與住宅問題的補充（Nachtrag ueber Proudhon und die Wohnungsfrage）一文作爲回敬，都在民國報上發表。

昂格思在第一篇論文中首先指出民國報從十號起所登的六篇關於住宅問題的論文，是企圖將蒲魯東學派移植于德意志，此舉對于德國社會主義的發展是一種極大的退步，値得馬上加以反對。

『在現今報紙上佔顯著位置的所謂住宅荒不在乎工人階級住在惡劣的，擁擠的和不衞生的住宅中。這種住宅荒不是現今所特有的；也不是近世無產階級對着從前一切被壓迫階級所獨受的一種痛苦；反之，這是一切時代的一切被壓迫階級所同遇的事件。要消滅這種住宅荒，只有一個方法，卽：剷除統治階級對于工人階級的剝削和壓迫。——現在所謂住宅荒是因大批的人口突然擁入各大城市，使工人惡劣的住宅狀况愈加厲害；于是房租的價格大大地增漲，各家的居民愈加擁擠，有好些人簡直找不着住處。這種住宅荒所以鬧得起勁，只因牠不僅限于工人階級，並且還涉及小資產階級。』（見昂氏住宅問題一一頁。）

『現今各大城市中工人和一部分小有產者的住宅荒是現代資本主義生產方法所引起的無數次要的小壞處之一。這絕不是工人以工人的資格被資本家剝削的一種直接結果。』（見同書一一至一二頁。）也不是一個特有的工人問題。然德國的蒲魯東主義者却具有一種完全相反的意見，以爲：『工資勞動者對于資本家的對抗，就是房客對于房主的對抗。』

（見同書一三頁。）

『這完全是謬誤的。

『在住宅問題中有兩方對峙着，卽房客和房東或房主。　前者要從後者暫時租用房子；他所有的是貨幣或信用——那怕他必須用一種昂貴的價格，卽一種租金的增加向房主再購回這種信用。　這是一種單純的商品流通；不是無產者和有產者，工人和資本家中間的一種事業；房客卽使是一個工人，也是以有錢財者的資格而出現，他要能夠取得一個住宅的暫享權，必須已經出賣了他的特有的商品——勞動力——而獲得款項，否則他對于這種勞動力的行將出賣必須能夠加以保證。　對資本家出賣勞動力的特殊結果，此處是完全沒有的。　資本家命令所買的勞動力首先從新生產牠所要求的價值，然後生產一種剩餘價值，而這種要分配給資產階級的剩餘價値暫時留在他的手中。　所以這裏產出一種多餘的價值，卽原有價值的總數增加了。　租房子的事卻完全不同。　無論房東怎樣欺騙房客，佔得多少利益，只是一種現成的——從前生產的——價值的轉移，而房客與房東所有的價值的總數始終如一，沒有變化。　工人從資本家所得的報酬無論是少于，多于，或等于他的勞動力的價值，他的勞勤生產物的一部分總是被剝削；至于房客，要所付的房租超過住宅的價值，才算是被剝削。所以要把房客與房東的關係去和工人與資本家的關係，等量齊觀，便是完全顚倒錯亂。反之，這是兩個國民中一種極尋常的商品的交易，這椿事是依照那支配商品出賣，特別支配地產這種商品的經濟規律而進展的。房子或房子一部分的建築費與維持費要首先計入；因房子占優勝位置而形成的地皮價值當列入第二等；而供求關係的目前狀況則爲最終的決定。這種簡單的經濟關係在蒲魯東主義者的腦袋中却有如下的表現：

『「住宅的實在價值雖以租金的形態，早已極充分的付給房主了，然這種一經建好的房子變成一定部分的社會勞動上永久的法律權利的證據。所以如五十年前建築一所房子，這個時期租金的收入要超過原來的成本費價格二倍，三倍，五倍以至十倍不等。」

『我們在此處馬上看見整個的蒲魯東。第一忘記了，房租不僅是要付房屋建築費用的利息，並且還要彌補修理費和濫賬，欠租，偶然不能租出的平均費用，最後又預防因時間遠久，房屋朽壞，變成無用之物，須于每年租金項下儲蓄一種重新建築的資本。第二忘記了，房租同樣要付房屋所佔地皮價值堆積的利息，所以其中的一部分是地租。……末了，他忽視了這全部事業不是向房主購買房子，只是取得一定期間的房屋享用權。蒲魯東從不措意于任何種經濟現象進展中眞正的和實在的各條件，自然不能說明一所房子原來成本費價格在五十年的租金形態中，怎樣取得十倍之數。他對于這個絲毫沒有困難的問題，不從經濟方面去探討，並確定牠爲什麽眞正是這樣，竟逆着經濟的規律，從經濟突然跳到法律，說「這種一經建好的房子」對于一定年限的支付，變成「永久的法律權利的證據」。……他對於一所房子怎樣變成法律權利的證據一事倘若加以探討，必定發見世上一切法律權利的證據無論怎樣具有永久性，不能假借一所房子以權力，使牠在租金的形態中，于五十年之內，取得十倍于牠的成本費價格，只有經濟的條件（此等條件可以在法律權利證據的形態中爲社會所承認）才能產生這種現象。……」（見同書一三至一五頁。）

然德國的蒲魯東主義者以爲各大城市中百分之九十的居民沒有自己的住宅，對于這個光榮世紀的全部文化是一種可怕的侮辱。「我們在這一方面反遠在蒙昧人之下。穴居的人有自己的穴，澳洲土人有自己的泥屋，印第安人有自己家宅——而近世無產者實際是懸在空中。」（見同書一六頁。）

「我們在這種嗟嘆聲中看見蒲魯東主義整個的反革命形態。要創造近世革命的無產階級，須截斷那羈絆過去工人於土地上的臍帶，這是絕對必要的。從前的手工業織工于織機之外，據有自己的小屋子和小田園，在一切困苦和一切政治壓迫中，是一種靜止的和感覺滿足的人，並「于虔誠禮讓之中」，屈服於富人，牧師與官吏的面前，在內心上完全是一種奴隸。而近世的大工業恰恰使羈絆在土地上的工人變成完全無產者，脫去向來一切牽掛，這種經濟革命恰恰創造許多條件，使最後形態——資本主義的生產——中的工人階級被剝削一事得被推倒。現在這些會哭臉的蒲魯東主義者跑出來，對於工人失去自己的住宅，卽對於他們精神解放的第一個條件，表示嗟嘆，像哀悼一大退步一樣。」（見同書同頁。）其實「一八七二年的英國無產者比一七七二年據有家宅的農業職工要高得多。那據有山洞的穴居者，據有泥屋的澳洲土人，據有自己家宅的印第安人會演出一種六月暴動和造成一個巴黎公社麼？」（見同書同頁。）

『蒲魯東主義者以爲房主不事勞動，能從自己對房屋所投的資本取得地租和利息，是侵犯永久的正義。他們要求此事必須終止；凡對房屋所投的資本不當再收取利息，這種資本既代表被購買的地產，也不當再收取地租。 我們現在知道，此舉絲毫沒有涉及資本主義的生產方法，卽現社會的基礎。 工人被剝削的樞紐是出賣勞動力給資本家，和資本家應用這種勞動力，使工人所生產的，必須遠過勞動力所獲得的價值。 資本家和工人間這種事業產生剩餘價值，而這種剩餘價值後來卽以地租，商業利潤，資本利息，和稅捐等等的形態分配給資本家中的各小支及其服務人員。 現在蒲魯東主義者以爲對于資本家中單獨的一個小支，卽對於不直接購買勞動力，也不直接生產剩餘價值的資本家，禁止收取利潤或利息，便是更進一步的辦法！ 卽使房主收取地租和利息的可能明日被剝奪，那從工人階級取去的無價勞動量仍是一樣，然此事却不能阻止我們的蒲魯東主義者宣佈：「剷除納租金的住宅是最有結果和最偉大的努力之一種，牠是產生於革命的觀念的懷中，必須成爲社會民主派方面第一等的要求。」」（見同書一九頁。）

「然住宅問題現在是怎樣解決的呢？ 在現今的社會中恰和解決每一個其牠社會問題一樣：卽假手於供給與需要的逐漸的經濟均衡，這種解決老是從新產生這個問題，所以是沒有解決。 至於社會革命怎樣解決此問題，這不獨要以當時的狀況爲轉移，並且和許多遠大的問題有連帶關係，如消滅城市和鄉村的對抗就是其中最重要的之一。我們對於將來社會的設施既不要作成烏託邦的體系，這裏詳細來談此事，那簡直是無聊。不過在各大城市中現在的確已經有充分的住所，只要加以合理的應用，每種眞正「住宅荒」馬上可以消滅。此事的出現自然只假手手奪取現今房主的房產，由沒有屋住的工人或從他們住宅中排擠出來的工人分配他們的屋房居住，當無產階級一經奪取政權，這樣一種由公共安寧而規定的方法容易實現，恰和現今國家執行其牠沒收與分配事件一樣。』（見同書二三頁。）

昂格思的第一篇論文是爲小資產階級而發，他的第二篇論文便是爲資產階級而發。小資產階級對于住宅問題所以發生直接的興趣，是因和自己有切身的關係；資產階級則因汚穢不潔的工人區住宅爲一切傳染病，如霍亂症，熱症，傷寒症和瘧症等的溫室，由此可以傳播到自己的區域中，故對于這個問題也發生一種間接的興趣。此事起源于英國，也漸次波及德國，而薩克斯的作品就是一種表現。他的主張是要在現行的社會制度之內，使『所謂無產階級達到有產者的水平線』。

昂格思反駁道：『資本主義生產方法一個不可少的先决條件是不僅要有一個所謂無產階

級的出現，而是要一個眞正無產階級的出現，牠除掉勞動力外，沒有其牠東西出賣，就是這種勞動力也必須賣給工業資產階級。薩克斯君所發明的社會經濟新科學的任務就是在據有一切原料，生產工具，生活資料的資本家與僅有勞動力出賣的工資勞動者互相對抗所形成的社會狀況中，找出方法和道路，使所有工資勞動者怎樣能夠變成資本家，而又仍舊爲工資勞動者。他以爲這個問題便已經解決了。他也許好好地指示我們，怎樣使法蘭西軍隊中的一切兵士——自從拿破崙第一以來，其中每個都將他的將軍杖背在行囊裏面——都變成元帥，而又仍舊爲普通的兵士。或者怎樣使德意志四千萬人民都變成德意志皇帝。』（見同書三〇頁。）

『現在的住宅荒是從那裏來的呢？牠是怎樣起源的呢？薩克斯君是一個忠實的有產者，不願知道這是資產階級社會形態一種必然的產物；在這個社會中，大量的勞動羣衆僅限于取得勞動工資，即僅限於取得維持生活和蕃殖子孫所必需的生活品的數量；機械等等的繼續改良使大批的工人失業；隔若干時一現的猛烈的工業波動在一方面形成無數沒有工作的工人的預備軍，在另一方面暫時又使大批工人流於失業；工人成羣地擁入各大城市，並且在現今狀况之下，人數比住宅要多得多；就是最難堪的猪欄也找得着租客；最後，房主以資本家的資格，不僅具有權利，從自己的房產中毫無顧忌地搾取最高的租金價格，並且爲競爭起見，還有幾分義務去這樣做——在這樣的一個社會中要沒有住宅荒是不可能的。這種住宅荒不是偶然的，這是一種必然的現象，要牠和牠所從出的整個社會制度根本改革，才能夠把牠和牠對於健康等等的影響除去。但資產階級的社會主義不願意聽見此事。牠不願意從此等狀況中去解釋住宅荒。牠除掉用人心不良——即人類固有的罪孽——的道德話去解釋這種住宅荒以外，簡直沒有其牠方法。』（見同書三〇至三一頁。）

『蒲魯東是使我們從經濟跳入法律，資產階級的社會主義者在此處則使我們從經濟跳入道德。這是再自然也沒有的。誰認資本生義的生產方法，即現今資產階級社會的「鐵律」，爲無可彈劾，而又要除去牠的必然的不良結果，那除掉向資本家宣傳道德外，別無辦法，然這種道德宣傳的效力會因私人的利益，在必要的場所，會因競爭，馬上如煙消雲散。這種宣傳和站在塘邊向牠孵化出來而極願游水的小鴨宣傳一樣。水上雖沒有船梁，小鴨總是要入水，利潤雖沒有心情，資本家總是要以利潤爲生。老漢撒曼（Hansemann）

說：「仁慈在金錢的事務上即歸於烏有」，濮氏的認識比薩克斯較深刻。』（見同書三一頁。）蒲魯東曾提議工人須有自己的住宅，資產階級的社會主義早已企圖實現這種主張，並且仍在進行之中，而薩克斯也宣言住宅問題只有使住宅的產業爲工人所有，才能夠完全解決。無論此事是涉於幻想，不會實現，即使可能，也於工人沒有利益。『假定在一個工業區域每個工人都有自己的小屋子。這個地方的工人階級住房子不必花錢；於是房租費不復加入他們勞動力的價值中。但勞動力生產費的減少，這就是說，勞動者生活必需品價格永久的低落，「因國民經濟學的鐵律」，等於勞動力價值的下降，終久有一種相應的勞動工資的下降跟着出現。勞動工資大概按着所節省的平均房租數目而下降，就是工人對于自己所有的房子的租金，不像從前一樣，用貨幣付給房主，而是以無償勞動付給他所服務的工廠主。在這種方法中，工人對于房子所節省的數目變成資本，不過這不是他的資本，而是他所服務的資本家的資本。』（見同書三四頁。）

薩克斯解決住宅問題，自以爲不涉理想之鄉，雙脚踏在實際的境界中。他以爲工人住宅有兩種制度，即小屋制（Cottagesystem）和大屋制（Kasernensystem）。小屋制是唯一適宜的制度，工人可以取得這種小屋作自己的財產，而大屋制對于健康道德和家庭和平都有很大的弊端。可是在住宅荒的中心點，即在各大城市中，因土地昂貴的緣故，小屋制却不能實行。如能用四至六宅的房子去代替大屋，或藉建築的一切技術去減少大屋制的主要缺點，人們便可以滿足了。

『所以資產階級的解决住宅問題是顯然觸礁了，——即觸在城市與鄉村的對抗上。我們在此處達到這個問題的中心點。當社會的改革大有進步，足以開始消滅現今資本主義社會弄至登峯造極的城市與鄉村的對抗，住宅問題才能夠解决。資本主義的社會不獨絕不能消滅這種對抗，並且使牠日趨嚴重。……薩克斯君以爲解决住宅問題同時就解决了社會問題，實則不然，要首先解决社會問題，這就是說，要首先剷除資本主義的生產方法，才能夠解决住宅問題。要解决住宅問題，又要繼續保持近世的大城市，便是沒有意識的。但須首先剷除資本主義的生產方法，才能夠消滅近世大城市，當此事一經進行，則局面完全不同，用不着替每個工人謀得一種爲自己所有的小屋了。』（見同書三六頁。）

昂格思的第三篇論文係因陸爾柏格否認自己爲蒲魯東主義者，兼爲蒲氏作辯護士，故特予以反駁。這種反駁文字對于第一篇論文雖也有詳細發揮，甚至于增加之處，然其主旨仍和從前一樣，因此不必予以介紹。

昂氏于一八八七年將以上三篇論文略加修改，另印成一個單行本，稱爲住宅問題。他當時和馬克思分工合作，馬氏將全力注在資本論上，他則從事于日常問題的文字上的爭鬥，使他們的見解得表見于各種定期刊物中。住宅問題中的文字固然是反對大小資產階級對于工人住宅的解決法，但同時又表現他們兩人對于這個實際問題的見解，這是很可寶貴的。

過了五年，即一八七七年，昂格思又應民國報的總編輯李卜克內西的請求，作成大批的論文，登在萊比錫的進步報上，這就是他的有名的反杜林（Anti-Dühring）。今特先說明其起緣如左。

「拉塞爾派和挨塞那哈派（Die Eisenacher）于一八七五年九月在哥達會議聯合（成爲一個黨）。在會議中所採納的綱領不獨表現拉塞爾派理論水平線的低落，並且表現被視爲馬克思主義者的挨塞那哈派也是如此。我們看見當時德國社會民主黨的中央機關報中有各種各樣的潮流。而畢希勒（Büchner）的唯物論尤佔優勢。考茨基當時尚努力從事于達爾文主義，馬爾查士主義和社會主義的結合。甚至于將俄羅斯的批評家和侔雷斯珂（Moleschott）及佛格特作品的通俗化者皮薩列夫（Pisarev）對于「美術的毀滅」（Die Zerstörung der Ästhetik）的論文譯出登載，摩斯特不獨將馬克思的著作通俗化，並且又草一些關于哲學和自然科學的論文。〔民國報的〕總編輯李卜克內西自己對于這一切問題都不擅長，僅從本能上感覺他的報在這一方面是表現一種聲調很壞的合奏曲。當社會主義者的羣衆中開始表現趨附杜林的傾向，摩斯特，佛里奇（Fritzsche），卡斯大和其他人等變成這位柏林〔大學〕講師公開的信徒；而李氏從各方面收到擁護杜氏的論文時，覺得必須于此處取一種鮮明的決切的態度。他因摩斯特送到一篇論文，特轉送給昂格思。他在一八七六年五月十六日的信中說：「附上摩斯特的文稿一件，你會看見杜林的瘟疫已經傳染給本來健全的人們了；馬上答覆是必要的。」（見耶贊諾夫主編的馬克思與昂格思叢刊德文本第二卷一三五至一三六頁，耶氏：昂格思的辯證法與自然——Friedrich Engels Dialektik und Natur）

昂格思自得悉此項消息後，即于是月二十四日寫信給馬克思，徵求他的意見，擬和摩斯特這一批人取對抗的形勢。馬氏于異日回信說：「我的意思是，要無顧慮地批評杜林，才能夠「和這些先生取對抗的形勢」。』（見昂格思與馬克思書信錄第四卷三七五頁。） 昂氏覺得這是一種最扼要之舉，遂決計奮起擔負此項責任，他在三日後致馬克思的信中說：『你的話很對。 你可以睡在溫煖的牀上——特別研究俄羅斯的土地關係，一般地研究地租，沒有事來打斷你——但我當坐在硬板凳上，喝喝冷酒，又突然將一切事情中止，來緊緊壓迫那無聊的杜林。』（見同書同卷三七七頁。）

杜林于一八三三年一月生于普魯士一個官吏的家庭中，幼孤，即養育于孤兒院和寄宿學校中，從一八六三年起至一八七七年止，任柏林大學的哲學和經濟學講師。 他所涉獵的科目極多，而他的速成的著作也不少；他自己創造一種哲學的和社會主義的體系，認此爲出自終極的眞理。 因此大半看不起一般哲學的和社會主義的先進，特別攻擊馬克思與拉塞爾。 當一千八百七十年代，『適逢社會民主黨中一般精神煥發的分子不復以拉塞爾煽動的著作爲滿足，而又還沒有窺見馬克思的資本論中一切歷史的聯繫，不得不受杜林學說強度的吸引。』（見墨爾林德國社會民主黨史第四卷一二一頁。） 昂格思爲矯正黨中這種趨向起見，遂挺身出來從事于文字的爭鬥。

昂氏的作品共分三大部分，第一部分爲哲學（共十二章），第二部分爲經濟學（共十章），第三部分爲社會主義（共五章），而這三部分之前復有兩章引論。他在引論的第一章中概括地說明自古至今的兩種思想方法，即玄學的思想方法和辯證法的思想方法：

「當我們對于自然，人類歷史，或自己的精神活動加以有思慮的考察時，即首先看見一副聯繫和交互作用無限綜錯的圖形，沒有何物的性質，場所和狀態是停頓的，萬事萬物都在運動，變化並生滅。這種原始的，質樸的，而又切于事實的世界觀是古代希臘哲學的世界觀，並且首先被赫拉頡利圖斯明白說出，就是：萬物存在而又不存在，因爲萬物流動，不斷的變化，不斷的生滅。然這種見解對于全體現象一般的性質的理解，雖十分正確；而對于構成全體的各部分的說明却不充分；我們如果辦不到這一點，對于全體也不會明白。要認識這些部分，必須將牠們從牠們自然的或歷史的聯繫中抽出來，依照牠們的特性和特殊因果關係等等，加以個別的探討。這第一就是自然科學和歷史研究的任務；這種研究部門在典型時代的希臘人中只佔一個次要的位置，因爲此舉必須首先搜集材料。嚴密的自然研究開始于亞歷山大時代的希臘人，至中古時代，由阿剌伯人更爲發展；而一種眞正的自然科學直至十五世紀的下半期才開端，自此以後，牠以加速的速度獲得進步。對于自然作部分的分析，對於各種自然現象和自然對象作一定的分類，對于有機體的內部作多樣解剖學上形體的研究，這是近四百年來認識自然的偉大進步的基本條件。但此事遺下一種習慣，使我們對于自然物和自然現象在個別中去加以理解，把牠們的大聯繫置諸度外；因此我們所認識的，不在牠們的運動中，而在牠們的靜止中，不是當作本質的變化，而是當作固定不移，不是在牠們生的形態中，而是在牠們死的形態中。當這種觀察法由培根（Bacon）和洛克（Lock）從自然科學移入哲學，便造成近幾世紀特別的狹隘性，即玄學的思想方法。』（見昂氏杜林的科學革命五至六頁，一九二一年德文第十一版。）

『自玄學家看來，一種事物或是存在，或是不存在：牠不能夠同時是自身而又是另一事物。積極與消極絕對互相排斥；原因與結果也同樣立于殭硬的對抗上。』（見同書六至七頁。）然按之實際，『各種有機體在每一轉瞬間是同一物，而又非同一物；在每一轉瞬間消化牠從外界所攝取的物質，而排泄其牠物質，在每一轉瞬間，牠體中的細胞死去，而形成新細胞；並且在一個或長或短的時期之後，這個身體的物質完全更新，由其牠元素來代替，所以每個有機體常是同一物，而又是另一物。 我們如作更正確的觀察，又看見，對立的兩極，如積極與消極的不能互相分離，和牠們互相對抗一樣，並且無論怎樣對抗，總是互相貫注的；同樣原因與結果只用在孤立的場所，才是有妥當性的觀念，但我們如果將這孤立的場所和世界全體聯合起來看，則原因與結果融化在一般的交互作用的見解中，原因與結果不斷地更換位置，在現在或此處爲結果，在從前或彼處又爲原因，在現在或此處爲原因，在從前或彼處又爲結果。』（見同書七至八頁。）

『這一切現象和思想方法不適于玄學思想的領域。 在另一方面，辯證法對于事物及其概念的摹本本來是在牠們的聯繫，連鎖，運動和生滅中去加以考察，像上述的現象恰恰證明牠自己的考察方法爲正確。 自然是辯證法的證據，我們必須告訴近世自然科學，牠對于這種證據供給極豐富的並且日日堆積的材料，因此證明在自然中一切的進行是辯證法的，而不是玄學式的。』（見同書第八頁。）

『要精密表現全宇宙及其發展，並人類的發展與這種發展在人類腦袋中的反映，只有依照辯證法的方法，不斷地考慮生與滅一般的交互作用，和進步或退步的變化，才能夠達到目的。　而德意志的新哲學就是在這種意義上出現的。　康德開闢這種哲學的坦途，他于有名的第一次衝擊後，使牛頓所謂不變的太陽系及其永久的長存化爲一種歷史的進程：即太陽及一切恆星發生于一種旋轉的星雲團。　他因此已經達到一種結論，就是，既有這種發生，太陽系將來的滅亡也是必然不可免的。……德意志這種新哲學在黑格爾的體系中出見牠的結局，而全部自然的，歷史的和精神的世界在此才第一次表現爲一種進程——這是他的大功勞——這就是說，才第一次表現爲不斷的運動，變化，轉換和發展，並且才第一次企圖在這種運動和發展中指出內部的聯繫。　從這種觀點出發，人類的歷史不復像沒有意識的暴力活動——在現今成熟的哲學家理性審判之前，這一切活動都是可斥責的，並且最好使人們趕快地忘記牠們——的一種紛亂，而是人類自身發展的進程，現在思想的任務就在通過一切邪途歧路，跟着這種進程徐緩的步驟，從一切外表的偶然中指出牠的內部的規律性。』(見同書八至九頁)

黑格爾的大功勞在提出這種任務，但爲自己的認識和自己時代的認識與見解所限，不能解決這種任務。　此外，他又是一個唯心論者，「就是，他不視自己腦袋中的思想爲現實事物和現象多少抽象化的摹本，反視事物及其發展爲先世界而存在的「意象」現實化的摹本。

因此一切事物都被倒置，而世界眞正的聯繫全被顚倒了。』（見同書九至十頁）然一經理解這種唯心論全部的顚倒錯亂，必然達到近世的唯物論，卽辯證法的唯物論或唯物史觀，牠的任務是在發見人類發展進程中的運動律。

『一八三一年里昂已經發生第一次工人暴動；一八三八年至一八四二年英國民權黨人領導的第一次全國工人運動達到最高點。資產階級與無產階級的階級爭鬥，因一方面大工業的發展，牠方面資產階級政權的新獲得，遂出現于歐洲最進步的國家歷史的前面。』（見同書十一頁）『這些新事實強迫〔人們〕對于向來的全部歷史從新加以硏究，于是表現向來一切的歷史是階級爭鬥史，而這些互相爭鬥的社會階級每次都是生產和交換關係的產物，總說一句，卽牠們時代經濟關係的產物；所以每一種社會經濟的構造形成眞正的基礎，而每個歷史時期的法律和政治設施，以及宗教，哲學和其牠觀念方法的全部上層建築物，畢竟都要根據這種基礎來解釋。因此將唯心論從牠的最後的逋逃藪——卽歷史觀——中放逐出來，而發生一種唯物史觀，並找着一條坦途，由人類的生存去解釋他們的意識，不像向來一樣，由他們的意識去解釋他們的生存。』（見同書一二頁）

「然向來的社會主義與這種唯物史觀不能相容，恰和法蘭西唯物論的自然觀與辯證法及新自然科學不能相容一樣。這種社會主義固然批評現有的資本主義生產方法及其結果，但不加以解釋，因此沒有克服牠；僅簡單斥牠爲不善。然現在的問題一方面是要在這種資本主義生產方法的歷史聯繫及其必然性中，對一定的歷史時期去說明牠，因此也說明了牠的滅亡的必然性，另一方面是要暴露牠的內部的性質，這種性質至今仍是隱藏着，因爲向來的批評不甚注意于事物過程的自身，多集矢于牠的惡結果上。此事因發見剩餘價値而實現了。現在證明掠取無償勞動是資本主義生產方法的根本形態，也是假手于這種方法所完成的剝削工人的根本形態；資本家即使依照充分的價値購買工人的勞動力——即這種勞動力在商品市場上作爲商品所具的價値——然他從這種勞動力所搾取的價値要多于他所付出的價値；這種剩餘價値終久構成價値總額，而各有產階級手中時常增大的資本量是由這種總額中積集起來的。資本主義生產以及資本生產的進程是被說明了。

「唯物史觀與暴露憑藉剩餘價値的資本主義生產的祕密，這兩大發見，我們是要感謝馬克思的。有了牠們，社會主義才變成一種科學，而這種科學現在才努力去完成牠的一切細

目和聯繫。』（見同書一二至一三頁）

昂格思在第一章這樣說明兩種思想方法的發展和馬克思的兩大發現之後，在第二章中便介紹杜林的三種著作爲後來討論的張本，即哲學講義（Cursus der Philosophie），國民經濟學和社會經濟學講義（Cursus der National-und Sozialökonomie）及國民經濟學與社會主義批評史（KritischeGeschichte der nationalökonomie und des Sozialismus）。杜氏在書中自認爲現代和可預想的將來唯一眞實的哲學家，而他挾着自然的『體系或現實哲學』（Wirklichkeitsphilosophy）所昭示我們的，都是終極的眞理，他所用的方法也是唯一嚴密的科學方法。『當一個人據有終極的眞理和唯一嚴密的科學方法時，對于其餘錯誤的與非科學的人類自然會呈出一種輕視的態度。所以杜林君說及他的先驅者，即加以極端的侮蔑，僅有他破格稱爲偉人的少數人在他的激烈主張之前，得沐恩澤，這原是不足驚異的。』（見同書一六頁）

舉例來說，他在哲學方面，對于康德以後的哲學家如費系特，謝林和黑格爾，一律加以醜詆，斥他們的哲學爲『發昏的囈語』（Fieberphantasien）。在自然科學方面則排斥達爾文，稱達爾文主義爲一種『對抗人性的獸性的東西』。在社會主義方面情形更壞：他只看中了最不重要的路易勃郎，對于其他社會主義者竟稱之爲罪人，爲缺乏榮譽，不僅在眞理和科學方法上是如此，卽在品格上也是如此。除掉巴倍夫(Babeuf)和一八七一年的公社幾個人外，他們都不是人，而三大烏託邦主義者都是『社會的鍊金術士』。他並且異想天開，按照一般烏託邦主義者的名字加以譏諷，如"Saint-Simon——saint, Fourier——fou, Enfantin——enfant"(卽聖西門是聖人，傅立葉是瘋子，翁封湯是孩子)之類。

可是杜林對于馬克思更妄肆譏評，認馬氏的『見解狹隘，……就他的作品和成就的本身講，卽就純粹理論上講，對于我們的領域（卽社會主義批評史），沒有永久的意義，對于思想潮流的通史至多是新私派學說中一個支派的影響的象徵。……沒有集中與組織的能力，……思想和文體不成體統，言詞鄙野，……具有英國化的虛榮心，……欺詐……和紛亂的觀念，在事實上這只是歷史的和邏輯的幻想的私生子，……並且慣用欺騙的語句，……雜以私人的虛榮心……卑鄙的態度，……驕橫傲慢，……矯揉造作的粉飾，……中國式的學問，……哲學的和科學的落後思想。』(見同書一八頁)

昂格思于敍述杜林對于哲學，自然科學和社會主義的前輩所持的態度以後，卽開始他的

第一部分的討論。這一部分所涉及的方面甚多，如哲學，自然哲學，數學，生物學，物理，化學，道德，法律，歷史，和辯證法等等都在內。我們在此處當然沒有一一介紹的可能，也沒有一一介紹的必要，因爲此書的範圍雖廣，篇幅雖多，而其主旨已表現于引論的兩章中。他在第一章敍述兩種思想方法，即玄學的思想方法與辯證法的思想方法，前者是杜林的方法，後者是馬克思與昂格思的方法；而反杜林一書一方面是在證明杜氏整個方法的錯誤，另一方面是將辯證法與自然和歷史的唯物觀結合起來。至于引論的第二章意在指出杜氏于玄學方法之外，還擅長一種技能，即對于他所不了解或不贊成的學說與人物，便盡情加以謾罵和醜詆。我們有了這兩點暗示，對于杜林學說的價値已經可以估定幾分了。

雖是這樣，我們對于昂格思這一部分的文字仍當略予介紹，以見雙方持論的一斑。他首先總括杜林對哲學的議論說：『據杜氏的意見，哲學是世界與人生意識最高形態的發展，並且包括廣義上的一切知識和意志的原理。在好些知識，衝動，或一羣生存形態對于人類意識成爲問題之處，此等形態的原理必爲哲學的對象。這些原理是單純的，或向來被視爲單純的構成要素，而複雜的知識與意志即由此要素而成。事物一般的組織，和個體的構成一樣，可以還元到基本形態與基本元素。此等最終的構成要素或原理一經發覺，不獨適用于直接知道的和可接觸的世界，並且也適用于不知道的和不可接觸的世界。所以哲學的原理，對于科學說明自然與人類生活所用的統一的體系，構成一種終極的補充。哲學于考究一切生存的基本形態之外，只有兩種特有的研究對象：卽自然與人類世界。因此我們的材料可以很自然地分成三部分，卽一般的世界範疇論，自然原理的學說和人類的學說。在這種順序中同時含有內部的邏輯的秩序；因爲對于一切生存適用的形式的基本原則，在牠們的次第中是居前，而此等原理所應用的具體的領域是居後。這就是杜林的學說，差不多是依照他的話描寫出來的。』（見同書二〇頁）

昂氏于是接着批評道：『他所注意的是原理，是導源于思想——而不是導源於外界——的形式的基本原則，此等原則應用于自然與人類的領域，使兩者受牠們的支配。但思想從何處取得此等原則呢？從牠自身取來的麼？不是，杜林自己說：純粹觀念的領域是限于邏輯的範疇與數學的形體。……邏輯的範疇僅能應用于思想方式上，但此處所講的只是生存的形態，卽外界的形態，思想永不能由自身創造並發出此等形態，只能由外界達到這種目的。

然全部關係因此顛倒了：原理不是研究的出發點，而是牠的終極結果；牠們不得勉強應用在自然和人類史上，牠們是由兩者裏面抽象出來的；牠們不能擺佈自然與人類世界，並且要和自然與歷史一致，才是正當的。這是事物唯一的唯物觀，杜林相反的意見是唯心觀，將事物完全倒置着，並且從思想中，從世界以前永遠存在的圖案，計畫或範疇中構成現實的世界，恰和黑格爾一樣。」（見同書二一頁）

這兩段話表見兩種完全不同的思想方法：杜林研究自然與人類世界是從原理出發，這是玄學的思想方法，而昂格思則從客觀的事實出發，便是唯物的辯證法了。杜氏挾着這種方法，無論對于任何種科學，大談其『終極的真理』和『永久的真理』。昂氏應用辯證法，特關永久的真理（Ewige Wahrheiten）一章加以指摘和糾正。

他以為人們可以依照向來周知的方法，將認識的全部領域分為三大部分。第一部分包含以無機界為對象的一切科學：即數學，天文學，機械學，物理和化學。第二部分為研究有機體的一切科學。第三部分為歷史的科學，這一部分是對于人類的生活條件，社會關係，法律形態，國家形態，及其觀念的上層建物，如哲學，宗教，藝術等等，在牠們歷史的繼續和現在的表現中加以探討。 在第一，二部分科學中去求永久的眞理已經是十分稀少，在第三部分科學中更不易得。『誰要在此處追求終極的眞理，絕不變遷的眞理，將所得無幾，因爲那便是最淺薄的平凡事實和常識，如就一般講，人類沒有勞動，卽不能生存，人類一直到現在，多半分爲統治者與被統治者，拿破崙死于一八二一年五月五日是。』（見同書八四頁）

然昂格思這一類的說法引起世人很大的誤會。 許多人以爲他攻擊杜林所揭櫫的終極的眞理，並這樣輕視永久的眞理，就是完全不承認這一類的眞理。 例如美國留伊斯（Austin Lewis)於節譯他這部書之後，在譯者序言中說：『他的爭辯的題材雖要求他攻擊這位柏林講師，然他的議論大半是對抗一切絕對的學說。 他對於科學領域中「永久的眞理」和對於哲學領域中一樣，視爲荒謬，加以嘲笑。』（見科學的社會主義的疆界一〇頁，一九〇七年芝加哥出版。——Landmarks of Scientific Socialism） 留氏甚至於慨嘆『要撲滅「永久的眞理」，決不是一樁容易的事。』（見同書一一頁。） 又俄國波格丹諾夫（Bogdanow）也以爲昂格思在反杜林中對於眞理的議論和他所服膺的『眞理的相對性』（卽否認一切永久的眞理）差不多是一樣的，不過昂氏不大徹底，尚留戀於可憐的永久的眞理（指昂氏認『拿破崙死於一八二一年五月五日』等事爲永久的眞理講），以致流於折衷論。

這都是極錯誤的見解。昂格思雖譏笑杜林到處高唱永久的眞理，但他自己却沒有否認這種眞理，他並不要『撲滅「永久的眞理」』，也未嘗流於折衷論。關於這一點，列寧解釋得最清楚。他說：『昂格思所舉的例子是完全初步的，每個人可以毫不費力，舉出幾十個相似的例子，表現永久絕對的眞理，只有瘋子才會懷疑。……昂氏在此處爲什麼要說平凡呢？因爲他是對於固執的和玄學的唯物論者杜林加以反駁與嘲笑，杜氏不知道按照絕對和相對眞理的關係，運用辯證法去解決這個問題。既名爲唯物論者，是要認識我們的感覺機關所接受的客觀的眞理。承認客觀的——即離人與人類而獨立的——眞理，就是在這種或那種方法中承認絕對的眞理。「在這種或那種方法中」這一點就是玄學的唯物論者杜林和辯證法的唯物論者昂格思分別之處。杜氏在一般科學的複雜問題中，特別是在歷史科學的複雜問題中，喜歡說大話：如終極的眞理，永久的眞理和確切的眞理是。昂氏嘲笑他說：世間的確是有永久的眞理，但對於很簡單的事件說些大話，是不合情理的。要推廣唯物論，對於「永久的眞理」這句話不得作無謂的戲弄，必須懂得依絕對和相對眞理的關係，應用辯證法去提出並解決問題。』（見德文本列寧全集第十三卷唯物論與經驗批評論一二〇至一二一頁，——Materialismus und Empiriokritizismus）這段話不獨明白表現昂格思和杜林對於眞理問題的差異所在，並且將昂氏沒有爲人所注意的話闡發出來了。

反杜林的第二部分所討論的爲經濟學，已較第一部分的範圍爲狹，但所佔的篇幅幾等于第一部分。因爲杜氏對於經濟學，在一方面揭櫫暴力說和特殊的價値說等等，另一方面又往往錯解馬克思的經濟學說而妄肆批評，昂格思須一一加以駁斥，故說得很多。經濟學係一種帶專門性質的科學，留待本書下編去講，此處只對于所謂暴力說及其駁論略說一二。

昂氏首先徵引杜林的學說道：『「一般政治對經濟權利的形態的關係，在我的理論體系中是十分決切，同時具有特殊的意義，爲便于研究起見，對于這一點作一種特別的指示；總不算是多事。政治關係的形態是歷史的根本的，而經濟的隸屬只是一種作用或一個特例，因此常爲第二等的事實。近來有些社會主義的體系依據眼睛所見的外表現象，對於那指導的原理弄成一種完全相反的關係，以爲政治的隸屬關係是由經濟狀況中發生出來的。這些第二等的作用的確存在，現在且最爲人所感覺，但語其來源必須求之於直接的政治暴力中，不當求之於間接的經濟力量中。」　杜林君在另一段中也同樣「自下列的命題出發，卽政治狀況爲經濟狀況決切的原因，而相反的關係只是一種第二等的反作用。……當人們不把政治組織爲着自身的緣故，當做出發點，而專視爲一種達到食物目的的手段，那無論他們表見爲怎樣急進的社會主義和革命，總是隱藏着一種反動。」』（見昂氏杜林的科學革命一六二至一六三頁。）

據杜林的意見，一切經濟現象是要由政治的原因——卽暴力——去加以說明，而向來流行的全部『暴力財產』（Gewalteigentum）是建築在政治壓迫上的。這與馬克思和昂格思的唯物史觀說恰恰相反，昂氏于是用三個專章，徵引無數的古今事實加以反駁。

他首先指摘杜氏的魯濱孫（Robinson）奴役星期五（Friday）爲一種政治行動的主張，說明魯氏是因星期五能夠生產多于自己所消耗的生活品，才使之爲奴，所以他的『政治組織不是爲着自身的緣故當作出發點，而是專視爲一種達到食物目的的手段』。　次言羅馬的奴隸制所需的是『一種勝于「暴力」的東西，卽一種高度發達的美術工業和手工業，及一種廣大的商業。　美國的奴隸狀況建築在英國的棉織業上遠過於建築在武力上；而在不產棉花的區域，或像邊疆各州一樣替種棉諸州畜養奴隸的區域，不須應用暴力，奴隸狀況自行消滅，僅因爲牠沒有利益。』（見同書一六六頁）再次則指出私有財產出現於歷史，並不是刼奪與暴力的結果，在原始共產團體中的私產不必講，『卽在土地共有基礎上所形成的原始貴族閥，如在克勒特人（Kelten）中，日耳曼人中，和印度五河地方的貴族閥一樣，最初決不是建築在暴力上，而是建築在自由意志與習慣上。凡私有財產成立之處，都是生產關係和交換關係改變的結果，爲着增加生產，促進交易而起的，所以是出於經濟的原因。此處絲毫沒有暴力的分。當掠奪者能夠據他人的財物爲己有時，私有財產制度必已成立；暴力誠能改變所有權，但不能創造私有財產，這是很顯明的。』（見同書一六七至一六八頁。）

『卽在最近代的形態——工資勞動——中去說明「以奴役宰制人們」一點，也用不着暴力或暴力財產。……假定一切私有財產原來是建築在所有者自己的勞動上，而在以後的全部過程中只是相等的價值與相等的價值相交換，然在生產和交換的展進中必定達到現今資本主義的生產方法，使一個人數較少的階級壟斷生產工具與生活資料，一個人數極多的階級變成無產者，使過剩生產與商業危機隔若干時互相交替，造成現代生產的無政府狀態。這全部過程是由純粹經濟的原因說明的，沒有絲毫劫奪，暴力，國家或何種政治干涉的必要。所謂「暴力財產」在此處也表現只是一句空話，只是由於不了解實在的過程所致。』（見同書一六八至一六九頁。）

『就歷史上講，這種過程是資產階級的發展史。如果「政治狀況是經濟狀況决切的原因」，則近世資產階級必定不是在對封建制度的爭鬥中發展出來，而是這種制度生產的寵兒。然每個人都知道事實恰恰相反。資產階級原來是一個被壓迫的閥閱，對於統治的封建貴族負有貢稅的義務，並從各種各樣的奴隸和農奴中招致補充的人數，牠和貴族不斷的爭鬥，一步一步奪得權位，最後在最發展的諸國中獲得統治權；在法國是直接覆傾貴族，在英國是使貴族日益同化，作爲牠自己的冠飾。牠怎樣完成此舉呢？全由「經濟狀況」的改變，而政治狀況或遲或早，或出於自由意志，或由於爭鬥，也跟着變化。……法國的「政治狀況」沒有改變，而「經濟狀況」的發展凌駕其上。就政治地位講，貴族獨尊，有產的市民不算什麽；就社會地位講，市民現在是國中最重要的階級，貴族一切社會的職務都移交給牠，自己只收取這種已經消滅的社會職務的報酬。不僅是這樣：資產階級在牠的全部生產中是偶促於中古的封建政治形態裏面，這種生產——不僅工廠手工業，甚至於手工業——的發達在千百種行會特權和地方及省區關稅壁壘的桎梏中已經超過此等政治形態了。資產階級的革命使牠們都告終結。可不是依照杜林的基本原則，由經濟狀況去適應政治狀況——貴族和君主多年企圖做到這一點，不過徒勞無功——而是掃除腐敗的舊政治的廢物，創造〔新的〕政治形態，使新的「經濟狀況」得以生存並發展。牠在這種適宜的政治和法律空氣中已經具有一種光輝燦爛的發展，距一七八九年貴族的位置已經不甚遠了：牠不獨將愈加變成社會的贅疣，並且將愈加變成社會的障礙物；牠愈加和生產活動分離，並和從前的貴族一樣，愈加變成一個徒然領取收入的階級；牠完成自己這種地位的革命以及一個新階級——無產階級——的產生，沒有用任何種暴力的戲法，只是遵循了純粹經濟的道路。還有一層，牠自己的行動產生這種結果，殊非所願——反之，這種結果是以不可抵抗的力量，逆着牠的意志貫徹出來的；牠自己的生產力凌駕牠的領導之上，並且必然驅策整個資產階級的社會趨於滅亡或革命。當資產階級現在爲保持土崩瓦解的「經濟狀況」一起見，要訴諸武力，那就是證明牠和杜林君同樣陷於錯覺中，以爲「政治狀況是經濟狀況決切的原因」；以爲可以用「來源」，和「直接的政治暴力」改變那種「第二等的事實」，即經濟狀況及其不可避免的發展，並可以用後堂砲與毛瑟槍將蒸汽機，此機所驅策的機械，世界商業，現今銀行發達和信用發達的經濟作用驅逐於世界之外。』（見同書一六九至一七一頁。）

此外，『暴力在今日就是海陸軍，我們都知道兩者要耗費「巨額的貨幣」。但暴力不能夠創造貨幣，至多只能奪取已經造好的貨幣，就我們對於法國巨額賠償金的悲慘的經驗講，這也無濟於事。所以貨幣終久是要由經濟的生產供給的；暴力又要受經濟狀況的決定。這種狀況對暴力造成供給與維持牠的工具的手段。不僅如此。世間沒有何事比海陸軍更倚賴經濟的先決條件。舉凡武裝，編制，組織，戰術，和兵法，尤其依倚每個時期的生產階段和運輸狀態。』（見同書一七二至一七三頁。）

末了，『據杜林君的意見，暴力是絕對的惡，而最初的暴力行爲就是陷入罪惡中，他的整個說明是對於向來全部歷史傳染原始的罪惡，作一種悲哀的說教，慨嘆於一切自然的和社會的定律被這種魔鬼的勢力——暴力——可恥地僞造改變了。但暴力在歷史上還有一種任務，卽一種革命的任務，用馬克思的話來說，暴力是每個孕育新社會的舊社會的接生婆，暴力是貫徹社會運動，並破壞凝固的死滅的政治形態的工具，——關於這幾點，杜林君便一字不提。僅在呻吟嘆息之中，認推翻剝削的經濟，暴力也許是必要的——但是可惜！因爲凡行使暴力的人便會墮落。不管每種勝利的革命後有怎樣高尚道德和精神的勃興，他以爲會有這種墮落！在德意志也是如此，其實一種暴力的衝擊可以掃蕩三十年戰爭的屈辱侵入國民意識中的阿諛卑屈的精神，至少也有這種利益。這樣軟弱無力的說教方法竟要來進攻在歷史上著名的最革命的政黨啊？」（見同書一九三頁。）

反杜林的第三部分所討論的爲社會主義。起首一章係歷史的，一面概括地敍述聖西門，傅立葉和渦文三大烏託邦社會主義者的學說，一面指出杜氏對于此等學說一知半解，胡亂批評的錯處。第二章係理論的，凡科學的社會主義的理論大體都表現出來了。第三章論生產，第四章論分配，不外對于杜氏的社會主義，和生產，分配等說加以批評。「自他看來，社會主義不是歷史發展中一種必然的結果，更不是現今粗糙物質的和僅爲達到食物目的的經濟條件一種必然的結果。他的社會主義要好得多。那是一種終極的確切的眞理；

那是「社會的自然體系」，而其根基是植在一種「正義的普遍原則」上，當他對于向來罪惡的歷史所創造的現狀不能不加以注意，以便從事改革時，此舉對于正義的純粹原則要視爲一種不幸。杜林君創造他的社會主義，和創造其牠東西一樣，總是借助于他那有名的兩個人。不過不像從前一樣，這兩個木頭人表演主人與奴隸的任務，而是表演權利平等的戲劇——杜氏的社會主義在基礎上便完成了。』（見同書三〇六至三〇七頁。）

『我們已經知道，杜林的經濟學歸結到下列一句話：資本主義的生產方法十分完善，可以存在，但資本主義的分配方法十分惡劣，必須消滅。我們現在又發見，杜君的「共同社會」不過是在幻想上推行這句話罷了。在事實上表現他對于資本主義社會的生產方法幾乎沒有話說，他要維持舊式分工中一切主要的關係，因此對于他的經濟公社中的生產也不知道要怎樣說。生產是一個講強硬事實的領域，「合理的幻想」的自由心靈很少翱翔的餘地，因爲侮辱的危險近在咫尺。反之，據杜君的意見，分配和生產簡直沒有關係，分配不是由生產決定的，而是由一種純粹意思行爲決定的——分配是他的「社會鍊金術」的豫定的舞台。』（見同書三二二至三二三頁。）

在杜林的經濟公社裏面，是『相等的勞動和相等的勞動』互相交換，這是他的『正義的普遍原則』，因爲這是『勞動的全收』。可是這樣一來，財富需歸諸私人，經濟公社將一無所有。『假定經濟公社的社員每人每日作工六點鐘，所得的錢數恰爲六個勞動鐘點的結晶，如十二個馬克。又假定價格恰等于價值，在我們的前提之下，只包括原料的費用，機器的耗費，勞動工具的消耗，和所支付的勞動工資。一個百人的經濟公社每天所生產的商品，價值爲一千二百馬克，每年工作日三百天，計三十六萬馬克，此數均付給各社員，他們每人每天拿十二馬克或每年拿三百六十馬克，可以爲所欲爲。當一年終或一百年終，公社仍和初時一樣，並不加富。』（見同書三二五至三二六頁。）

「『依照平等評價的原則，勞動和勞動互相交換，』這句話要有一種意義，即爲相等社會勞動的生產物有互相交換的可能，即爲價值律，這就是商品生產的根本法則，也是商品生產的最高形態，也是資本主義生產的根本法則。這種根本法則在現社會實現的情形，和經濟律在一個私人生產者社會中所能實現的一樣：是爲與生產者的意志或行動無關而存在事物和各種關係中的盲目的自然律。杜林君將這種法則作爲他的經濟公社的根本法則，並要求公社以充分的意識貫徹起來，這就是將現社會的根本法則當作他的幻想社會的根本法則。他要保持現社會而除去其弊端。因此他的行動的立脚點和蒲魯東完全相同。他和蒲氏一樣，要剷除商品生產發達到資本主義生產所起的各種弊端，同時又要保持恰恰產生此等弊端的商品生產的根本法則。他和蒲氏一樣，要藉幻想的結果去消滅價值律實際的結果。』（見同書三三九頁。）

第三部分的末尾一章是批評杜林對於將來的國家，宗教，家庭和教育等學說；其中較爲有趣的是他對宗教所持的態度。他以爲『「在自由社會中不能有禮拜；因爲小孩子式的原始想像在自然之後或自然之上置有一種本體，藉犧牲或祈禱向之邀福，此時每個社會成員這種想像是被克服了。」一個「了解正當的共同社會體系……要除去一切對精神魔術的準備和一切構成禮拜的本體的成分。」宗教將被禁止了。』（見同書三四二頁。）

『然一切宗教不過是宰制人類日常生活的外部勢力在人腦中所起的一種幻想的反映，各種地上的勢力在這種反映中取了天上勢力的形態。……我們已經屢次看見，在資本主義的現社會中，人們受自己所創造的經濟關係與生產工具的支配，和受外部勢力的支配一樣。所以當宗教反映作用的事實基礎繼續存在時，宗教的反映自身也會存在。資產階級的經濟學對於這種外部支配的因果關係雖也有某種明見，但於事實無所改變。這種經濟學通常既不能遏止危機，又不能使各個資本家避免損失，靠不住的債務，和破產，更不能保護工人，使不致失業而流於困苦。大家總是說：人思想，神（即資本主義生產方法的外部支配）指導。單是認識，單是比資產階級經濟學更廣大深刻的認識不足以使支配的社會力屈服於社會之前。此處尤其要有一種社會的行動。當這種行動一經成功，當社會一經掌握全部生產工具，加以有計畫的管理，並將一切社會員從奴役——這種生產工具爲他們所創造，但和一種優越的外力一樣對抗他們，使之陷入奴役中——中解放出來，當人類不僅是思想，並且還要指導時，現今尙反映於宗教中的最後的外部勢力才會消滅，而宗教的反映自身也會滅消，其理由十分簡單，就是不復有什麼東西反映了。

「但杜林君不能等待宗教這種自然的死法。他採取操切的行動。作事勝過畢士馬克；並制定嚴厲的法例，不獨用以對付迦特力教，並且用以取締一切宗教；他嗾使他的將來的憲兵鉗掣宗教，予牠以殉教的機會，使之得延長生存的期間。凡我們的目光所到之處，總看見普魯士特別社會主義的氣味。』（見同書三四二至三四四頁。）

昂格思於說完第三部分之後，用一段話結束全書道：『大家允許我們以開展的胸懷，離開我們這種時常流於乾燥無味的對象。當我們要討論各個疑問點時，在判斷上卽爲客觀的和不可爭辯的事實所拘束；依照此等事實常是必須下嚴厲的批評。現在哲學，經濟學和共同社會都退到我們的背後，而曾受零碎批評的著者的整個形像却呈現於我們的眼簾，於是人事的顧慮可以提在前面；現在允許我們將好些不可解的科學上的迷妄和驕矜追溯到人格的原因上，而我們對於杜林君的總批評可用一句話概括起來：卽誇大妄想狂中的缺之責任能力。』（見同書三五三至三五四頁。）

昂格思這些『論文刊佈於進步報，始於一八七七年一月。第一部分——導論和哲學——於五月登完，旋卽印成一種單行本。第二部分——經濟學——於一八七七年十二月三十日登完，第三部分——社會主義——於一八七八年七月登完。』（見耶贊諾夫主編的馬克思與昂格思叢刊德文本第二卷一三六頁，耶氏：昂格思的辯證法與自然）是年夏季復將這三部分集合攏來，印成書本，名爲杜林的科學革命，但有時爲簡便起見，大家常沿用牠原來的名稱，稱之爲反杜林。

杜林的科學革命一書是昂格思生平一部最偉大的著作，可以和馬克思的資本論後先媲美。就是當時爲杜林信徒的卞斯天後來也說：『這部書毫無疑義地是馬克思的資本論以後近世社會主義最重要的著作。』（見卞氏社會主義的今昔三二頁——Der Sozialismus einst und jetzt）考茨基更說：『除資本論外，杜林的科學革命一書是近世社會主義的根本著作。』（見考氏昂格思的生世，活動與著作三一頁）其實就社會科學與自然科學的結合講，就立論的通俗講，昂氏的書還要算首屈一指。所以列甯說：『佛愛巴黑（與德國唯心哲學的尾聲」，杜林的科學革命和共產黨宣言是每個有覺悟的工人所當讀的書。』（見列氏馬克思與馬克思主義俄文單行本五〇頁，一九二四年列甯格勒出版——O K. Mapce i Mapkcizme）

昂氏此書有一個重要的特點，即將許多年來馬克思和他的『最優良的工作工具』與『最銳利的武器』（見昂氏佛愛巴黑與德國唯心哲學的尾聲三九頁）有系統地陳述出來，不獨建立在社會科學上，並且還建立在自然科學上——這就是唯物的辯證法。所以墨爾林說，此書的『劃時代的意義，還在牠用理論與實例使辯證法的思想獲得正確的形態。昂格思這種爭論的著作所給予德國社會民主黨的，恰和背養豐富的麵包一樣爲牠當時所需要；昂氏所給予的刺激，論其意義與效能，並不減於十幾年前拉塞爾的公開書信所給予的刺激。』（見墨氏德國社會民主黨史第四卷一二三頁。）

德國社會民主黨人既吃了這種背養豐富的麵包，論理應當馬上捨棄杜林的含有毒質的食品，但在事實上並不如此。杜氏這種不三不四的學說已被柏林大學視爲眼中釘，於一八七七年六月將其辭退，因此更引起他的信徒的崇拜，公然出來反對昂格思。摩斯特於是年黨的哥特大會特促成一種決議案如下：

『本會宣佈，凡對於進步報最大多數的讀者完全沒有趣味的，甚至於引起最大厭惡的論文，如近數月來昂格思對杜林所刊佈的評論一樣，以後不應出現於中央的機關報上。』（見柏柏爾：我生回顧錄第二册三八八頁。）

不過歷時不久，這些信徒對于杜林的信仰根本破產，而馬昂兩氏的影響却逐漸增大了。

我們已經知道，馬克思和昂格思在著作上是很難分離的，他們對于杜林的科學革命一書也是如此。　當一八八五年此書再版時，昂氏在序言中說道：『此處所發表的見解有一最大部分是由馬克思建立並發揮過的，只有一極小部分是我的，而我這種敍述，他自然知道。在全部稿件付印之前，我念給他聽過，關於經濟學一部分的第十章（批評的歷史）並且是他做的，我爲着體裁上的理由，才迫不得已，略加剪裁。　我們向來的習慣是對於專科學問互相帮助。』（見杜林的科學革命序言一二頁。）

昂氏說此書最大部分的見解是出於馬克思，雖不免含有推崇故人的成分，然馬氏旣經參加著作，並於原稿付印前全知其中的內容，則此書完全爲他所贊同，自不待言了。　昂氏後來將此書第一部分的導言和第三部分的一，二兩章抽出來，略加修改，給拉花爾格譯成法文，登在社會主義評論（Revue socialiste）上面，旋又印成一個單行本，名烏託邦的社會主義和科學的社會主義（Socialisme utopique et socialisme scientifique）。　自此以後更被譯成各種文字，爲說明馬昂兩氏所建立的科學的社會主義最精悍短小之作。

昂格思杜林的科學革命一書旣以闡明唯物的辯證法爲一個主要的特點，他在第二版的序言中也說：『從德意志的唯心哲學中救出那有意識的辯證法，使過渡到唯物的自然觀和歷史觀的，只有馬克思和我。然要達到一種辯證法的而同時又是唯物的自然觀，需要數學和自然科學的知識。馬克思是一個很高明的數學家，不過我們對於自然科學只有片斷的，和單個的研究。自我退出商業界，移住倫敦後，便盡量利用充裕的時間，從事於一種完全的數學和自然科學的——像利比喜所說的一樣——「換毛」（Mauserung）工作，八年最好的光陰都花在這裏面。』（見杜林的科學革命序言一四頁） 他這八年研究的結果一部分表現於杜林的科學革命中，一部分則表現於他的遺著中。

講到昂氏此項遺著，起初只有卡斯天等幾個人知道。據卡氏說，昂氏死後，他和社會民主黨執行委員會委託黨員和有名的學者利奧·阿朗斯(Leo Arons)審查馬昂兩氏關於數學與自然科學的遺稿，覺得都無足取，黨部不願將其出版。其實阿氏不獨是一個反對辯證法的經驗論者，並且還公開反對德國工人運動中的每一種急進主義。耶贊諸夫告訴我們說：『從阿朗斯對於遺稿所標的記號看，他所翻閱的只是關於自己專長的部分。昂格思一八八一年八月十八日信中所說的馬克思的數學稿件，他並沒有看過。』（見馬克思與昂格思叢刊第二卷一四一頁） 審查的人既不忠實，而卡氏又祕而不宣，所以馬昂兩氏的遺著竟埋沒二三十年，直至前幾年耶贊諾夫極力搜羅他們兩人的一切稿件，才從卞氏的手中接到這些遺稿。

單就昂氏的遺稿講，計有四捲，第一捲標明辯證法與自然科學，第二捲標明自然科學與辯證法，第三捲標明辯證法與自然，第四捲標明數學與自然科學。這都是一八七〇年代至一八八二年的作品。耶氏將這些作品連同昂氏一八八六年和一八九二年的遺著，編成昂格思的辯證法與自然，發表于一九二七年出版的馬克思與昂格思叢刊第二卷上，足有二百二十餘頁。

但昂格思的遺著只是由許多大綱，短節，短篇和長篇的論文集合而成，並不是整理完好，預備付印的稿件。書的內容是討論自然界的辯證法，牠曾標出三條規律，即：

一、『量變質和質變量的規律，

二、『對抗融合的規律，

三、『反之反的規律。』（見同書同卷二八五頁。）

關於辯證法的內容，杜林的科學革命一書已經講得不少，但並沒有標出規律來，這要算是第一次了。

昂格思除掉這些新近發表的遺著外，尙有一個早已刊佈的小册子，爲表現他和馬克思早年時代思想的變遷和晚年時代哲學觀點的形成的重要著作，卽佛愛巴黑與德國唯心哲學的尾聲。這原是昂氏應新時代雜誌編輯部的請求，批評斯塔克（C. N. Starcke）所著佛愛巴黑（Ludwig Feuerbach）的兩篇論文，起初登在這個雜誌一八八六年四，五期上面，後來才印成單行本。

這個小册子首先述黑格爾的哲學體系及其方法的互相對抗，正宗派和少年黑格爾派的彼此分離，以及後者因對正宗宗教實際爭鬥的必要而趨向于英法的唯物論。第二部分討論一般的哲學問題，批評畢希勒，佛格特和倅雷斯珂膚淺庸俗的自然科學唯物論與法蘭西十八世紀機械的唯物論，而于佛愛巴黑在自然科學三大發見——細胞，力的轉變，和因達爾文得名的進化論——的時代，不能達到那脫離法蘭西唯物論一切偏見的歷史的自然觀，則對照着當時德國糊塗的哲學教授，頗多恕詞。第三部分討論佛氏的宗教哲學和人生哲學。

『佛愛巴黑以爲「人類的時代只是由宗教的變化決定的」。這種主張極端錯誤。宗教的變化伴着歷史上的大轉變，只有向來存在的三種世界宗教，卽佛教，基督教和回回教。古代自然生長的種族宗教和民族宗教是不宣傳的，並且當各種族和人民的獨立一經破壞，此等宗教卽失去一切抵抗力。日耳曼人甚至于只和淪亡的羅馬世界帝國及其所採取的並適合于牠的經濟，政治和觀念狀況的基督教世界宗教簡單接觸一下，卽發生這種現象。只有遇着這些多少矯揉造作的世界宗教，特別是基督教和回回教，我們才發見一般的歷史運動具一種宗教的面目，就是在基督教方面，那對于革命有眞正普遍意義的宗教面目，也只限于資產階級解放爭鬥的初步，卽從十三世紀至十七世紀，並且不和佛愛巴黑所指的一樣，爲出于人們的自心情願及其宗教的虔誠，乃是因中世紀早前的全部歷史除宗教和神學外，不知道有其牠精神文化的形態。可是當資產階級在十八世紀十分強壯，能要求合乎自己階級觀點的精神文化時，卽專在法律和政治觀念的伸訴之下，貫徹牠的終極的大革命，——法蘭西革命——要等到宗教妨礙牠，才去對付宗教；牠却沒有想起創造一種新宗教去代替舊宗教；羅伯斯庇爾這樣的企圖怎樣失敗了，大家是知道的。」（見佛愛巴黑與德國唯心哲學的尾聲二八至二九頁。）

昂格思在第三部分駁倒佛愛巴黑這一大主張後，末了說道：「崇拜抽象的人構成佛愛巴黑新宗教的核心，這必須代以眞正人及其歷史發展的科學。這種超過佛氏觀點的繼續發揮是由馬克思于一八四五年在神聖家庭中公佈出來的。」（見同書三五頁。）

第四部分所說明的是，自佛氏不能用批評的方法結果黑格爾，僅簡單將他擱置一邊，視爲無用後，馬克思即起而擔負這種任務。馬氏是抓住黑格爾哲學革命的方面，予以適當的形態，繼續發揮出來——即辯證的方法。「不視世界爲現成的事物的集合體，而視爲諸種進程的集合體，其中似乎固定的事物及其映入我們腦袋中的思想影像——觀念——是經過一種不斷的發生與消滅的變化，不管一切顯然的意外，和暫時的退步，終久貫徹一種向前進的發展——這種偉大的根本思想特別是自黑格爾以來，浸潤了一般的意識，現在幾乎沒有反對的了。」（見同書三九頁。）

自十九世紀自然科學上的三大發見以來，這一方面的研究也和人類社會的研究一樣，是應用辯證法的。「不過社會發展史和自然發展較，表現一個根本不同之點。在自然界中，如除去人類對于自然的交互作用不計，便盡是無意識的和盲目的力互相影響，而在牠們交互的表演中，那普遍的定律卽發生效力。一切事件的出現，無論是起于無數表面上顯明的偶然，或是出于此等偶然所保證的合規律的最終結果，總不是以有意志有覺悟的目的而出現的。反之，在社會史中的行動者盡是具有意識，思慮或熱情而走向一定目的的人；無一事的出現不具有有覺悟的意見和有志願的目的。這種區別對于歷史的探討，特別是對于單個的時期和事件雖十分重要，但對于歷史的進程受內部普遍律的支配這種事實無所改變。因爲這裏雖是單個人具有有意志的目的，但就大體講，也是偶然在表面上宰制着。所志所願的事件的出現非常稀少，在大多數例子中，只是許多所志所願的目的互相交錯，互相抗拒，或者此等目的自身從始卽不能貫徹，或者是方法沒有效，不能實現出來。所以在歷史方面，無數單個意志和單個行動互相衝擊所造成的狀況與沒有意識的自然所表現的狀況相似。行動的目的是心中所欲的，但眞正由此等行動所生的結果，却不是心中所欲的，或者初時似乎與所志所願的目的相符，終于背道而馳。就大體講，歷史的事件也同樣受偶然的支配。可是在表面上偶然雖在表演，牠却是受隱藏着的內部定律的支配，所以問題就在把此等定律發見出來。」（見同書四三至四四頁。）

昂格思于是藉歷史的例子大體說明馬克思的歷史觀，而他的結論是：『這種觀使哲學絕跡于歷史方面，恰和辯證法的自然觀使一切自然哲學成爲非必要的和不可能的一樣。因此不復需要在腦袋中去製造聯繫，只須在事實中去發見聯繫。那從自然和歷史中驅逐出來的哲學苟延殘喘的地方就只在純粹思想的領域：而關于思想進程自身的規律的學說是邏輯與辯證法。』（見同書五六頁。）

昂格思這個小册子後面還附有馬克思對于佛愛巴黑的十一條批評。『這雖只是急忙草就的綱領，預備後來發揮，絕不是直接要付印的，但這是表現新世界觀活潑的萌芽的第一種文書，很可寶貴的。』（見同書序言四頁）的確不錯，尤其是第十一條在簡單的一句話中給予我們一種革命的人生觀，即：『一班哲學家向來只是各種各樣地解釋世界，但真正的要務是在改變世界。』（見同書六四頁。）

除上面一個小册子外，昂格思還有一篇重要的論文，即法蘭西和德意志的農民問題（Die Bauernfrage in Frankreich und Deutschland），登在一八九四年的新時代上面。馬克思生平最大的目的是在暴露資本主義生產方法所支配的『近世社會的經濟運動律』（見考茨基註釋的資本論第一卷序言三八頁），因此他的著作還未遑多多涉及農業方面，他晚年雖研究俄國和美國的農業狀況，預備有所撰述，卒沒有如願相償。　可是昂格思的論文頗足彌補這一點。　此文在批評拉花爾格所草的和一八九二年馬賽(Marseille)大會所通過的法蘭西工黨(Französische Arbeiterpartei)的農業綱領中，將馬昂兩氏對于雇農，小農，中農，大農，和大地主的態度明白表現出來了。

概括地說，昂格思以為無產階級的黨要奪取政權，于開始時必須由城市跑到鄉村中去，使之在鄉村中變成一個強有力的黨。　吸引農業無產階級，是一種極重要的任務。一旦政權在手，當沒收大地主的土地，委託農業無產者的協作社，在社會管理之下從事耕種。　至于小農(指私有小土地的農民和佃農)在資本主義制度底下，必然走到滅亡的途徑，黨應當堅決地站在他們一方面，帮助並勸導他們加入協作的農業經營。　中農和大農必須有雇傭勞動才能生存，他們本是農業無產者的敵人，但如能從經驗中覺悟他們現有的生產方法必然毀滅，而傾向于黨，也當努力使他們的經濟轉入新的生產方式中。

無產階級的黨對農業和農民的政策的輪廓，便這樣由昂格思的一篇論文規定出來了。

而俄國的無產階級于一九一七年十月革命取得政權後，列甯卽領導着黨將這種政策次第見諸實行。

我們對于昂格思一人的著作已經介紹完畢，現在當進而敍述他和馬克思兩人的學術生活。

據昂格思說，自一八七〇年以後，「馬克思和平常一樣，以學業去銷磨歲月；凡農業，美國的，特別是俄國的農業狀況，貨幣市場，銀行業務，以及自然科學，如地質學，生理學，尤其是獨出心裁的數學著作構成這個時代無數草稿本子的內容。」（見考茨基註釋的資本論第二卷序言三四頁）這個時期正是馬氏開始患病的時期，他猶是孜孜不息地作學業上的探討，他的爲學的精神眞是老而益壯了。

馬氏一方面研究學術，另一方面自然和他的老友討論學術。昂格思和馬克思書信錄第四卷正是馬氏晚年時代的產物，表現得頗爲清楚。「這一卷和以前各卷一樣，在理論方面供給豐富的材料。馬克思和昂格思在書信中常是回顧到他們學說的各方面，同時——和列甯所說的一樣——對照他們從前的見解提出並討論最新的學說和新的發見。當一八六八至一八六九年大半還是討論經濟學的問題。　馬克思因爲杜林對于資本論第一卷的批評，接着昂格思一八六八年一月七日一些批判，特于異日在宏大的形態中，指出是書的「三種基本新元素」。　一八六八年三月十四日和二十五日的書信對于馬克思主義的社會經濟結構的學說是重要的。　同年四月二十二日，二十六日和三十日的書信討論利潤率和貨幣價值的關係。馬氏在三十日的信中草成「資本論」第三卷的思想組織的大綱。　而以指出階級爭鬥的理論作結束，他的主要著作就是專心致志探討這種理論在科學上的根據。　一八六八年十月十日書信中的一段很足表現他的經濟學說和他的政治學說這種內部的方法論的聯繫。　馬克思在一本講愛爾蘭一八四四至一八四五年農業狀況的書中發見「農民和地主生死爭鬥」的報告，「除掉支付由土地差異而生的地租外，這種地租還要包含並非地主所投實係佃農所投的資本的利息。」　馬氏于此批評道，「只有將互相衝突的事實和眞正的對抗去代替互相衝突的教義，人們才能使經濟學變成一種實證的科學。」　五月七日，十日和十六日的書信是表現工廠企業中預先投下的流通資本部分的變化的估計。　馬克思在七月十一日的書信中反對價值的決定由于節省的勞動（ersparte Arbeit）的理論。　揆立（Carey）認人類在農業上是由耕種惡劣的土地而達到優良的土地，並且企圖反對李嘉圖的地租說，書信中對于摸氏這種非歷史的地租說，曾有多次的討論（一八六八年三月十四日的信，一八六九年十一月九日，十九日，和二十六日的信），而昂格思一八六九年十一月十九日的信說得最詳細，他對着摸氏「歷史的摩利特故事」（Geschichtliche Moritaten和）「魯濱孫故事」（Robinsonaden）提出自己對地租起源的歷史的辯證法的解釋。』（見馬克思與昂格思全集第三部分第四卷編者導言一三頁，一九三一年柏林出版——Marx, Engels Gesamtausgabe.）

『自一八七〇年以後，書信中不大涉及經濟學的問題。在理論上所標出的問題是：自然界的辯證法，辯證法的自然科學。六十年代的書信所討論的問題大半以資本論爲範圍，七十和八十年代的書信所討論的問題大半以反杜林爲範圍，此書的第一部分不僅是肅清杜林的「哲學」，並且是肅清資產階級的哲學，同時牠將辯證法唯物論的基本特點和對於一切科學——自然科學也在內——都有效力的唯物的辯證法發揮出來了。、自七十年代的初年起，直接受了達爾文各種發見的刺激，這兩位朋友開始將他們共產主義的世界觀建築在自然科學方面。馬克思在資本論第一卷已經提出一句話，即辯證法的規律在歷史中和自然科學中同樣證明是眞實的。　自此以後，馬氏對於此等問題的研究從沒有停止過，關於這一點，本書第四卷中他的一八六八年十月十八日和十一月十四日批評畢希勒庸俗唯物論的信，他的抄本中所保持的數學的研究——此等研究在書信中也時常提起——他對於化學和地質學——這些科學尤有助於他的經濟學的研究——無數摘錄的本子，表現得十分明白。　從自然科學方面去作成共產主義的世界觀，並使唯物的辯證的方法具體化，不獨他做了一主要部分，昂格思也是如此，昂氏自一八七三年起有系統地從事於自然科學中辯證法的研究。　此等研究的結果表現於反杜林，和對辯證法與自然無數沒有完成的作品中。　本卷昂格思的一批書信顯出這研究的過程與步驟。　特別重要的是一八七三年五月三十日的一封信，昂氏將辯證法的自然科學的整個綱領都起草出來了。』（見同書同卷編者導言一三至一四頁。）

　我們從馬克思和昂格思的書信往來中可以窺見他們爲學的一斑。　但自昂氏移居倫敦後，他們的住所相隔咫尺，一切學術的討論自然是口頭的，要等彼此偶然分離，才有書信，因此我們連這『一斑』也很難窺見了。　不過上面取材於已有書信的描寫，已經表現他們晚年時代研究學術的趨向與輪廓。　昂格思關於自然科學的遺著且已刊佈，僅馬克思的仍未與世相見。然昂氏於他死後，除替他編訂資本論二三卷外，還根據他對於摩爾根古代社會(Ancient Society)的摘要，編成一部家庭私產和國家的起源（Der Ursprung der Familie, des Privateigentums und des Staats.）。昂氏在序言中說：

「下面的各章在某種程度上是履行一種遺囑。馬克思並不是一個小人物，他曾覺值得將摩爾根研究的結果和他的——在某種限度內我可以說，我們的——唯物史研究的結果的聯繫表現出來，因此才能使牠們整個的意義十分顯明。然馬克思在四十年前所發見的唯物史觀，遠處美國的摩爾根在自己的形態中從新發見了，並且由此比較野蠻和文明達到同一結果的各主要點，恰和馬克思一樣。德國行會的經濟學者對於資本論既是以熱烈的心情從事剽竊，以沈默的態度頑強抵制，英國「前史」科學的代表對於摩爾根的古代社會也完全取同樣的行徑。我的作品補助我的亡友不復能夠做的東西，為數甚微。我隨時隨地將他從摩氏批評的觀察中所作的詳細摘錄，重新表現出來。」（見家庭，私產和國家的起源序言七頁。）

昂格思這部小書雖是根據馬克思對摩爾根古代社會的摘錄編成，但也不是完全依樣葫盧，內中有不少增補之處，如他對於希臘羅馬歷史的敍述，並不以摩氏的原文爲限，對於克勒特人和德意志人的歷史大半是自己找的材料，對於經濟方面的描寫尤較摩氏爲詳細。他從有史以前人類的蒙昧時代講到野蠻時代，再講到文明時代，一步一步地顯出家庭，私產和國家興起，於是對於文明時代總結道：

「在文明之下，奴隸制獲得最充分的發揚，社會第一次大分裂爲掠奪階級和被掠奪階級是因牠而出現。這種分裂在整個的文明時期是繼續存在的。奴隸制是古代世界所特有的第一種剝削形態；跟着牠出現的是中古的農奴制，和近代的工資勞動。這是三大奴役形態，爲三大文明時期所特有；不過公開的和近來隱藏着的奴隸狀況也常是並存着。」（見同書一八五頁。）

「文明的基礎既是一階級剝削牠階級，所以文明的全部發展便進行於一種不斷的矛盾中。生產的每種進步同時就是被壓迫階級——即大多數羣衆——的狀況的一種退步。一階級的每種幸福必然是另一階級的一種壞處，一階級的每種新的解放必然是另一階級的一種新的壓迫。此事最顯明的證據是機器的輸入，機器的影響是現今舉世都知的。我們已經看見野蠻人中並還不能有權利與義務的區別，而文明却使兩者的區別和對抗達到最可笑的程度，同時牠將幾乎所有的權利給予一個階級，幾乎所有的義務給予另一個階級。」（見同書一八六至一八七頁。）

「但不是如此。凡對於統治階級是好的，對於全社會也當是好的，因爲統治階級即等於全社會。所以文明愈進步，統治階級對於自己必然造成的惡劣狀況愈須用博愛的寬袍去加以掩蔽，或力爲粉飾，或力爲否認，總說一句，弄出一種矯揉造作的虛僞，這是早前的社會形態所不知道的，卽文明的初期也未嘗有此，這種虛僞點竟達到登峯造極的地步，形成下面的一種主張：掠奪階級剝削被壓迫階級，全是爲着被掠奪階級自身的利益；後者如果看不見這一點，甚至出於反叛，便是對於施主——剝削者——極忘恩負義的能事。」（見同書一八七頁。）

末了，昂格思徵引摩爾根對於文明的評判作結束道：「自從文明出現以來，財產已有巨大的發達，牠的形態十分複雜，用途十分廣大，而適合於所有人的利益的管理十分精密，牠對於人民方面已經變成一種不可支配的勢力。人類在自己所創造的東西的面前，竟心迷意亂，不知所措了。然終有一日會使人類的智能增加，可以宰制財產，規正國家對所保護的財產的關係，並規正義務和所有人的權利的界限。社會的利益是高於私人的利益，而兩者必須形成公正的調和的關係。進步如果是將來的定律，恰和過去一樣，那麼僅僅求財卽不是人類最終的命運。自從文明開始的過去時代只是人類過去生存期間的一小部分；也只是人類將來生存期間的一小部分。社會的解體會使那以財產爲唯一目的的經歷告終；因爲這樣的一種經歷含有自身毁滅的元素。政府的民主主義，社會的友愛，權利的平等，教育的普及，便暗射一個最近的較高級的社會，在這個社會中，經驗，智能，和知識就是常住的目標。牠將爲古代氏族自由，平等，和博愛一種更高形態的復活。』（見同書一八七至一八八頁，按這一段係直接譯自英文本古代社會，與昂氏的譯文略有出入。）

馬克思幸有一個後死的老友爲之編訂遺著，連他對於這種名著的摘錄都編著成書，他眞可以無憾了。可是我們對於他晚年的學術生活和私人生活講得還不充分，現在特將他的女婿拉花爾格親見親聞的事介紹出來，使我們得多知道他的日常生活習慣。拉氏從初次見面時告訴我們說：

第四篇　第二章　晚景與家庭

「他在麥特蘭公園路（Maitland Park Road）一間房中第一次出現於我面前之時，不是一個不辭勞瘁的和無匹的社會主義煽動家，而是一個學者，他這間房子是文明世界一切派別的同志因咨詢這位社會主義思潮的主人翁所麕集的地方。　這房子是有歷史價值的，大家如果願意從內層去窺測馬克思的精神生活，必須認識這間房子。　房在第一層樓，那寬大的窗戶向公園開着，房中因此透入充足的光線。　煙突的兩旁和窗子的對面，靠着牆都是書架子，上面放滿了書籍，而報章的包裹和手稿也堆在上面，一直至天花板爲止。　在煙突的對面和窗子的一邊，放有兩張桌子，上面堆滿了紙張，書籍和報紙；房子中間光線最好的地方有一張很樸素的小書桌（三尺長，二尺寬），和一張木製的靠背椅子；在這張椅子和對着窗戶的書架中間有一張皮沙發，馬克思時常躺在上面休息。　煙突上尙放有書籍，中間又放有雪茄煙，火柴，煙盒，書鎮，他的女兒，夫人，哇爾夫，和昂格思的相片。　他是一個煙癮很大的人，曾向我說：「資本論的收入將抵不住我著書時所吸的雪茄煙；但他又是一個更善於銷耗火柴的人；時常忘記向他的煙斗或雪茄煙上點火，一根火柴燒完，又繼以二根三根，以至無數根，因此火柴盒子在令人不可信的短促時間中便空了。

『馬克思不准任何人整理他的書籍和稿件，適當些說，就是不准任何人翻亂他的書籍和稿件；（這些東西）只是表面上顯出亂七八糟，實則各物都有適當的位置，凡他所需要的書籍或小册子，用不着尋找，隨手一拿即得，就是在閒談之中，他時常停着，將剛才講的引句或圖表從書中指示出來。他是一個與書室爲緣的人，對於室中的書籍和稿件指揮如意。恰和他運用自己的肢體一樣。

『他安置書籍不以外表的整齊爲標準：四摺紙的裝訂本和八摺紙的裝訂本以及小册子堆在一起，排列書籍不以書的大小爲標準，而以書的內容爲標準。書籍對於他只是精神上的工具，不是裝飾品。「書籍是我的奴隸，應當依照我的意志爲我服務。」——他隨意使用書籍，絲毫不顧及書的體積，裝訂，紙章的美麗，或印刷的精良；將書角摺叠起來，用鉛筆在書邊上作符號，並於行間字句中畫粗線。他並不在書中作何種評語，可是當一個著書的人越出情理範圍之外，他有時不能不作一個感歎符號或疑問符號。他所用的畫橫線的方法使他極容易在一本書中再行發見自己所要找的節段。他有一種習慣，就是隔了好幾年之後，總是將自己的抄本和書籍中畫有横線的節段再讀一遍，把書中的事牢牢記在心頭，他的記憶力非常敏銳而正確。　從幼年時起，即依照黑格爾的忠言，把他的記憶力由背誦一種外國文的詩句鍛鍊出來了。

『漢訥和哥德（的詩）他能夠背誦，在談話中是時常引用的；又常誦讀他從歐洲一切文學中所選的詩人（的詩詞）；每年且讀希臘原文的伊士奇（Aeschylos）（的詩）；他敬仰伊氏和莎士比亞爲人類中兩個最大的戲曲天才。　對於莎士比亞的敬仰更沒有涯際，把莎氏（的著作）作爲最深的研究的對象；並且知道莎氏戲劇中最不關重要的角色。　英國這位大戲劇家成爲他全家一種眞正的崇拜人物；他三個女兒對於莎氏（的戲劇）是能夠背誦的。　自一八四八年以後，他願意將英文學好——前此已經能讀英文書籍——於是找出莎氏一切特有的語法類集起來；他對於十分敬重的科柏特（William Cobbett）一部分爭辯的著作也曾應用這種辦法。　丹第和朋斯都屬於他所愛的詩人之列；當他聽見他的女兒誦讀這位蘇格蘭詩人的諷刺詩和愛情詩時，心中大爲喜悅。……休息時，便在室中走來走去；從房門口至窗戶前地氈上現出一條完全踏壞的路線，恰和草原中的路徑一樣。　有時躺在沙發上讀小說；時常一連讀兩三種小說，輪流更換；他和達爾文一樣，是一個讀小說的大家。……

「馬克思通歐洲一切文字，用德，法，英文作文，爲這些文字中的能手所欣羨；他時常喜歡稱誦下面一句話，即「一種外國文字是生活中一種爭鬥的武器。」——他具有一種學語言文字的大才能，並且也遺傳給他的女兒了。當他學俄文的時候，已經是五十歲，這種文字雖和他所懂得的新舊文字在語源上並無關係，然他于學習六個月之後，已經能夠以俄國詩人和著作家的作品自娛了，他所特別尊視的人是普施金（Puschkin）哥哥爾（Gogol）和協德靈（Schtschedrin）。他學俄文的原因就在要能讀社會調查的文件，而俄政府因這種文件暴露驚人的眞相，遂禁止流行，然一般忠誠的朋友却替馬克思獲得此項文件，因爲馬氏的確是這些人所認識的西歐人中一個唯一的經濟學者。

「馬克思除掉藉詩人和小說家休養精神外，還有一種很奇異的方法消遣；即數學，這是他所特別嗜好的。代數學予他以一種心神上的安慰，他在流離生活最痛苦的時期中，輒以代數學爲避難所。當他的夫人最近的病中，他不能夠像平常一樣從事于學問上的工作，夫人的痛苦印入他的精神中，要潛心于算學，才能夠忘却這種印象。當着這種精神痛苦的時期，他著一部微分學，據知道此著作的算學家的報告，甚爲重要，並且將在他的全集中刊布出來。他在高等數學中復發見辯證法最合乎邏輯的和最簡單的形態的運動；據他的意見，當一種學問能夠應用數學，才算是眞正發達了。

『馬克思的圖書館經他多年細心的徵集，共有書一千多本，然這却不夠他的用，在許多年中，他是一個熱心往不列顚圖書館的人，並很重視這個圖書館的書目，就是他的仇敵也不能不承認他的知識博大淵深，他所具的知識不僅是在自己專門科的經濟學上，並且還旁及于歷史，哲學，和各國的文學。

『他晚上睡覺雖常是很晚，然早晨起牀總在八九點鐘之間，于是吃黑珈琲，看報，然後進書房去，一直做工到晚上二三點鐘爲止。他的工作間斷的時間就只是進飮食的當兒，晚上乘着天氣好，去到罕普斯忒草場（Hampstead heath）散步的時候，和日間在沙發上睡一二點鐘。他在少年時代卽有一個習慣，對于他的工作通夜不睡地掛念着。——工作對于馬克思成爲一種熱烈的嗜好；工作吸引他的注意非常之深，常因工作而忘却飮食。進餐時，他少有不被喚多少次卽下來到餐室的；他最後一口東西差不多還沒有吃完，已經又到書房中去了。他是一個很不善吃的人，因胃口不好，便努力藉鹹菜，火腿，熏魚，魚子醬，和魚肉醬等去開胃。　他的胃必定是爲他那絕人的腦力受了損害。　他爲着他的腦筋將盡個的身體犧牲了；思想是他的最高的享樂。　我屢次從他聽見黑格爾——他少年的哲學宗師——的一句話，就是：「一個惡漢犯罪的思想比起天上的奇異還要宏大些，巍峨些。」

『他的身體要適應這種非常態的生活方法和創造的精神工作，也必定是組織堅強的。在實際上他很強壯，身材過于中人，肩寬而胸部甚發達，四肢很相稱，不過他的脊柱和腿相較，便覺得略長一點，這是猶太種中所常見的現象。　他倘若在少年時代習過許多體操，則他必定是一個非常強壯的人了。　他照常進行的唯一體操是走路；藉着閒談和煙捲，能夠走路或爬山過嶺至幾點鐘之久，絲毫不感覺疲倦。　我們可以說，他在書房中是走路作工；他坐下頃刻間即將走路時所想的東西寫下來。　他又很喜歡在走路中作閒談，當着討論起勁的時候，或是談到重要關節的時候，時常是站着不走了。

○　○　○　○　○　○

『馬克思的腦袋中充滿了歷史的和自然科學的事實，以及哲學的學說，其分量之多，幾致令人不能相信，他深知運用這種在長久精神工作中所收集的知識和所經歷的觀察。　大家可以隨時隨事問他，可得到他們所願意的最圓滿的答覆，而這種答覆總是陪襯着一般重要的哲學悶想。他的腦子好像一隻儲有蒸汽停在港灣的戰艦，可以隨時向思想的各方面開動。他的資本論在我們的面前的確表見一種可驚異的能力和宏富的知識的精神；但我和其他親識馬克思的人們一樣，總以爲資本論或別種著作從沒有表見他的天才和知識的全體容量。他所站的地方高出于他的著作之上。

○　○　○　○　○　○

『馬克思作工總是非常精細的；凡沒有最好的證據作根據的事實，或數目，必不拿來應用。他不以間接的報告爲滿足；無論怎樣麻煩，總是自己去找來源；他可以因一種不重要的事實，急忙跑到不列顛博物館去翻書徵實。……他的工作方法使他所擔負的任務的容積，在讀他的著作的人面前迨沒有表現出來。他因爲要在資本論中對于英國保護工人立法做二十頁左右的稿子，就讀偏全圖書館含有英格蘭與蘇格蘭調查委員和工廠監察員報告的藍皮書；他將這些書從頭至尾讀一遍，這可由他所畫的無數鉛筆記號證明出來。』（見新時代雜誌第九年度一卷一一至一一七頁，拉花爾格回憶馬克思。）

拉花爾格上面的紀述已經把私人生活中的馬克思介紹給我們了。 此外，他還說一點，也很重要，就是馬氏善笑。 『大家如果要認識馬克思的心和愛——這是包藏在學者的儀表裏面的——必須于他完畢讀書和作文的工作後，在他的家庭中與星期日晚上他的朋友中去觀察他。 他斯時表現爲一個最和藹的伴侶，並且詼諧百出，可以從心的深處發出笑聲。 當他聽見一句有趣的話或一句挑戰的答詞，他那罩上一道濃眉的黑眼睛便閃出歡樂和諷刺的光輝來。』（見耶贊諸夫編的思想家，血性男子和革命者的馬克思一〇四頁，——Karl Marx als Denker, Mencsh und Revolutionär, Wien-Berbin）

然馬克思不獨在休息和快樂的時候是善笑，即在顚連困苦中也不失去這種樂觀的態度。挨斯列（Kurt Eisner）在李卜克內西的生平與活動（Wilhelm Liebknecht. Sein Leben und Wirken）中告訴我們說：『就是在那困苦的年歲中，李卜克內西也和馬克思一樣，總不失爲一個愉快的人，一個滿腹詼諧的人。 他們當最困難的時期，大半是在歡笑中度日。如遇着意外之事，那不可破滅的精力自身就在學生一般的戲躍中消磨憤怒，而經濟生活中的一切痛苦都煙消雲散了。』（見挨氏李卜克內西的生平與活動三八頁，一九〇六年柏林第二版。）

在最困苦的時期仍不失去愉快的神情，歡笑如常，這只有有氣魄有修養的革命家才能辦得到，若在常人是會因生活的壓迫而沮喪，而敗滅的。即此一端也可以表見馬克思的偉大，爲一般青年革命家所當矜式的。然上述的一切只是他的生活的一面，現在再讓雷士列從另一面來告訴我們一些關于馬氏及其家人的事蹟。

『馬克思對于和工人集在一起，與他們交談，視爲有非常的價値。因此他對于一般肯和他自由談話而不諂媚他的工人，力求與之交接。他以爲聽工人對于（工人）運動發表意見，是很重要的。他時時表示願和他們討論政治問題與經濟問題；因此他馬上發見他們對于此等問題是否有充分的了解，如果他們了解的程度愈高，則他的歡喜愈大。在國際黨的時代，他對于中央局的開會，沒有不出席的，我們——馬克思和中央局最大多數委員——于散會後，照例復集合于一個有體面的酒館中，隨便飲一杯皮酒，談一談天。馬克思于回家的路途中常談論標準工作日，特別談論八點鐘的工作日，我們在一八六六年已將八點鐘的工作日作爲宣傳（的工具），國際黨的日內瓦會議（一八六六年九月）並將這種工作日列入黨綱中。馬克思常說：「我們力爭八點鐘工作日，但我們自己在二十四點鐘之內常做兩倍以上的工作。」可惜馬克思的工作眞是太多了。他單是爲國際黨所費的勞動力和勞動時間究有多少，一個局外人决想像不到。此外，馬克思還要爲維持他的生計而苦苦作工，並且花費長時間在不列顚博物館，爲他的歷史的和經濟的研究而搜集材料。當他從博物館回到北倫敦自己的住宅——哈威斯托克山（Haverstock Hill）麥蘭特路——時，常到我這裏來，——因爲我住的地方離博物館不遠——和我討論國際黨的任何項問題。他回家進飮食後，稍事休息，卽去從新作工，常至夜深爲止，有時還繼續到天明，當他的晚上短促的安靜時間爲同志的造訪花去時，尤特別作工到天明。

「馬克思的家對于每個忠實的同志是開放門戶的。我和其他許多人一樣，在他家庭中所過的快樂日子，使我永不會忘記。那位令人起敬的馬夫人尤爲家中的明星，她是一個碩大而且極美麗的婦人，她的舉止嫻雅，又非常柔和，慈善，活潑；絕無一點驕傲與固執的習氣，一個人在她的面前便覺得和在自己家中的母親及姊妹面前一樣適意。她的全部品質使人想起蘇格蘭的平民詩人朋斯的話：「婦人，可愛的婦人，上天囑咐你撫慰男人。」

（Woman, lovely woman, heaven destined you to temper man.）馬夫人對于工人運動的事務甚爲熱心，凡和資產階級爭鬥的每種勝利，甚至于最小的勝利，使她大滿意，大歡喜。

『就是馬克思的三個女兒，從幼年起，對于近世工人運動也有最深厚的興味，這種工人運動總是構成馬克思家庭中的主要題目。馬克思和他的女兒間的交接最爲誠懇，絲毫不用強制力，這是大家所能想像的最誠懇和最不用強制力的交接。女孩子們看待她們的父親儼然像一個兄弟或朋友，因爲馬克思是不肯把親權的外表架子擺出來的。第一，他是自己小孩子的設計人，當着閒暇的時候，且爲她們玩耍的夥伴。馬克思對于小孩子具有一種非常的感情。他常說，他對于基督的聖經最中意的地方，是其對于小孩子的大友愛之情。當馬克思在城中無事，而向罕普斯忒草場一方散步的時候，大家常可以看見這位著資本論的人和一羣街市上的小孩子游戲。』（見新時代雜誌第十一年度一卷七五〇至七五一頁，雷氏一個工人對于馬克思的回憶。

雷士列自己是一個裁縫，因參加國際工人運動的指導機關——中央局——的工作得和馬克思發生密切的關係，他將馬氏對于工人的態度告訴我們，這是非常重要的，因爲世人聽見說馬克思在研究室中的日子較多，總不免懷疑他是一個深居簡出的學者，與普通工人絕不發生關係，現在看了上面這些話，他們的懷疑可以冰釋了。然雷氏對于馬克思家人的狀況所說無幾，現在還當分別加以補充。

我們首先敍述的是燕妮。她生長名門，本不識人世間生活上的痛苦；及配馬克思後，在馬氏壯年時代，則跟着他奔走革命，備歷風塵與放逐之苦；在馬氏中年時代，則支持家計，偏要作『無米之炊』，有時爲境遇所迫，竟至痛不欲生，願與兒女同埋地下，則她所受痛苦的厲害可想而知了。就是到了馬克思的晚年時代，獲得昂格思巨額的金錢幫助，她暗中還是受着生活的壓迫，不得仰首伸眉。馬克思于一八六九年七月二十二日寫信給昂格思說：『我還有一種「家庭的」不適意事件。好些時候以來，我察出家中的用度雖沒有增加，然每星期給我的妻子的錢總不夠用。我因爲絕對不願再欠賬，而上星期一給她的錢到昨日就花完了，遂追問緣由。于是婦女的愚行便表現出來了。她前替我開賬單給你，在單子上瞞了七十五鎊沒有報告，現在要由家用款中逐漸抽出償還。我問爲什麼要這樣？

答案是：她怕把這種巨大的數目呈出來！　婦女總是要公然有保護的。』（見昂格思與馬克思書信錄四卷一八〇頁。）

我們從上面這樁事可以看出燕妮具有何等的犧牲精神。　她在馬克思最窮困的時代，嘗背着馬氏，私自借款充家用；迄一八六八年昂格思要馬克思報告所負債務，願代爲一起償還，在常人遇着這樣的機會，即不以少報多，也必不以多報少，燕妮却甯背犧牲自己，節衣縮食去償還家中債務四分之一，馬克思稱此爲『婦女的愚行』，其實這只是因自己所處地位的關係，不得不如此說罷了。

燕妮固因家計困難，艱苦備嘗，就是小燕妮也要連帶受許多影響。　她稟質素弱而聰慧過人，馬克思嘗稱她爲『世間最精細最聰穎的孩子』；惟其精細聰穎，故對于家中生活艱難，輒憂形于色。　馬氏于一八六二年二月二十五報告昂格思說：『燕妮現在已經覺得我們景況的全部窘迫了，我相信這就是她的體弱多病的主要原因。』（見同書三卷四九頁）　她因家境不裕，於一八六九年一月到一個英人家內去教書。　至一八七〇年，她對于愛爾蘭事件作出許多稿子，署名威廉斯（J. Williams），投登馬賽列斯報（Marsillaise），大受昂格思的讚賞。 她于一八七三年與法人浪規（Longuet）結婚，浪氏是從事于工人運動的，後來並且成爲這種運動中領袖之一。

小燕妮的妹妹樂娜也是和一個從事于工人運動而後來成爲領袖的人結了婚，此人就是本章所介紹的紀述馬克思私人生活最詳細的拉花爾格。 拉氏出生于古巴（Kuba），于九歲時到法國學醫。 自一八六六年以來即與樂娜互相戀愛。 馬克思于是年八月七日報告昂格思說：『自昨日起，樂娜半愛起拉花爾格來了。……這位少年初時依着我，但他的注意力即刻由老子的身上移到女兒的身上去了。』（見同書同卷二四一頁。） 他們是一八六八年四月結合的。

拉花爾格于一八七一年巴黎公社的革命曾親自參加，旋逃往西班牙，從事于社會主義的傳播；至一八七二年出席國際黨海牙會議，旋移居倫敦，以寫真石印術爲業。 當一八八〇年代，法國工人運動復起，拉氏與馬克思，昂格思于一八八〇年替法蘭西工黨（Parti ouvrier francais）共同草訂一種選舉綱領。 自此以後，他領導工人運動，備嘗艱苦。 至于『樂娜在工人運動中不僅是她的丈夫的好幫手，並且將她的父親許多著作譯成很完善的法文，又很愼重地保存其遺著，這是她的功績。』（見新時代雜誌第三十年度一卷三四二頁，墨爾林保羅和樂娜拉花爾格。Paul und Loura Lafargue）

拉花爾格到了六十九歲的時候，因年老多病，精力兩虧，了無生趣，遂于一九一一年十一月二十五晚和他的四十餘年相親相愛的妻子樂娜一同自殺了。

樂娜的終局十分悲慘，她的妹妹伊利安樂更是如此。伊利安樂本具有極大的才能，擅長英，德，法，三國文字，年方二十，在文字上卽負有時譽。燕妮于一八七七年一月底寫信給索爾格說：『她現在正忙着將德文或法文譯成英文。她爲沙士比亞社（Shakespeare, Gesellschaft）的社員，曾將邦恩〔大學〕教授第力阿斯（Delius）對于沙士比亞敍事詩的小册子譯成〔英文〕，極爲大家所滿意，第力阿斯教授寫一封贊賞備至的信給她，說深爲自己的學社獲得一個這樣的「社員」慶幸。這種成功足以使她加入文學界和報界中，她或可在此找得有報酬的〔文字〕工作，使她從勞苦的和有損健康的教書〔的職業中〕抽身出來。』（見倍克，曾慈根，昂格思，馬克思等致索爾格等書信錄一五二頁。）伊利安樂後來的確找得一些『有報酬的〔文字〕工作』，但並沒有從教書的職業中抽身出來，從一八八〇年起，且擔任一個女學校的教職。

伊利安樂也和她的父親一樣，是喜歡往不列顛圖書館作工的，她的學力充足，知識豐富，爲馬克思晚年文字工作中一個有力的幫手。然她的自信力不強，不肯從事著作，僅于她的父親及昂格思死後，將他們的著作從各種報章上採取出來，編成專書行世，如一八九六年出版的革命與反革命，一八九七年出版的東方問題，一八九九年出版的帕爾墨斯頓爵士的生平（The Life of Lord Palmersten）十八世紀祕密外交史（Secret Diplomatic History of the Eighteenth Century）和價値價格及利潤等等都是。

伊利安樂不僅是擅長文字工作，並且爲工人運動中的能手。『她于一八八六年和阿衞靈，李卜克內西同到美國，替美國社會主義工黨（Die Sozialistishe Arbeiter Partei der Vereinigten Staaten）作煽動的旅行。旋有所謂巴黎馬克思主義的國際會議，她當英，德，法，三國文字的繙譯，非常勤勞。回倫敦後，不久有船塢工人罷工爆發，伊利安樂，馬克思投身其中，千數的金鎊由她和朋斯夫人（Frau Burns）等的手中經過，而自己嘗無隔宿糧。自船塢工人罷工幾星期之後，東倫敦的息爾維鎮（Silvertown）一個大纜綫工廠的女工發生同盟罷工之事。……當這次罷工經過之後，她將那些女工在一個聯合會中組織攏來，並且促成她們加入當時所創設的日工大工聯之一。只有一個工聯願意在與男子平等的地位上收納這些婦女：即是托倫（W.Thorne）所領導的瓦斯工人和日工工聯（Die Union der Gasarbeiter und Tagelöhner）。伊利安樂．馬克思因此變成這個工聯的會員，旋又變成會中的職員，在她和托倫之間因互相欽佩，遂成立一種始終不渝的友誼。伊利安樂．馬克思很喜歡替程度不足的工人的工聯活動，而這種工聯的會員也很知道敬重她。」（見新時代雜誌第十六年度二卷一二〇至一二一頁，卡斯天伊利安樂．馬克思。）

伊利安樂才具優長，學識充足，又加以年富力強，使得繼續其理論與實際的工作，則她自身的成就和她對于無產階級與婦女的貢獻，當未可限量。不幸她遇着阿衛靈，與之發生戀愛關係，遂將自己的前程輕輕送掉了。當馬克思生時，她已和阿衛靈相識，迨馬氏死後不久，他們的交誼才日漸親密。阿氏本已有妻，不過因不稱意，已經與之離居，並且激而放蕩形骸，兼從事于自由思想的運動。然阿氏的爲人『是性行卑鄙的，他的才能只在摹倣短篇戲劇。』（見達馬士革經濟學史第二卷一三〇頁。）伊利安樂沒有看清阿氏的性行，因自己極喜觀劇，遂過于重視他此項才能，與之戀愛，因此受了資產階級社會道德的成見的制裁，而失去向來所擔任的女學校的教職。

阿衛靈自與伊利安樂結合後，仍舊是在梨園中流連忘返，因用費浩繁，便昧着良心，連最貧苦的人節衣縮食的錢都借去浪用。後來他的離居的妻子死了，復背着伊利安樂，私娶一個女戲子爲妻，潛行往來，漸爲伊利安樂所察覺。她于一八九八年二月三日寫信給蘭欣的兒子佛列第・德穆特（Freddy Demut）說：『愛德華（Edward 按此爲阿衛靈的名字）今天往倫敦去了。他要去找醫生等等。不讓我同去！這是他的殘忍處——該處總有不願意告我的隱事，親愛的佛列第，你有你的子女。我一無所有，有什麼值得生活啊。』（見新時代雜誌第十六年度二卷四八七頁，卡斯夫致伊利安樂馬克思於死的是什麼。Was Eleanor Marx in den Tod Trieb）

伊利安樂本和她的父親一樣，是很樂觀而善笑的，然阿衛靈對她的行爲是何等無恥，這自然不能以一笑置之。她在阿衛靈的旁邊度一種不幸的生活，已經十四年，觀她上面的信，她已經沒有生趣，已懷有自殺的念頭了。當時阿衛靈正患病。但常私自外出，她于是以阿衞靈的名義購買毒藥，有一次並氣憤憤地向阿氏說：『這一次我硬要認眞了，毒藥在此，來來，讓我們同歸于盡，了却這些煩惱』（見同書同卷四九〇頁。）伊利安樂打算自殺，已經明白表示出來了，但阿衞靈既不設法加以安慰，復不將毒藥奪去，眞正等于見死不救。至是年三月二十八日，他們同囘息登漢（Sydenham）寓所，阿衞靈尙病不能行，越三日忽接到他所娶的女戲子的信，閱後卽毀去，並馬上馳赴倫敦。這一走變成了伊利安樂的催命符，她于致書外姪節恩・浪規（Jean Longnet），囑其努力光大馬克思的事業後，卽服毒自盡。她幼時有一個渾名，叫做『沒人理會的可憐民族』（The poor neglected Nation這個名稱原是指愛爾蘭），不意戲言成讖，竟變爲她後來遭際的寫照了！

馬克思的晚景及其家人的狀況，已略如上所述，關于他病中和去世的經過，特留給本書最後一章去講。我們將于下一章敍述本章所說的德法戰爭所引起的巴黎公社，以及馬克思對于公社的批評和活動。

第三章　巴黎公社

一八七〇年的德法戰爭，法軍既是屢次敗北，而拿破崙第三復于九月二日被擒——當這個消息達到巴黎，越兩日卽發生了革命的事變。舊帝國被推翻，而新的國防政府登時成立。這個政府的大員幾乎毒出于資產階級，因此對于民衆的一切要求，甚至於連集會，結社和出版自由的要求，都加以拒絕。至十一日，巴黎在布浪葵的指導之下，遂發生一個由二十區選舉的中央委員會，以與國防政府相抗。這個委員會的綱領是：一切事業是爲着人民！一切事業是爲着公社！普遍的服軍役，無償的衣食住！戰爭到底！至十八日更有國防軍的組織，牠的分子大部屬于無產階級，卽因戰爭而失業的工人。這種軍隊對政府也取一種對抗的形勢，並因政府的遇事畏葸苟且，對抗日趨顯著。所以法國在革命的初期卽有一種代表資產階級的勢力和一種代表無產階級的勢力互相對峙；在無產階級方面雖因沒有革命的準備，並擬全力對外，不欲與資產階級爲難，甘受政府的支配，共赴國難，但後者看見無產階級配上了武裝，非常害怕，却不敢對外，而專心致志來對內了。

『依照畢士馬克自己的宣言，戰爭的進行不是反對法蘭西人民，而是反對路易・拿破崙。所以當後者被推倒，戰爭的一切原因都除去了。九月四日成立的（法）政府也是這樣幻想着——否則不會如此單純的——當畢氏突然令普魯士貴族政治黨人前進時，牠就十分驚慌了。』（見孔拉底編的建國與公社昂格思德意志帝國建設中的暴力與經濟一一二頁）代表資產階級的巴黎國防政府既沒有認淸畢士馬克的眞面目，有所準備，復怵于無產階級的武裝勢力，無心對外，于是打定主意，抱着不抵抗主義。牠一面派遣高唱『不割讓國家的寸土，不損失要塞的一石』的外交總長發浮爾（Jul s Favre）到畢士馬克處去求和，一面由政府負責人員宣佈抵抗爲不可能，如巴黎防守將軍特洛徐說：『抵抗是一種英勇的瘋狂行爲』（見黎撒加賴的一八七一年的公社史德文本一五頁，一九二二年版——Lissagaray:Geschichteder Kommune von 1871），他的參謀部長官說：『我們不能夠防守，我們決定不防守』（見同書一六頁），政府的大員克累蔲說：『普魯士人入巴黎，就和刀截乳油一樣。』（見同書一五至一六頁）。

可是政府雖决心賣國，不肯抵抗，而巴黎的民衆——無產階級與小資產階級——却眞心愛國，堅决地要抵抗，致使牠的賣國勾當不能放手做去。牠於是對他們來頑手段，最初是用消極的方法，坐視巴黎缺糧，不予救濟，藉以征服民衆；後見不能達到目的，又採用積極的方法，發兵去抵抗普魯士軍，想在屢戰屢敗的局面之下，強迫民衆服從求和的主張。這樣一來，國防政府對德的態度變成在交涉之中不忘『抵抗』，在『抵抗』之中不忘交涉，竟開一面交涉一面抵抗的奇局的先河了！

國防政府於所派的軍隊三戰三北之後，即由政府的領袖退耳交涉停戰，至十月三十一日消息傳至巴黎，在當局是非常滿意，以爲民衆於軍事勝利成爲泡影之後，必定歡迎媾和，殊知事實上竟不如此！民衆自上午十一點鐘起和發狂一樣，在傾盆的大雨之中，向着政府所在地的市政廳集合，大呼『反對停戰！』『打倒特洛徐！』『公社萬歲！』至下午三四點鐘民衆喊得不耐煩，便破門而入市政廳。『二十區委員會的一代表站在桌上，宣佈取消政府。任命一個委員會於四十八點鐘之內完成選舉。多利亞（Dorian 他是政府中認眞從事於防禦工作的唯一大員），路易勃郎，勒得律洛郎，微克忒嚣俄（Victor Hugo），刺斯帕業、Raspail），得雷克呂茲（Delecluze），布浪葵，非力克斯匹阿（Felix Pyat），和密利爾（Milliére）的名字都提出來，被〔民衆〕鼓掌通過了。這個委員會倘若馬上將暴力收入掌握中，肅淸市政廳，加以防守，並發出宣言，在短時期內召集選舉人，則這一天告終便是很幸運的告終了。但多利亞不肯參加：路易勃郞，徽克忒囂俄，勒得律洛郞，非力克斯匹阿靜伏不動，或努力傾向靜的方面。』（黎撒加賴一八七一年的公社史二二頁）民衆這樣富於革命的情緒與動作，因沒有眞正有力的革命政黨或領袖爲之領導，以致這一天沒有過完，特洛徐便用武力將暴動鎭壓下去了。至一八七一年一月二十二日民衆又因軍事上的失敗，國防政府要實行投降，非常痛恨賣國賊，遂和一部分響應他們的國防軍擁至市政廳，擬奪取政權，但經過政府軍半點鐘的射擊，復將暴動壓平了。

國防政府于幾度的假抵抗和兩次鎭壓民衆暴動之後，終於貫徹牠的不抵抗主義，向敵人投降了。一月二十八日投降的條件已經公佈：卽除一師兵外，解除一切軍隊的武裝，割讓一部分要塞堡壘，兩星期內交付二萬萬佛郞賠款，並於短時期內召集國會批准和議的條件。至翌日四十萬武裝齊備的法軍投降于二十萬德軍之前，而巴黎的要塞也換上德意志的旗幟，笑逐顏開地隨風招展着。

可是這樣的投降顯然非由于精疲力竭，不復能夠禦敵，實因國防政府惟恐在抗德的過程中愈加增大無產階級的武裝勢力，搖動，甚至于推翻資產階級的統治權，不得不犧牲整個民族的利益，低首下心，投入敵人的懷中，以便保持實力，維持『秩序』，或鎮壓無產階級的騷動。所以這次的投降全是資產階級背叛民族利益，自私自利的勾當。至于無產階級始終主張用武力去抵抗德軍的侵略，即到了敵人兵臨城下，猶思背城一戰，最後爲政府所牽制，大勢已去，無能爲力，也未嘗爲敵人的威武所屈服。所以昂格思說，這一次的投降『具有戰爭史上向來未有的光榮。各要塞交出了，各堡壘解除武裝了，常備軍和非正規軍（Mobilgarde）的武器繳出了，此等兵士且自認爲戰時俘虜。但是國防軍却保持牠的武器和大砲，對于戰勝的敵人只出于一種停戰的態度。這種敵人自己也不敢擺出得勝的樣子向巴黎進發。他們只敢佔據一個半由公園構成的小城隅，就是這種地方也不過若干天工夫！他們當時包圍巴黎一百三十一日，然自己却被配上武裝的巴黎工人所包圍，這些工人嚴密監視「普魯士人」不得超過那讓給外國戰勝者的城隅嚴正的界線。前帝國的全部軍隊都在這種軍隊的面前投降了，牠却要對巴黎工人表示這樣的敬意；普魯士的貴族政治黨人來本是對革命策源地報仇的，「此時」也必須以禮自處，並且祝賀這種武裝的革命。」（見孔拉底校訂的馬克思法蘭西內亂昂格思對第三版的導言一二五至一二六頁，一九二〇年出版。）

法國自投降德軍後，即於二月八日舉行國會的選舉，所舉的七百五十個代表中，帝制派約四百名，共和派二百名，拿破崙主義者三十名，擁護巴黎公社革命者一百二十名，統計起來反動派人佔大多數。二月十二日，國會在波爾多（Bordeaux）開會，十七日選舉退耳為共和政府的主腦，三月一日批準對德和約；旋徇退耳的意旨，移至凡爾賽（Versailles）開會。

退耳是完全代表資產階級的利益而壓迫無產階級的，他看見巴黎工人因保衛國家配上了武裝，覺得對於資產階級是一種大危險，遂以國防軍的武器係國家財產，仍當繳還國家為口實，要實行解除此項軍隊的武裝。其實國防軍的武器不是國家所給予，而是由牠們自己徵集攏來的。所以馬克思說：「從投降之日起，法國像畢士馬克的俘虜一樣對他屈服了，但留下無數的衛兵去達到公然壓制巴黎的目的；——從這個日期起，巴黎就在被監視之中。

國防軍從新組織起來，而以牠們全體羣衆——有些拿破崙的舊隊伍除外——所選舉的中央委員會執行總司令的職務。中央委員會當普魯士軍隊開進巴黎的前夕，把投降者用詭謀棄在那行將爲普軍佔領的區域中的大炮和聯珠炮，運到蒙馬特耳，微爾特（La Villette）和柏爾微爾（Belleville）。這種軍器係由國防軍自己徵集而來。這種軍器作爲牠們的財產是在一月二十八日的投降約書中正式承認的，而國家的軍器一起交給戰勝的敵人，這種特別財產是除外的。』（見同書七八頁。）

巴黎國防軍的武器既不是國家的財產，且曾經發浮爾和畢士馬克訂約，載明當爲國防軍所保持，便是證據昭彰，有目共覩。然身爲共和國首長的退耳却不惜藉故興戎，引起內亂，竟於三月十七夜和十八日派遣常備軍去刼奪國防軍的大炮。可是這種常備軍却表同情於國防軍和羣衆。勒康特（Lecomte）將軍曾四次命令第八十八聯隊常備軍進攻一處沒有武裝的羣衆，軍隊不肯應命，便加以辱罵，於是他的部下倒戈相向，將他槍斃，並且又將另一將軍托馬斯殺死，而與國防軍攜手。退耳因此舉失敗，逃往凡爾賽，而大批的官吏和員役也跟着前往，他於是在該處設立政府，以與巴黎的國防軍相抗。

巴黎資產階級的政府既已逃亡，此時握有最高權力的機關就是國防軍的中央委員會。在這種沒有政府的狀況之下，牠的態度是怎樣呢？　牠在三月二十日所發宣言的起首一段說：「國防軍的中央委員會倘若已經是一個政府，那麼，即不顧及維持牠的選舉者的尊嚴，也玷辱了自己，無以自解。　但自牠第一次表明態度以來，就是宣佈『牠並不藉何種口實去代替那些爲人民憤怒所推倒的人的位置』，自從牠視小心謹愼居於自己職令所明白規定的範圍以內，爲合於通常禮節以來，僅以一種有權自衞的個人集合體自居。」（見波士德格特編的從一七八九年到一九〇六年的革命二八九至二九〇頁。）

這段話表見國防軍的中央委員會在非常緊急的時期，絕沒有代行政府職權的意志。　牠打算怎樣辦呢？　當時雙方的形勢又是怎樣的呢？　關於這一點，我們可聽當時親見親聞的黎撒加雷說一說：

『至（三月）二十一日，局勢表現得十分淸楚。

『在巴黎是中央委員會。　一切工人，一切忠實的和有眼光的小資產階級的人都擁護牠。　牠宣佈：「我只有一個目的，即選舉，願盡力加以贊助，但在選舉告成之前，我不離開市政廳。」

「『在凡爾賽是國會。一切王黨人物，整個的大資產階級，和一切擁有奴隸的人都擁護牠。他們共同咆哮着：「巴黎是叛逆的巢穴，中央委員是一隊強盜。」『在巴黎和凡爾賽之間是一些急進的代表，全體區長，和許多助手。自由資產階級的人，製造一切革命並建立一切君主而陷入紛亂受過驚嚇的人羣都集合在他們的下面。這些人既受國會的譏笑，復爲人民所鄙視，於是向中央委員會大呼道：「你們是篡奪者！」向國會大呼道：「你們要毀滅一切！」』（見黎氏一八七一年的公社史一〇〇頁）

這幾段話明白告訴我們，國防軍中央委員會唯一的目的是在選舉一個公社來行使政府的職權，而在巴黎和凡爾賽對峙之中有一個中間派伏在中央委員會的臥榻之旁乘隙而動。果然，當中央委員會要舉辦選舉時，巴黎二十區的區長卽多方留難，磋商復磋商，延至二十六日才實行選舉。『這個公社是由巴黎各區運用普通選舉權所選舉的人員構成的。他們〔對人民〕負責任，並可隨時撤消職權。內中的大多數人自然是出身工人，或出於著名的工人階級的代表。公社不是一個議會的組織體，而是一個行政立法同時並存的工作組織體。警察向為國家政府的工具，此刻立即脫去他們一切政治的特質，而變為對公社負責並可隨時撤換的工具。其他管理機關的官吏也正是如此。凡公共職務，自公社人員以下，必須取得勞動者的工資。國家高官大吏所得的權利和俸祿與這種高官大吏自身同時消滅了。凡公共職務不復為中央政府人員的私產。不獨市政的管理是落入公社的手中，就是向來由國家行使的創制權也落入公社的手中。』（見孔拉底校訂的馬克思法蘭西內亂九〇頁）

巴黎公社的選舉共投二十八萬七千票，舉出八十餘人，當他們就職時復有二十萬人參加典禮。因為這是沒有警察監視的自由選舉，資產階級的區域也得參加選舉。據馬倫（M. Malon）的估計，其派別的成分如下：

一、國際黨十七人，

二、國防軍中央委員會十三人，

三、布浪葵派八人，

四、急進報館和革命黨十八，

五、各俱樂部二十一人，

六、資產階級十五人（他們不是沒有出席，就是辭職了）。

這種分法雖算是詳盡，但仍不能表見各人的政治意見。　波士德格特以為除國際黨外，可大略分為社會主義的革命派——通常為布浪基派——和『紅色共和派』的革命派（參看波氏從一七八九年到一九〇六年的革命二八一頁）。　其實在公社中發生領導作用的是多數派的布浪基主義者和少數派的國際黨黨員（大概是相信蒲魯東社會主義的）。

巴黎公社自成立後，發出好些宣言和文告，但最重要的要算四月十九日的宣言，這是通常所稱為『公社聖約書』（Das Testament der Kommune）的，牠表見公社的職務，權限，和革命的性質，理由，目的，等等，極關重要，今特將其全文介紹如下：

『在圍攻和轟擊的恐怖再威嚇巴黎，開花彈和葡萄彈打得法蘭西人的兄弟，妻子，兒女，血肉橫飛的憂愁恐怖的衝突中，最緊要的是，輿論不應當紛歧，民族的良心不應當泯滅。

『巴黎和全國必須知道現今革命的性質，理由和目的；最後，那些背叛法蘭西，出賣巴黎給外人的人，現在以一種盲目和殘酷的固執態度，力求毀滅這個大城市，並力求在自由與共和國家的傾覆中埋滅他們叛逆和罪惡的兩重證據，而我們的悲哀，痛苦和禍患增加了他們的責任，這是很公道的話。

『公社的義務是在確認並解釋巴黎人民的希望與志願，是在決定三月十八日運動的性質，這種運動是已被凡爾賽的政客們誤解和汚衊了。

『巴黎是爲着整個法蘭西再度作工和受苦，法蘭西的智力的，道德的，行政的和經濟的復興，及其光榮與繁盛，是由巴黎人民的爭鬥與犧牲植其基礎。

『巴黎所志所願的是什麼？

『即承認並鞏固共和國家，這是與民衆權利及社會自由經常發達相適合的政府唯一形態。

『公社的絕對自治權擴充到法蘭西全部，保證每個人權利的完整，並保證全體法蘭西人充分發揮做人，做國民和做生產者的能力。

『公社的自治權只能受對其牠公社同樣有效的自治權的限制，至于此等公社是加入鞏固法蘭西統一的聯合契約的。

『一個公社的固有的權利如下：

『表决公社收支的預算；規定並分配稅捐；指揮地方事務；組織市府，警察和教育；管理公社的財產。

『由選舉或考試選定市長和公社各級官吏，（對國民）負責任，（國民）享有支配和撤消他們的永久的權利。

『絕對保障個人的自由與良心自由。

『國民對于公社的事業得自由表示意見，永遠加以干涉，得自由擁護他們的利益：這樣的表示意見由公社予以保障，只有這種公社負有監督並鞏固自由公正行使集會權利的責任。

『組織郊外的防守和國防軍，國防軍選舉自己的官長，單獨維持城市的秩序。

『巴黎在大的中央管理中如果發見聯合各公社的代表實行同一原則，則牠所要求的地方保障不過如此。

『但巴黎爲扶植牠的自治權起見，利用牠的行動自由，保持牠的權利去施行民衆所要求、的行政與經濟的改革，創造發展教育，生產，交換，和信用的組織，並按照時代的需要，有關係人的志願，和經驗的結果，使權力和財產普遍化。

『當我們的敵人歸罪巴黎要以自己的意志和權力加諸全國其牠部分，並要求一種嚴重損害其牠公社的獨立與主權時，他們是受了欺騙，或是欺騙全國。

『當他們歸罪巴黎志在毀滅革命所完成，和我們祖先在舊法蘭西全部聯合的慶祝節中所贊賞的法蘭西統一時，他們是受了欺騙，或是欺騙全國。

『一直到現在，由帝國，君主制和議會主義加諸我們的統一不過是專制的，愚蠢的，強迫的或難堪的中央集權。

『巴黎所要求的政治統一是一切地方創制權的自由聯合，是一切個人向一種共同目標——一切人的康寧，自由與安全——的努力的自發與自由協作。

『公社的革命開始於三月十八日的民衆創制權，是創造一種經驗的，實證的和科學的政治的新紀元。

『這就是舊政府，教士界，軍國主義，官僚，掠奪，投機，壟斷和特權世界的告終，這一切東西曾使無產階級陷入奴隸狀況中，使全國陷入顛連困苦中。

『我們親愛的和偉大的國家既爲讒言謊語所蒙蔽，應當重新知道：巴黎與凡爾賽的爭鬥不能以一種虛幻的調和告終；爭鬥的結果不會有什麽疑問。國防軍不斷的努力所尋求的勝利將屬于理想和正義的一方面。

『我們呼號于法蘭西之前，

『法蘭西知道武裝中的巴黎的平靜一如牠的勇敢，並以同樣的精力與熱忱維持秩序；而又以赤誠去爭自由與光榮，牠應當出來制止這種流血的衝突。

『法蘭西必須借助于自己不可抵抗的意志神聖的表現去解除凡爾賽的武裝。

『我們的勝利既有益于法蘭西全國，牠應當對于我們的努力表示同情：這一次衝突的結局不是公社意見的勝利，就是巴黎的敗滅，法蘭西在這次衝突中應爲我們的同盟者。

『至于我們這些巴黎市民的使命是完成近世革命，即曾經光耀史册的一切革命中最偉大的和最有結果的革命。

『我們的義務是在爭鬥，是在勝利。』（見波士儂格特編的從一七八九年到一九〇六年的革命二九八至三〇〇頁。）

巴黎公社不獨是發表了這篇光明正大的宣言，並且還有種種令人滿意的措施。『公社于（三月）三十日取消強迫徵兵制和常備軍，宣佈國防軍為唯一武裝的勢力，凡能執軍器的國民當服役于國防軍；蠲免一八七〇年十月至（一八七一年）四月的一切房租，凡已經付出的錢數則撥入將來的租期中，並將一切質物的拍賣歸入市立當舖。　在同日之中，批准公社中所選舉的外國人的職務，因為「公社的旗幟是世界共和國（Weltrepublik）的旗幟」。　四月一日議決凡由公社任命的官吏最高的俸給——就是公社的委員也是如此——（每年）不得超過六千佛郎（四千八百馬克）。　越日，又用命令宣佈教會與國家分離，取消國家為宗教目的而付出的一切款項，並變教士的財產為國家的財產等等；此舉的結果是四月八日令各學校取消一切宗教的標幟，圖像，教條，祈禱，總說一句，「屬于每個人良心方面的一切事項」。——五日因凡爾賽軍隊每日鎗斃被捕的公社戰士，下令捕人為質，但從沒有貫徹到底。——六日國防軍第一百三十七隊搬出斷頭機，在人民歡呼之中當衆焚燬了。——十二日公社議決，一八〇九年戰爭以後拿破崙用擄來的大炮鑄成峯多場（Vendomplatz）戰勝碑，係尊崇己國蔑視鄰邦的表徵，和挑撥國際惡感的符號，應予以毀滅。　此事是五月十六日舉行的。——四月十六日命令各工廠主停辦的工廠造出統計表，由聯合于協作社的和向來服務于廠中的工人作成這些工廠的營業計畫，並作成這些協作社大聯合的計畫。——二十日取消製麵包工人的夜間工作，和第二帝國以來由警察任命的人——第一等掠奪工人的人——所壟斷的勞動註册；此項職務轉移于巴黎二十區的區長辦公處。——四月三十日命令取消當舖，這些當舖對于工人是一種私的掠奪，而與工人的勞動工具權及信用權不能相容。——五月五日議決毀滅那為殺路易十六贖罪而建立的禮拜堂。』（見孔拉底校訂的馬克思法蘭西內亂昂格思對第三版的導言一二六至一二七頁。）

巴黎公社的執政人員既屬于工人階級或為工人階級所承認的代表，而牠的宣言與措施又有許多是保障工人階級利益的，因此凡爾賽資產階級的政府便處心積慮要拔去這個眼中釘。可是公社握有二十萬零五千兵士，八千多軍官，一千二百尊大炮，和十二隻戰艦；而凡爾賽政府所收集的軍隊不過十萬人，遠非公社之敵。　在巴黎方面所以不向凡爾賽進兵，是志在和平，不顧引起內亂，反之，在凡爾賽方面却樂得有此閒暇時間積極備戰。『退耳現在藉口與巴黎開和平談判，獲得預備向巴黎開戰的時間。但從何處取得軍隊呢？所殘餘的常備軍數目既少，而態度又不可靠。他向各省迫切陳詞，叫牠們急以國防軍和自由志願兵幫助凡爾賽，又遇着公然的拒絕。……因此退耳只有一條路可走，就是急忙湊成一種雜牌的隊伍，水手呀，海兵呀，羅馬教的步兵呀，發楞廷（Valentin）的憲兵呀，畢特利（Pietris）的市巡查呀，以及私人偵探呀，都湊在一起。但是這種軍隊如果沒有帝國的戰時俘虜漸次加入，則牠的數目的不敷用直達到可笑的程度，至于這些俘虜是畢士馬克分期放歸的（作者按共有六萬八），在一方面既足以使（法國）發生內亂，在牠方面又足以使凡爾賽低首下心，倚賴普魯士的軍人。」（見同書一〇三至一〇四頁。）

退爾既是假意言和，真心備戰，所以他的實力一經充足，便把假面具揭開了。他于四月一日正式宣戰。凡爾賽的軍隊于異日開始向巴黎進攻，巴黎方面雖加以抵抗，然節節失敗。「凡爾賽的軍隊于五月三日在南方戰線上奪取了穆郎薩魁（Moulin Saquet）的方形堡壘，九日奪取了那打得零落堪的伊栖（Issy）礮台，十四日奪取了發活（Vanves）礮台。他們在西方戰線上逐漸前進，克服無數村鎮及建築物，——這些村鎮及建築物是拖延至城牆邊的——一直達到城根；至二十一日，……因駐守的國防軍的疏忽，遂進城了。普魯士的軍隊原佔據東北兩方的礮台，竟允許凡爾賽軍隊由那停戰時禁止通行的北城經過，進攻一條長陣線，而巴黎的軍隊因這條陣線經過停戰契約的保障，所以防守十分薄弱。自此以後，在巴黎西半城——繁華的城市——的抵抗十分軟弱；及進攻的軍隊愈逼近東半城——工人的城市——則抵抗愈烈。公社在柏爾微爾和墨尼爾蒙彈（Menilmontant）高處最後的防守地經過八天的戰鬥而陷落了。」（見同書昂格思對第三版的導言一二八至一二九頁）

論巴黎方面的兵力本較凡爾賽多一倍以上，且係防守，以逸待勞，何以接戰之後，一敗再敗，終至于不可收拾呢？這完全是由于統帥的不得人，行軍沒有通盤籌算的計畫，以致擁兵雖多，實行加入作戰的爲數有限；加以凡爾賽的軍隊，利用大砲的轟擊，收得極大的效果，而巴黎方面雖有大砲一千二百尊，實際應用的不過二百尊——像這樣坐失事機，因循自誤，豈有不失敗的道理?!

然這只是軍事領導者的失職，絕非兵士的錯過，他們作戰是很勇敢的，尤其是最後一個時期拚命抵抗，演出許多可歌可泣的事蹟！

不獨國防軍的兵士是如此，卽婦女也很勇敢地來參戰。『婦女並不留住自己的丈夫。反之，她們催促丈夫赴戰場去爭鬥，且送衣服給他們更換，送飲食給他們充饑，和平常在工廠中一樣。她們內中有許多人簡直不願再囘去，自己拿起槍來（與敵人拚命）。她們在沙提永（Châtillon）的高坪上是最後的作戰者。一班隨軍賣貨的婦女，只簡單作女工的打扮，沒有換裝，死于作戰中的以數十計。』（見黎撒加賴一八七一年的公社史一九四頁）其實她們何止雜在男子中作戰，巴黎的醫校街（Rue de l'Ecole de Médecine）完全是由她們防守的。（參看同書三一六頁）

不獨婦女是這樣勇敢作戰，卽小孩子也無不同仇敵愾，拿槍應敵，甚至于比起成人來更要奮不顧身。『小孩子在這種犧牲的爭鬥中比男子和婦女更爲勇敢。勝利的凡爾賽軍隊俘虜小孩六百六十八，有許多且死于巷戰中。數千小孩在被圍之時勇敢地服務。他們跟着軍隊出入于戰壕和堡壘中，特別是守着大砲。馬約門（Porte Maillot）好些防守者是十三四歲的小孩子。他們在開闊的戰場中表見癲狂一樣的勇敢的奇蹟。』（見同書一九五頁。）

小孩子的血是熱的，是容易沸騰的，他們在反抗統治階級——資產階級——的爭鬥中表見勇敢的動作，雖屬可異，究竟還是可能的。最難得的是他們不獨勇敢，而且沉着，在被俘後，不獨能夠慷慨就義，而且能夠從容就義。下面一樁史實眞要愧殺古今中外無數臨難思苟免的成年『革命家』了：

『在巷戰與原野戰中，小孩子所表見的偉大，和男子一樣。在禮拜堂的郊外（Faubourg du Temple）的戰壕中，最勇敢的戰士是一個小孩子。當這個戰壕被攻破時，一切防守的人都被槍斃。最後輪到這小孩的身上了。他要求延遲三分鐘，以便將自己的銀錶送給住在對面的母親，「免得她人財兩空」。那軍官自然而然地受了感動，讓他前去，預料他不再回來了。可是三分鐘之後，小孩竟跑回來，叫道：「我在這裏」，于是跳上行人道，伴着他的同志的屍身，靠牆站着。』（見同書三三〇至三三一頁）像這樣的舉動不獨小孩子萬難辦到，卽成人也是極不容易的，無怪乎作史的黎撒加賴要贊賞道：『啊，巴黎，你如果長是生這樣的兒子，便永不朽了！』（見同書三三一頁。）

巴黎無產階級的男女老幼雖充滿了革命的熱忱和犧牲的精神，然因沒有一個強有力的政黨爲之領導，以致臨事慌忙，毫無成算，政治上的失策，軍事上的貽誤，層見疊出，終至一敗塗地，無以自全。　在另一方面，怯于對外而勇于對內的凡爾賽資產階級的軍隊于擊破巴黎後，即將牠們因前此對德戰敗的恥辱而蓄積的憤怒一齊發洩在巴黎無產階級的身上。　波士德格特描寫當時的狀況道：『我曾說過，凡爾賽的軍隊殺害牠們的俘虜。　這却不是一句適當的話。　牠們在巴黎遍索曾經參加防禦或看護傷亡，或以食物供給饑餓者的男子，婦女與小孩子。　牠們殺人不是一個一個殺的，而是一羣一羣殺的；牠們殺人不是以自己的器官疲乏爲止境，而是以機關槍的鋼鐵破敗爲止境的。　羅寶（Lobau）兵營，薔薇路（Rne des Rosiers）和其牠許多地方流血成渠，一般兵士沾染血跡達于半膝。　在巴黎一塊令人恐怖的地方，死者的掩埋過于迅速；到了夜間，一般驚慌失措的居民便聽見呻吟的聲音與移屍的聲音，雜然並作。　清晨一望，地上滿留着半死者爭抗的痕跡，他們是被活埋了，有一個人的手且猶伸出地面。　在許多日中，大魚網的中央猶有一線深褐色的水流下去；有一個不知感動的巴黎人且發明了一種釣國防兵的遊戲，就是在一定的時間內，賭賽有多少國防軍的屍體浮在橋下。　墳園是充滿了〔死屍〕，于是開掘平常的大坑，將各種屍體投入其中。　像米雪爾（Louise Michel）所說的一樣，生石灰在這一年是餓極了。 我們要轉眼望着一九一四年至一九一八年戰爭的意外事件，才找得着同樣吃人血的兇猛和饑渴的例子。 有多少俘虜及和平的國民是被殺死了呢？ 兩萬麼？ 三萬五千麼？ 沒有人能夠說定。 自公社以後，十萬巴黎工人不見了。 但是自第一次屠殺告終，有大多數人又在巴黎以外所開的軍法會議後被殺了，還有更多的人是被放逐了。」（見波氏工人的國際黨七〇至七一頁。）

「自公社以後，十萬巴黎工人不見了。」 這不獨不是一句渺渺茫茫的空話，而且數目還說得太少，當時的歷史家尚有較詳的計算。 黎撒加賴告訴我們說：「在戰時或戰後有二萬五千男子，婦女和小孩被殺，至少有三千人死于普通監獄，船舶監獄，堡壘監獄，或因監禁而起的疾病，有一萬三千七百人被判罪，其中的大部分是終身監禁，有七萬婦女，小孩和老人是被奪去他們天然的贍養，或被逐出法蘭西；至小限度的犧牲有十一萬一千八，這就是資產階級僅僅爲着三月十八日的革命而施的報復的分量。」（見黎氏一八七一年的公社史四二二頁。）

「在戰時或戰後有二萬五千男子，婦女和小孩被殺，」這句話是需要解釋的。 當戰事進行的時候，凡爾賽方面的官兵死亡不過八百七十七人，而巴黎方面也不過數千人，可是戰事終止之後，足有『二萬人被槍斃，其中四分之三絕沒有參加過戰爭。』（見同書三五八頁） 這許多無辜人民的被慘殺，究竟以什麼爲標準呢？ 一個極幻想的標準，一個聞所未聞的標準。

英國每日新聞報（Daily News）的記者曾宣佈他所目擊的情形道：『俘囚隊停止在烏立喜路（Avenue Uhrich），俘囚四五排一起站在對着大路的步道中。 加利非（Gallifet）侯爵將軍和他的參謀下馬後開始從左邊檢查起。 他走得很慢，眼睛注視各行列，到處停止，將一個俘囚的肩膊拍一下，或招手示意，令一個俘囚從後行退出。 這樣選擇出來的人通常是不再加審問，即帶至大路的中心，在該處馬上構成一個小的隊伍。……此中顯然有很大的錯誤。 一個騎馬的軍官向加利非侯爵指出一個男子和一個女子，犯了什麼特別罪。 這個婦人走出行列，跪在地上，起舉兩臂乞憐，並用悲慘的話剖白她的無辜受冤。 這位將軍停了一會，于是用一副最不感動的面孔，和漠視的態度說道：「夫人，我已經到過巴黎每個戲院，你值不得來演滑稽劇。」……凡比旁邊的人特別高大，骯髒，清潔，衰老，或醜陋的人當時都是要遭殃的。　一個人大概是因具有一個破鼻子，便使他迅速脫離現世的憂愁了。　當這樣選出百數俘囚之後，卽派出一個行刑隊，而隊伍又重新前進。　幾分鐘之後，我們聽見後面槍聲大作，至一刻鐘以上才止。　這就是此等簡單認爲有罪的不幸者的屠殺。』（見波士德格特編的從一七八九年到一九〇六年的革命三三七至三三八頁。）

此外，黎撒加賴也告訴我們說：『當五月二十八日，卽星期日，加利非叫道：「一切白髮老人站出來。」　一百十一人應聲而出。　「你們」，他繼續說道：「你們曾經看見過一八四八年六月的事變，你們的罪比別人更大。」　他命將他們的屍身投入堡壘的壕溝中。』（見黎氏一八七一年的公社史三六三頁。）

對外抱不抵抗主義的法蘭西資產階級對內屠殺無產階級，既沒有標準，如果無產階級不絕種的話，自然也沒有止境。　可是幸而逢着六月炎天，死屍發臭，瘟疫出現，資產階級恐怕受傳染，喪失自己寶貴的生命，才停止屠殺的工作。　然一個贍養家室的人被殺，可以使全家連帶滅亡，所以十一萬多人終于成爲牠洩憤的犧牲品。　讀者試瞑目一思，巴黎的工人區域當時成何景象！『幾個月之後，柏爾微爾猶是一個死城市。　經過該處的遊客看不見那被拋棄的房屋中有什麽光亮或生命的表徵；一條一條的街道都是空虛的，荒涼的，好像瘟疫曾經把居民掃去的一樣。加利非血洗工人區域，好像他就是帖木兒(Tamerlane)或其他發狂的東方專制君主。不幸的犧牲者大半都押往拉社玆墳場(Pére Lachaise cemetery)，那裏所缺乏的既是血肉，便用機關槍掃射。許多公社人被殺處的牆壁至今稱爲國防軍牆(le mur des federes)，這對于全世界的社會主義者是一種神聖的遊地。』（見波士德格特過去的革命史蹟二三頁——Out of the Past. Some revolutionary Sketches. London）

我們對于巴黎公社的歷史已經大體說過了，現在接着講馬克思的批評與活動。法國無產階級自經過一八四八年六月的屠殺（參看本書第一册一八四八年歐洲各國的革命一章）後，卽受政府的壓迫，工人運動不能發展，工人的組織未臻強固，及德法戰爭後，法蘭西第二帝國傾覆，馬克思認定這是法國工人從事組織與訓練的好機會，同時又深知道他們的實力不足，不贊成有非常的舉動。所以他于一八七〇年九月六日寫信給昂格思說：『今天（駐倫敦的國際黨）法蘭西支部全體往巴黎，要在該處用國際黨的名義去做儍事。「他們」要推翻臨時政府，設立巴黎公社。』（見昂格思與馬克思書信錄四卷三三〇頁）昂格思的意見正與馬氏相同，他于翌日回信說，法國工人『於媾和前無論在何種狀況之下不能有所作爲，就是媾和之後，起初也還需要時候從事組織。』（見同書同卷三三三頁）

國際黨中央局于是月九日發表馬克思對德法戰爭所草就的第二次宣言，于上述一點，說得更爲明白。『當着敵人幾乎已在巴黎的門口敲門的時候，每種顚覆政府的企圖是一種不顧生死的愚行。法蘭西的工人必須盡着做國民的義務；但不要因一七九二年國家的回憶而受人支配，恰和法蘭西農民因第一帝國國家的回憶而受欺騙一樣。——他們不要追念過去，但當創造將來。他們可以安安靜靜決決切切利用共和的自由對他們所給予的方法，從根本上把自己一階級的組織完全弄妥貼。此舉將給予他們以各種絕大的新力量去擔負法蘭西的再造和我們的共同任務——即無產階級的解放。』（見孔拉底編的建國與公社一六五頁）這段話更充分表現馬克思確切希望法國工人階級生聚訓練，養精蓄銳，以待時機；波士德格特以爲法國工人此次爭鬥時機未熟，這不是馬克思所料到的（參看波氏工人的國際黨六五頁），眞是厚誣馬氏了。

『蒲列漢諾夫于一九〇五年十一月尙在推進工人和農民爭鬥的意旨上從事文字宣傳，于一九〇五年十二月以後，即依照自由的模樣叫道：「你們從前不該動武的呀。」然馬克思却不以鼓舞——和他自己所說的一樣——「掀天動地」的公社人員的英雄氣概爲滿足。他從革命的羣衆運動中——這種運動雖沒有達到目的——看出一種極重要的歷史的企圖，一個實行的步驟，這比百數的綱領和解說還重要些。分析這種企圖，從牠取得策略上的教訓，並根據這種企圖修改理論——這就是馬氏所提出的任務。』（見列甯國家與革命三一頁，萊比錫出版——Staat und Revolution）

馬克思對于法國工人階級這次革命運動事前雖不表贊成的言論，然在革命之中與革命之後，從沒有說過半句蒲列漢諾夫那樣的『風涼話』。他只是以無產階級理論家的資格，剖解本階級空前的和偉大的歷史企圖，就爭鬥中所表現的行動而品評其得失。他于一八七一年四月十二日寫信給柯格爾曼說：『你如果翻閱我的路易拿破崙的霧月十八日最後一章，便看見，我曾宣佈法國革命最切要的企圖不是和向來一樣，把官僚主義和軍國主義的機關從一個手中轉入另一個手中，而是將此機關予以毀滅，這是歐洲大陸每種眞正人民革命的先決條件。這也是我們英勇的巴黎同志的企圖。在這些巴黎人中是具有何等耐勞的力量，何等歷史的開創力，何等犧牲的精神啊！ 他們因外國的仇敵，更因國內的賣國，經過六個月的饑餓與敗壞，在普魯士軍隊的刺刀之下，振作有爲，好像法德兩國間從來沒有發生過戰爭，好像敵人還沒有站在巴黎的門口！ 歷史上是沒有同樣偉大的同樣例子的！』（見馬克思與柯格爾曼書八六頁。）

巴黎的工人雖富于耐勞，開創，與犧牲的精神，然對待資產階級的態度過于寬厚，而所取的手段也過于軟弱，所以他們的兵力雖十分充足，總是以和平爲志幟，對于凡爾賽政府，未嘗以一彈相加，致使這個政府得從容備戰，以遂其一網打盡的毒計。 在實際上握有當時最高權力的國防軍中央委員會不獨沒有進攻的準備，連巴黎的要塞都沒有佔領當妥，惟以籌畫選舉，交還政權爲唯一先務，因這樣拘執法理，遂致坐失事機。 所以馬克思在同一信中接着說道：『他們遭遇失敗，其咎只在他們的「善意」。 自衞洛（Vinoy）開釁于前，巴黎國防軍的反動分子繼起于後，（他們）當即向凡爾賽進兵。 適當的機會爲着良心上的顧慮錯過了。 他們不願意引起內亂，好像退耳那種企圖解除巴黎武裝的帶毒的小產（Avorton）還沒有引起內亂一樣。 （他們的）第二個缺點是：中央委員會爲着替公社留地步，交出權力過早了。這又是由于一種「令人尊敬的」僅小愼微！事雖如此，然現今巴黎這樣舉事——雖屈服于舊社會的豺狼猪狗之前——是六月變亂以來吾黨最光榮的事件。』（見同書八六至八七頁。）

馬克思寥寥幾句話把巴黎工人方面的弱點和盤托出來了。當國防軍的中央委員會于退耳政府逃出巴黎後在市政廳開會時，只有一個人提議『必須首先向凡爾賽進兵，驅散國會，號召全國，藉以表明自己的態度』（見黎撒加頼一八七一年的公社史八四頁），但無人贊成，遂爾作能。中央委員會不獨不向凡爾賽進兵，連巴黎城中的奸細都未曾加以取締，以致敵人利用這種『善意』，內應外合，致了巴黎的死命。然這與不進兵之舉是相因而至，不足爲怪的。

國防軍的中央委員會既因充滿了『善意』和『良心上的顧慮』而坐失事機，巴黎公社更因孤立無援和時機緊迫而一籌莫展。所以列寧在一九一一年紀念巴黎公社的一篇論文中說：『只有工人們對於公社是忠實到底的。資產階級的共和主義者和小資產階級大都和牠脫離關係了。……公社被從前的同盟者拋棄，無人予以支援，牠將遭遇失敗，是無可避免的。

法蘭西的整個資產階級，所有地主，股東，工廠主和一切大盜小偷，一切剝削者都聯合起來反對牠。……但公社所缺乏的主要東西是時間，即自由遲迴審愼並專心致志去實現牠的綱領的時間。牠還沒有來得及工作，凡爾賽政府挾着整個資產階級的支援，便開始對巴黎取軍事行動了。這樣一來，公社尤其要準備自衛。一直到五月二十一至二十八的末日為止，牠沒有時間考慮其牠事件。』

列寧指出巴黎公社缺乏『自由遲迴審愼並專心致志去實現牠的綱領的時間』，固然不錯，但牠的分子相當複雜，常發生不同的意見，引起爭論，以致連這種有限的寶貴時間也糟塌得不少。馬克思對於公社，事無巨細，無不關懷和贊助，對此事曾表示婉惜，並予以忠告。他於是年五月十三日寫信給公社的委員佛連克蘭(Frankel)和瓦爾林（Varlin）說：『將那些對凡爾賽和解的文件放在一個安全的地方，不是妥善些麼？這一類的預防手段不會有害的。我從來自波爾多(Bordeaux)的一封信中，得知最近的市選舉有四個國際黨員當選。這種醞釀是各省的一個起點。可惜那裏的行動只是地方性的，並且是「和平的」。我為着你們的事業，向世界上有關係的各處寫了好幾百封信。此外，工人階級從初時起即贊助公社。就是英國資產階級的報紙也拋棄了牠們初時那種完全拒絕的態度。我時常做一篇滿具好意的論文插入牠們中間，都成功了。——照我看來，公社因小故和對人的爭鬥，費時太多。除掉工人的勢力外，顯然尚有牠種勢力的作用。但你們倘若能將失去的時間收回，則所有這些事便算不得什麼了。』（見孔拉底編的建國與公社三六五頁。）

在另一方面，巴黎公社的委員也常向馬克思咨詢意見，如公衆勞動部的委員佛連克爾于四月二十五日寫信給馬氏說：『我很願意你將示我以南針，因爲我現在一人單獨（做事），即對于公衆勞動部所要施行的一切改革也是一人單獨負責的。你盡力使一切民族，一切工人，特別是德國人了解巴黎公社與德國的舊式公社沒有關係一事，從你上次信中的行間字裏可以推斷出來。因此你對于我們的事業已經表現一種很大的勞績了。』（見墨爾林馬克思傳四五七頁。）

統觀上面的信，我們知道馬克思對于巴黎公社的事業是何等盡力幫忙，熱心贊助。他和公社的交涉大半是由一個曾經參預一八四八年革命的德國商人波克海姆（S. Borkheim）傳達的，此外雖還有些往來的書信，類多散失，如他在四月二十五日以前給佛連克爾的信未能尋出，即是一例，因此我們對于他向公社的建議和籌策，無從知道。但他于一八七一年六月十二日致畢士烈的信猶表見一鱗半爪。「我和公社的接洽是由一個德國商人傳遞的，這位商人因營業的關係，全年往來于巴黎倫敦之間。一切事情都由口頭傳述，只有兩次是例外的：我第一次送一封信給公社的委員——由同一人送去——係答覆他們詢問怎樣能夠向倫敦交換所作某種股票的交易。第二次是我于五月十一日——大難臨頭的前十日——用同一方法將畢士馬克和發浮爾在佛郎克佛所訂祕密條約的一切詳細情形報告他們。〔按馬克思給巴黎公社委員的信，除這兩封外，還有上面所引的五月十三日的一次信，此處說只有兩次信，當係誤記。〕……〔我殊願〕公社會聽從我的警告！——我勸告其中的委員固守蒙馬特耳高處的北方，即普魯士〔軍隊駐守〕的方面，當時尚有時間做這椿事；我預先告訴他們不是這樣，一定陷入陷阱中；並向他們舉發匹阿，格魯森(Grousset)和衞息尼爾（Vésinier），要求他們即刻將國防委員所訂立的一切文件送到倫敦，藉此可以多少制止公社仇敵的野蠻行動——要是能夠這樣，則凡爾賽方面的計劃定可破壞一部分。凡爾賽的人員倘若看見此等文件〔發表過〕，必定也不公佈僞造的文件了。」（見孔拉底編的建國與公社三六六至三六七頁）

巴黎公社是無產階級一種幼稚的組織，就內部講，既沒有強有力的無產階級政黨爲之指揮，復缺少精明強幹的人材供其奔走，就外部講，不獨不爲資產階級和地主階級反宣傳蠱惑的農民所贊助，且爲他們所仇視，即各城市同階級的人偶有同樣的組織以爲響應，也是隨起隨滅，絕無聯絡可言，如克勒左，亞田(St. Etienne)和里昂的公社建立于三月二十日，消滅于二十八日，馬賽公社建立于三月二十三日，消滅于四月五日，那旁（Narbonne）公社建立于三月二十四日，消滅于三十一日是。在這種內無強固組織，外無同階級和同盟者——農民——應援的局勢之下，巴黎公社受着敵人猛烈的砲擊，遂于五月二十八日沒落了。越兩日，馬克思向國際黨中央局提出一種宣言，旋署上中央局二十九人的名字，作爲國際黨的正式文件發出。馬克思與昂格思當然在內，因爲馬氏是國際黨中德意志及荷蘭的通信祕書，而昂氏則爲比利時及西班牙的通信祕書。這種宣言即本章所徵引的法蘭西內亂一書。這不是一種純粹歷史的著作，而是一種歷史的，政治的辯論之作；此書和昂格思所說的一樣：『將巴黎公社在歷史上重要之點，用簡明的，有力的，鋒銳的，和誠實的方法，表見出來了，在全體論述此事的著作中，從沒有能與之相匹敵的。』（見孔拉底校的馬克思法蘭西內亂昂氏對第三版的導言一二二頁。）

拉花爾格說：『公社有了國際黨中央局——馬克思和昂格思爲內中的主要人物——爲之辯護；遂披上一種社會主義的色彩，然在牠短促的生存中從沒有這種色彩。現在公社的亡命客自以爲是眞正主張社會主義的人，其實他們絕對不懂社會主義。』（見曾爾社會主義，共產主義與無政府主義二八五頁）拉氏這種議論雖未免偏執一點，然巴黎公社的份子複雜，不都是社會主義者，這是實在的。所以馬克思說：『在每種革命中，總有別種人傍着眞正革命的代表而出現。有些人係從前革命的遺物，已不合時宜；他們不了解現時的運動，但因向來著名的勇氣和品性，或僅因習俗相沿，對于人民有很大的權威。還有些人只是一種呼號叫喊之徒，長年以同一話語，反覆反抗當時的政府，遂得混入第一流革命者的盛名之列。自三月十八日以後，也有這樣的人出現，在好些地方，甚至于還負一種重大的任務。凡他們權力所至之處，即阻礙工人階級眞正的行動，恰和前此阻礙每種革命充分的發展一樣。他們是一種不可避免的禍害；時機一到，就會被排去的；但當着這個時機，他們却還沒有離開公社。』（見孔拉底校的馬克思法蘭西內亂一〇一頁）馬克思這段話不獨是表明巴黎公社的份子非純粹社會主義者，兼駡盡古今中外的革命中一班因利乘便盜取大名的魚目混珠的人物了。

巴黎公社的人員雖不是純粹的社會主義者，在九十餘人中眞正的工人雖只佔二十五名，然公社的設施是從社會主義的觀點着眼的，牠的制度不是承襲資產階級的制度，這一點是馬克思所特別重視和特別稱道的：『工人階級不能將現成的國家機關簡單據爲己有，去求達自己的目的。〔資產階級〕集中的政權及其遍佈的機關——常備軍，警察，官僚政治，教士，裁判官，以及依有次序有等級的分工計畫所創設的各機關——是出于專制君主政體的時代，這種政權對于新興的資產階級社會是抵抗封建制度的爭鬥中一種有力的武器。……近世工業的進步使資本與勞動間的階級對抗發達了，擴大了，並加深了，而政權卽依照比例愈加帶一種公然壓迫工人階級的權力的色彩，並且愈加帶一種階級統治的機關的色彩。』（見同書八六至八七頁。）

資產階級的國家制度既是壓迫無產階級的工具，則無產階級一旦起而掌握政權，必須另創一種適宜的制度，巴黎公社的特別組織，就是適應這種要求的。所以馬克思說：『公社是帝國的正反對。 社會的共和國(Soziale Republik)——這是巴黎無產階級二月革命所趨向的——的呼聲只是一種共和國的無定形要求的表見，而這種共和國不獨應剷除階級統治的君主政體的形態，並且還應剷除階級統治自身。 公社就是這種共和國確定的形態。』（見同書八九頁）『公社不當是一種議會的組織體，而是一種行政立法同時並舉的組織體。』（見同書九〇頁）『普通選舉權爲組織在公社中的人民所運用，不要是三年一次或七年一次去決定統治階級那一個份子當在議會中代表人民，並且蹂躪人民，應當和個人選擇權爲每個雇主所運用去替他的店中選擇工人，監工，和司賬一樣。』（見同書九二頁） 『建基于公社上面的意義的繁多，以及表見于公社中的利益的繁多，足以表明公社完全是一種適于發展的政治體制，而從前一切政府形態總是以壓制爲能事。 公社眞正的祕訣是：在實質上牠是一個工人階級的政府，這是抵抗掠奪階級的爭鬥的結果，這是最後所發見的政治體制，而勞動的經濟解放，在這種體制之下，是可以實現的。……生產者的政治統治不能傍着他的社會奴役而存在。 因此公社對于階級的存在以及階級統治所託命的經濟基礎應當予以破壞。勞動一經解放，則每個人都是一個工人，而生產的勞動不復爲一階級的專業了。』（見同書九三至九四頁。）

馬克思認巴黎公社是工人階級的政府，由此可以達到勞動的解放，可以實現共產主義，所以他說：『公社願意剷除那種使多數人的勞動變爲少數人財富的階級財產。牠要掠奪掠奪者。牠願意使個人的財產獲得眞意義，故將生產工具，土地，和資本——後者尤爲現今役使並剝削勞動的手段——作爲自由與協作勞動的工具。但這就是共產主義，這就是「世人所謂」「不可能的」共產主義！現在那些出身于統治階級的聰明人——這種人是很多的——看出現制度繼續下去的不可能，已經投身爲宣傳協作生產的鹵莽的和大言的使徒。但當協作生產不是一種虛泛的外表和一種欺騙時，當協作生產驅逐了資本主義制度時，當協作的全體依照一種共同計畫而支配全國的生產時，則協作生產是在自己的領導之下進行全國生產，並且將使一種繼續不止的紛亂狀態和隔若干時期再現一次的拘攣症——這是資本主義生產不可免的命運——宣告終止，——諸君啊，這不是共產主義麼，這不是「可能的」共產主義麼？』（見同書九四至九五頁。）

巴黎公社既是工人階級專政時所特有的政府形態，既是共產主義的出發點，那麽，牠和資產階級的利益完全不相容，牠會受資產階級死力的抵抗，自然是勢所必至的。牠出生時雖好像是元氣充足，大有發育的希望，然到底是一個方才呱呱墮地的嬰兒，受不住外界的打擊，而法國的資產階級却挾其全力去施攻擊，所以牠出世不過七十日即夭折了。可是牠爲工人階級第一次專政時的產兒，雖如曇花一現，已經是流芳百世，而殘害牠的人雖一時得勝，終于遺臭萬年，所以馬克思說：『工人的巴黎，巴黎的公社將永久受人們的慶祝而視爲一個新社會榮譽的先驅。牠的殉難的烈士是銘記在工人階級偉大的心窩中。牠的劊子手現在已被工人階級訂在犯人架上，他們的牧師雖努力祈禱，想爲解脫，也是無能爲力的了。』（見同書一一六至一一七頁）

『新社會榮譽的先驅』，一點也不錯。一九一七年俄國十月革命後的政治體制正是以巴黎公社爲模範的。有了牠作引導，俄國的無產階級于奪取政權後，才能夠馬上走入自己所應走的道路，不致徬徨歧路，坐失事機。在另一方面，有了牠的教訓，俄國的無產階級才會用嚴厲手段去對付資產階級，將後者『釘在犯人架上』，而替巴黎『殉難的烈士』復仇。

馬克思傳　下　　一九九

可是向來的歷史家不獨不認巴黎公社為無產階級專政的特有的組織，並不認牠為無產階級政府。這是一種大錯。工人階級參加爭鬥，參加管理，只有牠的氣魄使這種運動表見偉大，但牠很少參加政府的。例如黎撒加賴就說：『有人稱公社為工人階級的政府。國際黨黨員得加入其中，大半是由于自己個人的名譽。三月二十六日的選舉，在七十個革命的選舉中，只有二十五個工人當選，內中僅十三人屬于國際黨；其他十二人是出自各俱樂部。在六個複選中，工人只有兩名當選，即瓦爾林和台斯（Theiss）。公社會議的三分之二是由小有產者構成，他們是很有方法成就自己的。會計員，醫生，律師和新聞記者多至一打人。只有很少數人——僅五，六人——略微懂得社會問題。』（見黎氏一八七一年的公社史一四五頁。）

黎氏所敘的事實自然沒有錯，但他由此等事實所抽出的結論却錯了。他是從形式邏輯的觀點立論，只看見一些表面的現象，而沒有察出裏面的核心。馬克思却不然。他應用辯證法，撇開表面的現象而拿住裏面的核心。所以墨爾林說：『馬克思在這裏一個煩難和綜錯的問題中，復表現他的驚人的能力，能從一種似乎不能解決的紛亂的虛幻表面，在困糾紛而百倍綜錯的謠傳中，確切認識這事件歷史的核心。』（見墨氏馬克思傳四五八頁）「這事件歷史的核心』是什麼呢？ 就是拿住了歷史的主要潮流——無產階級的運動——去敘述巴黎公社的經過，並估定牠的作用與價值。 尤其是後面這一點對于後來的無產階級有重大的意義。 總說一句，只有馬克思才能夠藉巴黎公社混雜的史蹟，替後來負有歷史使命的無產階級指出一條康莊大道。 俄國無產階級革命的成功，正是列甯及其黨遵守馬克思的理論而正確領導的結果，這是我們應當在此鄭重聲明的。

我們對于巴黎公社的歷史及馬克思的活動和批評等等已經大體敘出，不再往下講了。公社失敗的結果不獨使法蘭西本國的工人運動受一大打擊，並且還使國際黨受一大打擊，致演出牠的消滅的悲劇。 可是國際黨消滅的原因，在外部的固然是由于巴黎公社的失敗，而在內面的，實在是由于巴枯甯與馬克思的爭鬥，因此我們于繼續講國際黨歷史之前，須說明巴枯甯的事業，及他和馬克思在主義上見解的差異等等。

第四章 巴枯甯

邁克爾・巴枯甯于一八一四年五月八日出生于俄國推威爾(Twer)的托學克(Torsch k)縣耶穆陈維(Prjamuchino)村一個貴族家中。 他的父親曾爲外交家，任職西歐，卸任後，于四十歲許娶得一個砲兵師團長的年青貌美的女兒，共生子女十一人，邁克爾行五，是爲長子。 這位老人雖是一個保守派，手中據有七百農奴，爲農奴制的擁護者，然因自己曾受專制母親嚴厲的待遇，對于子女倒也能一反其道，純取放任主義。 因此邁克爾在家庭中不受何種拘束，而靜悄的鄉村生活復足以遂其意志的發展，不爲外界的環境所刺激和壓迫，所以他的幼年時代是在自由的空氣中度過的。

俄國的朝野上下自傾心于西歐的文物制度後，貴族子弟多留學西歐各國，于是西歐的自由主義隨之侵入俄國，形成一種運動，而一八二五年十二月一般貴族軍官在聖彼得堡所起的叛亂即這種運動爆發的見端。 自是以後，數十年之間，俄國貴族和智識界人的精神生活爲這種自由主義運動的理想和十二月黨徒（Dekabristen）犧牲的精神所支配，而巴枯甯少年時代在這一方面所受的影響更是不小了。

他的父母願他經過貴族子弟所應歷的途徑，以軍曹出身，因於他十四歲時，送往聖彼得堡的砲兵學校肄業，至一八三三年便變成一個軍官。　但巴枯甯的爲人是山野之性，不慣拘束，他受軍事訓練和服務軍隊的時期就是精神上感受痛苦的時期。　當一八三四年年初他因不以從屬的禮儀對待長官，與砲兵學校的主持人索鶴莎列(Ssuchosanet)將軍衝突，遂棄去原有的軍職而投身于俄國西方的陸軍砲兵隊中。　不過這裏也是落落不合，且因目擊俄國軍隊對于波蘭的橫暴行爲，更痛恨專制，覺得軍人生活非他所能堪，乃于是年十二月辭去軍職。

巴枯甯自脫離軍人生活後，由父親代爲在推威爾政府中謀得一文職，但他却決意研究學問，不肯就職。　當一八三五年的秋季，他大概是住在自己或親戚的家中，曾于此時認識一個哲學家斯坦克衞芝（Stankewitsch），因而研究德國的唯心哲學。　至一八三六年年初，他離家前往莫斯科，繼續研究哲學。　這原是當時統治階級的子弟一般的傾向，他們不關心于社會和政治問題，惟以哲學宗教這一類科目爲務，尤其是趨向德國哲學，企圖獲得思想上的自由。 巴枯甯此時還不是一個革命家，而是一個愛國主義者，認每個忠實的國民主要的任務是在以信仰和眞理去替沙皇與祖國服務。 不過他的思想已經含有後來那種趨向破壞的種子。 他于是年二月寫信給他的二姊哇哇哪（Warwana）說：『我已經是人了，因爲我願意做個人，因爲我是被詔來做個人。 除掉做人外，沒有其牠目的，凡阻礙我向這個目的進行的東西，我都加以毀滅。 凡爲着屈服人類而造成的狀況是當受咀咒的；凡沒有意義而又束縛意志的觀念是當受咀咒的。 大家必須破除一切僞的東西，用不着憐恤，也用不着有什麼除外，要是這樣，眞理才能夠勝利——眞理是會勝利的。……絕對的眞理，並不是附着在這種或那種狀況上的「眞理」。——這就是我的格言。』（見斯節克諾夫巴枯甯傳一一頁——Michael Bakunin. Ein Lebensbild. Stuttgart. 1920）

巴枯甯雖潛心研究學問，然他的長處只在剛毅果敢，足以動人，至于思想總是沒有條理，關于這一點，柏爾女士（Natolie Beer）于一八三五年三月給他姊姊的信描寫他的言語的影響時，表現得很清楚。『有些人品性的堅強和精神的懇切，可以大有作爲，這種影響就是那些人的表現之一。……他在面前使我受一種影響，然我却永不能將這種影響完全的意義告訴你。這是一種渾沌的東西，這是一個感情和理想的深淵，使我十分惶惑；我已于百次決定把這些事情深思遠慮地考量一下，但每次總陷在牠們的羊腸鳥道中。咳，這是因爲邁克爾的心腸和頭腦係「種羊腸鳥道，你不能在此中卽刻找着線索，而「他那」時常流露出來的火花（他的心腸和頭腦是滿具烈火的）也于不知不覺之中，把你的心腸和頭腦燃燒起來了。」（見同書一六頁）

柏爾口中的巴枯甯正是方才潛心學術的巴枯甯，在此思潮怒發，清濁不分的當兒，這是自然的現象，卽初入柏林大學時的馬克思的思想，何嘗不是如此？可是他繼續研究學問三年，這種紛亂的狀況仍不少減。俄國的大批評家節靈斯基（Bjelinski）于一八三八年四月寫信給他說：「自我看來，你現在不過是各種元素紛亂發酵的一種表現罷了。你的自我力求在大規模的形態中發露出來。這種精神的過程，你是覺得痛苦的：在這種過程中，破壞的進而爲創造，腐敗的進而成新果。」（見同書一八至一九頁）節氏最後這句話對于巴枯甯的將來抱有莫大的希望，可惜巴氏的思想終久沒有什麼進步，無所謂「創造」，更無所謂「新果」。他于一八四三年作德意志的反動（Die Reaktion in Deutschland）一文（此文是用伊利雜德——Jules Elizard——的名字在德意志年書中發表的），內中有一句話是：『破壞的意志同時就是一種創造的意志』，這足以表見他注全力于破壞的心理，和他的思想所達的限度。　這句話也是他此後做事的根本原則。　馬克思有一次寫信給波爾特（Bolte），說巴枯甯是『一個毫無理論知識的人』（見倍克，會茲根，昂格思，馬克思等致索爾格等書信錄三九頁），又有一次說他『在社會理論方面，是最沒有知識的一個人』（見馬克思與柯格爾曼書六四頁），眞是看出了他的短處。　此外，波士德格特有一段話評論巴氏，也很恰當。　『巴枯甯的意見的變動似乎和天氣一樣。　他在一剎那中含有意見的一切方面，從寫忠實的信給俄皇，求他抬高人民的地位起，至宣傳——和涅洽葉夫（Nechayev）相同——用慘酷的戰爭，暗殺及行竊去反抗統治階級的個人止。　他的偉大不在他的思想上或無聊的著作上——他從事著作，起首非常熱心，然都是半途而廢——而在他那有吸引力的人格和強壯的精力上。　他有一種說大話的能力，奢談自由等等，非常動聽，因爲他是出于至誠的。』（見波氏工人的國際黨四七頁）　就是巴枯甯自己，到了晚年也深知他不長于理論，所以說：『我不是一個學者，也不是一個哲學家，甚至于還說不上一個專業的文人。　我一生著作很少，當必要時，當一種熱烈的信念強迫我去克服對于每種公開的自我批評的本能的厭惡心時，我才動筆爲文。』（見巴枯甯全集第二卷二六八頁，一九二三年柏林出版——Michael Bakunin. Gesammelte Werke）

巴氏雖不長于理論，然他的人格自有其偉大處。『他將俄國人的一切特質都聯合在自己的身上：如可愛，仁慈，慷慨，童稚氣，勇猛精壯中的疏懶，和對無秩序的流蕩生活的傾向是。此外還有對自由的熱烈要求和高加索（Kaukasus）自由的捷克人（Tcherkessen）所保持的傲氣。但那種野性和原始氣，就是他的俄國朋友也會吃一大驚，然這恰和他所具的高度教育結合在一起』（見胡霍：巴枯甯與無政府六一頁，一九二三年萊比錫出版——Ricarda Huch: Michael Bakunin und die Anarchie）

巴枯甯既具有一種高傲的性格，童穉的氣概，堅強的意志和自由的欲望，便不容易和人相處，至少是不容易和不受他的指揮的人相處。例如節靈斯基本是他的極親密的朋友之一，然他們兩人的關係是『一種充滿變化的和波蘭起伏的歷史，由節靈斯基對這位朋友絕交和重新回到這顆有吸引力的心的企圖表現出來了。節氏指摘巴枯甯的支配慾，確是對的：

他是一個生成的專擅者（Diktator）。他看了天氣是怎樣，嘗了麥片是怎樣，便要求朋友們也必須具有同樣的意見與嗜好。然他却十分質直，稚氣，和善，沒有感覺到自己的支配慾，也不是故意要支配他人，所以被激怒的人對于自己的指摘馬上又反悔，不得不予收回。』（見同書三二頁。）

巴枯甯後來和馬克思的爭鬥固由于階級背景的不同和主義上的差異，然他這個『生成的專擅者』的性情也有幾分關係，這是此處應當附帶說明的。

我們對于巴枯甯的思想，性情，人格等等既已略加介紹，現在當再轉回去敘述他的學業生活。他在莫斯科研究學問至四五年之久，于一八三七年更進而研究黑格爾的哲學，後來留學柏林，復繼續此業，受黑格爾的影響很深。他後來且應用黑氏的辯證法於他的無政府主義的學說上，以為國家（中央集權）是正，無政府是反，而聯合（Föderation）則為合。

巴枯甯既開始研究德國哲學，總覺得在本國不方便，要親往德國，尤其是和他的大姊戀愛而又逃婚的斯坦克衛芝避往西歐，予他以一大衝動。但他的父母因其自由行動，不聽教訓，不肯予以金錢的接濟，在國內時已常因此而感受壓迫，更無餘貲往外國留學。然他是一個有抱負的人，安肯低首下心，爲環境所犧牲，于是寫信給友人黑岑（Herzen）和阿來列夫（Ogarew），要求給予兩千盧布，作遊歷外國的費用。　他在信中說，如果沒有做一點正經事業，即淹淹死去，殊不値得，所以希望出洋留學，成爲一個活潑而眞有智慧的人，這不獨是單爲他自己的緣故，並且還是對于祖國和一切環繞他的人們，勉爲一個有用的人。　黑阿兩氏對于巴枯甯的請求，慨然允諾，他因于一八四〇年的夏季達到留學柏林的目的。

巴枯甯初到柏林，意在求學，並且預備將來回去做教授，要在學問上有所建樹，並沒有打算從事革命運動。　可是他從甯靜死寂的俄國來到革命前夕的德國，因環境的不同，他的注意力便馬上注射到政治和革命上去了。　他當時一面告訴他的姊姊，說必須視他爲業經死去，以示自己不復能走俄國舊貴族的道路，一面又寫信對屠格涅夫（Turgeniew）說：『我的帆扯起來了，很快地達到目的地。　我不知道將觸在暗礁上，還是更壞些，要沉入沙泥中。　但我只知道，如果剩下一滴血，我是不停止進行的。』（見共產國際—Die Kommunistische Internationale—一九二六年第八期七五三頁，馬廷諾夫：巴枯甯與無產階級的革命——A. Martynow: Michael Bakunin und die proletarische Revolution.）

的確，他是一帆風順，投入革命的懷中了。　他于一八四二年年初移居諸勒斯登，更與革命詩人黑維相識；不過因主張激烈，爲當地政府所疾視，自覺不能安居，遂于一八四三年與這位詩人同往瑞士。

巴枯甯在瑞士與威特靈及其共產主義的信徒時有往來。　他們都是一些手藝工人，巴氏受了很大的影響，曾發生一種做木匠的念頭，並很接近共產主義。　但威特靈所代表的究爲十九世紀無產階級的社會意識，而巴枯甯所代表的——和馬廷諾夫所說的一樣——則爲『前資本主義農奴制時代農民的社會意識』（見同書同期七五六頁），雙方的立場不同，所以終于格格不相入。　當巴氏在柏林時，曾爲路易勃郎的改革報作一文，說：『我相信不幸的和被壓迫的國家如俄羅斯與波蘭，除民主主義外，沒有其牠救星。』（見同書同期七五七頁）　他從當時一直到寄居瑞士，和沒有出國前的馬克思一樣，只是一個革命的民主主義者。　所以他有一次在瑞士報上表明：按威特靈的計劃所組織的社會，他不能夠生存，因爲那不是一個自由社會，而是一個藉強迫力組合的獸羣，這個獸羣的心目中只知道有物質而不知道有精神和其牠一切高尚的娛樂。

巴枯甯與威特靈派雖不是同調，然因和後者時相過從，遂被瑞士政府認為共產黨徒，而俄國駐瑞士的公使更報告本國，俄政府且要求將其引渡回俄受審。 巴枯甯乃于一八四四年出走不律塞，旋因不樂居該處，轉往巴黎。

我們已經知道，馬克思初到巴黎未久，卽變成共產主義者，巴枯甯也是如此。 他初時寫信給一位朋友說：我『極力研究政治經濟學，並且是一個誠心誠意的共產主義者。』（見胡霍巴枯甯與無政府八二頁） 到了後來，他又自認為集產主義者，而非共產主義者（詳見後），但無論共產主義者也好，集產主義者也好，他終於是一個自成一格的特殊的共產或集產主義者，這是我們應當特別聲明的。 又馬克思是在巴黎形成自己的理論的體系，巴枯甯也是在巴黎形成他的社會革命的見解。 彼此所獲的結果雖完全不同——不，雖完全相反——然巴黎的寄居同是他們的生活史上一樁最重大的事件。

巴枯甯因露格的介紹，在巴黎初次認識馬克思。 他於一八七一年回憶當時的馬氏說：

『馬克思那時比我進步得多，他現在雖不見得比我進步，然學問的淵博，遠在我之上。

我那時不懂經濟學，且沒有脫離形而上學的玄談，就是我的社會主義也不過是自出本能罷了。他雖比我年少，却已經是一個無神論者，是一個有學問的唯物論者，並且是一個有思想的社會主義者。他那時正在創造他現今〔學說〕體系的初基。我們時常見面，因為我很敬仰他的學問和他那為無產階級的事業而表現的熱忱。然這種熱忱却雜有個人的虛榮心在裏面。我很高興和他接談，當他的談話不引起妬忌心的時候——可惜這種心理是時常呈露的——那是很富于教訓，並很有神彩的。然在我們兩人之中從沒有一種誠篤的交誼。因為我們的性情不容有這種交誼。他稱我為一個感情的唯心論者，他是對的；我說他是一個浮誇的和不忠實的人，我也是對的。』（見巴枯甯全集第三卷二一〇至二一一頁，一九二四年柏林出版。）

巴枯甯上面一段話在一方面固然顯出他與馬克思相見後不能情投意洽，信口雌黃，在另一方面却表見他十分景仰馬氏，並且于不知不覺之間，受了後者很大的影響。例如他後來在上帝與國家(Gott und der Staat)一文中說：『唯心論者與唯物論者，那一個是對的呢？當問題一經這樣提出，便不會有什麼疑惑的地方。唯心論者是不對的，只有唯物論者是對的，這絲毫沒有疑義。因爲事實先于理想，而理想恰和蒲魯東所說的一樣，只是一朵花，物質的生存條件構成這朵花的根柢。並且人類全部精神的，道德的，政治的和社會的歷史只是他們的經濟史的一種反映。』（見巴枯甯全集第一卷九四頁，一九二一年出版）巴枯甯這樣的說法是接受馬克思唯物史觀說的證據。他于一八六八年十二月二十二日寫信給馬克思，自稱爲馬氏的學生，並以此爲榮幸，是他從馬氏處獲益之深，已親口供出來了。

巴枯甯在巴黎所遇的重要人物，除馬克思外，要算蒲魯東。他們兩人對于彼此的影響，斯節克諾夫說得很中肯。『講到蒲魯東，則（他們的）影響是相互的，至于那一方面的影響更大，尙是一個疑問。照拉里（Rally）的證據看來，巴枯甯自己是要把蒲魯東看做學生，不是看做先生。他在精神方面所站的地位較蒲氏爲高，特別是在哲學一道所站的地位較蒲氏爲高，這是沒有疑義的。蒲氏得知道德國的哲學，尤其是得知道黑格爾，大半是巴枯甯之力（馬克思也有一部分的力量）。蒲魯東所能夠影響巴枯甯的，是他的政治的見解，聯合主義，和無政府的形態。』（見斯氏巴枯甯傳二八頁。）

巴枯甯得馬克思的益處既比得蒲魯東的爲多，所以他雖與馬克思不合，仍是滿口稱贊馬氏的學問，並且對于馬蒲之爭，也常站在馬氏一方面。他說：『世上殆不能找出一個人像馬克思一樣見聞之廣，瀏覽之多。他此時（一八四三年至一八四四年）所研究的唯一對象已經是經濟科學。他對于英國經濟學者特別努力研究，這些人因有確切的認識，實際的思想途徑——這種途徑是建築在英國經濟事實上面的——以及嚴格的批評和推論的勇敢，遂勝過其他一切（經濟學者）。然馬克思則于這幾點以外，還加上兩種新元素：即一種極抽象的和非常巧妙的辯證法——這是從黑格爾派中得來的，他加以闡揚，常達到極處——和一種共產主義的出發點。馬克思對于法國一切社會主義者——從聖西門起至蒲魯東止——（的著作）自然都讀過；他公然憤恨蒲氏，並對之下鐵面無情的批評，在這種批評中有許多的確是對的。蒲魯東雖努力腳踏實地，終久是一個唯心論者和玄學家。他的出發點是正義的抽象觀念；他從正義達到經濟的事實，反之，馬克思則宣佈古今一切人類社會，國家和民族的歷史所指示的無疑的眞理，並且指明經濟的事實常先于法律的和政治的正義。說明並證實這種眞理，是馬克思對于學術上主要的貢獻之一。』（見同書二一九至二二〇頁。）

巴枯甯寄居巴黎，一連四年；至一八四七年十一月二十九日，在紀念一八三〇年波蘭革命的慶祝會中演講波蘭革命對于俄皇專制的暴力是一種打擊，希望波蘭人與被壓迫的俄人四起抵抗俄皇，一切斯拉夫民族得因革命而獲得自由，歐洲的專制主義得因革命而隨之消滅。巴氏此次演說頗關重要，一則因爲這是他在羣衆運動中出現的第一次，二則駐巴黎的俄國公使啓色列夫（Kisselew）因此要求法政府將他驅逐出境，並且暗中散佈謠言，說他原爲俄政府的偵探，因喜歡饒舌，遂被革退了。

巴枯甯既不見容于法國，乃于一八四七年年底前往比京不律塞。他在此處追念既往，默想將來，竟是百感叢生，不知所措。他于是時寫信給一個同國的朋友說：『我向來的全部生活差不多都是由不自由的轉變決定的，與自己的預定計劃沒有關係；不知道我的生活將引導我向何處進行。但只覺得我不能回轉去，並永不改變我的信念。這是我的全副精力所在之處，這是我的全部價值所在之處；這也是我生平的全部眞理所在之處；這也是我的信仰和義務所在之處；其餘的事情我不措意，牠要怎樣就怎樣。這就是我的供狀。他們會說此中含有許多神祕，但誰又不是一個神祕者呢？沒有神祕，能夠有一點生命麼？要在無邊的和無定的神祕境界才有生命。眞正說起來，我們差不多一無所知，我們所棲息的生活的區域，爲奇怪的東西和生活力所環繞，我們的每一步驟能使這些東西表現出來，這不爲我們所知道，甚至于常是和我們的意志無關。』（見胡霍巴枯甯與無政府九八頁。）

巴枯甯在此百無聊賴趨于神秘之時，復與前兩年來此的馬克思及其一班同志相遇。他既是代表落後的俄國十七八世紀農民暴動的意識而渴慕自由，馬克思則代表先進的西歐英，法，德——新興無產階級的意識而注重組織與訓練，宜其對後者心懷不滿，要加以謾罵，他于一八四七年寫信給黑維說：『德國的手藝工人，波恩斯特，馬克思，昂格思等……尤其是馬克思，都在這裏幹他們的勾當。（綜計他們的言行是）虛榮，怨恨，空談，理論上的興高彩烈，實行上的膽小心怯，繫念于生命，行動，和質樸，而却完全缺乏生命，行動和質樸，——咬文嚼字的與高談雄辯的工人和他們討厭的勾結——佛愛巴黑是一個「有產者」，——而「有產者」這個名詞使時常掛在嘴上，令人厭聽——然他們自己由頂至踵完全是小城市的有產者，——總說一句：他們不過是說謊與愚蠢，愚蠢與說謊罷了。在這種團體之中想吸一點自由圓滿的空氣是不可能的。我避開他們，並且毅然宣言不加入他們的共產主義的手藝工人聯合會，我不願意和他們發生何種關係。』（見布盧巴合馬克思與巴枯甯三八頁。）

可是到了一八七一年，巴枯甯承認此時前後自己的錯處，而馬克思的『說謊與愚蠢，愚蠢與說謊』，也變成正當的活動了。他說：『我們在一八四八年發生不同的意見，我必須說理性多在他一方面而不在我一方面。他曾在巴黎和不律塞創立一個德意志共產主義者支部，並聯合法國的共產主義者與好些英國的共產主義者，藉他的朋友和不可分離的同志昂格思的贊助，在倫敦創立一個各國共產主義者的第一國際聯合會。他在該處用這個聯合會的名義，和昂氏共同草成一種極有價値的著作，名爲共產黨宣言。我自己爲歐洲革命運動的狂潮所激蕩，大半只注意于這種革命的消極方面，而不注意于牠的積極方面，這就是說，大半只注意于現狀的破壞，而不注意于以後的建設與組織。』（見巴枯甯全集第三卷二一一頁）

巴枯甯于事後，特別是對于馬克思準備最後大爭鬥的當兒，能夠覺悟前此的是非倒置，總算是爲人坦白，不肯文過。不過他這個人完全缺乏觀察力和思考力，處事全憑感情，偶有不合，卽咆哮鼓譟，憤怒塡膺，要到情過境遷，才能有所覺悟，假使沒有這種機會，他便無從覺悟了——這是他生平最大的缺點。他此次逃難于不律塞因沒有活動的餘地，所以只好發發脾氣。可巧歷時不久，二月革命爆發了，他有用武之地了，于是直奔巴黎。黑本說：『二月革命後的初期，是巴枯甯生平最好的時期。他回到巴黎，急投身于革命的海洋中。他在夢湯雅（Montagnards）的兵營中不出來了，和他們同餐，宣傳共產主義，用平等的名義宣傳一齊平等，和一切斯拉夫民族的解放，奧大利的毀滅，永久的革命，戰爭到殺絕最後的仇敵爲止。兵營總監科息底列（Caussidiére）要在「無秩序中維持秩序」，不知道當怎樣遣走巴枯甯，他和夫洛康生出一個主意，將巴氏送到斯拉夫民族中去，他們相信巴氏將在這種民族中自取滅亡。科息底列講到巴枯甯，便說「何樣的一個人，何樣的一個人啊！在革命的初期，他簡直是無價寶，然到了後來，人家非殺他不可。」』（見斯節克諾夫巴枯甯傳三四頁。）

科息底列既生了一條妙計，夫洛康于是以三千佛郎贈予巴枯甯，使他往德國進行革命運動。在巴枯甯方面，雖集精會神在參加革命，但並不了解西歐無產階級初上政治舞台的革命，因此也就無意于此，樂得向東方去尋出路。他後來在自己對俄皇的供狀中追憶一八四八年在巴黎的情形說：『我從沒有像在巴黎那樣感覺孤寂和疏遠的。』（見共產國際一九二六年第八期七五八頁）這自然是實情，所以他不能久留巴黎了。

巴枯甯于是年四月抵德國。當黑維在巴黎組織武裝軍隊要闖入德國時，他曾加以贊助，迨馬克思和昂格思攻擊黑氏此舉（參看本書上册新版四二六至四二七頁），他即出而袒護黑氏，于是和馬昂兩氏公然決裂了。巴枯甯于一八七一年又承認馬昂兩氏的見解是正確的，他說：『我現在相信，並且明白承認他們對于一般局勢的觀察是對的。他們以一種毫不客氣的態度——這是他們在攻擊中所優爲的——攻擊他，我于他不在場時，在寬恩熱烈爲之辯護。』（見巴枯甯全集第一卷九〇頁。）

巴枯甯與馬克思不獨因黑維的緣故而失和，並且還有一件事也引起彼此的大誤會。就是新萊因報于一八四八年七月六日發表巴黎通信員歐衞柏克的一封信，其內容如下：『關于斯拉夫的宣傳一事，昨天有人確實告訴我們，說喬治珊德獲得種種文件，牽連那個從此出亡的俄人巴枯甯，這些文件說明他是俄國的一種工具，或新近收買的偵探，近來許多不幸的被捕的波蘭人最大部分的責任是在他的身上。喬治珊德曾將這些文件給她的親信人看過。我們對于斯拉夫國家並不反對，但出賣波蘭愛國者的事永不應再現了。』（見同書第三卷二一二頁。）

巴枯甯看見這段新聞，一面在諸勒斯登的報上提出抗議，一面要求喬治珊德聲明此事的眞僞。新萊因報除掉于七月十六日登載他的抗議外，復于八月三日刊出喬治珊德的來信：『你們的通信員所報告的事實全係虛僞，沒有絲毫眞實的影子。你們對于前王國驅逐出法蘭西的巴枯甯君所傳播的消息，我從沒有絲毫證據。即對于他的品性的忠實和意見的眞摯也絕不懷疑。……素仰你們的公平正直，望即將此信刊入報端。』（見同書同卷二一三頁。）

當新萊因報登載巴黎方面所送關于巴枯甯的消息時，馬克思本不在寬恩，係由昂格思代理主筆，不過我們知道他們兩人在理論上和行動上是共同合作，不分彼此的，所以不必在這一點上去替馬克思卸責，即他自己也沒有卸責的意思。他于刊佈喬治珊德上面的信後，又附加一個短註，聲明藉此使巴氏獲得却除巴黎某幾方面疑惑的機會。我們于詳述此事的經過後，還須略加解釋如下：

巴枯甯出身貴族，竟肯拋棄自己的安富尊榮，來到西歐從事革命運動，眞是難能可貴；

然當時的人對于他偏時常發生懷疑，却有幾種原因。第一，俄羅斯是一個厲行專制主義的國家，而俄政府對外的政策不獨是利用歐洲各國的革命運動，乘機取利，並且還派遣奸細在各國斯拉夫民族中從事煽動，藉收漁人之利，所以四十年代的西歐對于俄羅斯有一種普遍的恐懼，而各國的民主主義者和革命家對于俄國人大都持一種不信任的態度，巴枯甯既爲俄人，自然容易被人一律看待。第二，俄國向來沒有著名的人物獻身于歐洲的革命舞台，足以改變世人的心理，巴枯甯雖是一個眞正的革命家，然當時沒有赫赫之名，可以取得別人的信仰，且他前在巴黎時已被俄使館散佈謠言，誣爲偵探，因此更容易引起世人的誤會。第三，大斯拉夫主義是俄政府的對外政策之一，牠想藉此名義倂吞散處德意志，匈牙利和土耳其等國的斯拉夫民族，以遂其擴充領土的野心；巴枯甯在一八四八年復高唱斯拉夫民族獨立說，雖他的用意與俄政府的大斯拉夫主義不同，然因此却容易招人疑忌。有了以上三種原因，巴枯甯的活動遂常受世人的猜疑，流言一經發生，眞僞自難立辨，巴黎方面的通信員以上述傳說報告新萊因報，自然是過于鹵莽，但未必出自虛構，故意誣衊巴氏。至于新萊因報以此登諸報端，不獨是遵有聞必錄的常例，並且還要藉此去考驗巴氏的人格，因爲他當時正在德國，這個消息如果不確，必出來辯明，是非得由此大白。當一八五三年九月，倫敦晨報（Morning Advertiser）復以此事誹議馬克思，馬氏逐一答辯，並且反詰道，眞理是由辯論而成立的，歷史的事實是由爭論的陳述中抽出來的，每個小學生都知道這一點，還能驚異麽？新萊因報登出那段新聞，我們不能認牠爲出于惡意。尤其是馬克思對于巴枯甯未嘗存心報復，故于接到喬治珊德的信，即爲之更正，于一八四八年八月底在柏林遇着巴氏，更言歸于好，至是年十月巴氏遭普魯士政府的放逐，他在新萊因報上極力攻擊普政府，袒護巴枯甯，就是後來任紐約特里標報的駐英通信事務，猶對于巴氏的參加革命運動，稱道勿衰——這幾點都足以證明馬克思對于巴枯甯並無私怨可言。

可是無論如何，巴枯甯總不能與馬克思接近，通力合作，因爲他的革命的對象和主張與馬克思絕不相同。「他的覺悟的焦點是俄羅斯，奧大利，普魯士和土耳其君主專制的推翻，斯拉夫民族的解放，並且依平等和自由的原則——在經濟方面也是如此——從下至上形成他們的再造。他此時的見解在小節上雖未嘗確定，然在大體上，卻抱定一種無政府主義的原則：「我不相信憲法和法律；最好的憲法也不能使我滿足。我們所要的是別樣東西；

卽騷動，生活，和一個新的沒有法律的自由世界。」』(見布盧巴合馬克思與巴枯甯四〇頁)我們于此有兩點是應注意的：第一，巴枯甯所以主張推翻俄，奧，普，土四國的君主制，是要使這四國內的斯拉夫民族獨立，然後自由聯合攏來，這就是他的斯拉夫民族的自由運動，也就是他所倡的大斯拉夫主義。　他自己聲明不是大斯拉夫主義的黨員，更不是俄皇的朋友，這是對的，然他所發佈的宣言旣是以斯拉夫民族的解放和大團結爲主旨，我們不能不名之爲大斯拉夫主義，昂格思在這種主義上加一個『民主主義的』形容詞，可說是恰如其分(他後來且勸俄皇『勇敢地舉起大斯拉夫的旗幟』，詳見後)。　第二，布盧巴合所引的幾句話出自巴枯甯一八四八年夏季致黑維的信中，這是他的思想達到無政府主義的第一次表現，値得大書特書的。

巴枯甯的主張旣是斯拉夫民族的獨立與大團結，他的活動自然要向這一方進行。　他自一八四八年四月抵德後，卽前往柏林，因受警察的監視，不能活動，乃經過萊比錫到布列斯勞，去籌畫他的斯拉夫民族自由運動。　他在此處得到新舊的同志很多，然旋因風聲緊急，又匿跡銷聲了。　至五月底，復出席于撥門，布拉格(Prag)的斯拉夫民族會議。　他對這個會議所構成的『斯拉夫聯合』的基礎如下：『造成此等基礎的原則是：一切人的平等與博愛。在自由的斯拉夫人青天之下，不論在事實上或法律上，沒有不自由的人。一切形態的隸屬（農奴的倚賴）將永遠剷除。一切斯拉夫人在同等的標準上一律自由，一律是兄弟。除掉自然所創造的以外，他們中間沒有不平等的。更沒有閥閱。如尚有享特權的貴族之處，他們要是願意做斯拉夫人，必須在博愛的領域和犧牲的偉大中去找自己的優點與特權。學者和藝術家的貴族——人民家族中最長的姊姊——必須投入民衆中去創造自己的新生命，並輸入從時代所採取的知識。』（見共產國際一九二六年第八期七五九頁。）

巴枯甯的斯拉夫民族聯合的綱領，大談其博愛，並請求享有特權的貴族爲做斯拉夫人起見，一齊拋棄特權，實行平等，這不獨是天大的幻想，也可由此窺見他和馬克思等所領導的西歐無產階級的自由爭鬥，相距有多麼遠！然參預布拉格會議的斯拉夫人大半是一些反動的和保守的份子，不獨不肯傾向革命，即連巴枯甯這一類的主張也不能接受。巴氏雖努力設法去改變他們的傾向，仍舊沒有何種效果，並且這種會議還沒有告終，當地即發生變亂，故毫無成績可言。

布拉格的變亂，有許多人說是由巴枯甯主使的，此事是否屬實雖無確證，然他於亂事發生後，奔走呼號，不遺餘力，却是眞的。我們可從一個捷克人一八六一年的囘憶中證明這一點：『在全部紛亂中，腦筋還沒有昏亂，並且還具有一種堅強意志，要使那浮躁的反動所激起的擾亂成爲一種眞正革命的，的確只有巴枯甯一人。凡危險最大的地方，都有他的踪跡出現，凡束手無策，不知所措的地方，他都予以援助，並且參加一切公私會議，出了兵營，即入會議室，和那些由鄉村來到布拉格的代表磋商一切事情，又親自下鄉去提倡普遍的運動，藉使那些被封鎖在城市中的少數戰爭者獲得幫助。如果要說明這些努力爲什麼都屬徒勞無功，那我們必須詳細述及好些零星事件。總之，凡巴枯甯的力量所能及的，他都做一了，在幾天之內，他獲得很重要的效果，及革命黨的信任，到了後來，人家仍是和他團結起的。』

可是布拉格的變亂未幾即遭失敗，巴枯甯因離此往布列斯勞，復不能安居，乃于七月中旬重來柏林。九月二十二日他復由柏林往布列斯勞。然至十月六日被普魯士政府放逐，不准再在境內逗留。因往諸勒斯登，又于是月九日被放逐，于是直走刻騰(Köthen)，謀得一棲身之所。

巴枯甯在刻騰草就一種宣言，名爲對斯拉夫人的呼籲（Aufruf an die Slaven）。這種宣言的大意是忠告反動的斯拉夫民族與德意志及匈牙利的革命者通力合作，攜手共進，藉此達到他們的自由獨立。這個小冊子就是我們在上面所述他的目的的正式表現。馬克思和昂格思對于這種作品，力持一種反對的態度。昂氏且兩次作文駁斥，題爲民主主義的大斯拉夫主義（Der demokratische Panslavismus），發表于一八四九年二月十四十五兩日的新萊因報上，今特介紹其中重要的數節如下。

昂格思看出巴枯甯對斯拉夫人的呼籲只是一些幻想的紙上空談，不是可以見諸實行的圖案，所以于入題之先，首用幾句話預示這種呼籲的弱點。「大家因痛苦的經驗所得的教訓是「歐洲民族友誼的結合」，非空談和虔誠的志願所能實現，要藉激烈的革命，和流血的爭鬥才能達到目的；並且歐洲一切民族用不着在共和的旗幟之下，作友誼的結合，須聯合革命的民族去抵抗反革命，這種聯合不是在紙上實現，而是在戰場上實現的。」（見馬克思與昂格思文匯三卷二四六至二四七頁。）

巴枯甯的宣言用革命的權力宣佈普魯士，奧大利，土耳其和俄羅斯帝國的瓦解，而以造成共同的歐洲共和國聯盟爲最後目的。昂格思批評道：『革命用「自己的權力宣佈（各國的）瓦解」，但同時却沒有「用自己的權力」動手去執行牠的命令，這就恰是不好的地方。』（見同書同卷二四八頁。）

巴枯甯在他的宣言中要求斯拉夫民族的獨立，自由，平等，博愛等等，並且認定正義，人道都在他們的一邊。昂格思批評道：『「正義」，「人道」，「自由」，「平等」，「博愛」，「獨立」——我們在大斯拉夫宣言中除掉這些多少具有道德性質的範疇外，別無所見，這些範疇十分動聽，但在歷史的和政治的問題上便完全沒有指出什麼東西。「正義」，「人道」，和「自由」等等可以千百次要求這椿或那椿東西；但事情如果辦不到，即不會出現，無論怎樣，只是一種「夢想」。大斯拉夫主義者從斯拉夫羣衆自佈拉格會議以來所履行的任務中當明白了自己的迷夢，當能看出，用一切虔誠的志願與完善的夢想去抵抗鐵一般的實際，是無能爲力的，他們的政策不善于法蘭西共和國的政策，即「革命的政策」。到了一八四九年，他們還出來唱同一的舊調，西歐對于這種調子的內容是曾因極慘酷的流血的反動而失望了的！』（見同書同卷二四九頁。）

昂格思既指出巴枯甯用幾個好聽的空洞名詞來相召號，無濟于事，又表明巴氏一切斯拉夫民族獨立建國的主張，尤屬不可能。 他以爲一個民族要原來有一種獨立的歷史，後來被牠族征服，壓制，才可以講獨立，至于奧大利等國的斯拉夫人都沒有獨立的歷史，卽缺乏獨立的資格與能力。『凡從來缺乏一種特有歷史的民族，凡方才達到最粗野的文化程度卽陷于外國權力底下的民族，或因外國的宰制才被驅入于第一期文化程度的民族，都沒有生機，永不能夠獨立。 奧大利國內斯拉夫人的命運就是如此。 捷克人——我們還願將墨倫人和斯羅發克人（Die Slovaken）算在裏面——在語言上和歷史上雖不相同，然他們從沒有一種歷史。 自大卡爾（Karl, der Grosse）以來，撥門卽繫在德意志肘腋之下。 捷克民族一時達到解放，構成一個大墨倫國，然旋又受人宰制，在五百年之中，便成爲德意志，匈牙利，和波蘭間一種游戲的球，被人拋來拋去。 于是撥門和墨倫確切歸入德意志版圖，而斯羅發克的地方則爲匈牙利所有。 這種絲毫沒有歷史存在的「民族」也要求獨立麼？ 就是所謂南斯拉夫人也是一樣。 伊利里斯羅焚人（Illyrische Slovenen），達爾馬提人，哥羅西亞人

（Kroaten），和學卡慈人（Schokazen）的歷史在那裏？自十一世紀以來，他們卽失去了政治獨立最後的影子，一部分伏處于德意志的權力之下，一部分伏處于衞列戚安的（Venezianisch）權力之下，一部分伏處馬札兒的（Mazyriasch）權力之下。從這種零星碎片中可組成一個強有力的，獨立的和富于生機的民族麽？』（見同書同卷二五一至二五二頁。）

上列各處的斯拉夫人沒有自己一民族固有的歷史不足以言獨立，卽使獨立，也是要受人宰制的。所以昂格思說：『奧大利國內的斯拉夫人從沒有一種固有的歷史，他們在歷史上，文字上，政治上，商業上，工業上，是依賴德意志和馬季利亞的，他們已經多少同化于德意志，馬札兒和意大利，如果獨立組織國家，那麽，支配這種國家的，必不是他們，而是住在他們城市中的德意志和意大利的資產階級，並且到了後來，匈牙利和德意志對于這樣缺乏生機的居間小國的分離和自立，是不能夠忍受的。』（見同書同卷二五六頁。）

可是當一八四八年歐洲各處發生革命之際，這種斯拉夫民族要是乘機崛起，力爭自由，也未嘗不能創造自己的新歷史，取得獨立的資格，但他們的表現偏偏是不覺悟的，是反革命的，這就眞正不配講獨立了。所以昂格思接着又說：『然所有這些事也未必就決定了（他們的命運。」斯拉夫人在他們被壓制的任何時期中要是曾經開創一種革命的新歷史，那麼，他們就已經表現了自已的生機。從這個時期起，革命對于他們的解放是要發生興趣的，而德意志人和馬札兒人的特別利益則消滅於歐洲革命更大的利益之前。但從來沒有過這麼一回事。斯拉夫人——我們再聲明一次，此處總是把波蘭人除外的——恰恰長爲反革命的主要工具。他們在國內受壓制，可是在國外，凡他們的影響所及之處，就是一切革命民族的壓制者。……當法蘭西人，德意志人，意大利人，波蘭人和馬札兒人樹起革命旗幟的時候，斯拉夫民族就和一個人一樣，集在反革命的旗幟之下。……在衞狄施格列次和節拉契芝之下參加壓制維也納，克拉高，勒謨堡（Lemberg）和匈牙利革命的，恰爲哥羅西亞人，斯羅棼人，達爾馬提人，捷克人，墨倫人，和洛田人（Die Ruthenen），我們現在從巴枯甯處知道，布拉格會議不因德意志人而破裂，却由加里西亞的捷克的和斯羅發克的斯拉夫人而破裂。』（見同書同卷二五六至二五九頁。）

昂格思上面一段話將奧大利等處斯拉夫民族反動的事實都暴露出來了。像這種甘心受人壓制而又甘心爲壓制者作鷹犬的民族，其前途自然是慘淡無光的。墨爾林以爲昂格思否認這種民族歷史上的前程，是流于錯誤（參看墨氏馬克思傳一七〇頁），而一九一八年奧大利國內斯拉夫人及南斯拉夫人且奮起建立捷克斯羅發克（Tschechoslowakei）共和國和約角斯拉維（Jugoslawien）王國，照這樣看來，好像昂氏的話的確是流于錯誤。其實不然。因爲昂格思認定除波蘭人，俄羅斯人，和土耳其國內的斯拉夫人外，其餘的斯拉夫人沒有獨立的前程，是由于他們缺乏初期歷史的，地理的，政治的，工業的獨立條件和生機，這是就當時的實情立論的；但數十年來，情過境遷，這種斯拉夫人逐漸醒覺，抱着民族思想，從事革命運動，日進無已。于是獨立的條件逐漸備具，至一九一八年他們的革命運動更爲猛烈，他們既能開創一種革命的新歷史，表現了自己的生機，又適遇奧大利帝國四面楚歌，土崩瓦解之際，自然可以獨立建國。此事和昂氏的見解不獨不相背馳，而且是適相符合。

我們現在再歸到本題上去。昂格思于暴露斯拉夫民族的反革命行爲後，轉而指摘高唱一切斯拉夫民族獨立的人，而以抵抗反動的斯拉夫人，擁護革命作結束。『一切大斯拉夫主義者把民族——這就是說，幻想的普遍的斯拉夫民族——看在先，革命看在後。這些大斯拉夫主義者願意在一種條件之下參加革命，卽允許一切斯拉夫人——沒有例外，也不顧物實上的必要——建立獨立的斯拉夫國家。……但革命是不承受條件的。一個人或是革命者，並且承受革命的結果——這種結果是隨牠自己的意思產生的——或投身于反革命之下，也許完全出于意料之外，一朝得與尼古拉（Nikolaus）及衞狄施格列次把臂談心。……我們現在知道，革命的仇敵集中之地：即俄羅斯和奧大利的斯拉夫人地方；凡對于此等地方空談一種不定的民主主義的前程，都不足以使我們不把我們的仇敵當做仇敵看待。……對于這種背叛革命的斯拉夫人要用爭鬥，要用「不顧生死的爭鬥」；要用破壞的爭鬥，和無所顧忌的恐怖主義——這不是爲着德意志的利益，而是爲着革命的利益！」（見同書同卷二六三至二六四頁。）

昂格思這篇批評文字不獨把巴枯甯對斯拉夫人的呼籲打得焦頭爛額，體無完膚，並且對于現今高唱民族自決或獨立藉便私圖的反動派野心家或帝國主義國家，也是一種當頭喝棒。因爲只有自有歷史的民族眞正向革命一方面前進，才配談自決或獨立，至于反動的領袖勾結帝國主義，如西藏的達賴和東三省的溥儀勾結英日帝國主義去宰制當地民衆的企圖，是絕對不能享有民族自決或獨立的權利的。然昂格思如不從革命的立場，指出這個標準，許多人爲一個空洞的美名所炫惑，對此問題是不容易有正確態度的。

現在要問巴枯甯對于昂格思的批評持一種什麼態度？　當然是反對的：不獨當時反對，後來仍是如此。　他于一八七一年雖空空洞洞宣佈理性多在馬昂兩氏一方面，而不在自己一方面，然在具體的問題上却固執己見，自以爲是。　他說：『我是斯拉夫人，願意假手于革命使斯拉夫人種從德意志人的羈絆之下解放出來，這就是說，破壞俄羅斯，奧大利，普魯士和土耳其諸國，在充分的經濟和社會的平等基礎上，從下至上，改造各民族，而不備助于一種權力的強迫力，無論這種權力自稱爲怎樣革命，也不管牠在實際上是怎樣的明達。……但馬克思是一個德意志的愛國者，他從前和現在一樣，不願承認斯拉夫人有從德意志羈絆之下解放出來的權利，他從前和現在一樣，以爲德意志人是被召來對于他們施佈文化的，這就是說，對于他們或任意或強迫施行德國化。』（見巴枯甯全集第三卷二一一至二一二頁）我們看了昂格思在上面所說奧大利國內斯拉夫人不能獨立建國的理由，再回憶馬克思對于德意志的態度，便知道巴枯甯稱馬氏爲『德意志的愛國者』，稱馬氏『不願承認斯拉夫人有從德意志羈絆之下解放出來的權利』，純粹是一種偏于感情的成見，絕對不是事實。

巴枯甯在一八四九年年初不獨表發了上列宣言，並且極力活動。他于一月潛至萊比錫，仍進行他的斯拉夫的運動；至三月初，又前往諸勒斯登，因爲此處的革命運動頗盛，大有一觸即發之勢，而巴枯甯在此處又頗有聲名，一切更容易進行。適值薩克遜政府對于佛郎克佛議會所製定的憲法不肯承認，諸勒斯登就發生羣衆示威的遊行運動，政府的軍隊向羣衆開槍射擊，遂激成變亂。五月三日城市中的民軍築壘備戰，薩克遜王潛逃，革命的臨時政府即時出現。巴枯甯雖沒有加入臨時政府，然却是實際上的領袖。昂格思後來在德意志的革命與反革命中對于巴氏猶致推崇之詞，說：『這些爭鬥者差不多完全出于城廂一帶工業區域的工人。他們得着一個能幹的和頭腦冷靜的俄國亡命客巴枯甯爲領袖。』（見馬克思德意志的革命與反革命一二三頁，又英文原本一七〇頁）可是當時歐洲的反動已在各處着着佔得勝利，而諸勒斯登的革命已成強弩之末，無能爲力；普魯士的軍隊旋向諸勒斯登進攻，臨時政府支持一星期便消滅了。至五月九日臨時政府中人大都逃走。巴枯甯要是爲着自己的利害計，本可及時遁去，然他却不肯偷生畏死，臨難苟免，竭力勸軍事領袖收拾餘燼，向撥門去製造一個新暴動，迨不能達到目的，才與友人同赴夫賴堡，旋轉往刻姆尼斯

（Chemnitz）。然他于疲乏之餘，深入睡鄉，遂于十日爲人所執，解交普魯士軍隊。

巴枯甯自此時起，開始他的牢獄生活，德，奧，俄，監獄的鐵窗風味他都嘗遍了。他于是月十四日被薩克遜的軍事裁判官判處死刑，旋減爲無期徒刑。然奧國政府因爲他曾參加布拉格的亂事，向薩克遜要求引渡，于六月十三日被交給奧國。至一八五一年五月十五日奧國的軍事裁判官也將他判處死刑，旋又改爲無期徒刑。可是他在奧國的監獄中手足均加上鐐銬，有時還被獄卒用繩條拴在牆上；度這種痛苦的生活至半年之久。于是俄國政府又向奧國要求引渡，他又被交給俄國了。

巴枯甯被解至俄京後，俄皇尼古拉一世令他寫一張供狀，報告德意志和斯拉夫的運動。他也遵命照辦，但只將自己在外國的生活和對內對外的政策，用堅強勇敢的態度，敍述出來；至于他的同志的姓名，在供狀中明白宣佈不能說出，因爲他不能夠賣友。尼古拉一世看了他的供狀說道，巴枯甯是一個聰明人和好人，但也是一個危險人，所以必須將他監禁起來。巴枯甯初時被禁錮于彼得保羅獄（Peter-Paulo-Festung），至一八五四年被移至士呂塞爾堡獄（Die Schlüsselburger Festung）。他本是一個性情激烈，喜歡奔走運動的人，現在在獄牢中度那靜悄寂寞的生活，當然覺得難堪，于是和馬克思一樣，當着毫無聊賴之時，便習數學，並讀莎士比亞的劇本。但這種事業也不是永遠的解愁散，他因身體上和心理上的痛苦，遂患起血枯病來了。他的全副牙齒幾完全脫落，而他的健康也大受損傷。然他的意志堅強，精神壯旺，畢竟戰勝了身體上和心理上的痛苦，因此他出獄之日與入獄之時，體質上沒有多大的差異。

尼古拉一世于一八五五年三月二日去世，新皇亞歷山大二世（Alexander Ⅱ）即位時，照例要大赦一次，表示『皇恩浩蕩』，可是這位新皇對于其他政治犯肯施『恩典』，獨於巴枯甯不允放鬆，竟把巴氏的姓名從被赦政治犯的名單上勾銷了！過了一月，巴枯甯的母親進謁新皇，要求赦免她的兒子，新皇答道：『太太，你當知道，你的兒子有生之日，永不能自由了。』然新皇雖不准巴枯甯完全恢復自由，却許他于監禁與充軍到西伯利亞兩事任擇其一。巴枯甯自然要選擇後者，這樁意外的事對于他極關重要，因爲他自得到赦免無望的消息後，忍受不了終身的禁錮，已經和他的弟弟亞歷才（Alexei）約定，再過一月，如眞絕望，即當服毒自盡！

巴枯甯得到流竄西伯利亞的特許後，延至一八五七年三月才被押解前去，他自從在德國被捕下獄，至此時已有八年之久。然此後的生活便漸入佳境。當往西伯利亞之先，得俄皇的允許，在家鄉耶穆隙羅住過一星期，一敍天倫之樂；然後往西部西伯利亞的托木斯克（Tomsk）。他在該處結識一個被流竄的波蘭人耶特科夫斯基（Xa er Kwjatkowsky），而耶氏的女兒安多尼（Antonie）心慕巴枯甯的爲人義俠可風，不禁爲之傾倒。同時巴氏于八年牢獄苦境之後，也殊感生活枯燥，急思成立室家，于是對這年齡比他小一多半的女郎發生熱烈的愛情，至一八五八年年底，這一對有情人便成爲眷屬了。

當巴枯甯居托木斯克之時，西部西伯利亞總督哈斯福耳德（Hasford）爲之運動一文職，即充任祕書，但他自己不肯就職，要求轉往東部西伯利亞。他的表兄木拉威夫·阿穆斯基（Murawjeff-Amurski）伯爵正爲東部西伯利亞的總督，藉其幫助，得往居東部的伊爾庫次克（Irkutsk）。他在表兄的治下獲得更大的自由：不獨在阿穆爾社（Amur-Gesellschaft）擔任職務，不獨可以游歷各處，並且還負有官場的使命，能到極東的邊界去從事督察。當一八六〇年他的母親復請俄皇特准他重返故鄉，但俄皇再拒其請，說他有生之日，不得再出西伯利亞。可是俄皇雖不准他生還，他却利用自己所獲的行動自由，于巽年八月潛行至阿穆爾省（Amur）海濱，乘美國船，經日本橫濱至美國，轉赴倫敦作寓公了。

巴枯寧自一八四九年五月至一八六一年八月這十二年間，或因牢獄之中，或處荒野之地，度其寂寞靜僻和孤陋寡聞的生活，他在一八四〇年代既沒有懂得當時西歐的革命潮流，在監獄和充軍時，對于一八四八年革命以後西歐產業發展所引起的絕大變化的實際生活更是十分隔膜，無從懂起，因此他的思想仍是十七八世紀俄國農民暴動的思想，到倫敦後仍要繼續前此大斯拉夫主義的活動。他于一八六二年二月十五日在黑岑的科羅科爾報（Kolokol）上發表一封致俄羅斯，波蘭，和其他斯拉夫朋友書（An die russischen, Polnischen und die anderen slawischen Freunde），開始即說：『我現在出現于你們——我的歷試不爽的老朋友以及和我們具有同一思想，同一意志的青年朋友——的面前：請你們讓我從新加入你們的中間；我希望盡畢生之力，在你們的中間，和你們為着俄羅斯的自由，波蘭的自由，及一切斯拉夫人的自由與獨立而爭鬥。』（見馬克思和昂格思編的社會主義民主同盟會和國際黨——Die Allianz der Sozialistischen Demokratie und die Internationale Arbeiterassoziation—

七八至七九頁，一九二〇年司徒嘉德新版。　按新版本名馬克思還是巴枯甯？——Marx oder Bakunin？——以其含有社會民主黨人誣衊布爾希維克主義的意味，故仍用原來的書名。）

巴枯甯既是一個革命家，而又來到世界工人運動的中心點倫敦，爲什麼不參加這種運動，要畫地自縛，以斯拉夫運動爲限制呢？　他回答道：『我在革命的年代中已經獲得這種經驗：在法國既不能立足，在德國也是如此。　我對于全世界進步的運動固然要保持從前熱烈的同情，但爲不虛擲我的餘生起見，從今以後，我的直接活動必須以俄羅斯，波蘭和斯拉夫人爲限。　這三個隔絕的世界在我的愛和信仰上是不能分離的。』（見同書七九頁。）

原來巴枯甯因從前在法德參加革命運動沒有立足地，便要關起大門來做大斯拉夫主義的運動，他眞是會打算盤！　不過他在一八四八年即表現過無政府主義的思想，到了一八六二年倒崇拜國家起來了。　『大俄羅斯人民一直到現在，——可以說是唯一的——是過一種外部的國家生活。　他們內部的狀況十分痛苦，已經達到最大的貧窮和奴隷狀態，但他們珍視俄羅斯的統一，偉大和權力，超出一切之上，並且爲着此等根本原則，準備犧牲一切。　所以在大俄羅斯的人民中發達一種國家的覺悟，和一種實際的沈默的愛國主義。　大俄羅斯人民在一切斯拉夫民族中單獨保持了自身，完全無缺，單獨維持了自己的獨立，並且使歐洲感覺他們的力量。……不要相信他們會失去自己合法的影響和這種政治力量，這是他們爲保障國家的完整起見，用一種烈士的自制，經過三百年爭鬥得來的。…… 我們如果把韃靼人逐回亞洲，把德意志人逐回德意志，我們便變成一種自由的人民。』（見同書七九頁。）

巴枯甯的大斯拉夫主義的運動不是一種革命運動，而是一種人種戰爭——一種投降或聯合反動勢力的人種戰爭，所以他公然歌頌尼古拉了。『有人說，尼古拉皇帝當死前不久的時候，在準備和奧大利戰爭中，想號召奧大利和土耳其的斯拉夫人以及匈牙利人和意大利人起來作一種普遍的暴動。他會違反自己的意志，引起東方戰爭，爲防守起見，要從一個專制的皇帝變爲一個革命的皇帝。據說他對斯拉夫人和波蘭人的宣言已經簽名了。他雖恨波蘭人，但却明白看出沒有此舉，則斯拉夫人的興起爲不可能。有人說，他壓制自己的厭惡心，準備承認波蘭人的獨立。』（見同書七九頁。）

巴枯甯這篇宣言只發表第一部分，而第二部分永沒有出現，所以不能盡量窺見他的妙論，更無從知道他的結論。不過就上面的幾節講，我們已經可以看出，他爲實現自己夢想中的大斯拉夫主義起見，于贊頌俄羅斯國家和欣幸『歐洲感覺他們的力量』後，必然要用直接或間接，公然或祕密的方法，去依附俄皇的勢力，爲其所利用。而他根據完全無稽之談，輕信專制惡魔的尼古拉會『變爲一個革命的皇帝』，會『承認波蘭人的獨立』，正是此事的見端。所以在實際上巴枯甯的大斯拉夫主義與尼古拉的大斯拉夫主義不能有多大的區別。

除掉這篇不完全的宣言外，巴氏在一八六二年九月又刊佈一個小册子，名羅曼諾夫，浦加却夫還是佩斯特爾，人民之事(Romanoff, Pugatscheff oder Pestel Die Sache des Volkes)。羅曼諾夫是俄皇的姓，浦加却夫是喀德隣二世（Katharina II.）時哥薩克（Kosak）大暴動的首領，一七七五年一月被殺于莫斯科，佩斯特爾是一八二五年對尼古拉一世圖謀不軌的十二月黨的領導人，也被絞決。巴枯甯把這三個專名詞連在一起，當作書名，用意何在呢？我們先請他開口罷：

「有些人還在問俄羅斯是否會發生革命。革命是逐漸逼近了，牠統治着一切地方和一切人的精神。牠藉政府的手所表見的活動，比自己的信徒的努力還更有效果。牠非至改造俄羅斯的世界並創造新的斯拉夫世界，將不停止活動。』（見馬克思和昂格思編的社會主義民主同盟會和國際黨八〇頁。）

革命既已站在俄羅斯的大門口，將怎樣進門呢，換句話說，將由誰來引導呢？ 巴枯甯以爲有三個不同的人，在三種不同的方式中，把革命接進俄羅斯。 第一個資格十足的人是亞歷山大二世！ 『（俄羅斯）朝代是在準備自己的毀滅。 牠要拯救自己，不去保護警醒的人民生活，反加以阻礙。 這種生活倘被正當地了解，則皇室必能達到從來未有的權力和榮譽的高度。……眞是可惜。 命運送給皇室的一種偉大和愉快的任務是罕有其匹的。 亞歷山大二世很容易變成人民的神聖，這第一個農民皇帝（Zemski Zar）的威赫不在使人民畏懼，而在使人民愛慕，自由和安樂。 他倘若獲得這種人民的擁護，便可以成爲全斯拉夫人世界的救主和君主。』（見同書八〇至八一頁。）

『第一個農民皇帝』，這是何等動聽的名詞！ 亞歷山大二世對于農民到底有什麼功德呢？ 『他的初政是冠冕堂皇的；他已經宣佈了人民的自由，這是一千年奴隸狀況後的自由與一種新生活；他似乎願意替農民的俄羅斯設施一切，因爲在大彼得（Peter, der Grosse）的國家中不能有一種自由的人民。亞歷山大二世于一八六一年二月十八日下詔——不管一切缺點和一切無意義的矛盾——取消農奴制，在這一日他是俄羅斯從未見過的最大的，最被敬愛的和最有權威的皇帝。』（見同書八一頁。）

亞歷山大二世取消農奴制是由于替新興的資產階級獲得自由勞動，並不眞是替農民謀利益。在名義上農民雖被解放，但在實際上他們的痛苦並沒有減輕，卽購買土地，條件也是非常苛刻的。巴枯甯竟稱這個欺騙農民的皇帝爲『農民皇帝』，這除幫助統治階級的總代表去麻醉農民以外，還有什麼意義?! 可是他唯恐這位『農民皇帝』不肯照自己的意旨實行革命，便利用革命的青年去恐嚇他。『這些青年爲什麼不擁護你，而倒反對你呢？ 這是你的一大不幸。……他們尤其需要自由與眞理。 但沙皇是第一個給予人民以自由的人，他們爲什麼要離開他，並宣言反對他呢？ 他們是爲抽象的革命理想和動聽的共和名詞所誘惑麼？ 一部分也許如此，但這並不重要，這只是表面的。 我們的進步青年大都知道，西方的抽象名詞，保守的和資產階級的，自由的，民主主義的一樣，不能運用于俄羅斯的運動中。……俄羅斯的人民不以抽象的原則自縛。……他們不知道西方的理想，凡保守的，自由的，甚至于革命的固執教義要企圖去轉移他們的方向，將徒勞無功。……他們有自己的理想。……他們將提出新的原則，創造一種異樣的文明，一種新的宗教，一種新的法律，一種新的生活。』（見同書八二至八三頁。）

這段話不獨表見巴枯甯是怎樣苦口婆心，奉勸這『第一個給予人民以自由的』『農民皇帝』囘心轉意去領導『革命』，並且顯出他是一個特別國情論者，不承認俄國的發展，將步西歐的後塵，却斷定俄國『將提出一種新的原則，創造一種異樣的文明』等等。這與馬克思所謂『產業發達的國家只是替產業不發達的國家指出牠自己將來的圖樣』（見考茨基註釋的資本論第一卷序言三七頁），完全相反。然俄羅斯在以後幾十年中走入西歐資本主義的大道，否認了巴枯甯的見解，而批准了馬克思的預言。這正是雙方的世界觀不同的結果，即一方唯心，一方唯物，一方主觀，一方客觀的結果。

現在再囘轉來講巴枯甯對俄皇的忠告。『我們的最大多數的青年是屬于民黨（Volks-partei），而這個黨的唯一目的只是人民事業的勝利，這個黨沒有擁護或反抗沙皇的成見，他如果開始那偉大的工作，而不辜負人民，黨絕不爲難他，現在還不算遲；他如果站在人民的頭上，這些青年必定歡天喜地跟着他走。他們決不會對西歐革命的成見而有所遲疑。使德意志人回到德意志去，這正是時候了。沙皇倘若知道，從今以後不復爲一種強迫的中央集權的領袖，而爲自由人民自由聯合的領袖，站在一種強固的和新建的力量上面，與波蘭及烏克蘭（Ukraine）聯合，並解除一切極端可惡的德意志結合，勇敢地舉起大斯拉夫主義的旗幟，于是他便變爲斯拉夫世界的救主了。』（見馬克思和昂格思編的社會主義民主同盟會和國際黨八三頁。）

巴枯甯于懇求這資格十足的『斯拉夫世界的救主』『勇敢地舉起大斯拉夫主義的旗幟』之後，又向他提出所謂民黨的黨綱，然後回頭自問：『我們現在往那裏去，並和誰同去呢？我們要往那裏去，已經說過；我們要和誰同去，也已經說過，除掉人民外，我們不和別人同去。還要問的只是我們跟誰走。我們是跟羅曼諾夫走，還是跟浦加却夫走，還是跟一個新的——如遇得着的話——佩斯特爾走呢？』（見同書八四頁。）

巴枯甯對于這一自問的答案，早已成竹在胸，無所用其躊躇了。所以他從心的深處脫口而出道：『我們說眞話罷。羅曼諾夫如果能夠並願意從一個彼得式的皇帝變爲一個農民皇帝，我們甯願跟他走。 我們很高興站在他的旗幟之下，因爲俄羅斯的人民仍承認他，而他的權力已經造成，隨時可以動作，他對于這種權力如加以人民的洗禮，便可以成爲一種無敵的力量。 我們還有一點願跟着他走，因爲只有他能夠實現一種和平的大革命，不會流俄羅斯人或斯拉夫人的一滴血。 因爲人類愚蠢的緣故，流血的革命有時是必要的；但這是一種大壞處，一種大不幸，不獨就被犧牲的方面看是如此，即就牠所實現的目的清潔滿圓一方面看也是如此。 關于這一點，我們在法蘭西革命中已經見過了。』(見同書八四頁。)

羨慕『和平大革命』而向統治階級的總代表請願的巴枯甯至再至三地表明態度道：『所以我們對于羅曼諾夫的態度是明顯的。 我們不是他的仇敵，我們也不是他的朋友。 我們是俄羅斯人民事業的朋友，是斯拉夫事業的朋友。 沙皇如果站在這種事業的頭上，我們將跟着他走；如果反對這種事業，我們將成爲他的仇敵。 因此整個的問題是：他將做俄羅斯皇帝，農民皇帝的羅曼諾夫呢，還是將做彼得式皇帝的霍爾斯台·哥托爾佩（Holstein-gottorper)呢？ 他將替俄羅斯服務，替斯拉夫人服務呢，還是替德意志人服務呢？ 這個問題馬上會解決，我們于是知道怎樣幹了。』(見同書八四頁。)

巴枯甯毫無疑義地是一個革命家，甚至于還可稱爲一個意志堅决的革命家，但他的革命完全是盲從瞎鬧，等于兒戲，因爲他幹革命不從階級的觀點出發，而是從人種的觀點出發，以致一方面甘心情願拜倒在統治階級的總代表沙皇的座前，懇求後者起來革命；另一方面把一切反革命的斯拉夫人看做擔負革命使命的主角，把一切德意志人看做反動的集團（他認馬克思的社會主義和畢士馬克的外交，同爲德意志的反動勢力，參看巴枯甯全集第三卷二六六頁），他的認識既錯，便到處撞壁，弄得頭破血流。

巴枯甯這個小册子對於亞歷山大二世不會發生絲毫效力，這是每個稍具階級意識的人所能感覺到的。他說：『這個問題馬上會解决，我們于是知道怎樣幹了。』他此後到底『怎樣幹』呢？馬克思和昂格思說得對：『在他的純潔的信仰慘遭失望之中——除掉自頂至踵投入破壞一切的無政府以外，還有什麼辦法？』（見社會主義民主同盟會和國際黨八四頁。）

當巴枯甯盲目要求俄皇『勇敢地舉起大斯拉夫主義的旗幟』時，自然沒有顧到將發生怎樣的結果。但到了後來，他也清醒過來，並轉以此警戒別人了。他于一八七〇年七月十七日寫信給朱科夫斯基（Joukovski）說：『關于大斯拉夫主義，馬克思完全是對的，這種主義會愈加成爲一種隱藏着的專制主義，因爲俄羅斯的各皇帝總是允許斯拉夫諸民族從外國羈絆之下解放出來，以便他們屈服于俄羅斯的專制主義之下，大家必須承認，我們斯拉夫的兄弟們因自己偏於一面的民族主義，予沙皇的宣傳以很大的助力。……』（見社會主義與工人運動史叢刊第五卷四一一頁，列特閣巴枯甯與一八六八至一八七三年的俄羅斯革命運動——Bakunin und die russische revolutionäre Bewegung in den Jahren 1868—1873.）巴氏這段話眞要算是『夫子自道』了！

可是巴枯甯當時對於他的大斯拉夫主義不獨作文字上的鼓吹，並且從事于斯拉夫人和波蘭人的組織，冀收實際上的效果。他爲着這種運動，于一八六三年年初前往瑞典，想轉赴波蘭，接洽一切，沒有如願相償，遂于十月返倫敦，旋往意大利。

到了這個時候，巴枯甯才從實際經驗——特別是一八六三年的波蘭暴動——中感覺到自己的大斯拉夫主義運動是『此路不通』，不得不停止進行。於是翻然改圖，打開大斯拉夫主義的大門，開始注意國際的社會革命運動了。然他何以要選定意大利爲活動的目的地呢？　這自然有許多公私的原因：如該處氣候溫和，適宜於他的妻子的養病，生活程度較低，容易籌畫家計，解放運動正盛，不愁無武之地，直接間接認識好些領袖，易於立足等等都是。然最重要的原因還是在巴氏當時的思想雖已轉變，仍不過進一步代表落後的農民羣衆和城市的小手工業者（卽小資產階級）的意識，甚至於代表流氓無產階級的意識，要在意大利這樣的國家，才找得到他的基本隊伍（其次爲西班牙，瑞士等處，所以他的勢力範圍終不出這幾國），故不能不以此爲大本營。

關於巴枯甯代表落後的農民羣衆和城市的小手工業者的意識一點，是用不着繁徵博引來證明的，因爲這些人所想望的是自由與獨立，而巴氏所號召的是自由與平等，所謂五雀六燕，銖兩悉稱，大家自不會發生疑義。惟他代表流氓無產階級的意識一點，也許有人以爲是我故意加以誣衊，故須舉出相當的證據來。例如他說：

『意大利的社會革命可以比別國更近些。在歐洲許多國中，已經有一個特別層的工人存在，並且構成一個特權階級。此等工人取得高工資，受過——就字面講——良好教育，浸潤在資產階級的原則，目的和浮誇之中，簡直和資產階級沒有什麼區別。但在意大利沒有這樣的一個階級層。……意大利的無產階級，尤其是很貧苦的無產階級，極爲馬克思和昂格思所輕視，而德意志的一切社會民主主義者仿效他們，也取同一態度。他們是錯了，因爲我們行將發見的將來社會革命的精神與力量，是在最貧苦的工人中，而不在前面所說的繁榮部分的工人中，也不在採取資產階級生活和思想方式的工人中。』（見斯節克諾夫第一國際黨史一六一頁。）

馬克思和昂格思極端輕視意大利的很貧苦的無產階級！這是眞的麼？是眞的！因爲巴枯甯所謂很貧苦的無產階級，並不是指眞正作工的無產階級，而是指牠的敵人。所以斯節克諾夫說：

『巴枯甯一提及「無產階級的最下層」，眞正只想到流氓無產階級（Lumpenproletariat）。關于這一點，他提及現代的意大利和援引共產黨宣言下列有名的節段兩事，表現得十分淸楚：

「流氓無產階級是由舊社會最下層的腐敗物構成的，在某種限度內是混雜在一種無產階級的革命中。然就全體講，流氓無產階級的分子因受他們生活狀況之賜，最容易變成反動勢力收買的工具。」』（見同書一六五頁。）

巴枯甯所謂很貧苦的或最下層的無產階級既只是流氓無產階級，而又視此爲『將來社會革命的精神與力量』所寄託，自然是代表牠的意識。　不過現在又發生一個疑問：就是一個人的學說通常只能代表一個階級的意識，否則至多也只能兼代表和這個階級相近的一種人羣的意識，巴枯甯怎能在一方面代表落後的農民和城市小手工業者的意識，而牠方面又代表流氓無產階級的意識呢？　難道前者卽等於後者，或前者和後者極相近麼？　我們的答案是極相近。　所以斯節克諾夫又說：

『在實際上，流氓並不具一種純粹無產階級的性質，牠不僅從手藝工人招致隊伍，並且從小資產階級的破落戶（破產的獨立工匠，農民，小官吏等等）招致隊伍。』（見同書一六五頁。）

農民和小手工業者因破產而失業，變成流氓無產者，其痛惡訓練與紀律，而主張自由獨立，更甚於前者，故巴枯甯代表這兩種人的意識是絕對沒有衝突的。

我們於說明巴枯甯所代表的階級意識後，當接着敍述他的活動。　他於一八六四年八月復遊瑞典，至十月又返倫敦，才與馬克思重相見。當他於一八六二年到倫敦時，未嘗訪問馬氏。這是什麽緣故呢？請聽他自己宣佈能。『此時黑岑，阿夾列夫和馬志尼告訴我下面的一樁事：當我在德意志和俄維斯的監獄及西伯利亞絕沒有度着快樂日子的時候，馬克思等在英德文報紙上對於我散佈極可恥的謠言；他們說我並沒有關在牢獄中，尼古拉皇帝很歡迎我，予我以一切方便和享樂，並有漂亮的婦女及香檳酒任我逍遙等等。』（見巴枯甯全集第三卷二一四頁。）

其實馬克思絕對沒有誹謗過巴枯甯，惟一八五三年八月有一個英國人名法蘭西斯·馬克思（Francis Marx）的，在報上用 F. M. 署名的信宣佈巴氏爲俄國的偵探，馬志尼等爲之辯護，同時便錯認法蘭西斯·馬克思爲卡爾·馬克思，以致事後在巴氏面前飛短流長，引起他的誤會。迨他於一八六四年重到倫敦，在一個裁縫處製新裝，這個裁縫是馬克思的信徒和朋友，聞於馬氏，後者才致書要求與之相見，當面解釋誤會。巴枯甯後來告訴我們說：『我回信答應相見，他來了，我們互相解釋一番；他誓言從沒有說過或做過何種反對我的事，反之，對我總是保持一種誠實的友誼和很大的敬意。我知道他是在說假話，但我的確不復懷有仇恨的感情了。』（見同書同卷二一五頁。）

巴枯甯雖挾着成見，否認馬克思的眞誠，但馬氏忠厚待人，對巴氏確具一種好感，他於十一月四日寫信告訴昂格思說：『巴枯甯問候你。他今天往意大利，他的住所在佛羅稜薩（Florenz）。過了十六年之後，我昨天第一次再看見他。我必須承認，他待我很慇懃，好過從前。關於波蘭的運動，他說：俄政府爲着使俄羅斯自己安靜起見，特惹起這種運動，但並沒有計算要作十八個月的爭鬥。所以俄政府在波蘭會激成這種事件。……自波蘭事件失敗後，巴枯甯現在只參加社會主義的運動。經過十六年之後，還沒有退轉去，且更向前進取的人，我看見的爲數甚少，然就大體講，他却是這種少數人中的一個。』（見昂格思與馬克思書信錄三卷一九一至一九二頁。）

巴枯甯到佛羅稜薩後，和當地的同志設立一個祕密的革命友愛社，但不久卽消滅了。至一八六五年十月，他移居那不勒斯（Neapel），復糾合同志，組織一個祕密的國際機關，名爲國際友誼會（Die internationale Verbrüderung），後改名爲社會革命者同盟會（Verein sozialer Revolutionäre）。同盟會中有意大利人，法蘭西人，波蘭人，和其牠國家的人。 巴枯甯在意大利極力活動，希望廣集同志，以厚勢力；然馬志尼在此處宣傳一種宗教和集權的國家主義，頗有根基，因此他們的社會革命者同盟會故意倡一種正相反對的學說去打破馬志尼的宣傳。 巴枯甯後來說道：「同盟會的發生是由於對抗馬志尼宗教的和政治的固執教條（Dogmatismus），而主張社會主義，所以此會所採取的是無神論，完全否認每種權力和統治，取消法律上的權利，否認那限制自由人性於國家中的資產階級社會，並且主張集產；此會宣佈勞動爲公共組織的基礎，這種組織在同盟會的綱領中表現爲一種由下至上的自由聯合。」（見斯節克諾夫巴枯甯傳六一頁） 我們看了這段話，便知道巴枯甯因爲抵制馬志尼的上帝與國家的宣傳，遂於不知不覺之間，憑着感情，趨向極端，而形成他的無政府主義的學說。

巴枯甯在意大利所手創的社會命革者同盟會是反對宗教和國家的，然他却於一八六七年加入一個爲資產階級民主主義者所創設而與自己的宗旨完全相反的和平自由聯盟會。 這個會恰於是年在日內瓦開第一次會議，今特將此次會議中所提出的綱領寫在下面，不獨表見馬克思極力反對國際黨和聯盟會攜手（參看本書中册三三〇至三三一頁），具有極堅強的理由，而且更顯出巴枯甯與之合作，實在荒謬無比。

一、一切民族都是姊妹。

二、民族間的戰爭是不可能的。

三、各民族間所起的糾紛當由本會議解決。

四、參預本會議的會員當由每種人民的民主主義團體選派出來。

五、每個民族不問人數的多寡，在會議中都享有投票權。

六、羅馬教是一切宗派中最危險的一派，當宣佈牠的消滅。

七、上帝的宗教當由本會議信奉，每個會員負有傳佈這種宗教於地球上的義務。

八、本會議推薦最有學識和智慧的人擔任牧師的職務，而使無知識的牧師歸於消滅。

九、藉宣傳，教育和道德之力傳佈上帝的宗教。

十、共和爲自由人民所珍視的一種唯一的政府形態。

十一、只有民主主義享有對於戰爭的災禍提出抗議的權利。

十二、只有奴隸享有向專制主人宣戰的權利。

以上所列的綱領是信奉上帝，擁護共和政府，並且主張和平，這都是和巴枯甯所抱的主義絕對不相容的。巴氏何以要加入其中呢？因爲他看見這個會爲各國資產階級的智識份子所發起，在一方面，自己沒有看清他們的作用，以爲可以與之合作，達到社會革命的目的，在另一方面，幻想利用他們爲之宣傳主義！至一八六八年九月和平自由聯盟會在百倫開會，巴枯甯提出一種無政府主義的計劃書，要毀滅一切國家，而代以自由生產協作社的聯盟，使各階級與個人在經濟上和社會上一律平等。當時有參預會議的代表勺德(Chaudey)等責備他不該宣傳共產主義，他憤然作色道：『大家因爲我要求階級與個人在經濟上和社會上的平等，並且因爲我宣佈信仰集產，同情於不律塞勞動會議，遂責備我爲共產主義者。果有人問過我，你對於共產主義和集產主義怎樣分別麼？勺德君是執行蒲魯東遺囑的人，竟不懂得這種分別，我眞正覺得奇怪！我厭惡共產主義，因爲牠否認自由，沒有自由，我便不能覺得世間事物是人的。我不是共產主義者，因爲共產主義把社會中一切力量集中於國家，聽國家加以吸收，因爲牠必定要把財產集中於國家的手中，至於我，寧願剷除國家——國家是從根本上剷除自治的原則，而保護自身的生存，牠藉口使人類改良，使人類沐浴文化，然一直到現在，只是奴隸他們，壓迫他們，掠奪他們，並且毀滅他們。 我願意使社會的組織以及集合的或社會的財產的組織，藉自由協作社的方法，從下至上做起，不是藉一種權力——（無論這種權力的形態怎樣）總是一種權力——由上至下做起。 當我要求剷除國家，自願意剷除私人繼承的財產，因爲這只是國家的一種設施，只是國家原則自身的一種結果。諸君啊，就這種意義講，我是集產主義者，絕不是共產主義者。」（見蒲列漢諾夫無政府主義與社會主義四〇至四一頁，一九二〇年柏林出版——Anarchismus und Sozialismus）

巴枯甯上面一段話斤斤於共產主義與集產主義的區別，其實這也只是他個人的一種特別解釋，就一般的理論講，這兩個名詞的區別不是如此的（共產主義主張生產物和消費物的公有，及平均分派，集產主義主張生產物公有，消費物私有），在普通的用語上，這兩個名詞且視爲異名同義的名詞（參看阿白海默資本主義共產主義與科學的社會主義四五頁）。 至于他這段議論的失當，蒲列漢諾夫分析和批評得最爲警切。 蒲氏說：

「此處所引的文句指明巴枯甯：

「一、用「一切人類最充分的自由」的名義抨擊國家和「共產主義」；

「二、用經濟上平等的名義抨擊「私人繼承的財產」；

「三、認這種財產爲一種「國家的設施」，爲一種國家原則自身的結果；

「四、如私人財產不是繼承的，則不反對，如承繼權不是私人的，也不反對。

「換句話來說：

「一、關于否認國家與共產主義一點，巴枯甯與蒲魯東完全一致；

「二、他于這種否認之外，更加上一種：即否認私人繼承的財產；

「三、他的計畫只是由兩種抽象原則——「平等」的原則與「自由」的原則——相加而成的一種總數；他相繼應用這兩種原則，而關于批評事物的現狀，便使每種原則獨立起來，不相連絡；他沒有問一問自己，否認其中一種的結果，能否與另一種的結果相容；

「四、他和蒲魯東一樣，不大懂得私產的起源，及私產的發達與政治形態的發達兩者間的原因；

「五、他沒有確切考量「私人繼承的」用語（他在別處也應用過這種用語）究作何解釋。

「蒲魯東是一個烏託邦主義者，而巴枯甯則爲雙料的烏託邦主義者，因爲他的計畫只是一種自由的烏託邦與一種「平等的烏託邦」結合而成。　蒲魯東在某種限度上至少是忠于他的契約原則（Vertragsprinzip）的，而巴枯甯則馳騁于自由與平等之間，從推論開始時卽受壓迫，使前者爲着後者的緣故，與後者爲着前者的緣故，而相繼限于困難之中。　蒲魯東是一個蒲魯東主義者，無可責備，巴枯甯則因爲那「討厭的」共產主義的緣故，並且還是因爲「馬克思主義」的緣故而成爲一個僞蒲魯東主義者。』（見蒲列漢諾夫無政府主義與社會主義四一至四二頁。）

蒲列漢諾夫上面批評巴枯甯的文字至爲深刻。　巴氏這種無政府主義的計畫在當時的百倫會議中也因贊成的少，反對的多，遂被否決。　他加入和平自由聯盟會，原想利用一般智識份子，替他傳播主義，此時受了挫折，才知道前此的計算只是一場空夢，于失望之餘，與少數同志草就宣言，宣告出會。　可是當他在會中演說時，曾極力攻擊預會的人，因此他的宣言還沒有發佈，已被驅逐出會了。

巴枯甯和他的同志退出和平自由聯盟會後，卽以他前此在意大利所組織的社會革命者同盟會爲基礎，在日內瓦新建立一個國際社會主義民主同盟會（Internationale Allianz der sozialistischen Demokratie）。這是國際政黨中一種聞所未聞的組織，我們為徹底了解巴枯甯的公共活動及其與馬克思所領導的國際黨爭鬥的內幕起見，有詳細敍述這種組織的必要。

國際社會主義民主同盟會的背後隱藏一種奇特的組織，即所謂國際兄弟同盟會（Allianz der internationalen Brüder），這個會共分三級：

一、國際兄弟。

二、民族兄弟（Nationale Brüder）。

三、半祕密和半公開的國際社會主義民主同盟會的組織。

什麼是『國際兄弟』呢？『只有誠心採納（同盟會）全部綱領在理論上和實際上的結果，並具有聰明才智，德性信義，與革命熱忱的人——即有惡魔附身的人——才能夠做國際兄弟。……一切國際兄弟互相認識。在他們中間絕不能有政治的祕密。……國際兄弟的組織分為：A、總委員會或組織局；B、中央委員會；C、民族委員會。』（見馬克思和昂格思編的社會主義民主同盟會和國際黨八五頁。）

總委員會為整個組織中最高的權力，可以變更同盟會的綱領，條例和組織法。中央委員會復分爲中央部和中央監察委員會。 民族委員會復分爲行政民族部和監察民族委員會。『凡選定一個新兄弟，必須經民族委員會全體出席兄弟（至少三人）的同意，和中央委員會三分之二的大多數的批准。』（見同書八六頁。）

什麼是『民族兄弟』呢？ 就是由國際兄弟在各民族中所組織的會員，位置在國際兄弟之下，而不能參預他們的機密組織的。 『每個民族委員會如認爲必要時，得分會員爲兩級：A、一級爲每處互相認識的民族兄弟，B、一級爲僅在小團體中互相認識的兄弟。——無論如何，民族兄弟不得知道有一種國際組織的存在。』（見同書八六頁。）

最後爲半祕密和半公開的國際社會主義民主同盟會的組織。 『同盟會的常川中央委員會係由常川民族委員會及日內瓦中央局的一切會員組成。 這些會員聯合起來構成同盟會的祕密大會；這個大會是同盟會的組織的和最高的權力。……日內瓦的中央局是常川中央委員會的常川代表。 牠是由中央部的一切部員和監察委員會的一切委員成立的。……中央局在法規……的限度內，是同盟會最高的行政會議。』（見同書八七頁。）

我們看了這種等級制的黨的組織，便知道黨的重心全在所謂國際兄弟，而領導這國際兄弟的巴枯甯更是大權獨掌，變成『黨皇帝』了！　怪不得馬克思和昂格思要帶着敍述的方式批評道：『據有整個同盟會的立法權的常川中央委員會是由自己指派的。　常川中央委員會的常川行政代表——日內瓦的中央局——是由自己指派而不是由所謂委員會選舉的。　日內瓦的中央局的中央執行部也不是由中央局選舉，而是由給予巴枯甯同志以全權的少數人強制指定的。……民族委員會「當留心組織各國同盟會，使受常川中央委員會會員的統制，並派代表出席大會」。　用同盟會的話來說，這就是所謂從下至上的組織。……「中央部既是必須由常川中央委員會的會員組成，則中央委員會必須假手于民族委員去組織並領導一切地方團體，使牠們只送常川中央委員會的會員到這種會議當代表，如沒有此等委員會的話，即派送那些無條件服從民族委員會命令的人，因此使同盟會的整個組織永遠操在常川中央委員會的手中。」　此等命令不出于選舉前夕的一個大臣或一個波那帕脫的府尹，竟出于一切權力的死敵，有力的無政府主義者，從下至上的組織的宣傳家，各團體和各獨立團體自由聯合會的自治的謳歌者，即出于為保護自己地位的神聖的巴枯甯。』（見同書一一至一二頁。）

依照馬克思等所徵引的國際社會主義民主同盟會的祕密組織條文看來，他們責備巴枯甯，是非常正當的。巴氏後來與馬克思爭鬥，斥之爲專擅者和極端的中央集權者，其實這不是馬氏的毛病，而是他自己的毛病。當一八七〇年，他與向來的好友涅恰業夫決裂，因于忿怒中批評後者道：「他以爲只有一打私人中間才有眞誠，相互的信任，和實際嚴密的結合，這一打私人便構成會中神聖的神聖。其餘的人是聽任指揮，和一種盲目的工具一樣，和這一打眞正結合的人手中所用的材料一樣。欺騙他們，置他們于危險地位，盜取他們所有的東西，甚至于在必要時毀滅他們，這眞正是一種可行的義務——他們是陰謀的材料。……一般溫和的人對于革命的主張僅有一部分的熱心，于這種主張以外，還有其牠人類的興趣，如愛情，友誼，家庭關係和社會關係是——這種人的同情，自他看來，不是一種強固的根據，因此他的義務是用主張的名義，支配你的全人格，而使你不知道。」（見波士德格特工人的國際黨五〇頁）就巴氏上面三級制的黨的組織看，這段話差不多是專替自己寫照了。

我們介紹國際兄弟同盟會的組織和批評已經完畢，現在當擇要敍述牠的綱領和馬克思等的批評。綱領第二條說：「國際兄弟同盟會志在同時實行社會的，哲學的，經濟的和政治的普遍革命，使建築在財產上，剝削上，統治上，以及宗教性，超感覺性，資產階級固執教義性，甚至于雅各僕式革命（jakobinisch-revolutionäre）性的權力原則上的現制度，一點都不存留，首先從歐洲做起，然後及于其餘的世界。　我們所喊出的口號是：予工人以和平，予一切被壓迫者以自由，將一切種類的壓迫者，剝削者，和宰制者處死，我們要破壞一切國家，教會，及其一切設施，一切宗教的，政治的，法律的，財政的，警察的，大學的，經濟的和社會的法規，使千百萬貧窮的，被欺騙的，被奴使的，受痛苦的，和被剝削的人，從他們的一切領袖，一切正式的和半正式的施主——不論是團體或個人——解放出來，終久能夠完全呼吸自由的空氣。』（見馬克思和昂格思編的社會主義民主同盟會和國際黨九〇頁。）

綱領第三條中的一段說：『但爲着保持以人道待遇人們的權利起見，大家必須無情地反抗那地位和事物，必須破壞一切，尤其是財產及其必然的同事——國家。　這就是革命的全部祕訣。』（見同書九一頁。）

馬克思和昂格思對于這幾條批評道：『我們眞遇着革命者的革命精神了！　爲着達到這種合算的目的起見，第一個條件不是用平常革命家所固有的方法去和國家及現存的政府作戰，而是用攻擊「國家的設施及其結果與基礎，卽私人的財產」，這種好聽的和學者口吻的話去作戰。所以要破壞的，不是波那帕脫的國家，也不是普魯士的國家，也不是俄羅斯的國家，而是抽象的國家，是自在的國家，是無何有鄉的國家。……革命的一種行動必須是議決劃除國家，和巴枯甯一八七〇年九月二十八日在里昂所做的一樣。……然我們試追踪無政府主義的福音到牠的結果上去。假定國家是因議決案而被劃除了。依照〔綱領的〕第六條，這個步驟的結果是：國家破產，藉國家幫助的私人債務淸算消滅，每種稅捐消滅，軍隊，官吏，官僚體系，警察，和牧師取消，正式的法律義務消滅，一切文書契據及一切法律的和私法的文件，都付之一炬，一切生產資本和勞動工具移歸勞動協作社和此等協作社的聯合會，而這聯合會「將構成公社」。公社對于這樣被奪去一切的個人將保證予以無條件的生活必需品，此外他們還可藉自己的勞動，取得更多的東西。然里昂的過程已經指出，劃除國家的簡單的命令決不足以履行這一切美麗的命令。反之，兩營國民軍卽足以打破這光輝燦爛的夢想，並使巴枯甯把這表演奇蹟的命令插在衣袋中，急忙赴日內瓦了。」（見同書一一三至一一四頁。）

綱領第五條說：『無政府，我們不怕牠，並且叫牠出來，相信自由，平等，正義，新的秩序，以及對抗反動的革命力量必定由這種無政府中——即由不受牽制的人民生活無限制的活動中——產生出來。　這種新生活——人民革命——毫無疑義地將立即組織起來，但牠將依照自由的原則，從下至上，從外至內，完成牠的革命組織，不像每種權力所必須做的一樣，是從上至下，從中至外幹起——至于這種權力無論是自稱爲教會，君政，立憲國家，資產階級的共和國，或革命的專政，對于我們都是一樣。　這一切都是剝削和專制的確切的泉源，我們同樣厭惡牠們，同樣拒絕牠們。』(見同書九二頁。)

綱領第六條說：『h、爲着公社的組織，要有防堵區的常川聯合，並設置一種革命的公社會議，由每個防堵區派一，二個代表，由每條街或市區派一個代表，而此等代表有負責證書，並且(對選民)永久負責任，隨時可以撤回。　這樣組織的公社會議可以替公社革命的管理部每一部門從自己的懷中特別選出執行委員會；i、發生變亂和組織公社的首都宣佈，自牠破壞權力和保護國家之後，——此舉是正當的，因爲國家奴役牠和其牠地方一樣——牠即捨棄領導並徵發各省的權利，不如說牠即捨棄每種要求；k、號召一切省區，公社，和聯合會跟着首都的榜樣，首先作革命的組織，然後派送具有負責證書，擔負責任並隨時可以撤回的代表到一個聯合的集會地點，用同等原則的名義，建立各舉事的聯合會，公社和省區的聯合，並組織一種革命的力量去制勝反動。」（見同書九二頁。）

馬克思和昂格思對于這幾條批評道：『在這種無政府主義的防堵區的組織中我們首先有了公社會議，于是又有執行委員會，這些會要能夠履行何種任務，必須具有何種全權，並且受一種武裝力量的擁護；其次我們更有一個完全的聯合議會（Bundesparlament），牠的主要任務將爲建設這種公共的力量。　這種議會和公社會議一樣，對于一個或許多個委員會必須授以執行權，牠們已經因此加上權力的特質，且將因爭鬥的必要，使之愈加顯著。　所以我們看見權力國家的一切元素盡善盡美地恢復起來了，至于稱這副機器爲從下至上組織的革命的公社，是無關重要的。　名稱不能改變事實；從下至上的組織每個資產階級的共和國中都有的，而負責的證書甚至于中古時代已經有了。　此外，巴枯甯自己也承認這一點，因爲他稱（綱領第八條）他的組織爲「新的革命國家」（neuer revolutionärer Staat）。』（見同書一五頁。）

綱領第九條說：『這種組織排去每種專政和保護領導權力的思想。但爲建立這種革命的聯盟和謀革命對反動的勝利起見，在人民的無政府——這種無政府恰恰表現生活和一切精力——中，革命思想與行動的統一必須找着一種關機。這種關機必定就是祕密的和普遍的國際兄弟同盟會。』（見同書九三頁。）

綱領第十條說：『同盟會相信革命絕不是單個人或好些祕密的團體所能製造。革命是自己由事物的暴力中，事實的原動力中發生出來的。牠們在民衆本能的意識深處早就準備着——于是當因無足輕重的原因而爆發了。一個組織完善的祕密團體所能夠做的事，第一是將適合于羣衆本能的觀念散佈于羣衆中，對革命履行催生的責任，于是從眞誠的，精壯的和有智力的人中組織——非組織革命軍，因爲軍隊必須是人民自己——一種革命總參謀部，至于此等人是沒有野心和虛榮心，爲人民特別眞誠的朋友，並且準備爲革命觀念的傳播人，對人民的本能服務的。』（見同書九三頁。）

綱領第十一條說：『此等人的數目不宜太多。全歐洲的國際組織有一百個堅決而固結的革命家就夠了。最大國家的組織有兩三百個革命家綽有餘裕了。』（見同書九三頁。）

馬克思和昂格思對于這幾條批評道：「爲獲得革命的結果，需要思想與行動的統一。國際黨是要藉宣傳，討論和無產階級公開的組織去求這種統一——而巴枯甯只需要一種百人的祕密組織，只需要具有革命思想的有證書的代表，只需要自稱爲革命的總參謀部，即站在常川「同志巴枯甯」命令之下的。所謂思想與行動的統一不過是盲目的信仰和死屍般的服從罷了。……完全和耶穌教徒（Jesuiten）一樣。如果說一百個國際兄弟應當「做革命觀念和羣衆本能中間的介紹人」，那就在同盟會的革命觀念與無產階級的羣衆中間劃出一道不能超越的鴻溝；這就無異宣佈除掉取材于特權階級外，即無處招致這一百衞士。」（見同書一六頁。）

我們于擇要介紹國際兄弟同盟會的綱領和馬昂兩氏的批評後，當進而介紹巴枯甯起草的國際社會主義民主同盟會整個的綱領，以補上文的不足：

「一、本同盟會宣佈無神的主張；本會要劃除一切宗教的崇拜，而以科學代替信仰，以人的正義代替神的正義。

「二、本會特別努力使各階級和男女兩性的個人在政治上，經濟上，社會上一律平等，而以剷除遺產承繼權爲入手辦法，因此在將來每個人的所得和他的勞務相等，並依照上屆不律塞勞動會議的議决，土地，勞動工具以及其牠一切資本當爲全社會的集產，只能爲勞動者所使用，這就是說，只能爲農業的和工業的協作社所使用。

『三、本會要使兩性的兒童從出生時起卽獲得平等發達的方法，這是指他們的營養，教育，以及科學，工藝和美術上一切等級的教程的平等；本會深信初時這雖只是經濟的和社會的平等，會使各個人愈加達到一種大平等，並使一切人爲的不平等——這是一種虛僞的和不公正的社會組織的歷史產物——歸于消滅。

『四、本會仇視每種專制主義，除共和外，否認其牠一切政體，極端排斥每種反動的組織，對于政治上的活動，凡不是以勞動者對抗資本的事業的勝利，爲卽時和直接目標的，概不參加。

『五、本會察出現今存在的一切政治和主權的國家既愈趨於管理各處公共事業的簡單職務一途，則此等國家必須消滅于自由的農工協作社普遍的聯合之中。

『六、社會問題最終而有效的解决既只能在各國勞動者國際的或普遍的團結基礎上找出方法來，故本會對于每種基于所謂愛國主義和民族競爭的政治，加以排斥。

『七、本會要使一切地方聯合會藉着自由，形成一個普遍的聯合會。』（見同書九四頁。）

我們可以拿蒲列漢諾夫批評無政府主義的話轉贈給巴枯甯所草的國際社會主義民主同盟會的綱領，就是『在理論方面是站在烏託邦主義的地皮上，在實行方面對于現今無產階級的解放爭鬥發生了消極的作用。』（見蒲氏無政府主義與社會主義三頁）巴氏不注重實在的事實，要憑口舌去剷除人世間一切宗教的崇拜，已屬空談，要使各階級一律平等，尤爲可笑，因爲人類中既有階級的存在，即不能平等，既經一律平等，即無所謂階級，所以當時國際黨中央局指出他的謬誤，說他不當講『階級平等』，當講剷除階級。至于他以剷除遺產承繼權爲使階級平等的入手辦法，更是捨本逐末，因爲遺產承繼權——和馬克思在國際黨一八六九年巴塞爾會議對這個問題的提案所說的一樣——不是私有財產制度的原因，而是牠的一種結果，私產制度一經推翻，遺產承繼權自然隨之消滅；巴氏要形成社會革命，當從根本上做起，不當從枝葉上着手，至少也不當單獨以剷除遺產承繼權爲社會革命的出發點。又他不主張參加非以勞動者對抗資本爲直接目標的一切政治運動，這明明是使無產階級的人對于本來和自己有間接利益的，並可以養成他們組織能力的一切政治運動都持一種消極的態度，這是於他們有損無益的。　總之，巴枯甯這種綱領在理論上和實行上非常不妥當，所以馬克思在一八七〇年替國際黨中央局所草的報告中，對之大肆譏評，認此爲一種『沒有思想的空談』，爲一種『空洞理想的花冠』。　他于一八七一年十一月二十三日寫信給波爾特說，巴枯甯的『綱領是一種膚淺的，左右亂堆起來的東西——使階級平等（！）以剷除遺產承繼權爲社會運動的出發點，（這是聖西門的無意識的東西），以無神論做教條，預先指導會員，並且以不參加政治運動爲主要的信條（這是蒲魯東的）。　這種小孩子的拼音綴字書（Kinder-fibel）在勞動運動的實在條件還很不發達的意大利和西班牙從前很受歡迎（現在還有一點立足地），在羅馬語的瑞士及比利時一些浮誇的，野心的和膚淺的偏想家中也是如此。　講到巴枯甯君，過去和現在一樣，這種教義（這是從蒲魯東，聖西門等等乞來的廢物合成的），只是附屬物——只是保障自己地位的工具。　他在理論上雖等于零，然做陰謀家却是得心應手。』（見倍克，番慈根，昂格思，馬克思等致索爾格等書信錄三九頁。）

巴枯甯的無政府主義在上列綱領中也表現得十分明白，他要用廢棄政府和消滅國家做開始社會革命的武器，去和據有政治及軍事組織的資產階級宣戰，這眞是癡人說夢！ 阜爾德斯說：「他既不相信發展律，復不相信社會主義所研究出來的科學的產物。」（見阜氏社會主義思想界中的主要潮流二六五頁） 這話說得很對，因爲他和從前的烏託邦主義者一樣，把社會當作一種機械體，以爲可以憑着自己理想的計畫，任意拆毀，任意裝置，其實社會自有其發展律，如政府的廢除，國家的消滅，這都是無產階級社會革命完全成功後的結果，決不能把此事當作社會革命初期的工具，否則便是本末倒置，予反革命以死恢復燃的機會了。 所以馬克思在一八七二年對于所謂國際黨分裂所草的通告書中說：無政府是國際社會主義民主同盟會的「主八巴枯甯所炫示的大儀仗馬，巴氏從一切社會主義的體系中僅僅取得一種標題。 一切社會主義者所謂無政府如下：無產階級運動的目的——剷除階級——一經達到，則國家的權力便消滅了——這種權力是用起來保持大多數生產者于少數掠奪者的羈絆之下的——而政府的職務便變爲簡單管理的職務了。 同盟會却從相反的一端去進行。牠宣佈無政府是無產階級的人毀滅那集中于掠奪者手中的社會和政治力量最有效的方法。」

（見馬克思和昂格思編的社會主義民主同盟會和國際黨一四頁。）

我們對于巴枯甯的學說和馬克思的批評已經隨時隨地敍述了好些，現在特再介紹一種比較分析他們主張的說法如下，一則可以總括雙方的意見不同之點，二則可作爲了解他們在國際黨猛烈爭鬥（見本書下章）的張本。

「巴枯甯要求馬上剷除國家，馬克思則以爲工人階級奪取政權，爲着革命的利益，必須利用國家，並于資本到社會主義的過渡時期，建立無產階級的專政。

「巴枯甯認意大利，西班牙和其牠國家沒有知識的工人羣衆對于社會革命業經成熟，只須在各處引起一批暴動就成了。 反之，馬克思確切相信社會革命的槓桿不是無知識的落後的工人羣衆，而是具有明顯的階級覺悟並受過訓練的工廠與作坊的無產階級。

「馬克思厭惡陰謀詭計的祕密組織，因爲他的意思是，只有龐大的工人運動才能履行一種偉大的革命任務。 反之，巴枯甯却是陰謀詭計和祕密結社的好朋友。

「巴枯甯召號即時的革命，在這種革命中他要看見世人所謂一切壞的情慾得發洩出來。馬克思則召號工人階級從事于革命的組織與訓練。

『巴枯甯把零星的暴動，和孤獨的行動看做達到社會革命的道路。

『馬克思極力反對單個的團體或私派每種暴亂的企圖，因爲這些團體或私派是把自己主觀的意志看做客觀歷史進程的律令。

『馬克思以爲國際黨的創設是在用工人階級一種眞正爭鬥的組織去代替社會主義和半社會主義的私派，而每種分門別戶的私派組織只是一種反動的行爲，只是一種退步而非進步。

『在另一方面，巴枯甯曾經宣言解散他的同盟會，而加入國際黨，但並沒有解散同盟會中的祕密組織，他要使國際黨的整個活動受他的私派專政的宰制。　而這加入國際黨的祕密組織所要追逐的目標，正是馬克思及其同志視爲有害于工人運動和革命的。

『此等根本的意見差異，就是造成馬克思與巴枯甯，馬克思主義者與巴枯甯主義者間一道不可踰越的鴻溝的原因。』（見少年國際出版社的共產主義的開路者九二至九三頁，一九二三年柏林出版——Wegbereiter des Kommunismus）

巴枯甯和馬克思的意見既如冰炭的不相容，而偏又同隸一黨，他們終必出于爭鬥，這是勢所必至，無可避免的。　然我們暫且不提此事，現在要說的，是他自一八六八年草成國際社會主義民主同盟會綱領後，曾于十二月二十二日寄一份給馬氏，並附一信道：『你給色諾（Serno）的信關于我的部分，他已告訴我了。你問他，我以後是否和從前一樣，仍是你的朋友。親愛的馬克思，〔我當〕比從前更好，因爲我現在比從前愈加明白，你遵着經濟革命的大道而行，招呼我們同走，並鄙薄陷於半爲民族，半爲政治事業的歧途的我們，你是很對的。我現在所做的事就是你二十多年以來所做的。——我自和百倫會議的有產者正式公然分離以後，除掉勞動界外，不知道有其牠社會，不知道有其牠世界。——自今以後，我的祖國就是國際黨，你是站在這一黨最著名的創造者之列。親愛的朋友，你知道我是你的學生——做你的學生，我可以自豪——這樁事便足以表明我所處的地位和我個人的意見。』（見新時代雜誌第十九年度一卷六頁）馬克思接閱此信後，笑爲純係感情作用的頑意兒。

巴枯甯此時既轉其視綫于國際黨，稱爲他的『祖國』，便和國際黨發生很多的關係，關于這一點，我們將留在下章去講，今特按照次序，敍述他此後其牠重要的活動。

當一八七〇年德法戰爭之際，巴枯甯以爲社會革命的時機已至，遂預備在法國引起革命。迨法國爲普魯士所敗，他便向法國的同志大聲疾呼，說只有無政府才可以拯救法國。

並于九月十五日前往里昂，參加革命運動，對于當時所組織的拯救法蘭西的中央委員會尤熱心贊助。至二十六日更有巴枯甯等署名的宣言出現，卽：

法蘭西共和國，

公社革命聯合會（佈告）：

國家處境的艱難，公家力量的薄弱，和各特權階級的冷淡，遂使法蘭西民族陷于絕境。革命組織的人民如果不急起直追，力圖補救，他們的前程便喪失了，革命也喪失了，一切的一切都喪失了。拯救法蘭西聯合委員會的代表深感前途危險萬狀，並確信人民不顧生死的行動刻不容緩，提議採取下列的議決案：

一、國家的管理機關和行政機關已經沒有能力，特予以取消。法蘭西人民自己處理一切事務。

二、解散一切刑事和民事法庭而代以人民裁判。

三、賦稅和抵當的支付業經中斷。取消徵稅而代以聯合公社的經費，並按照拯救法蘭西所必需的數目，從財主處徵收之。

四、國家旣不復存在，便不能夠干預私人債務的支付。

五、拯救法蘭西委員會取消現有的一切公社管理，而代以一切聯合公社，此等委員會是在人民直接支配之下行使一切權力的。

六、每一城市委員會得派代表兩人參加組織拯救法蘭西革命會議。

七、這個會議卽時集合于里昂市政廳。

自這種充分表見巴枯甯精神的宣言發佈後，巴氏等果于二十八日藉羣衆的力量，佔領里昂市政廳，開始他們的無政府主義的革命。可是這一天還沒有過完，他們又被國防軍趕跑了。馬克思和昂格思認巴氏這種革命爲兒戲，不算是故意刻薄他了。巴枯甯自己在里昂所起的無政府主義的革命，不崇朝卽被推翻，猶可說是事出倉卒，佈置未週，以致爲敵所乘，並不是他的學說不能應用的緣故。然我們再看一看他的黨徒于一八七三年在西班牙所起的無政府主義的革命，相繼失敗，以及昂格思對于此事的批評，便知道這種革命是一種千眞萬確的烏託邦的理想！

西班牙自阿馬對奧（Amadeo）王于一八七三年二月九日退位後，三日卽宣佈爲共和國，至四月十日舉行憲法會議的選舉，六月間這個會議開會，同月十一日新政府成立。西班牙一班有新思想的人多半相信巴枯甯主義，因此巴氏所創設的國際社會主義民主同盟會在此處頗佔勢力，而國際黨的支部也爲巴氏的信徒所左右。當西班牙舉行選舉之前，巴塞羅那（Barcellona）和阿爾魁（Alcoy）等處的工人開會取决他們在選舉中和議會中應取的政策時，巴枯甯主義者卽反對國際黨採用何種策略去參預政治行動，個人卽或要選舉，也當聽其自由選擇。此事的結果是，凡屬國際黨所指導的羣衆參預選舉的，既沒有一定的方針，復沒有預定的候選人，因此，大遭失敗，沒有選出一個眞正可以代表他們的人出來。

昂格思說得對：『西班牙是一個工業很不發達的國家，所以說不到勞動階級的卽刻解放。在這種解放實現之前，西班牙還須有預先幾步的發達，並且還須把許多障礙物除去。在最短的時間內踏過這預先幾步並迅速除去這些障礙物——這種機會，〔西班牙〕共和國呈獻出來了。但西班牙的勞動階級只有藉實際干預政治的力量，才能夠利用此機會。』（見昂氏共產主義與巴枯甯主義一二至一三頁）所以用一定的計劃去參預選舉，原是西班牙勞動階級當時一種不可少的訓練。然一般巴枯甯主義者却極力反對此舉，大倡總同盟能工之說去煽動工人，實行無政府主義的革命。　他們以爲『一國或全世界一切工廠的工人一旦停止工作，至多四個星期，將強迫資產階級屈服于工人之前，于是這些工人就有自衞之權，而全部舊社會在這種時機中卽被推翻了。』（見同書一五至一六頁。）

西班牙的巴枯甯主義者既極力鼓吹工人舉行總同盟罷工，巴塞羅那便首先發難，然發難之後，竟一無所爲，坐以待斃。　阿爾魁的工人也于七月初間繼起罷工。　他們五千人與三十二個警察及幾個武裝的有產者相抗至二十點鐘之久，才獲得勝利。　指導羣衆的無政府主義者于得勝之後，仍組織一種特別形態的政府，叫做『公安委員會』（Wohlfartsausschuss）。這個委員會除掉禁止一切男子離開城市，只准有護照的女子遷徙外，也是一無所爲，坐以待斃。　西班牙政府的軍隊隨卽向此處進發，于是公安委員會消滅，政府的軍隊沒有遇着抵抗，卽安然進城。

巴枯甯主義者在其轄城鎮所起的無政府主義的革命也大概是於成功後侈談自主，各自爲政，不知共同動作，一致禦敵，所以中央政府的軍隊一到，他們便如鳥獸散。　『哥爾多華（Cordova）於〔七月〕二十四日由利薄爾（Ripoll）的一部分軍隊佔領了。　二十九日巴裴亞

(Pavia)向那有軍事防禦的塞維里亞(Sevilla)進攻，至三十日或三十一日——電報中的日期常不甚確切——卽攻入。他留下一縱隊鎮壓外城，開軍隊向加的斯(Cadiz)進攻，該城的防禦者只在城的入口處，而防守又薄弱，所以至八月四日沒有何種抵抗，卽被解除武裝。在以後的幾日中，巴費亞解除山盧卡德巴拉墨塔(San Lucar de Barrameda)山洛格(San Roque)，塔里法(Tarifa)，阿合西勒(Algesiras)，及許多小城鎮的武裝，也是一樣沒有遇着抵抗，這些城鎮都是組成自主的區治的。同時巴費亞又派軍隊進攻痲洛甲(Maloga)和格郞拉塔(Gronada)，前者于三日被佔據，後者于八日被佔據，都沒有遇着抵抗，所以至八月十日止，還不到兩個星期，這許多地方幾乎沒有戰鬥卽被征服了。』(見同書一二五頁。)

巴枯甯主義者在西班牙所起的無政府主義的革命已如上所述，今特介紹昂格思的批評如下：

『一、巴枯甯主義者一遇着一種嚴重的局勢，卽迫而拋棄他們向來的全部計畫。他們起初就犧牲了關於政治義務的教育，特別犧牲了關于選舉義務的教育。跟着出現的是無政府，是剷除國家；但實際上沒有將國家剷除，却努力建設了無數小的新國家。他們的根本原則是勞動者對于非以無產階級即刻充分解放爲目的的革命，不可參加，後來便拋棄這種原則而參加公然純粹的資產階級運動。 到了最後，他們迎頭痛擊自己剛才宣佈的信條，就是：一個革命政府的建設，對于勞動階級只是一種新的欺騙，只是一種新的叛逆。 他們與高彩烈地現身于各城鎮的政府委員會中，差不多無論在何處，總是一種無能爲力的，被有產者所挾持的，和在政治上被利用的少數。

『二，但這種否認向來所宣傳的根本原則的事是在一種最卑怯最虛僞的形態中實現出來的，並且是在惡意志壓迫之下實現出來的，所以一般巴枯甯主義者及其所指導的羣衆在運動中都沒有何種計畫，更不知道自己所要的是什麼。 此事自然的結果是怎樣呢？ 一般巴枯甯主義者或阻礙每種運動，如在巴塞羅那是；或出于孤立的，無計畫的，和無意識的暴動，如在阿爾魁和山盧卡德巴拉墨塔是；或使變亂的指導權落入一般不妥協的有產者手中，如在大部分的變亂中是。 所以巴枯甯主義者極端革命的呼聲，一與事實相接觸，其所實現的途徑或是風平浪靜，一無所爲，或是出于從初時起卽沒有希望的暴動，或是加入一個蹂躪工人並且在政治上極力掠奪工人的資產階級黨中。

『三，就所謂無政府的原則和自由聯合的獨立團體的原則講，除掉對于革命鬥爭的工具作一種無辦法的和無意識的破壞外，一無所有，而政府却因這種破壞得以少數軍隊壓服各城鎮，幾乎不遇着何種抵抗。

『四，這種曲調的結局不獨使組織很好的西班牙國際黨——眞的和僞的一樣——陷入殲除盲動者的漩渦中，至今破其解散，並且還使無數虛構的暴行——各國一切庸俗人以爲沒有這種暴行，便想像不出一種工人變亂——加在牠的身上；因此使西班牙無產階級再組國際黨一舉成爲許多年後不可能的事了。

『五，總說一句，在西班牙的巴枯甯主義者已經供給我們一個無比的模樣，使人知道怎樣是一種必不可起的革命。』（見同書二九至三〇頁。）

巴枯甯主義者在西班牙所演的滑稽劇及昂格思的批評已經介紹過了，現在再回到巴枯甯本人的活動上去。　他自一八七〇年九月下旬里昂革命失敗後，即爲國防軍所逮捕，旋因友人的幫助，才得釋放。　他潛往馬賽，謀起革命，企圖藉此使里昂的革命重新爆發。　不意他不獨無法發動馬賽的羣衆，而自己派往里昂的代表波蘭人蘭克維芝(Lankewitsch)復被捕，並搜出該處一切同志的名單，捕獲人多。　巴氏因計畫敗露，遂剪髮割鬚，于十月二十四日乘船往意大利的熱那亞，旋卽轉赴洛卡爾羅（Locarno）。

巴枯甯素來抱一種樂觀主義，以爲社會革命卽在目前。　可是里昂之役的教訓使他竟由樂觀而變爲悲觀，巴黎公社失敗後，悲觀更甚。　他于里昂事變後，寫信給帕利（Palix）說：『我在深切的悲哀和悽慘的情緒中離開里昂。　我開始相信法蘭西是完了。　牠將變成德意志的屬國。……德國人固執的社會主義將起而代替牠的眞正的社會主義，至於他們的社會主義所說的話只能在普魯士的刺刀許可的範圍以內。……普魯士官僚主義和軍國主義的理性與彼得堡沙皇的鞭子結合起來，維持全歐洲的安寧與公共秩序至少會有五十年之久。　舉凡自由，社會主義，對人民的正義，和人道的勝利，都歸于烏有！　因爲這一切都可以從現今法蘭西的毀滅中發生出來，法蘭西的人民和里昂的人民倘若願意有此，牠是要出現的。』（見斯節克諾夫巴枯甯傳一一四頁。）

巴枯甯既是一個無政府主義者——卽烏託邦主義者——自然不懂社會的發展律，也不懂羣衆運動。　在沒有得到教訓之前，便滿懷樂觀，幻想羣衆平時不需要組織與訓練，臨事由少數人去充當參謀，就可編成革命的隊伍，引起暴動，達到革命的目的；迨慘遭失敗，即打昏了頭腦；覺得前途盡是荊棘，沒有出路，于是由極端的樂觀而轉變爲極端的悲觀。他上面這封信在一方面是誇大了普魯士和俄羅斯的威權（至于把畢士馬克的政策，和馬克思的社會主義混在一起，尤爲無理取鬧），完全看不出昂格思和馬克思所預言的德法戰爭後普魯士工人運動的興起（參看本書本册第二章），在另一方面忽視了法國民衆潛伏的力量，以爲此時一敗塗地，終難再起了。其實普俄不獨未曾宰制歐洲至五十年之久，而巴黎公社以後不過五年，法蘭西的工人運動復興，一八七六年他們又在巴黎開第一次勞工會議了。

但巴枯甯對於這種工人運動復興的象徵是無所察覺的；他在這一年的悲觀且愈加顯著。當他臨死的前十日，老友萊雪爾（Reichel）說他可惜沒有得着閒暇，作出自己的傳記。他答道：「我當爲誰作這種傳記啊？眞値不得開口。現在一切民族的人民都已喪失革命的本能。他們對於自己的狀況非常滿意，且唯恐喪失自己所有的東西，這種恐懼便使他們忍耐而不肯發難。我如果還能恢復一點健康，當著一部基於集產主義原則的倫理學，而不用哲學或宗教的語句。」（見巴枯甯全集第三集二七四頁。）

這種倫理學的著作沒有出現，自不待言，可是巴氏自寄居洛卡爾羅後，因對社會革命發生絕望的心理，遂開始著一部社會革命與軍事專政（Die Soziale Revolution und die Militardiktätur），作爲他在一八七〇年九月底所草致一個法蘭西人的書信（Lettres à un Francais）的續篇。他生平的作品大都是些片斷的文字，沒有系統可言，此書雖未能完成，然對於人類，宗教，哲學，國家以及無政府等等的議論，要算是比較有系統的了。

巴枯甯自經過里昂和巴黎公社兩次革命失敗後，生活上開始一種顯著的轉變。他此時已是年老多病，既不能謀生，又有室家之累，物質上的壓迫達到最大的限度。當一八七一年，他的手中有時僅剩五個生丁，連茶煙都不可得。他前在西伯利亞結婚的妻子於他逃到西歐後，也束裝前來，曾和他同居意大利。至一八七二年春季安多尼攜着小孩子同返俄羅斯，巴枯甯自己則往沮利克。此處有俄國男女學生數百人，大半相信無政府主義的學說，爲日後傳播巴枯甯的思想於俄國的媒介。

巴氏於是年十月復返洛卡爾羅，至一八七三年九月往百倫，寄居友人阿道夫·佛格特（Adolf Vogt）家中。他在前一年的九月既被逐於國際黨（詳情見本書下章），此時復與俄國一羣無政府主義者完全決裂，因此受了不少的刺激，同時革命運動一時沒有希望，而他自己又新得一個安樂窩，可以優游卒歲——這幾點合攏來，遂促成他發出一封反常的書信，即退出革命隊伍的書信。這信是他致朱辣聯合會（Juraföderation）的同志的，內中有數節說：

『親愛的同志們，我利用這個機會請求承認退出朱辣聯合會和國際黨。

『此事的出現是有許多原因。但不要相信這尤其是近幾年來人們加於我的無數侮辱所致。我不能說對於這些事絕無所感，不過我如認再行參加你們對於無產階級事業的工作和爭鬥還有用處，便感覺自己尚有抵抗這些侮辱的力量。但我並不具有這樣的意見。

『講到家世和個人的狀況——當然不是講傾向——我只是一個有產者，這樣，除掉在你們中間做宣傳工作外，別無所能。然我現在確信大理論的說法——不論是印刷的或口頭的——的時期已經過去。單是理想如果能夠拯救世界，則國際黨這九年來所發揮的理想多於人們所能應用的，同時我也要要求每個人發明一種新的理想。

『時代不復等待着理想，而是等待着行動。組織無產階級的力量，尤爲現今的要圖。然這種組織必須是無產階級自身的工作。我倘若年事尚輕，一定走入工人中間，參加我的兄弟們的勞動生活，同時和他們共同担負這種必要的組織的大工作。

『但我的年齡和健康不允許我做此事，牠們要把我安置在孤寂與休息之中。即每次企圖遊歷，對于我也是一樁重大事件。在心理上我還覺得強健，但在體力上實在疲勞，自審不復具有爭鬥所必需的力量。我在無產階級的中間只是一種累，無所裨益。

『親愛的同志們，你們眼見一切的一切都強迫我脫離關係。我遠隔你們和一切世界，一般說來對于國際黨，特別說來對于朱辣聯合會，能有什麼用處？你們的偉大的和完善的聯合會從此以後是完全勇猛，完全切實的，不必容許尸位素餐或名譽職位的存在。』

（見巴枯甯全集第三卷二六六頁。）

這幾段話不獨表見巴枯甯以堅決的口吻，要求退出革命的隊伍，並且表見他于受過一八七〇和一八七一年法國各處革命運動失敗的教訓後，已經注重無產階級的組織，知道非此不足以言解放，這算是他的一大進步。不過他說理論的時期已過，當時正是行動的時期，這樣把理論與行動畫成兩個漠不相關的東西，自是絕大的錯誤。其實兩者是互相貫注，不能分離的：理論如沒有行動的實踐，必成爲空論，行動如沒有理論的指導，必成爲盲動。至

馬克思傳　下　　二八九

于他以衰老多病，成爲無產階級隊伍中的贅疣爲理由，要求出黨，這自然只是一種口實，內幕並不如此，值得我們提出來說一說的。

意大利有一個青年叫做卡斐爾羅（Carlo Cafiero）的，相信巴枯甯的無政府主義，擬將自己所得鉅額的遺產，從事於這種神聖事業的宣傳。　他於一八七二至七三年的冬季，與巴氏商定，以這個老人的名義購買一種別墅，除供後者的居住外，兼作意大利一般革命者的避難所，並創辦一個祕密的印刷所和武器儲藏所，以備革命爆發時的需要。　這種別墅是於一八七三年夏季購好的，屋子頗狹小而潮濕，巴枯甯自遷入後，即大興土木，卡斐爾羅更踵事增華，十萬佛郎因此耗去（指購買與裝修兩項講），而卡氏的家財竟無以爲繼了。

巴枯甯自得着這個安樂窩後，一面致書朱辣聯合會，要求退出，不再作公共的活動，一面致書他的妻子，令攜小孩來意，共享家庭的幸福。　當他宣言退出革命隊伍的時候，卡斐爾羅以爲這不過一種掩人耳目的官樣文章，在實際上他必定仍舊暗中活動。　殊不知巴枯甯因受了當時環境的影響，雖未曾改變無政府主義的主張，然對於這主張實現的可能性根本發生搖動，他已無意於公共的和革命的活動，只想關起門來，過一種私人的和家庭的舒適生活了。卡斐爾羅對於這種情形逐漸感覺不滿，加以朋友和妻子（係俄國的女革命家，因巴枯甯而認識的，旋即結婚）的唆聳，遂認定巴氏住在這個別墅，除掉自己的家庭幸福外，對於意大利的革命沒有利益，如不揮之使去，則殘餘的財產無從保全。至一八七四年七月十三日安多尼率領三個小孩，和自己的父母，及姊妹來到巴氏別墅，滿冀從此稍享安甯的幸福，不意卡斐爾羅好像故意惡作劇一樣，竟於是日晚上來下逐客令了！

青天一個霹靂打在這衰老多病的老革命家頭上，當然也是受不了的。妻室兒女和親戚一大批人新來相集，叫他如何能將這冷水澆背的事告訴他們呢？即告訴他們，又有什麼辦法呢？他陷在這進退維谷之中，一籌莫展，眞想以一死了之。但死，也正不是一樁容易的事，自念奔走革命，前後二十餘年，因革命而受監禁和放逐也有十餘年，此時不能效匹夫匹婦的自經於溝壑，必須找得一死所。當時意大利各處的無政府主義運動猶在蓬蓬勃勃的進行中，大有促成暴動之勢。他於是懷着絕望的心情，燃起革命的老火，突然離家，不告而去。七月二十九日出現於斯普呂根（Splügen），三十日來到準備暴動的中心地波倫亞，挾着一支手槍，預備參加此處的暴動，在巷戰中如不爲敵所殺，即打算用此無情之物，結果自己的性命。但暴動還沒有起來，即被破獲，而巴氏處置自己生命的問題，也因此不能解決。

巴枯甯在波倫亞既沒有達到預定的目的，乃於八月十二日喬裝一個鄉村牧師，戴着青蒼色眼鏡，一手持杖，一手提一個蛋籃，再返斯普呂根。在另一方面，安多尼見丈夫不辭而行，已經十分驚訝，至八月六日，有人告訴她，她所居的別墅非巴枯甯所有，係革命的產業，她必須馬上讓出來。她於三日後迫得離此牠往，旋偵知巴氏的所在，即遄赴斯普呂根，與之相會。巴氏在妻子的面前宣言不再從事於任何種公共的或陰謀的活動，並擬前往美國，歸化爲美國人。可是旅費無從出，這種計畫也徒成畫餅。

巴枯甯在此求生不得求死不能的時候，對於卡斐爾羅的突然下令逐客，使他的全家流離失所，心中實不甘服。他始終認卡氏旣使他爲別墅的共同所有人，自己可以主張所有權，後者絕沒有權力將他逐出別墅。因於九月下旬在另一處地方與卡氏會見，滿望雙方言歸於好，他和家人得重返故居，但結果仍舊失望。尤其難堪的是他的親密的朋友和信徒基雲(James Guillaume)以及朱辣的同志於此時來信，都不直他的所爲。『他遇着這種逆襲愈加使他堅持別墅隸屬於他不讓隸屬於卡斐爾羅的意見。 基雲對於他這種嚴正的法律觀念是不能了解的。「被人稱爲無政府主義宗祖的人，爲着剷除遺產承繼權而爭鬥的人，對於所有人很慷慨地讓他享用的一份產業，竟主張所有權，這不是基氏所能了解的。」（見胡霍巴枯甯與無政府二五二頁） 同時這些同志歎念他晚年貧苦，每月擬送三百佛郎給他作生活費，但他的中心殊爲不悅，拒而不受。

巴枯甯於山窮水盡之時，來到瑞士的盧加諾(Lugano)，全家卽卜居於此。 但他終久想出一條生路，就是請他的姨妹做全權代表，返俄國去分取他所應得的遺產，預計可獲十萬盧布。 同時他在盧加諾附近賒購一份園林田宅，擬從事於園圃的工作。 於是購置書籍，研究化學，製造肥料，開墾地皮；成行成列地種植果樹，在果樹之間復播種子，而施以極豐富的肥料，結果都被燒焦了！ 然這種試驗足足花去一年工夫！

巴枯甯的農圃生活固然沒有成功，而他的遺產奢望也終成泡影。 他的姨妹從他的家中所分的遺產是一種森林，出售後獲價僅七千盧布。 當他於一八七六年三月拿到此項錢數時，一般債權者已於早一個月前限他於三個月內償還一切債務，此時出入相抵，相差甚遠，不得已，只好將前此賒買的田宅重行賣去，離開盧加諾，前往意大利的那不勒斯，依他的朋友和信徒干巴集（Gambuzzi）爲生（干氏於他死後和安多尼結婚了）。但在他離開瑞士之前，還要往百倫訪友，兼在該處就醫，因於六月十三日自盧加諾出發，同時安多尼則往那不勒斯去佈置住所。他在百倫會着阿道夫佛格特和萊雪爾等，但病象日增，已成不治之症，至七月一日便一瞑不視，與世長辭了。

「巴枯甯在許多地方是有過失的；然却有一點東西足以勝過他的一切短處——即他的精神中所具的自強不息的原則。」節靈斯基這句話要算是巴枯甯的蓋棺定論了。

第五章　國際黨的盛衰

我們在前面兩章中已經將巴黎公社和巴枯甯的事業述過一遍，現在特囘轉來再講國際黨。國際黨的歷史曾因其自然的趨勢分作兩期，前一期至一八六七年爲止，後一期自一八六八年開始。在前一期中，一般蒲魯東主義者佔絕大的勢力，獨執牛耳；然馬克思主義也逐漸發展，與之對峙。『「國際黨的內部史是蒲魯東主義與馬克思所發揮的近世社會主義相抗的歷史。」（蒲列漢諾夫）故作國際黨的歷史者指明第一期運動爲互助時期（一八六五年至一八六七年）。夫里部耳(Fribourg)說：「當時的國際黨是互助時期，反對集產的要求，而保障自由談判的契約之實行。」馬倫也稱第一時期爲「互助時期；牠的特點是在蒲魯東學說的影響。」馬克思和蒲魯東的社會學說根本上的異點也表現於實際的擾動中：馬克思主義者願意使國際黨成爲無產階級一種階級爭鬥的機關，蒲魯東主義者願意使國際黨成爲一個研究社，去討論社會改良最好的方法和途徑。他們第一就努力於組織自由意志的交換銀行和信用協作社，同時馬克思的信徒則要求生產工具作爲集產。』（見國家科學詞典第一卷二八五至二八六頁，一九二三年第四版。Handwörterbuch der Staatswissenschaften）在國際黨的第一期中，馬克思派與蒲魯東派雖因主義不同的緣故，互相對抗，然雙方的爭鬥並不劇烈，故當時的國際黨是平平安安，一步一步向前進展的。　至一八六八年這種和平的局面就一變而爲劇烈爭鬥的局面了。　蒲魯東派由是失勢，馬克思派自是年起至一八七〇年止，勢力極膨漲；而國際黨也正於此時達到全盛時期。　然一八六八年有巴枯甯及其黨徒加入國際黨，旋樹起無政府主義的旗幟，與馬克思派相抗，迄無甯日；自一八七一年起，在黨中佔得優勢，卒至引起國際黨的分裂和消滅，而追溯此等事件的由來，皆起於一八六八年，故這一年在國際黨的歷史上是一個重大的關鍵。

國際黨一八六八年的常年大會是于九月六日至十三日在不律塞舉行的。　此次預會的代表多至九十九人，計比國代表五十八人，法國代表十八人，英國代表十一人（內有六人是由中央局派出的），瑞士代表七人，德國代表五人，意大利代表二人，西班牙代表一人。　當一八六七年羅散會議時，有人提出土地和生產工具應爲集產的議案，因蒲魯東主義者的反對打消了。至不律塞會議，形勢驟變，預會的人受了日內瓦農業工人同盟罷工的影響，發生階級覺悟，因得通過一種很重要的議案，就是，凡土地，森林，礦山，鐵路，道路，運河，電線，以及其牠運輸機關和交通機關，都應爲社會的公產，歸工人協作社管理。當討論此案時，一般蒲魯東主義者力加反對，並于別人發言之際，互相談話，故意搗亂，但卒不能阻止牠的通過。不過大會又宣佈工人只有藉生產協作社和彼此信用保證的組織之力，才能夠據有機器，所謂信用保證的組織這種主張是對他們一種小小的讓步。大會對于臨近眉睫的德法戰爭，持一種反對態度，因通過一種議案，要求各國工人用同盟罷工的方法去抵抗各種戰爭。此外，大會又極力贊揚馬克思的資本論，宣言他是第一個有勞績的經濟學者，對于資本作一種科學的分析，追溯到資本原始的元素上去了。

不律塞會議，馬克思沒有預會。他除認那種藉同盟罷工去抵抗戰爭的議決案爲無意識外（參看昂格思與馬克思書信錄四卷八二頁），對大會所議決的各點並無不滿意的表示，而于預會代表心理的變遷，與反對派陰謀的失敗，尤爲高興。他于一八六八年九月十二日寫信給昂格思說：「會議于今日閉會，頗爲順利，據傳來的消息看，至星期四日止，會中只稍有一點讓步。托雷君和其他巴黎人要將中央局移往不律塞。他們對于倫敦方面非常妒忌。奉蒲魯東主義的「勇敢的比利時人」與法蘭西人在日內瓦（一八六六年）和羅散（一八六七年）偏執成見，反對工聯等等，現在竟狂信這些東西，這是一大進步。』（見同書同卷八〇頁。）

一八六八年的不律塞會議既是國際黨發展上的一個轉機，因此引起了輿論界的大注意，甚至于轉移了資產階級輿論機關的論調。馬克思于是年九月十六日告訴昂格思說：『晨報昨天為國際黨作第一篇社論反對泰晤士報。明星報稱此次會議是一種「成功」。導報(The Standard)初時攻擊我們，在昨天的社論中却獻媚于工人階級之前。牠予資本家以一種打擊，對于土地問題現在且表現怪相來了。討論報(Das Journal des Débats)深惜英國人，法國人，和比國人——就那些關于土地的議決所表示的講，——竟屬于「共產派」，而法國人在另一方面又產出蒲魯東式可笑的宣言。』（見同書同卷八一頁） 此外，倫敦泰晤士報也在社論中宣言自基督教開始和舊世界滅亡以來，從沒有看見過一樁事比得上勞動階級此次的覺醒。

不獨當時各國資產階級的報章看出不律塞會議的重大意義，即自由派的經濟學者如拉甫雷（Emile de Laveleye）也無不如此，所以他帶着譏諷的口吻說道：『國際黨的變化開始于不律塞會議。這個組織原來只想成爲一個互相防守，維持或增加工資的大結社——即一種普遍的工聯。現在竟夢想假手于消滅工資制度——「這種奴隸狀況的新形態」——完全改變社會。怎樣完成這種改變呢？即一切生產工具的公有。「集產主義」是一種新學說。……社會變成「集產」，不是由于革命，而是由于「進化」。這種變化的出現是由于「社會的需要」，而不是由于一個會議的議決案。』（見拉氏現今的社會主義英文譯本一八七至一八八頁——The Socialism of To-day, London）

國際黨在一八六八年還發生一樁大事，就是巴枯甯的入黨。當馬克思于一八六四年十一月在倫敦遇着巴氏時，曾約其加入，當蒙首肯，並允竭全力爲國際黨服務。他旋往意大利，馬氏將國際黨的規程及開幕詞寄去，他回信說得很誠懇，但在實際上未嘗加入，更沒有替國際黨效力，大概是認這種機關無足輕重，故不措意。後來國際黨的發展一日千里，他以爲大可乘機利用，力謀入黨。他于一八六七年參預和平自由聯盟會的會議，並任職於此會的中央委員會，至巽年七月已加入國際黨的日內瓦支部，於是要求國際黨與和平自由聯盟會聯盟，所提的條件是，工人對于有產者爭取政治的自由，當予以贊助，同時資產階級對于無產階級所要求的經濟解放，必爲之援手。但國際黨對于這種可笑的要求加以拒絕。他旋退出和平自由聯盟會，與同志們組織國際社會主義民主同盟會，于一八六八年十二月十五日由他的同志倍克向國際黨中央局要求承認同盟會整個地加入，同時得保持自己固有的組織，綱領，和會議，對于認可支部得具有中央局同等的權力等等，並且表示同盟會一經加入，即可彌補國際黨唯心論的缺點。同盟會這種論調頗引起國際黨人的忿怒，而法國黨員爲尤甚；馬克思以爲准另一個國際政黨整個地加入，是違反國際黨的規程，不允其請。但巴枯甯必欲他的黨徒加入國際黨，乃和他們商議，自行解散國際社會主義民主同盟會，令各支部一起加入，並要求中央局承認同盟會『激烈的』原則。馬克思于一八六九年三月替中央局提出的答案是：中央局的職務不是對于各支部的綱領在理論上去加以評判，只是注意于這種綱領與國際黨的規程及其精神是否有直接抵觸之處，因此中央局主張同盟會的綱領中『階級平等』那句無味的話應當删去，而代以『剷除階級』一句話；同盟會于解散自己獨立的國際組織後，將各支部的表册送交國際黨中央局，卽可加入。巴枯甯所統率的國際社會主義民主同盟會于是一面删改綱領，一面宣告解散總機關，凡屬于牠的各支部便一起跑到國際黨來了。

巴枯甯派既得加入國際黨，在一八六九年的國際黨巴塞爾會議中卽獨樹一幟。此次大會是從九月五日起至十二日止的，預會的代表雖只有七十八人，然代表的國數却比從前加多了，計法國代表二十六人，瑞士代表二十三人，德國代表十二人，比國代表五人，西班牙代表四人，意大利代表三人，英國代表二人（中央局又另派二人），奧大利代表二人，美國代表一人。馬克思這一次也沒有預會；巴枯甯則代表里昂和那不勒斯的支部參加會議。巴氏宿昔主張以剷除遺產承繼權爲社會革命獨一無二的出發點，此時便由他的同志提出這個問題。大會指定一個委員會提出報告，而委員會的大多數委員復同情于巴氏的見解，報告的概要如下：

『承繼權構成私有權的主要特點，大有助于轉移地產和社會財富于少數人之手，並損害多數人的利益，結果對于變土地爲集產一點，成爲最重大的障礙之一。在另一方面，承繼權無論怎樣受限制，總是妨害個人，使不能絕對享受心理上和物質上同等發達的權利，總是構成一種不正當的特權，對于社會的平等是一種永久的威脅。　本會既已採納集產的原則，在理當同意于根本剷除承繼權，這是解放勞動不可少的先決條件之一。」（見斯節克諾夫第一國際黨史一四二至一四三頁。）

同時馬克思爲「迎頭痛擊」巴枯甯起見，也由中央局提出同一問題于巴塞爾會議。　他的提案是根據唯物史觀立論的。　他以爲遺產承繼權不是以生產工具爲私有財產的經濟組織的原因，而是牠的法律上的結果，生產工具一旦成爲公有財產，則遺產承繼權自然會消滅。因此我們所當剷除的是那種使少數人在生時得假借經濟勢力取得多數人勞動結果的制度。至于以剷除遺產承繼權爲社會革命的出發點，殊屬無謂，此舉在理論上是虛僞的，在實行上是反動的。　不過在現社會的經濟基礎還沒有變更，而勞動階級已經獲得充分的政治力量，能取預備手段的過渡時代，自當增加遺產稅，並限制遺產承繼權。

中央局這種提案既係針對着巴枯甯的主張及其同志的提案而發，巴氏爲力圖抵制並當場煽動起見，特起而演說。　內中有一段是：「中央局的報告說，法律的上層建築物常只是一種經濟狀況的結果。法律上和政治上的權利毫無疑義地總不過經濟事實的表現與結果。但權利爲從前事實的結果，又爲以後事實的原因，這也是同樣沒有疑義的。這是一種很真實而有力的事實，大家如果想達到一種新的制度，必須將牠剷除。所以承繼權從前是以暴力攫取自然和社會財富的自然結果，到了後來就變成政治國家和法律家庭的基礎，批准並保證私人的財產。因此我們贊成剷除承繼權。」（見布盧巴合馬克思與巴枯甯七五頁。）

大會對于這兩種提案討論的結果，卽付表決。贊成巴枯甯派提案的三十二票，反對的二十三票，棄權的十三人，缺席的七人。贊成中央局提案的十九票，反對的三十七票，棄權的六人，缺席的十三人。兩案都沒有獲得絕對大多數的贊成，因此都沒有通過。

此事在巴馬兩方面是都失敗了，都勝利了。怎樣講呢？巴枯甯以老革命家的資格，乘許多接近他的產業落後的國家的代表出席大會之際，親自贊助自己一派所提出的剷除遺產承繼權的問題，而未能通過，不能不算是失敗。但反轉來一想，他的目的是在和馬克思對抗，並奪取國際黨的羣衆，此刻才開始動作，而贊助的人數卽多于對方，這自然是一種成功。在另一方面，馬氏經過中央局的提案原非自己重要的主張，僅爲對抗巴派的一種策略，當時若無此舉，則後者的提案也許一帆風順，爲大會所通過，今因此而予以打擊，自己的提案雖未通過，然在策略上已告成功。不過巴枯甯加入不久，即與中央局對抗，並獲得許多代表的贊助，而其來勢的兇猛且遠過從前的蒲魯東派，國際黨從此多事，已有見端，這不能不使中央局和馬克思感覺到黨的發展前途的危險了。

但中央局在巴塞爾會議中並不是一味受打擊，仍獲得一種絕大的成功，即牠所提出的擴大自己的權力案，爲大會所通過。這種提案是出于馬克思的主張，他以爲國際黨是一種階級爭鬥的組織，而中央局更是一個指揮作戰的機關，如果沒有權力，即無從指導各國的支部，盡牠應盡的責任。同時預會的代表也多半感覺到各國工人階級的結合過于薄弱，非集中權力，則中央局形同虛設，決不能盡指揮與監督的職責，遂通過如下的議案。「每個新產生的支部或社團如願加入國際黨，必須將自己的入黨意見馬上通知中央局。中央局對于每個新社團的加入得予以認可或拒絕，不過須提出于下屆大會。凡有聯合部之處，中央局于認可或拒絕一個新支部或社團加入之前，應徵求其意見，但仍保有暫時決定此事件的權力。中央局得停止本黨一個支部的職權，至下屆大會爲止。每個聯合部可以拒絕或開除一個支部或社團，但不能剝奪牠的國際地位；同時也可以要求中央局停止此支部或社團的職權。一國聯合部的社團或支部間如有爭議，又各國聯合部間如有爭議，中央局得加以判決，不過須提交下屆大會作最終的決定。」（見斯節克諾夫第一國際黨史一四〇頁。）

現在要問加入國際黨後即存心與馬克思爭鬥的巴枯甯目擊這種議案的提出與通過，究竟採取一種什麼態度？反對麼？就情理講，這是當然的，因爲這不獨是他的政敵的主張，而並且和他的無政府主義，和他的從下至上，從外至內的自由組織的原則絕對不相容。他在這裏如不出而反對，那就是不忠實于自己所抱的主義。但出乎意料之外，他不獨不反對，而且贊成，不獨贊成，而且自承上項議案是「由我提議，由巴塞爾會議議決的」。（見巴枯甯全集第三卷一九〇頁，致羅馬納國際黨人書——An die Internationalisten der Romagna）悶葫蘆裏面到底賣的什麼藥呢？

在一方面，布盧巴合以爲巴枯甯因中央局是革命的，所以願牠具有處置違背國際黨精神的支部的權力（參看布氏馬克思與巴枯甯七九頁）。巴氏認中央局是革命的，換句話說，認他的政敵馬克思是革命的，即肯犧牲自己神聖的主義而予以贊助，世間沒有這樣的大傻子。况且中央局始終是革命的，未嘗發生變化，巴枯甯此時旣贊成擴充牠的權力，後來當不致主張削減牠的權力，要使牠變成一隻國際通信箱。故布氏之說是阿其所好，巧爲辯護，殊不足取。

在另一方面，斯巴哥以爲巴枯甯認自己黨徒的人數必定超過馬克思一派，自己必能制勝馬氏，而掌握中央局的權力，故于擴充權力案樂得加以贊助（參看斯氏馬克思的生平及其事業德文本二八〇頁）。巴馬兩人的爭鬥由來已久，至此時更隱隱形成兩派，勢不相容；巴氏處心積慮，要推翻異己，貫徹主張，自是實情。不過當時巴派的勢力遠在馬派之下，巴氏要想制勝，已經沒有把握，說他會用「欲取固予」的政策，首先助長敵派的勢力，爲虎附翼，然後從而制之，必無是理。故斯氏之說，不免捕風捉影，深文周內，也不足取。

其實，巴枯甯向來是一個只顧目的不擇手段的人，這一次的舉動純是一種貪圖小便宜，藉刀殺人的勾當。他自加入國際黨後，即以日內瓦爲大本營，而此處的鐘錶業工人參加選舉運動，採取一種機會主義，與資產階級的急進派通力合作，他希望馬克思藉中央局的權力去鉗制屬于國際黨的日內瓦聯合會工人政治的機會主義，故很熱烈地贊成擴充中央局權力的議案。所以他後來說：「我于一八六九年九月來到巴塞爾會議，挾有一種印象，即一個由陰謀詭計的反動的支部所領導的地方聯合會可以濫用牠的權力，我於是在中央局的權力中去求一種制止牠的方法。」（見巴枯甯全集第三卷一八四頁）此外，墨爾林以爲巴氏此舉大概是由于誤會李卜克內西激烈反對石衞炎和柏柏爾參加北德意志國會工作的演說，爲足以代表馬克思的意見（在事實上馬氏並不贊成李氏的說法），想藉中央局的力量去反對會議政治的活動（參看墨氏馬克思傳四二四頁），這雖可以備一格，但已經近于推測，十分渺茫了。至于認巴氏陰謀將中央局移往日內瓦，自己擬雄據一席，故預先佈置這一着，當時本有是說（他自己後來宣言中央局以駐倫敦爲宜，瑞士有許多不方便處，參看巴枯甯全集第三卷一八五至一八六頁），然我們在沒有發見新證據之前，對此不便加以附和。

現在再回到中央局的提案上去。牠在一方面既提出擴大自身權力的議案，以便對于各國支部收統率之功與指臂之效，在另一方面，又提出取消各支部及其牠所屬團體的部長和會長職務的議案，使無產階級的政黨不致保持一種君主專制的原則，擁出一尊，大權獨攬。

巴塞爾大會對于這種提案也表示同意，議決勸告各支部等等取消部長會長的職權，而代以委員制，恰和中央局在前一年所實行的一樣。

然巴塞爾會議不獨通過上述各案，並且還有一樁可紀念的事，就是對于前一年土地作爲集產的議決案，又重新決定一次。這個問題是用兩種方式提出來的：

(一)本會宣佈社會具有剷除土地私有權並使土地成爲公有財產的權力；

(二)本會宣佈土地應當成爲公有財產，這是現今的當務之急。

贊成第一種方式提案的有五十四票，反對的四票。贊成第二種方式提案的有五十三票，反對的八票。這兩種方式的議案，既均得到最大多數的贊成而被通過，從此國際黨便確切站在社會主義的基礎上，牠的旗幟愈加鮮明，牠的勢力愈加膨漲，而有產階級對牠的驚疑與疾惡也愈加厲害了。

馬克思對于巴塞爾會議頗爲滿意，所以于同月二十五日由德國漢諾威寫信給第二個女兒樂娜說：『巴塞爾會議已完畢，進行頗好，我很歡喜。黨中這樣公開的賽珍會既「帶有牠的一切瘡痍」，我總是繫念不置的。沒有一個登台獻技者達到主義的頂點，但上等階級的愚魯又足以補救勞動階級的過失。　我們從沒有到過德意志這樣小的城鎮，其中的小報無不滿載這「可怕的會議」的事實。」（見新時代雜誌第二十六年度一卷七七頁。）

巴塞爾會議自資產階級看來，既是『可怕』，則國際黨這一年在世界各國的進步當更爲『可怕』。　波士德格特說，在一八六九年，『國際黨正是到處發展。　舊金山（San Francisco）有一個支部，而美國全國勞動聯合會（The American National Labour Union）——此會的首領息爾維斯（Sylvis）方才去世——宜被視爲一個正式的全國支部。　中央局會注意于里昂，絲爾登堡（Waldenburg），索特微爾雷魯翁（Sotteville les Rouen），巴塞爾，聖亞田（St. Etienne），塞朗（Seraing），（下列各處同在一天內舉行的！）厄爾怕夫（Elbeuf），布拉格，格納齊（Graz），白斯特，維也納（Vienna）——此處製麵包工人因廠主稱他們爲蠢子，舉行同盟罷工——的同盟罷工，並注意于美國舊金山鐵路上中國人的同盟罷工。　後列少數同盟罷工，結果如何，我不知道，但前列的同盟罷工都是國際黨組織效力的符號。　比國塞朗練鐵工人的同盟罷工與法國聖亞田鑛工的同盟罷工都被他們的政府用最野蠻的方法壓平了。　「屠殺」是當時的用語，這也算是用得適當，然一般兵士沒有被激怒而施橫暴行爲，此事使那種維繫國際黨感情的結合愈加鞏固了。意大利也畢竟因那不勒斯聯合職工委員會（Naples Federal Trade Committee）而十分得手。德意志有黨員十一萬人。比利時從前只有三個支部，此時却有六十個支部。（見波氏工人的國際黨四四至四五頁。）

國際黨中央局固然注意于各國的同盟罷工運動，設法爲之聲援，尤注意于愛爾蘭問題，牠于是年愛爾蘭政治犯赦免問題且特別向英政府提出抗議。愛爾蘭問題就表面上看來，好像只是一個民族獨立的問題，換句話說，只是一個局部問題，其實牠對于英國無產階級的解放以及世界無產階級的解放，都有直接間接的關係，故此處不能不多說幾句。

首先講愛爾蘭的情形。愛爾蘭自受英格蘭的壓迫，于一八〇〇年與英格蘭作所謂『最終聯合』（Final Union）以來，自己沒有獨立的議會，事事受後者的宰制；牠的最大部分的土地又爲一般住在英格蘭的大地主所有，每年的收穫都一批一批地被運走了。愛爾蘭的主要產物是薯，人民的主要食品也是薯，一八四一年至一八四七年連遇凶年，薯的收成大減，而愛爾蘭九百萬人口竟因此減少一半！（餓死的幾達一百萬人，其餘三百多萬人則轉徙于美洲和澳洲等處。）英格蘭的大地主對于這種奇荒不獨不予以救濟，反于一八四六年從愛爾蘭輸出麥粉一百三十萬截特列（Zentner），牛十九萬頭，猪四十五萬隻，羊二十六萬頭。愛爾蘭人在政治上和經濟上既感受絕大的痛苦，便起而作獨立運動。當一八三〇年之間，他們在鄂康尼的指導之下，用和平的方法，向英政府要求取消「最終聯合」，但絲毫沒有效果。至一八四〇年之間，便有一個少年愛爾蘭黨出現，這個黨鑒于和平運動的無效，主張專用暴力謀愛爾蘭的獨立。然英政府運用高壓手段來對付一般黨人的革命運動，如拘捕革命領袖，封閉言論機關，甚至于在愛爾蘭全部宣佈戒嚴之類，都是牠的慣技。愛爾蘭本部革命運動的勢力雖因此削弱，但在美國的愛爾蘭飛尼黨人（The Fenians）企圖革命，曾不稍懈。他們于一八六六年十二月在紐約開會，議決于下年在愛爾蘭和英格蘭共起革命。至一八六七年三月南愛的都伯林和其牠地方有革命的爆發，不過被英政府壓平了。革命黨人于失望之餘，悲憤交集，遂在英格蘭從事零星暴動。是年九月曼切司特的警察用車押送兩個愛爾蘭革命黨人，在途中被其他挾持武器的黨人劫去。英政府于是大捕黨人。牠不能查出此次事變的主動人，竟于沒有獲得確實證據的時候，硬認被捕的人中有三人犯了暗殺罪，判處死刑。可是愛爾蘭革命黨人的暴動並不因此停止，至十二月，他們在克勒墾衞爾(Clerkenwell)的監獄牆根施放炸藥，計死十二人，傷百餘人，因此引起英格蘭的恐慌。

馬克思和昂格思對于愛爾蘭的革命運動表示充分的同情，然却不滿意愛爾蘭黨人的暴亂行爲（參看昂格思與馬克思書信錄三卷四三三頁），因爲在一方面，英格蘭宰制愛爾蘭，是一階級壓迫牠階級的事件，不是用手槍炸彈殺死少數人可以解決的，在牠方面，這種暴行引起英格蘭全部的恐慌，而克勒墾衞爾之役所殺傷的，大多數爲無產階級的人，因此失去了英格蘭無產階級的同情，反有礙于革命運動的進行。據馬克思的意見，英格蘭人民應當幫助愛爾蘭獨立，而愛爾蘭人也應認清他們最近的目標。他于一八六七年十一月三十日寫信給昂格思說：「現在要問我們當怎樣忠告英格蘭的工人？依我的意見，他們必須以取消聯合一事……作爲自己公佈的題目。這是一個英格蘭政黨對于愛爾蘭解放事件在黨綱上所能夠提出的一種唯一合法和可能的形態。……愛爾蘭人所需要的是：（一）自主政府，與英格蘭分離獨立。（二）農業革命。……（三）爲抵制英格蘭而施行保護稅。」（見同書同卷四三五至四三六頁。）

馬克思這種主張于十二月間提出于中央局，因爲中央局對于愛爾蘭黨人事件，開了不少的會議，並向英政府提出請願書，聲明那行將處決的三個黨人案是一種司法的殘殺行爲。至一八六九年十一月馬克思因愛爾蘭政治犯赦免問題復提出一種抨擊英國首相葛拉德士吞的議案于中央局，旋卽通過，正式發表。當時英國的報紙對于被囚的愛爾蘭黨人所受的虐待，都緘口不言，故英政府任意橫行，肆無忌憚。馬克思的長女小燕妮于一八七〇年三月作許多論文，寄登法國銷行最廣的馬賽列斯報，將自由的英格蘭待遇政治犯的情形，向歐洲大陸和盤托出，使葛氏無地自容，于是數星期後，大部分愛爾蘭政治犯都被釋放了。

國際黨中央局對于愛爾蘭黨人赦免問題，除上述的議決案外，還有一種宣佈英美資產階級操縱無產階級，和愛爾蘭獨立爲英格蘭工人解放的先決條件的重要議決案。這種議決案至今猶絲毫沒有減損牠的價值，因爲不獨愛爾蘭現在仍受英格蘭的宰制，仍用得着以此爲奮鬥的南針，牠並且初次明白向我們指出被壓迫民族的革命運動與無產階級的解放，有何等密切的關係，今特徵引其本文如下。

「英格蘭如果是歐洲地主主義（Landlordismus）和資本主義的堡壘，則能予英格蘭以一大打擊的唯一要點，就在愛爾蘭。

「愛爾蘭第一就是英國地主主義的堡壘。這種地主主義在愛爾蘭如果站不住脚，則牠在英格蘭也是會倒的。但這種動作在愛爾蘭要容易一百倍，因爲此處的經濟爭鬥集中于土地財產上，同時這種爭鬥又是一種民族的爭鬥，而此處的人民比較英格蘭的人民更傾向革命，並且更爲忿怒。在愛爾蘭的地主主義純是由英國軍隊維持的。當兩國的強迫聯合一經解散，愛爾蘭就會起一種社會革命——不過是在陳舊的形態中實現出來的。于是英格蘭的地主主義不獨喪失牠的財富的一大來源，並且也會喪失牠的最大的道德力，這就是說，那種代表英格蘭統治愛爾蘭的力量。在另一方面，英格蘭的無產階級一日維持牠的地主在愛爾蘭的勢力，牠在英格蘭使一日不能推倒這些地主。

『在相對方面，英格蘭資產階級不獨利用愛爾蘭人的困苦，使貧窮的愛爾蘭人迫而向外轉徙，藉此去壓下英格蘭工人階級的地位，並且還離間無產階級，使之立于互相敵視的地位。克勒特的工人革命的烈火不能與盎格羅薩克森人（Angelsachsen）強健而迂緩的態度相合。反之，在英格蘭一切大工業的中心點，愛爾蘭的無產者與英格蘭的無產者之間發生一種很深的對抗。一個平常的英格蘭工人恨愛爾蘭人爲競爭者，扯低了工資和生活程度。英格蘭工人對于愛爾蘭人懷有一種民族的和宗教的惡感。他們看待愛爾蘭人差不多像北美南部諸州的貧苦白人看待黑奴一樣。英國無產者中這種對抗是由資產階級巧爲營養，並且使之活現的。牠知道這種分離就是牠保持勢力的眞正祕訣。

「這種對抗復現于大西洋的彼岸。一般被牛羊從本境驅逐的愛爾蘭人復現身于美國，他們構成該處人口中一很大的和很繁殖的部分。他們唯一的思想和唯一的熱情是懷恨英格蘭人。英，美的政府——這就是說，牠們所代表的階級——對于這種熱情予以營養，藉此延長國際的對抗，去阻礙大西洋兩岸的勞動階級每種正經和誠實的聯合，因此又阻礙牠們共同的解放。

「英政府保持一種巨額常備軍唯一的口實是愛爾蘭，這種軍隊在愛爾蘭養成橫暴的軍事行動習慣之後，遇着必要時，——像大家曾經看見的一樣——是會轉而攻擊英格蘭工人的。古代羅馬在龐大的規模中表現于我們面前的東西，現在英格蘭畢竟也表現出來了。凡壓制牠種民族的人民，也造成了自己的鎖鍊子。

『國際黨對于愛爾蘭問題的觀點是很明白的。牠的第一種任務是促成英格蘭的社會革命。爲達到這個目的起見，必須在愛爾蘭實行一種決切的大打擊。

『中央局對于愛爾蘭人赦免問題的議決案當構成別種議決案的引子，此議決案所宣佈的是，把一切國際正義拋開不講，英格蘭工人階級解放的先決條件是使現今的強迫聯合——這就是說，愛爾蘭的奴隸境遇——于可能的時候，作成一種同等的和自由的聯合，否則必須完全分離。』（見馬克思與柯格爾曼書七〇至七二頁，中央局的機密通告—— Confidentielle Mitteilung）

中央局這種議決案仍舊是出于馬克思的建議。但他此時對于愛爾蘭問題的見解比在一八六七年有一完全不同之點，就是，他從前以爲愛爾蘭問題是一個局部問題，當英格蘭工人階級獲得勝利，此問題即可連帶解決，所以勸告英格蘭工人只止于注重取消英愛的強迫聯合；到了一八六九年，他便認愛爾蘭問題是一個有關大局的重要問題，而英格蘭工人階級的解放且以此問題的解決爲先決條件。黑爾林以爲馬克思在一八六七年即認愛爾蘭問題爲英格蘭工人階級解放的先決問題（參看墨氏馬克思傳三九八頁）。衞慈尼截（A. Wiznitzer）

斥其非是（參看社會主義與工人運動史叢刊第十卷五二頁，衞氏馬克思與愛爾蘭問題 Marx und die irische Frage）。衞氏的反駁是很對的，因爲馬克思在一八六九年十二月十日致昂格思的信中已將這一點說明了。「許久以來，就相信愛爾蘭的統治可以因英格蘭工人階級的得勢而打破。我在紐約特里標報上常發表這種見解。但更深的研究現在却使我的信仰適得其反。英格蘭的工人階級在愛爾蘭分離一事實現之前，決不會大有作爲。此事的樞紐必定在愛爾蘭（問題）上。所以愛爾蘭問題對于社會運動是很重要的了。」（見昂格思與馬克思書信錄四卷二二五至二二六頁）馬克思在此處雖沒有明白指出自己對于愛爾蘭問題見解的變遷起于何年，然他在一八六九年的建議中才有解決愛爾蘭問題爲英格蘭工人階級解放的先決條件的話，可見他改變向來的意見是從這一年開始的。

中央局于一八六九年集精會神于愛爾蘭問題，至一八七〇年，忽因大局的變遷，而轉其視線于歐洲大陸。一八七〇年歐洲所起的掀然大波，自然要算德法戰爭，可是我們于敍述國際黨對于此事所持的態度之先，尙須講拿破崙第三大捕法國國際黨黨員和中央局提出抗議等事。

拿破崙第三自統治法蘭西後，對內對外，多行不義，因此威信掃地，險象環生，爲收拾人心起見，于一八七〇年要實行所謂『改革』。他因前此『黃袍加身』，是出於民衆投票，所以此時對于所謂『改革』，也要舉行民衆投票，藉此自欺欺人。但在舉行這種民衆投票之前，警察發見一種謀炸拿破崙第三的陰謀，認此舉出于法國國際黨黨員的主使，遂到處拘捕國際黨的領袖人物。中央局接到此項消息，即于五月三日提出抗議，內中說：『本黨黨綱使本黨一切支部負有公然行動的義務。即使黨綱對于這一點不清楚，然一個黨既和工人階級的本身爲同一物，則牠的性質也就使每種祕密結社的形態爲不可能了。工人階級構成每個國家（人口中）的大多數，並且生產一切財富，就是那僭奪的權力也要假裝用牠們的名義來統治，牠們要有什麼陰謀，那陰謀就是公開的，——和太陽對于黑暗的陰謀一樣——就是完全覺悟，一出了牠們的範圍以外，不復有合法勢力的存在。……那種對本黨法蘭西各支部所取驚擾的強暴手段，是特爲達到操縱民衆投票的目的。』（見墨爾林馬克思傳四三九頁。）

中央局認所謂炸彈的陰謀純係法政府別有作用，故意揑造的，馬克思也很相信這是『警察憑空發明的』，否則『這便是人世間所能有的最大的蠢事。』（見昂格思與馬克思書信錄四卷二七九頁） 然據孔拉底說，有一個人名波笠（Beaury）的，原係逃遁的軍曹，自倫敦到巴黎，謀炸拿破崙第三，事前爲警察所破獲，遂藉此盡量株連反對派人。（參看孔氏編的建國與公社一六七頁） 于是報紙喧傳國際黨黨員夫盧龍（G. Flourens）與此事有關，並且牽連到中央局的身上。 夫氏是法國一個革命的幻想家，于一八七〇年二月在法國作一次小小的暴動，事敗後逃往倫敦。 馬克思稱他爲一個『癲狂的少年』（見昂格思與馬克思書信錄四卷二四〇頁），『富于幻想，具有不能忍耐的革命脾氣』（見同書同卷二七三頁），可是『有很大的決心，有學問，並具有滿腔熱血』（見同書同卷二七〇頁），因此他在中央局兩次旁聽之後，即被邀參加局務。 迨炸彈案發覺，他因『具有不能忍耐的革命脾氣』而被誣，中央局又因他而受累了。

中央局于此次抗議之後，又爲德法戰爭連發兩次宣言，這都是出于馬克思的手筆，不過第二次宣言關于軍事各節是昂格思代作的。 第一次宣言是指摘拿破崙第三侵略的野心，第二次宣言則斥責普魯士併吞土地的惡意，這純是從無產階級的觀點立論，絕沒有袒護任何方而資產階級政府的意味。斯巴哥以爲馬克思在宣言中『完全具有一個德意志人的精神』，與『自然力持一個德意志人的觀點』，並認馬氏的見解和畢士馬克，石衞茨等相同，和李卜克內西，柏柏爾相反（參看斯氏馬克思的生平及其事業德文本二八二至二八三頁），他所謂『德意志人』明明是指一個狹義的愛國者，這眞是厚誣馬克思了！

中央局第一次宣言是一八七〇年七月二十三日發表的，當時戰爭的勝負還沒有分明，然馬克思已斷定法蘭西第二帝國必倒，所以他說：『無論路易拿破崙和普魯士戰爭的結局如何，第二帝國的喪鐘已在巴黎撞過了。這個帝國將以一種滑稽曲告終，恰和牠以一種滑稽曲開始一樣。但我們不要忘記，使路易拿破崙能夠演恢復第二帝國的惡劇至十八年之久的，是歐洲的一般政府和統治階級。』（見孔拉底編的建國與公社一五五頁。）

此處所指的政府，普魯士自然也在內，所以宣言上接着又說：『這種戰爭在德意志方面是一種防禦戰爭。但誰使德意志受逼迫而必須出於防禦呢？誰使路易拿破崙能對德作戰呢？就是普魯士啊！畢士馬克因爲要壓制國內人民的反對，並使德意志附屬于霍亨索倫朝之下，便與路易拿破崙共作陰謀詭計。薩多瓦（Sadowa）之役如果不是勝利而是失敗，則法蘭西的軍隊已經湧入德意志，而與普魯士聯盟了。 然普魯士自是役勝利之後，也會做過一刻夢，要對着受壓制的法蘭西而樹立一個自由的德意志麽？ 適得其反！ 牠小心謹愼地保持牠的舊制度固有的好處，而又加上第二帝國的一切裝飾品，就是這個帝國的實在的專制主義，虛僞的民主主義，政治上的撞騙，財政上的欺詐，吹牛皮的大話和卑鄙的詭術。拿破崙的制度向來只發揚於萊因河的一邊，然因此却使其牠一邊又生出一個同伴。 事情既是如此，除掉戰爭以外，還能有別的結果麽？』（見同書一五五至一五六頁。）

畢士馬克與拿破崙第三旣是一丘之貉，則普魯士的軍事一旦得利，畢氏必大展其野心，所以宣言警告德國的無產階級道：『德意志的工人階級如果讓現今的戰爭喪失牠的嚴正防禦的性質，而變爲一種攻擊法國人民的戰爭，那麽，無論是勝是敗，同爲不祥。 自所謂解放戰爭（Befreiungskriegen）以來，降臨於德意志的一切不幸之事，將蓬蓬勃勃復活起來。』（見同書一五六頁。）

然德意志的工人階級因國際黨的領導，已經很有覺悟，卽法國的工人階級也無不如此。國際黨巴黎各支部於七月十二日發表宣言道：『「政治上的野心藉口於歐洲的均勢和國家的體面又危及世界和平了。法蘭西，德意志和西班牙的工人啊，我們要同聲宣佈戰爭的罪惡。……凡因一個優勢問題而起的戰爭，或因一個朝代問題而起的戰爭，自工人看來，不過是一種犯罪的愚行能了。有些免除血稅的人看見公衆的不幸又是一個新投機的泉源，我們對於這些人戰爭的呼聲，特大聲疾呼提出抗議，我們所必需的是和平與工作！……德意志的同胞啊！我們的分離必定陷入羅網，使萊因河兩岸的專制主義完全勝利。……各國的工人啊！無論我們目前共同努力的結果如何，我們是國際黨的黨員，無分畛域，謹向你們表示法蘭西工人的善意和敬禮，作爲一種不能分離的團結的保證。」』（見同書一五四至一五五頁。）

『法蘭西工人的呼聲在德意志得着回響。七月十六日布藍士外喜（Braunschweig）所舉行的工人羣衆大會宣佈：對於巴黎的宣言完全同意，對於視法蘭西爲一種民族對抗的觀念一概否認，並議決各種案件，內有一種所說的是：「我們反對一切戰爭，但尤反對朝代戰爭。……我們視自己必須從事的防禦戰爭，爲一種不可避免的惡事，深爲痛惜；但同時要喚醒全體有思想的工人階級，當使這種絕大的社會禍患不能再現，工人階級要替人民要求決定宣戰媾和的權力，因此造成牠自己的命運。」刻姆尼斯有一個代表會議，代表五萬薩克遜的工人一致通過下列的議案：「我們用德意志民主主義的名義，尤其是用社會民主黨工人的名義，宣佈現在的戰爭是一種純粹朝代的戰爭。……我們歡忻鼓舞來握法蘭西工人伸出來的友誼的手。……一憶及國際黨的標語『各國的無產者聯合攏來啊！』我們永遠不忘各國工人是我們的朋友，各國的暴君是我們的仇敵。」國際黨的柏林支部對於巴黎的宣言也回答道：「我們對於你們的抗議極表贊同。……我們鄭重宣誓，舉凡喇叭的吹聲或大礮的轟聲，舉凡勝利或敗北，都不足以使我們捨棄自己聯合各國工人的共同工作。」」（見同書一五六至一五七頁。）

交戰國的工人階級既一致反對戰爭而注重本階級的聯合，中立國的工人階級更是如此，這是各國工人階級一種階級覺悟的表見，殊可慶幸；所以中央局的宣言於敘述英國工人對於戰爭的態度後，便以樂觀的話作結束了。「英國的工人階級同樣對於法蘭西的工人和德意志的工人伸出友誼的手來。牠深信無論目前可怖的戰爭結局怎樣，各國工人的聯合終久會拔除戰爭的根源。當着法德兩國正在作兄弟殘殺的戰爭之際，一般工人却有和平友誼的信使，互相往來。這種在過去歷史上無與比倫的唯一大事實，表見了一種光明前途的景色。牠指明一個新社會對着這個在經濟上爲困苦，在政治上爲癲狂的舊社會而興起了，這個新社會的國際原則將爲和平，因爲在每個國家中都受同一原則——即勞動！——的支配，而這個新社會的開路者就是國際黨。」(見同書一五七至一五八頁。)

中央局對於德法戰爭的第二次宣言是一八七〇年九月九日發表的。當時德意志的愛國者正附和普魯士的軍事當局，倡議要求割讓法國亞爾薩斯和洛林兩州，作爲後來法國對德侵略的物質的擔保，所以宣言上用全力駁斥這一點。牠首先承認德意志如合併亞爾薩斯和洛林，足以屏障南德，在軍事上本有利益，但各國的分疆劃界，如以軍事的利益爲標準，則得隴望蜀，人欲無厭，而戰爭終無已時。「從公道上講起來，大家把軍事上的顧慮，作爲標定國界的原則，這不是妄誕無理和時代錯誤(Anachronismus)麼？我們要是依照這種規則，則奧大利尙須要求據有威尼西亞和明詔一帶，而法蘭西尙須要求據有萊因流域，去防護巴黎，因爲從東北方進攻巴黎，的確比從西南方進攻柏林更爲容易。分疆劃界如以軍事上的利益爲標準，則要求終無已時，因爲每一條軍事防線總有缺陷，總可以由合併前方的區域而加以補救，還有一層，這種防線是永不能作為確定的，因為戰勝者會時常向戰敗者強迫要求擴充防線，而一種新戰爭又胚胎于此了。」（見同書一六一頁。）

縱觀歷史，如此戰禍相尋，勝敗必且迭更。「一切歷史的垂教是：對付國家和對付個人是相同的。要除去他們攻擊上的可能，必須剝奪他們防守的工具。不獨要扼住他們的咽喉，並且還須殺死他們。如果從前有一個戰勝者要破毀一個國家的實力而獲得「物質的保證」，那麼，這個人就是拿破崙第一，他藉的爾西特條約和他的方法而抵制普魯士及此外的德意志。然幾年之後，他那龐大的勢力在德意志國民的眼前如枯草一般破碎了。普魯士在牠的最狂妄的夢想中能夠或可以從法蘭西獲到的「物質的擔保」和拿破崙第一從牠取去的一比，算得什麼啊？然結局，這一次事件的禍害是不會較少的。歷史規定牠的報復，不以從法國奪來的方里的面積為標準，而以犯罪的大小為標準，這種犯罪于十九世紀的下半期重新喚起征服的政策。」（見同書一六一至一六二頁。）

宣言于指明藉戰勝的餘威，併吞土地，終至互相報復，禍患無窮後，轉而敘述德國工人反對合併亞爾薩斯和洛林的宣言，法國工人處境的困難，責任的重大，以及英國工人表同情於法國共和政府的活動，而以勗勉國際黨各支部號召各國的工人運動作結束。「願本黨各支部喚醒工人階級從事實際運動。一般工人如果忘記了他們的義務，自居於消極的地位，則現今這種可怕的戰爭只是將來更可怕的國際戰爭的先鋒，並且將使各國的勞動者爲據有武器，土地和資本的人所壓制而重新失敗。」（見同書一六六頁。）

這段話警告工人階級至深且切，然四五十年來，歐美各先進國有組織的工人的上層份子既爲資產階級的恩惠政策所餌，復爲社會民主黨這一類政黨機會主義的改良學說所惑，徘徊歧路，不知進取，卒至坐視一九一四年『更可怕的國際戰爭』的爆發而束手無策。及至今日，復『爲據有武器，土地和資本的人所壓制而重新失敗』。我們撫今思昔，真不勝其感慨了！

國際黨中央局及各國支部對於德法戰爭，雖用全力領導各國工人階級互相聯合，去加以反抗，然卒因這個階級的組織不固，訓練未周，不能如願相償，而國際黨內部馬克思派與巴枯甯派的明爭暗鬥且愈演愈烈，牠已自顧不暇，更無餘力來組織並訓練各國工人階級了。

我們在前面一章已經看見巴枯甯和馬克思相處的態度絕不相同：前者時常表現一種仇恨

與猜忌的心理，而後者則存心坦白而誠實，未嘗雜有何種惡意。巴枯甯採取這種態度大半是出於主觀的成見，不盡由於主義的不同，因爲他生平痛恨三種人，即德國人，猶太人和學者，馬克思不幸爲德意志的猶太人和學者，而又揭櫫一種新學說，且領導實際運動，足以妨害他的活動與發展，故于不知不覺之中，變成他的主要的——甚至于唯一的——敵人，必欲加以打擊，然後快意。所以他于巴塞爾會議的下月二十八日自日內瓦回黑岑的信，即表示將與馬克思爭鬥，並討論爭鬥的策略。他說：

『我稱他〔馬克思〕爲偉人，爲什麼要寬容他，甚至于贊美他呢？黑岑啊，這有兩個原因。第一個原因是公道。我們如果不提及他對于我們一切可惡的行爲，便不能夠否認——至少是我不能夠否認——他對于社會主義的偉大的勞績，他以聰明，精壯和誠實的態度爲此服務，幾乎二十五年了；……在這一點上他毫無疑義地勝過我們一切人。他是國際黨的首創者之一，還可以說，是主要的首創者之一。自我看來，這是一種偉大的功勞，無論他已經怎樣反對我們，我是永遠承認此事的。

『第二種原因是政策，據我的意見，是一種完全正確的策略。……馬克思在國際黨確是一個有用的人。一直到現在，他是內中一個最堅固，最聰明並最有力量的社會主義支柱，是一種抵抗任何種資產階級潮流或傾向侵入黨中的最堅強的堤防。我爲滿足個人的報復計，如果企圖毀滅或減少他這種確實良好的影響，那我自己永不會原恕自己。但有一事是會出現，即我必須馬上和他爭鬥，這不是出于私人嫌怨，而是由于原則的問題，由于國家共產主義，這是他和他所領導的黨——英國人和德國人——所熱烈擁護的。我們于是會作生死的爭鬥。不過凡事都有自己的時期；現在時機還沒有到。

『我寬容並贊美他，也是出于策略，出于個人的政策。你怎樣不知道這些先生們都是我們的仇敵，並且構成一個密集隊，爲着容易打敗他們起見，尤其要分散他們，以便各個擊破。你的學識勝過我，必定知道誰首先說過：分散與統治（divide et impera）！我現在如果和馬克思作一種公然的爭鬥，國際黨四分之三的人一定反對我，我處于不利的狀況中，必定喪失我願意站的唯一地盤。但我如果從他的烏合的暴徒（Gesindel）開始攻擊，大多數人將站在我一方面，你知道馬克思是懷有許多惡意歡悅的，就是他自己，看見我結果他的朋友，必定很滿意。即使我的計算錯誤，他替他們來出面，那公然的爭鬥是自他開始，我于是回轉來，而美滿的任務卽落在我的身上。』（見巴枯甯全集第三卷一五八至一六〇頁。）

我們看了巴枯甯這封信，便知道他屢次稱贊馬克思不完全出于誠心，還雜有一種策略上的作用。他在表面上雖說和馬氏的爭鬥是『由于原則的問題』，但在骨子裏却多『由于私人的嫌怨』，至少是多由于個人的成見，講到原則，他斥馬氏的主張爲『國家共產主義』，然他自己却也提倡一種『新的革命國家』，他的黨徒在西班牙的革命運動中更造成『無數小的新國家』，他斥馬氏爲集權者，專政者，然他的三級制的國際兄弟同盟的組織，其集權與專政實千萬倍于馬氏（參看本書上面一章的事實）。何況後者的主張集權是爲着黨的利益，主張專政是爲着無產階級的利益，原與自己無涉。他在主觀上也許眞正不願減少或毀滅馬氏在國際黨的『確實良好的影響』，但在客觀上，因他率領徒衆在黨中造黨（詳情見後），滿佈陰謀，開始兇猛的爭鬥，不獨毀滅了馬氏對黨這種『確實良好的影響』，並且將已經受着外部打擊，正需要內部團結的國際黨自身一齊毀滅了！

我們首先明白了巴枯甯對馬克思爭鬥的決心和奪取國際黨羣衆的企圖，便容易領略他這一派對于中央局的許多攻擊絕非偶然的，在好些場所，巴氏本人雖未嘗預聞爭議，講到責任問題，他仍當担負一部分的。 他的大本營在瑞士，當時據有兩種言論機關：即日內瓦中等(Egalité)和羅克爾(Locle)的進步(Progrés)。 進步報是他的信徒基雲創辦的。 平等報則由他親自主持，但巴塞爾會議以後，他自日內瓦移居意大利的洛卡爾羅，此報則由他的信徒洛賓(Robin)，白朗(Perron)及國際黨其他黨員接辦，自己不復在報上發表論文了。可是他們却利用此等機關開始攻擊和自己旨趣不同的國際黨瑞士支部，並以種種毫無理由的罪名加在中央局的身上。 「時乎是國際黨這個瑞士支部被斥責，時乎是那個瑞士支部被斥責，因爲牠們違背巴枯甯明白的教訓而參加政治運動等等。 到了最後，那種許久以來對于中央局勉自抑制的忿怒也公然爆發了。 進步報和平等報譏誚，攻擊，並且宣佈中央局沒有履行義務，例如關于三月一次的報告是；中央局必須放棄對于英國(黨務)的直接支配，而另設一個英國中央委員會去處理英國的事務；中央局對于被囚的愛爾蘭革命黨人的議決案是超出牠的職務範圍之外，因爲牠不當從事于局部的政治問題。 進步報和平等報又偏袒石衛茨向中央局直接要求對于李卜克內西和石衛茨的問題正式表明態度。」(見馬克思與柯格爾曼書六六至六七頁，國際黨中央局的機密通告。)

中央局爲着此事特于一八七〇年一月一日開一個非常會議，議決六項，送交國際黨日內瓦羅馬語瑞士聯合委員會，一面聲明委員會對于中央局如有所質問，當經合法的手續，由祕書負責辦理，不得在牠的機關報上發出無責任的言論；一面對于進步，和平兩報所指摘的事件，一一加以駁斥；內中最重要並且至今猶有絕大價值的，爲第四項中央局與英國地方分會分離問題，和第五項中央局對于愛爾蘭人赦免的議決案問題，第五項我們在上面已經徵引過，今特介紹第四項如下。

「這種議案在「平等」開辦之前，中央局的英國委員中時有一二人提及過。但大家總差不多是一致否認的。

「革命的開始雖或出于法國，然只有英國能作爲一種嚴重的經濟革命的槓桿。只有英國不復有農民，而地產集中于少數人之手。只有英國的資本主義形態——這就是說，在資本主義企業之下大規模的聯合勞動——差不多據有全部生產。只有英國人口的大多數成爲工資勞動者。只有英國的階級爭鬥和工人階級組織因工聯之力，已達于某種成熟或普及的程度。只有英國每種經濟關係的革命必定直接影響于全世界，這正是牠宰制世界市場之賜。地主主義與資本主義在這一國既有極好的地盤，所以毀滅此等主義的物質條件在此處也最爲發達。中央局現在處于一種順利的地位，可以直接伸手于無產階級革命的大槓桿上，要是讓這槓桿落入純粹英國人的手中，這是何等愚行啊，大家差不多還可以說，這是何等犯罪的行爲啊！

「英國人據有社會革命一切必要的物質先决條件。他們所缺乏的，是一致的精神和革命的熱忱。只有中央局才可以使他們受一種影響，因此引起一種眞正的革命運動，由這種結果可以促成各處〔的革命運動〕。我們在這種意旨上曾經獲得的大效果可以從統治階級最有能力和最著名的報紙中證明出來，例如帕爾馬爾報，星期六評論（Saturday Review），觀察報，兩週評論（Fortnight Review）都是，至于那衆議院和貴族院中所謂急進的議員還完全不必提及，他們最近尙運用一種大力量去對付英國工人的首領。他們公然埋怨我們把工人階級所具的英國人的精神敗壞了，咽塞了，把工人階級驅入革命的社會主義一途了。

「達到這種變化的唯一方法就在我們以國際黨中央局〔的資格〕從事活動。我們以中央局〔的資格〕可以採取種種手段（例如創設土地與勞動同盟會 The Land and Labour

League），後來在公衆的面前實現出來，好像是英國工人階級自發的運動。『倘若在中央局之外另設一個地方分會，這分會的直接效果是什麼呢？　地方分會站在國際黨中央局與工聯總會之間，不能具有權力。　就牠方面講，國際黨中央局必失去牠對于這種大槓桿的影響。　我們倘若用一種囂叫的話去代替這種眞實的和不爲人所見的工作，那我們或已陷于一種錯誤，就是公然答覆平等報爲什麼「中央局要担任這種繁難的職務」？『英格蘭不可像別國一樣，單作爲一國看待。　牠必須作爲資本的總都會看待。』（見馬克思與柯格爾曼書六九至七〇頁，中央局的機密通告。）

我們徵引上面幾段話，與其說是要說明中央局外不另設英國地方分會的原因，毋甯說是要表明馬克思主義決不是一種機械論，決不承認資本主義發達到極點，社會主義自然會實現，牠是很注重革命運動的，所以那些信口亂說馬克思主義爲機械論的人，盲目瞎說社會主義不先出現于英國是馬克思主義無實效的人，以及故意妄逞臆說，指馬克思早年主張革命論，晚年主張進化說（卽改良說）的人看了馬克思親自出席議決的文件也可以緘口結舌，勿再自欺欺人了。

我們現在言歸本題，再接講國際黨的事。日内瓦的羅馬語瑞士聯合委員會對于中央局所發的通告，予以一種極合理的答覆，表明平等報對牠的攻擊是違背委員會的意志，報上所宣傳的政策從沒有爲委員會所贊同，此後該報的編輯當受委員會嚴格的監督。其實當中央局的通告達到日内瓦委員會時，平等報的内部已發生衝突，致演成巴枯甯派全數退出之事。此報的編輯部共有九人，而巴枯甯派居其七，多數派的洛賓與少數派的瓦利（Waehry）因私人爭鬥而以去就要挾瓦氏退出報館。洛氏未遂所求，遂與其他六人同時退出，平等報從此落入一個極端反巴枯甯的俄人烏丁（R. Utin）之手了。

平等報内部的分裂是由于巴枯甯派與反對派之爭，而羅馬語瑞士聯合會的分裂也是如此。這個會是一八六九年一月由國際黨的衛爾士（Welsch）瑞士各支部組織的；至一八七○年四月四日在勺得封（Chaux-de-Fonds）開會，有一個問題爲會中爭執的焦點，就是曾經加入國際黨的國際社會主義民主同盟會日内瓦支部是否准其加入羅馬語瑞士聯合會。預會的人有二十一名爲巴枯甯主義者，都投票贊成同盟會支部的加入，此外的十八名爲反對派，一致投票否決。巴枯甯派在會中雖多三人，然所代表的人數只有六百，其餘的十八人所代表的人數足有二千，雙方因此相持不下，以致決裂。雙方都自稱爲羅馬語瑞士聯合會，雙方都以此事通告國際黨中央局。中央局本其巴塞爾會議賦予的權力，於六月二十八日決定承認少數派有應用羅馬語瑞士聯合會名稱之權，至於勺得封的多數派既是有名無實，當另自擇定名稱。然所謂多數派却不服從中央局的判決，仍舊使用原來的名稱，並極力攻擊中央局擅權專制，因此中央局卽與之斷絕關係。至一八七一年十一月這一派組織攏來，名爲朱辣聯合會，而瑞士的無政府主義者羣集於此會中，他們後來在巴枯甯派的國際黨史上佔一個很重要的位置。

上面所謂反對派未必就是馬克思派，並且這種爭鬥不僅出現于瑞士，還出現于法國。例如一八七〇年二月十九日馬克思寫信給昂格思說：「里昂的黨員將理查（Richard）逐出他們團體之外，然中央局尙須決定此事。理氏在里昂向來是個領袖，係一年輕活潑的人。除掉依附巴枯甯和因此而發生的過度聰明外，我不知道他有什麽可責備之處。我們上次的通告〔按此卽指上文所說致日內瓦羅馬語瑞士聯合委員會的通告〕似乎引起許多熱烈的感情，在瑞士和法蘭西發生一種驅逐巴枯甯主義者的事。然事情當有限度，因此我當留心，不使有不正當的事出現。』（見昂格思與馬克思書信錄四卷二四八頁。）

我們從上面一段話中不獨可以看出中央局的通告所發生的效果，並且還可窺見馬氏對于巴枯甯派原來是持一種公正態度，絲毫沒有推波助瀾，故意加異己者以何種罪名的心理。不幸歷時不過四十日，他因誤信別人不正確的報告，以德意志通信祕書的資格，草就一種機密通告，於是年三月二十八日寄至柯格爾曼處轉交德國埃塞那哈的布藍士外喜執行委員會。這種通告的中堅就是我們在上面所說的中央局對羅馬語瑞士聯合委員會的通告，而其前後則附有馬克思指摘巴枯甯的議論。

馬氏首先敍述國際黨成立後他和巴枯甯相見，並邀其入黨，後者雖滿口答應，但終捨此而加入和平自由聯盟會，且提出一種荒謬的綱領，如『階級平等』，『剷除遺產承繼權爲社會革命的入手辦法』等等。次言巴氏後來退出聯盟會，加入國際黨，並組織國際社會主義民主同盟會，企圖整個地加入國際黨，而保存其特別的中央組織和會議等等，雖經中央局的拒絕，非解散這種國際組織，不得加入，但『同盟會在名義上雖解散了，而實際上是在巴枯甯的領導之下繼續存在的。』（見馬克思與柯格爾曼書六五頁，中央局的機密通告。）

以上所述，均係事實，是完全可靠的。基雲在他的國際黨（L'Internationale）一書中對于同盟會祕密存在一點極力加以否認，並斥此爲馬克思派所揑造。其實巴枯甯于一八七二年四月五日寫信給西班牙人穆拉（Francisco Mora），內中有一段說：『國際黨和我們可愛的同盟會在意大利……已有很大的發展；毫無疑義你是知道的。……意大利有一種青年爲其牠國家所沒有，他們是熱烈，精壯，完全不遵常軌，他們沒有前程，沒有出路，雖出身于資產階級，但並不像其牠國家的資產階級青年一樣，在道德和智識上是精疲力竭了。他們現在投身于革命的社會主義中，而採用我們的全部綱領——即同盟會的綱領。』（見巴枯甯全集第三卷一二〇至一二一頁） 這段話兩次提及同盟會，不是這個機關祕密存在的鐵證麼？ 巴氏在信末復加入一句：『請將此信焚燬，因爲內中含有名字。』（見同書同卷一二一頁） 試問信中如果沒有不可告人的祕密，那裏用得着焚燬？

凡黨中分派，最容易引起黨的分裂，非到正式黨已陷入病態中不可救藥，而持異議者自有正確的主張，萬不能出此。至于黨中另建立一個黨，更與分派不同，這完全是一樁極嚴重的事，在一個畸形的階級間的黨中尤有可說，講到國際黨，明明是一個近世無產階級的政黨，凡不願替這個階級服務的人，即不應加入，既經加入，又在牠的裏面另造一個黨，便是一種缺乏政治道德的鬼鬼祟祟的勾當，絕非光明磊落的革命家所當出此。可是我們如果以此去責備巴枯甯及其黨徒，他們一定要笑這是一種不懂策略的傻話。巴氏於一八七〇年寫信給一個老朋友，曾表示他的革命的倫理說：「我們不可爲缺乏援助和缺乏金錢所屈服，不可陷入無能爲力的境界。……否則最好辭去職務，跑到寺觀裏面去。……凡不是小孩子或黃髮理想家的人必須利用一切手段去達到目的。」（見共產國際一九二六年第八期七六五頁）所以巴氏將前此的祕密組織安置在國際黨中，造成一個黨中有黨的局面，也不過是實行自己所標榜的「利用一切手段去達到目的」的主義，自他看來，這原是應該的。

我們的插話和評論完畢後，現在再接着講機密通告。內中對於巴枯甯的敍述也有好些是不正確的。例如馬克思認巴氏在巴塞爾會議提出遺產承繼權問題，是想藉此獲到勝利，好遂其移中央局于日內瓦的陰謀，這似乎近於揣測，因爲他在會議前，已決定由日內瓦移居洛卡爾羅，果有此項陰謀，或不致有遷移的計畫。至於平等報和進步報攻擊中央局的言論是出於他的黨徒，馬克思認此事全係他的意旨，也不免有些誤會。此外，馬氏以爲黑岑死後每年遺下二萬五千佛郎，作爲俄國一個僞社會主義的大斯拉夫主義黨宣傳之費，巴枯甯在黑氏生時旣與之絕交，於其死後却稱道不置，是因爲獲得此項遺產。其實俄國並沒有這様一個黨的存在，所謂黑岑遺產一事，也是俄國一個社會主義者巴哈墨截夫斯基（Bachme-tewsch）爲宣傳主義，交給黑氏保管的二萬佛郎之誤，後來並未落入巴枯甯之手。

統觀馬克思在機密通告中對於巴枯甯的議論，有切合實情的，也有出於推測或誤會的。然後者是一個人和其他主義不同的人爭鬥時所難免的過失，不足深責；惟是他最後說巴枯甯一面痛恨遺產，一面又承受黑岑的遺產，此事涉及巴氏的人格問題，所關非淺，如係揑造事實，故意敗壞巴氏的名譽，那我們也不能替他原諒。但他在機密通告中固已提及一般亡命於日內瓦的俄國青年學生表示「他們必須馬上公開揭破巴枯甯的假面具，因爲此人說兩種完全不同的話，在俄國是一種，在歐洲又是一種。」（見馬克思與柯格爾曼書七五頁）這些學生在日內瓦組織一個國際黨的俄國支部，於機密通告發出前的兩星期要求中央局的批准，並特別致書馬氏，請他代充他們駐中央局的代表。這個組織係受俄人烏丁的指揮，而烏氏則徵集甚至於揑造不利於巴枯甯的事實，直接或間接報告馬克思。據馬氏一八七〇年三月二十四日致昂格思的信看來，他是從倍克的信中得知巴氏取得黑岑遺產的事（參看昂格思與馬克思書信錄第四卷二五九頁），可見烏丁關於此事的報告是由倍克間接轉去的。布盧巴台以爲『除掉狂溺之徒外，全地球上沒有一個人不覺得馬克思這種通告是他的品格上一個汚點的』（見布氏馬克思與巴枯甯九八頁）。馬克思對于巴枯甯發生了好些誤會，因此攻擊巴氏不免有過當的地方，這是實在的，他對于別人關于巴氏的報告，沒有確實調查，即爲宣佈，以致演成錯誤，這也是實在的，我們承認這是他一時的過失，但絕對不承認這是他的『品格上一個汚點』，因爲他未嘗故意揑造事實，去誣衊巴枯甯，他的言論都是事出有因，情有可原的。

可是在另一方面，巴枯甯的攻擊馬克思，却完全造謠，不須根據絲毫的事實。例如他在一八七一年年底寫給意大利同志的一封信中說：

『馬克思是好虛榮的，好虛榮至于齷齪，至于發狂。誰不幸無意冒犯了他這種病態的，感覺敏銳的和易激怒的虛榮心，誰就變成他的死敵，他于是運用一切方法，在事實上是利用最可恥的，最非法的手段，在輿論中去傷殘這個人。他說謊，揑造謠言，並努力散佈最齷齪的蜚語。……

『他一經下令要迫害一個人，那無論怎樣卑鄙和不名譽的事都做得出來。他自己是一個猶太人，在倫敦，法國，尤其是德國，便有一小批多少聰明的，陰謀詭計的，活動的和投機的猶太人圍繞他，他們是——猶太人到處是這樣——商業經理，銀行經理，文人，政客，一切黑暗報紙的通信員，總說一句，文字經紀，和他們爲財政經紀一樣，他們一脚踏在銀行中，一脚踏在社會主義的運動中，一屁股坐在德意志的日報上——他們宰制一切報紙——你們可以想像會產出怎樣作惡的文字。

『這整個的猶太世界構成一個剝削的私派，一種吃血的人民和一種唯一的寄生者，牠不獨超過國界，並且超過政治意見的一切差異——這個猶太世界現在大半一方面受馬克思的指揮，一方面受洛特細爾特（Rothschild 按洛氏爲著名的大銀行家）的指揮。我確切相信洛氏一家人在一方面很重視馬克思的功勞，而馬克思在另一方面對于他們也懷着一種本能的傾向和大敬意。

『此事好像有些奇怪。在共產主義與大銀行之間有什麼共同之點呢？啊！馬克思的共產主義所要求的是強有力的國家的集中，凡有這種集中之處，不可免地必須有一種集中的國家銀行的存在，凡有這種銀行存在之處，那在人民勞動中投機的寄生的猶太民族也總找得着方法生存。……」（見巴枯甯全集第三卷二〇六至二〇九頁。）

巴枯甯這樣把虛榮心，無恥的造謠報復，猶太人，銀行家和共產主義等等矯揉造作，連貫起來，去攻擊馬克思，這才眞是他的「品格上一個汚點」！ 可是著馬克思與巴枯甯一書的布盧巴合對于這一點却一聲不響！ 不過布氏近已由無政府主義者而變爲「馬克思主義者」，他的大作恐怕又要改編罷？

我們現在再回到本文上去。 播弄是非的烏丁不獨以關于巴枯甯的材料供給馬克思，並且在日內瓦作不正當的反巴枯甯運動。 他在此處的國際黨中央支部很佔勢力，遂慫恿這個團體于一八七〇年八月十三日議決驅逐巴枯甯及其信徒三人出會，因爲他們是隸屬于國際社會主義民主同盟會支部的。 他後來又在外面宣言，同盟會的支部從沒有爲中央局所承認，前者所稱從後者取得的文件，全係僞造。 從前在平等報上極力攻擊中央局後來因馬克思的贊助得加入局中的洛賓，當時因同盟會支部的要求，請中央局宣佈這個支部從牠所獲得的文件的眞實性。 中央局旋應其請，于一八七一年七月二十五日的會議中宣佈會于一八六九年七月十八日正式承認同盟會支部加入國際黨，並予以書面的答覆。

可是中央局的答覆方來，日內瓦同盟會的支部卽于八月六日，藉口爲保持國際黨內部的一致起見，特自行解散。 布盧巴舍也認此事的出現，是由于這個支部的會員要免除國際黨中一種無謂的糾紛，于是極力稱贊他們的寬和敦厚（參看布氏馬克思與巴枯甯一一六頁）。其實同盟會的支部內部互相爭鬥，弄得淹淹待斃，無法支持，才有此舉。 巴枯甯于事前得到消息，大不謂然，斥此爲自殺，並于八月六日寫信給他的黨徒說：「親愛的朋友們，你們眞正相信在歐洲的國際黨已達到如此地步，非使大家藉卑屈的外交行動，怯懦和陰謀，卽不復能夠生息行動于其中麽？ 倘若是這樣，那國際黨便不値一錢，當視爲被資產階級或資產階級精神所敗壞的組織，卽予以散解。 但我們不要這樣去侮辱牠。 牠並不壞，我們却是懦弱無能。 我們局促于自己權限的感覺之內，和謹愿的殉道者一樣，默不作聲，其實我們本來當把誹謗者拖到光天化日之下，用一擊還一擊的方法去報復。 我們不去做這樁事，因爲自己內部分裂，當着危急之際，各人似乎都願意自圖安全，並在自己的小屋子中像阿溪里

(Achilles) 一樣忿怒塡膺。　我不是指摘個人，而是敍述事實。　我們的仇敵却因我們的分裂和沉默，大得利益。……因此當怎樣辦呢？　只有一法，就是在光天化日之下，重新從事于我們的戰鬥。　大家不要怕因此毀滅了國際黨。　如果有什麼事件能夠毀滅牠，那就是日內瓦和倫敦的敵人全劇中的外交，陰謀及暗中活動。　在光天化日中的爭鬥將重使國際黨更有生命和力量，因爲這種白天的爭鬥不能夠爲個人的爭鬥，必定爲兩種原則——集權的共產主義與革命的社會主義——的大爭鬥。」(見巴枯甯全集第二卷一七二頁。)

巴枯甯上面一段話竟將烏丁的行動歸罪于馬克思，而他號召黨徒要和馬氏大決戰的心事也完全表現出來了。　他在信中指示他們根據他給基雲的稿子，草就一種宣言，公佈出來，並且提議派基雲取道比利時，聯絡同志，然後前往倫敦參預是年九月國際黨的倫敦會議。可是他所囑草的宣言至一八七三年才出現，基雲往英國之舉也沒有實現，而倫敦會議的結果且使馬克思主義獲到勝利，因此引起巴枯甯派的忿怒和抗議。　由是馬克思派與巴枯甯派蒐集實力，積極備戰，遂有海牙會議的大決鬥，我們現在將這些事件一一敍述于下。

國際黨一八六九年的巴塞爾會議議決下屆常年大會在巴黎舉行。　可是一八七〇年上半年法政府因民衆投票之前發現炸彈案，大捕國際黨黨員，國際黨受此打擊，不能在法開會。中央局于七月間指定德國梅慈爲開會地點，然德法戰爭的爆發又使這種計畫不能實現，因此是年遂沒有舉行常年大會。

至一八七一年，國際黨在歐洲大陸所處的境遇非常不順利，如在法國的支部，則因巴黎公社的失敗而完全破碎，在德國和奧國的支部則因政府對于一般首領加以叛逆罪，橫加壓迫而受一大打擊，在意大利唯一有力的那不勒斯支部則被警察解散，在西班牙的支部也受警察的壓迫，使部中職員不得不向葡萄牙作亡命客。 中央局視此情形，知道不能召集公然的正式會議，遂援照一八六五年的成例，由大多數聯合支部的允許，在倫敦開一個祕密會議。這次會議從九月十七日起至二十三日止，預會的代表共二十三人，計比利時代表六人，瑞士代表二人，西班牙代表一人，中央局代表十三人，馬克思與昂格思都在內，然在中央局十三人中僅七個通信祕書有表決權，其餘六人只有發議權。

倫敦會議的議決案很多，然內中最重要的，爲關于注重政治效能的議決案，這是馬克思主義深深印入國際黨的明證。 「這種議決案重行申述〔國際黨〕規程及開幕詞中注重政治活動的節段，並重行申述上面所引的羅散會議的議決案和中央局對于一八七〇年民衆投票所謂法蘭西國際黨黨員陰謀案的宣言。 議決案中所說的是，英國，歐洲大陸，和美洲國際黨各支部所負的一定任務，不獨是構成工人階級組織的中心點，並且還須對于各本國每種有助于國際黨達到最終目的——這就是說，工人階級的經濟解放——的政治運動，予以援助。 這種議決案繼續說明有無數反動勢力對抗國際黨，牠們對于工人每種解放的努力，厚顏無恥地橫加壓制，並力求假手于暴力去延長階級對抗和因階級對抗造成的各有產階級的政權。工人階級要構成一個特別政黨去和各有產階級的舊政黨對抗，才能夠對付牠們這種完固的勢力。 造成一個無產階級的政黨是社會革命及其最終目的——剷除階級——所不可缺少的。將工人階級在經濟爭鬥中已經達到這種程度的零星勢力聯合攏來，必定可作爲無產階級抵抗牠的掠奪者政治勢力的武器。 〔倫敦〕會議基于這些理由，特促起國際黨一切黨員注意于無產階級的政治爭鬥和經濟爭鬥是連在一起，不能分離的。」（見斯節克諾夫海牙會議後的巴枯甯主義國際黨四至五頁，一九一四出版。 Die Bakunistische Internationale nach dem haager Kongress.）

倫敦會議旣看出造成無產階級的政黨爲社會革命及其最終目的必要的條件，所以對于黨的組織問題，也有一種明白的議決。就是中央局的名稱只爲國際黨的中央機關所獨有，至于各國的總機關當名爲聯合會（Föderalrät）或聯合委員會（Föderalkomitee），各國的地方支部當依各地方的名稱，名爲某地支部，所有互助主義者，集產主義者，共產主義者，和無神論者等會的名目當一律取消。各國的工人階級當組織婦女支部。又中央局有決定下屆常年大會或代替常年大會的其他會議開會地點和時間之權，所有黨員每年當向中央局繳納黨費一辨士。

此外，倫敦會議對于黨內黨外的糾紛也均有適當的處置。第一爲朱辣多數派因不服一八七〇年中央局的決定所提出的抗議。倫敦會議審查的結果，認中央局前此的處置爲得當，不過爲保持國際黨團結一致的精神起見，特忠告朱辣各支部的忠實工人再行加入日內瓦聯合會，否則可稱他們的中央機關爲朱辣聯合會，同時並申明中央局以後對于國際黨中所謂機關報在資產階級公衆之前，討論一切不便公開的內部問題——如羅克爾的進步報和朱辣的團結報（Solidarité）所作所爲的一樣——當具有取締的權力。

第二爲涅洽葉夫的訟案。涅氏爲俄國一個招搖撞騙的暴徒，于一八六九年春季到日內瓦，僞稱自己是由彼得保羅監獄逃出來的國事犯，且爲一個祕密的全俄革命黨全權委員會代表。這種騙術居然使巴枯甯入了彀。巴氏見他滿具革命精神，遂稱之爲『小老虎』，對他推心置腹，深信不疑。但素來喜用陰謀詭計的巴氏也用自己腦袋中所發明的『歐洲革命同盟會』的名義，派涅氏爲全權代表，于是年秋季遄返俄國，從事革命運動。涅洽葉夫既攜有巴枯甯署名的公文，便是『如虎附翼』；遂在俄國的青年學生中裝腔作勢，信口開河，居然獲得許多信徒。同時又宣言自己是全俄革命黨全權委員會的代表，他這樣在本國撒謊，自然容易被人窺破，有一個學生叫做伊萬諾夫（Iwanow）的，對于他所說的祕密機關發生疑竇，他于是露出那『小老虎』的威風，將伊氏殺死，投入河中了！涅洽葉夫自己逃至外國，然因案發而繫獄並處重刑的在八十八以上，尤以學生爲多。歐洲各國資產階級的報紙藉口這種訟案攻擊國際黨，因此倫敦會議特令中央局草就一種正式宣言，表明國際黨與涅氏的案件絲毫沒有關係。這種宣言後來是由烏丁起草，在平等報上發表的。

參預倫敦會議的人，大概是本一種和衷共濟的精神，作審時度勢的措置，所以各種議案都平安通過，絕少紛爭。　可是會中的進行雖十分順利，而會外却起了一個波浪，不用說，這就是巴枯甯派的反對。　馬克思于是年十一月二十三日寫信給波爾特說：『巴枯甯……盡畢生之力，和他的殘餘黨徒籌畫對〔倫敦〕會議的抗議。　他爲着這個目的，特和日內瓦及倫敦一部分墮落的法蘭西亡命客（也是一少數的部分）互相結合。〔他們〕所發出的口號是，大德意志主義（卽畢士馬克主義）支配了中央局。　這種口實係根據一種不可原恕的事實，就是，我生而爲德意志人，在實際上對于中央局有一種決切的智力上的影響。（注意：德國人在中央局少于英國人三分之二，並且也少于法國人三分之二。　罪過就在英法的份子在學說上爲德國的份子所支配（！）而這種支配——這就是說，德意志的學說——是很有用的，並且還是不可少的。）』（見倍克，晉茲根，昂格思，馬克思等致索爾格等書信錄四〇頁。）

巴枯甯雖極力反對倫敦會議的議決案，並反對馬克思，但自己只是運籌帷幄，並沒有親自出馬。　對于倫敦會議和馬克思打衝鋒的是巴派同盟會的瑞士各支部。　我們已經說過，日內瓦的同盟會支部因內部互相爭鬥，于一八七一年八月六日自行解散了。　旋因受巴枯甯的責備和日內瓦的法國亡命客的幫助，又馬上組織起來，自稱爲宣傳與社會革命行動支部。

(The Section of Propaganda and Social Revolutionary Action)『中央局不肯承認這個新組織，因爲牠仍然不過同盟會的支流和舊來的陰謀的中心點。』（見斯節克諾夫第一國際黨史二〇四至二〇五頁）但爲着對抗倫敦會議而于十一月十二日在松韋勒爾（Sonvillier）開會的瑞士各支部却承認宣傳與社會革命行動支部所派的兩個代表加入會議，至于牠們自己哩，一共只有八個支部；計代表十四人。這些代表聚會一堂，首先作出一種滑稽的議決，即宣言解散羅馬語瑞士聯合會，將他們的總機關更名爲朱辣聯合會，然却不承認這是遵照倫敦會議的議決，而是應用自己從前所擬定的名稱。

但這次會議最重大的事件還在對于國際黨的一切聯合會發出一種通告，要求牠們加入朱辣黨員反抗中央局之舉，以便于最短期內召集大會。通告中歷舉國際黨的規程和巴塞爾會議擴大中央局的議決，而斥後者爲『給予中央局以一種危險的權力，並且預先看不出此事的結果，更是不對。』（見巴枯甯全集第三卷一六七頁）中央局的委員以地位的關係，因利乘便，竟令『他們特別的綱領和個人的學說來統治國際黨。他們自視爲一種政府，自然要把自己的意見當作正式的學說，在黨中獨享權利；對于其牠支部所發表的意見不復視爲具有同等價值的合法的表現，而視爲一種邪說！……各國的通信祕書不復是各聯合會中立的和公正的居間人，馬上變成正宗教義的使徒，力求宣傳教義，謀取私派的利益，去損傷本黨共同的利益。……中央局變成陰謀的中心；而反對者則受嘲笑，被誹謗：于是爭鬥，公開的爭鬥終于在本黨的懷中爆發出來了。」（見同書同卷一六七頁。）

通告書接着歸罪中央局不于一八七一年召集正式大會，而偏舉行祕密的倫敦會議，于國際黨的規程是沒有根據，不延請朱辣各支部和其牠許多支部（？）參加會議，是爲違法，給予自己六代表以發議權，更是有心作僞。「這次會議……竟要從國際黨各自主支部的自由聯合中造成一種受訓練的支部等級的集權組織，使之伏處于中央局的支配之下，而受其任意拒絕加入或停止活動的處分。」此次會議又議決使中央局決定下屆大會或代替大會的會議的時期與地點，便是對于這種〔集權的〕建築物加上一個屋頂。……環境表現有利于這種傾向，這一派的理想是由工人階級奪取政權，牠相信國際黨因近來事變的結果，必須改變原來的組織，而代以一種由委員會領導和管理的等級組織，自我們看來，這是很自然的事。

「但當我們說明這種傾向和事實時，我們的義務是在用社會革命的名義，加以反抗，至于這種革命是我們力求實現的，而牠的綱領是「勞動者的解放由勞動者自己去擔負」，不承認任何種領導的權力，即使這種權力是由工人選舉並得到他們的允許，也是不管的。」（見同書同卷一六八頁。）

通告書自指出「社會革命」這塊虎頭牌做反抗的口實後，便進而要求建立各支部自主的原則，要求中央局不顧成立以來工人階級爭鬥發展中實際的需要，回轉至巴塞爾會議以前的狀況，做國際間「一個簡單通信和統計的機關」。爲什麽一定要牠向後退呢？除掉自由與平等的兩大原則神聖不可侵犯外，還有一種極大極大的理由，讓我們快些寫在下面罷：

「將來的社會應當不外是國際黨所表現的組織的普遍化。所以我們必須留心使這種組織儘可能地接近我們的理想。一個平等和自由社會怎能從一種集權的組織中發展出來呢？國際黨係將來人類社會的胚胎，從此以後，須保持我們自由與聯合原則的忠實圖案，拋棄每種企圖集權和專政的原則。」（見同書同卷一六九頁。）

這封通告書雖出自基雲的手筆，然據巴枯甯自己說：「我讀了牠之後，是完全贊成的。」（見同書同卷一六四頁）因此這裏毫無疑義地可以代表他的意見。但我們細心翻閱全文，牠除掉從自由與平等兩個空洞的原則去指摘中央局外，舉不出後者眞正越權違法的事實來。　中央局唯一的大罪是趨向集權，然通告書明白承認「環境表現有利于這種傾向」，「牠相信國際黨因近來事變的結果〔按此當指巴黎公社因工人階級無強固組織而失敗的事〕必須改變原來的組織而代以一種由委員會領導和管理的等級組織」，可見中央局的主張原是應事實上的需要而起，原是從實際生活中發生出來，從社會革命的利害着眼的，這不比不顧實際，專從抽象原則出發的空談家或烏託邦主義者的主張切實得多麽？　還有一層，中央局的權力不是自己篡奪來的，而是巴塞爾會議授予的，當時巴枯甯和基雲不獨不反對增加牠的權力，並且極力予以贊助，此時感覺對于己派不利，便高唱自由與平等的原則來相抵抗，但當初此等原則到那裏去了呢？

最好笑的是把國際黨看做將來人類社會的雛形，硬要牠預先自由平等一下，以便垂範將來！　我們說無政府主義者是烏託邦主義者，有人也許以爲是言過其實，但這樁事就是一個明證。　當近世無產階級還沒有壯大，階級爭鬥未曾展開的時代，英法一班烏託邦社會主義者多有共產試驗場的組織，作爲改造社會的榜樣，這種組織——如渦文的共產實驗場和卡伯的伊卡利等等——勉強可以說是『人類社會的胚胎』。至于因無產階級壯大和階級爭鬥發展，應運而生的黨會，是一種和統治階級作戰的組織，絕對談不到什麽『將來人類社會的胚胎』或雛形！　那些無政府主義者或巴枯甯主義者不是沒有參加過實際爭鬥，就是不能從這種爭鬥中得到教訓，所以把自己對統治階級作戰的組織當作將來社會的新模型，其缺乏常識一至如此，怪不得蒲列漢諾夫要稱巴枯甯爲『雙料的烏託邦主義者』！

話雖這樣說，但我們如果相信巴枯甯及其黨徒甕是一些爲自由與平等兩個抽象原則而奮鬥的大傻子，未免太笨。　因爲這些東西只是爭鬥中的一種幌子，換句話來說，只是號召羣衆，對付中央局和馬克思的武器，而絕不是自律的信條。　否則他們聲聲口口斥中央局不該傾向『一種由委員會領導和管理的等級組織』，自己一派的國際兄弟同盟會爲什麽又分爲三級，而且第一級的『國際兄弟』不使其餘兩級的人知道他們的存在（參看本書上面一章）呢?!難道這不是百分之百的『一種由委員會領導和管理的等級組織』麽？　難道這是合乎自由與平等兩個原則的『將來社會的胚胎』麽?!　難道『一個平等和自由的社會』能從這種極集權能事的『組織中發生出來』麽?!　在巴枯甯及其少數黨徒做了這種鬼鬼祟祟的事，就是正當的應當的，在中央局和馬克思爲革命利益計，堂堂正正主張擴大指導總機關的權力，就是陰謀詭計，罪大惡極！這眞是『只許州官放火，不准百姓點燈』！『禮法豈爲我輩而設？』巴枯甯及其黨徒的眞意大概是在此罷?!

自朱辣聯合會會議的代表們這種虛構事實，勇于責人的通告發表後，復經巴枯甯，基雲等對意大利，西班牙，比利時等國書信的活動，資產階級報紙的轉載和挑撥，在各國竟發生了相當的效力。尤其是比利時的聯合會首先響應，牠于是年十二月二十四五日大會中有下列的議決：

『眼見各反動報紙每日傳播荒謬的蜚語，說要把國際黨變成一種專制的團體，假手于等級制的方法，使一切黨員都屈服于上級機關的訓練與命令之下，

『復念及反專制主義和集權的國際黨時常相信牠的組織必須和牠的原則一致，

『特鄭重宣言　國際黨不過是一種完全自主的聯合會的集合體，而中央局不過是一種通信和報告的中樞，決非別的組織。』（見巴枯甯全集第三卷一九五至一九六頁。）

此外，西班牙，甚至于英國都因受蠱惑或自身的利害關係，呈出一種反中央局的趨勢，

而意大利的國際黨各支部聯合會竟不肯參加一八七二年的海牙大會，並與中央局斷絕一切關係。

中央局處此內外夾攻之際，爲表明事實的眞相起見，特于一八七二年三月五日發出一種非公開的通告，對於巴枯甯派的通告書加以駁斥。這種通告名爲所謂國際黨的軋轢（Les Prétendues Scissions dans l'Internationale），大概是出于馬克思的手筆，而昂格思也曾參加工作（參看墨爾林馬克思傳四八五頁）。

中央局的通告說明國際黨內部的紛擾，是由于少數陰謀家從中作祟，尤以巴枯甯爲禍首。書中歷述巴枯甯創設國際社會主義民主同盟會的目的，在巴塞爾會議提案的用意，涅洽葉夫在俄國遺累無辜青年的勾當，以及巴氏的信徒理查和加斯帕特·勃郎(Gaspart Blanc)賣黨求榮的事實等等。內中所說，有些是很對的，有些却不正確，恰和機密通告所犯的毛病一樣。此等爭辯的議論，因事過境遷，已成陳迹，我們也用不着多所介紹。惟通告中有兩段話說明固守門戶的社會主義的私派與工人運動的關係，及國際黨的興起和性質，很關重要，今特徵引如下：

「在無產階級反抗資產階級的爭鬥中，起首一期總是由固守門戶的私派運動標明出來的。當無產階級的發達還不能夠為階級行動之時，這種私派運動自有牠的存在的理由。單個的思想家批評社會的矛盾，而提出幻想的解決方法，工人羣衆對于牠們只須接受過來，予以傳播，見諸實行就成了。此等開路先鋒所創造的私派正和牠們的性質相符，對于每種實際的活動如政治，同盟罷工和結社，總說一句，對于每種公共運動，是遠而避之。無產階級的羣衆對于牠們的宣傳是漠不關心，甚至于取一種仇視的態度。巴黎和里昂的工人不願意聽從聖西門主義者，傅立葉主義者，及伊卡利之徒，恰和英國的民權黨人與工聯主義者不願意聽從渦文主義者一樣。這些私派原來是運動的槓桿，然這種運動一經超過牠們向前進展，牠們便變成牠的障礙物；牠們于是變成反動的。……總說一句，這是無產階級的幼稚狀態，和占星術及鍊金術為科學的搖牀一樣。無產階級必須超過這一步，國際黨的創設才是可能的。

「國際黨對照着此等私派幻想的組織，而為各處無產階級真正的和作戰的(kampfgewillte, militant)組織，此等地方在對資本家，地主及其有組織的階級統治——國家——爭鬥時，是互相結合的。就是國際黨的規程也只承認追求同一目的並採取同一綱領的工人聯合會，至于這種綱領僅規定無產階級運動的大綱，而理論的發展則讓諸實際爭鬥中的需要和各支部思想的交換，因此他一律灌輸「一切社會主義的信仰于他們的機關和大會中。」（見馬克思和昂格思編的社會主義民主同盟會和國際黨二二至二三頁。）

巴枯甯自看見這種運動之後，怒不可遏，不禁破口大罵。他于一八七二年六月十二日寫信給朱辣的同志說：「達摩克利茲（Damokles）的劍久已威嚇我們，畢竟砍在我們的頭上了。這本來不是劍，只是馬克思君平常的武器——一堆廢物。……可笑的發明，僞造的原則和事實，可恨的譏諷，粗率的謊言，無恥的蜚語，總說一句，馬克思君在戰場中的全副武器。這是一切荒謬和齷齪史的有系統的徵集，而德意志和俄羅斯的猶太人——他的朋友，代理人，學生，同時又是他的殺人的幫手——頑劣的惡性根傳播這些東西來反對我們，尤其是反對我，幾及三年，特別是自不幸的巴塞爾會議以來更甚，因爲我們在會中敢于和大多數人反對馬克思的政策。」（見巴枯甯全集第三卷二一七頁。）

統觀巴枯甯對馬克思的爭鬥，最初是對人的成分居多，主義的成分較少。巴枯甯素來痛恨馬克思，自加入國際黨後，眼見馬克思主義已逐漸取得領導權，自己本着向來本能上自由平等的主張，急思獨樹一幟，去奪取羣衆，于是不惜運用陰謀（如從前的祕密組織仍令其繼續存在是），相與周旋。迨裂隙既開，彼此摭拾浮言，互相攻訐，對人的問題愈益顯著。在這種攻訐中，雙方都有過失，自不待言，不過就有心作僞和故意誣衊一點講，巴氏方面表現得獨多，而馬氏方面似乎未嘗有過。不過我們如把巴馬之爭看做完全對人的問題，便是一絕大錯誤。因爲不獨巴氏于對人的問題要用主義做幌子，以便說得冠冕堂皇，易于動聽，而且雙方參戰的人大都是爲着主義而來的，否則大家豈不有『吹縐一池春水』之感麽？總而言之，巴馬兩人的主張，實足以代表當時兩個人羣集團——即產業落後的國家農民，手工業者，和流氓無產階級的集團及產業發展的國家經過爭鬥的無產階級的集團——的思想的傾向（這當然是就總的趨勢講的，單個的事件未必如此，如產業最發達的英國無產階級的領袖因變成工人貴族，別有作用，不惜與巴派攜手，就是一例），故他們的爭鬥有聲有色，震動一時，愈到後來，則主義的成分愈加增高，而表現爲各支部獨立自主和中央局集權之爭，即無政府主義和馬克思主義之爭。這兩種主義既根本不相容，而馬克思和昂格思對于無政府主義更是盡量批評，絲毫不肯寬假。今特再度介紹他們的評論，然後及于雙方的決鬥。

昂格思有一次寫信給柯洛，批評巴枯甯的學說道：『巴枯甯有一種奇怪的學說，即一種蒲魯東主義和共產主義的混合物，依照這種學說，第一個要點是，不視資本以及因社會發達而起的資本家與工資勞動者間的階級對抗爲應當剷除的主要弊端，而視國家爲應當剷除的主要弊端。社會民主主義的勞動大羣衆，和我們的見解是，國家的權力並非別的東西，不過統治階級——地主和資本家——保護牠的社會特權的組織，然巴枯甯却主張：國家創造了資本，資本家的資本僅懸在國家的手中。國家既爲主要的弊端，所以大家必須先剷除國家，于是資本自然殲滅了；反之，我們以爲剷除資本，消滅少數人手中據有全部生產工具的事件，則國家自然會倒下來。這個異點的主要地方就在：沒有社會革命，即去剷除國家，殊無意識。剷除資本就是社會革命，而全部生產方法的變革，終久隨之出現。但巴枯甯既認國家爲主要弊端，所以凡可以保持國家——無論是共和國家，君主國家或牠種國家——生命的事，都不可做。因此對于一切政治，完全不得參加。從事于一種政治行動，尤其是參加選舉，便算作背叛主義。大家當從事宣傳和組織，並且當咀咒國家，當一切工人都加入他們一邊的時候，當他們獲得大多數人的時候，大家就剷除一切權力，而代以國際黨的組織。這種大舉動叫做社會的清算(Soziale Liquidation)，而幸福的世界便從此開始了。——所有這些話說起來非常激烈，並且十分簡單，大家在五分鐘之內就可以把牠學熟，因此巴枯甯這種學說在意大利和西班牙立受一般談主義的青年，博士，及其他空論家的歡迎。但勞動羣衆却不相信國家公共的事業同時不是自己的事業，他們的天性是傾于政治的，如有人指示他們當拋棄政治，終久就不會睬他。向工人宣傳，無論在何種情形中斷絕政治關係，這就是驅策他們入于牧師或資產階級共和主義者的懷中。——照巴枯甯看來，國際黨的創設不當爲着政治的爭鬥，但在社會清算的時候，牠要能夠立即站在舊國家組織的地位上，所以必須極端接近巴枯甯將來社會的理想。在這種社會中，第一就是沒有權力的存在，因爲權力等于國家，國家等于絕對的弊端。(沒有決切的意志，沒有一致的統率，大家怎樣去經營工廠，行駛火車，和駕駛船舶，關于這一點，他們簡直不告訴我們。)大多數人對于少數人的權力也消滅了。每個私人，每個團體都是自主的，但各人倘若不將自己的自主權拋棄一部分，即使兩個人組織一個社會，究竟怎樣弄得成功，巴枯甯于此又緘口不言了。——然國際黨的措施必須依照這個模型。　每種職務是自主的，在每種職務中每個人是自主的。　巴寗爾會議的議決案給予中央局的權力，使之墮落，爲禍不淺，這種議決案是當咀咒的啊！　即使這種權力是本〔大家的〕自由意志給予的，牠必須消滅，因爲這總是一種權力！　這就是那欺人之談的主要點。」（見新時代雜誌）

昂格思上面的信既暴露了巴枯甯自主之說的非是，于海牙會議後，又在意大利畢格拉密(E. E. Bignami)所辦的民報(La Plebe)上發表一篇權力原則論(Ueber das Autoritätsprinzip)，說明權力的必要。　他在起首三段中說：「在不久之前，許多社會主義者對于他們所稱爲權力的原則，開了一個眞正的十字軍。　他們相信把這種行動或那種行動視作一種權力的行動去宣告牠的罪狀就夠了。　如此籠統的方法令人討厭，這椿事必須詳細加以考究。就此處所用的字義講，權力是：把他人的意志役屬于我們的意志之下。　因此在牠方面，權力是以服從爲前提的。　然這兩個名詞說來既不好聽，而在牠們中間所表見的關係，對于服從方面又令人不樂，現在便發生一個問題，就是世間是否有一種方法可以除去這種關係，我們——在一定的社會條件之下——是否能夠創造另一種社會狀況，使這種權力不復有存在的餘地，使這種權力一定會消滅。　我們如果把構成現今資產階級社會基礎經濟的，工業的和農業的關係考究一下，便覺得此等關係有以許多個人的聯合行動去代替一個人單獨行動的傾向。……無論在何處，各個人獨立的行動是由一種聯合的行動，由一種彼此互相依賴的複雜行動去代替的。　但是凡提起聯合行動的人也就是提及組織。　現在要問，一種組織如沒有權力是可能的麼？　現今資本家的權力是指揮財富的全部生產和分配，我們假定一種社會革命把這些資本家都推翻了。　我們又假定完全立于反對權力者觀點的地位，使工人所使用的土地和生產工具都變成他們的集產。　在這種地方，權力還是消滅了，還是只變更牠的形態呢？」（見新時代雜誌第三十二年度一卷三七至三八頁。）

昂格思于說明每種組織必須有權力存在之後，又舉出些例證來。　「我們把鐵路來做又一個例子。　無數人的協作在此處是絕對必要的，大家如果要想避去一種大不幸的事，則這種協作必須于準確的時間開始。　在此處全部企業的第一個條件是要有一種有支配力的意志去決定一切細微問題，至于那執行決定大多數有關係的人的意志，無論是出于一個代表，或出于一個選舉出來的委員會，都是一樣。　在一個或牠個例中，我們還是要有一種權力。

並且不僅如此。鐵路上職員的權力要是被人移交給旅行的先生們，則第一次火車必定遇着的事是什麼呢？然一種權力的必要，一種絕對權力的必要，沒有一塊地方比一隻船在大海中尤爲明白。當着危急之際，一切人的生命都繫于一個人那種臨時絕對屈服一切人的意志之下。當我將這種議論陳述于一班反對權力最猛烈的人之前，他們便只能予我以下列的答覆：唉！這是眞的，但我們在此假予那代表的，並非權力，不過是一種委託的職務罷了。此等人相信他們把事物的名稱改變，就可以把事物改變。這些深思遠慮的思想家是和全世界開頑笑啦。』（見同書同卷三八至三九頁。）

權力的存在旣是必要的，便不是惡，而盲目反對權力的人卽等于瞎鬧，所以昂格思說：『把權力的原則看做絕對壞的，把自主的原則看做絕對好的，這是一種無意識之談。權力與自主具有相對的意義，牠們應用的範圍是因社會發達相異的局勢而隨之變遷的。一般反對權力者要是說明將來的社會組織所具的權力只以生產關係萬不可少的爲限，那麼，大家和他們也有可以了解的地方；但他們對于一切必須使用權力的事實都盲目不見，只拚命反對這個名詞。』（見同書同卷三九頁。）

在組織複雜的社會中，處置一切事務，必須權力，還是就平時講的，至于遇着革命事件，是變出非常，成敗利鈍，常决于頃刻，尤非具有權力不爲功，要革命而又反對權力的存在，這不是無知無識，就是別有作用，所以昂格思在最後一段中說：「這些先生們也曾經看見過一種革命麼？　一種革命的確是一種使用最大權力的事，革命的行動是一部分人口藉槍礮刺刀以及一切具有大權力的工具，把他們的意志強迫加于其牠一部分人口的身上；曾經獲勝的黨派必須藉恐怖——這種恐怖是由牠的武器灌注到反動派中的——之力去維持牠的威權。　巴黎公社要是不用一種武裝人民的權力去抵抗資產階級，牠能夠維持自己的地位至一天之久麼？　反之，我們不能夠責備牠使用這種權力過少麼？　所以（我們現在所得的公式是）或此——或彼：就是，反對權力的人或者是自己不知道他們所說的是什麼，在這種地方，他們只是造出些紛亂，或者是知道（他們所說的是什麼），在這種地方，他們是背叛無產階級的事業。　在這兩種地方，他們只是替反動效力。」（見同書同卷三九頁。）

蒲列漢諾夫稱昂格思這篇文字爲宣傳文中的最上乘，因爲牠是以週密，明瞭，和簡單見長（參見同書同卷一五頁）。　此外，馬克思于一八七三年一月也在民報上發表一篇論文，名爲『政治的局外主義』（Der politische Indifferentismus）。　他此文的用意與昂格思上面的信大致相同，但體裁却完全相反，因爲他是以深沉和譏諷的文筆發表他的意見的。　當時巴枯甯主義者在意大利很佔勢力，他們打起革命高腔，咀咒一切政治行動，並且禁止工人組織工黨和爭立法上的保護等等（參看同書同卷一一頁，昂格思的意大利通信），所以馬克思說：

『工人階級不要組織政黨，也不要藉何種口實去作政治行動，因爲向着國家一方面走的爭鬥就是承認國家，此事有背于那萬古不磨的原則！　工人不要從事于同盟罷工，因爲作要求增加工資或抵制減少工資的爭鬥，就是承認工資勞動制度，此事又有背于解放工人階級的萬古不磨的原則！

『當一般工人在反對資產階級國家的政治爭鬥中聯合攏來，去獲取讓步時，是從事調和，是有背于那萬古不磨的原則！　因此大家對于每種政治運動必須加以咀咒，而英，美工人却有一種壞的習慣，要作這種政治運動。　工人們不當耗費自己的力量去要求工作日法律上的限制，因爲這就是與企業家互相調和，然這種調和却能使工人每日的勞苦從十四點鐘或十六點鐘減至十點鐘或十二點鐘。　他們又不必努力去要求用法律禁止十歲以下的女孩子從事于工廠勞動，因爲假手于這種方法，則十歲以下的男孩子被掠奪一事還是沒有消滅的。這又是一種新調和，這又有傷于那萬古不磨的清潔！

「一般工人更不須要求國家——牠的預算案是建築在掠奪工人階級上面的——擔負授工人子女以初等教育的義務——此事在美國已實現——因爲初等教育還不是一種普及的教育。與其使男女工人在國立學校中從一個教師受教育，甯可使他們不能讀書，寫字和計數。與其破壞那萬古不磨的原則，甯可使工人階級安于愚昧無知，而每日勞苦十六點鐘！

「當工人階級的政治爭鬥取一種革命的形態時，當工人在資產階級專政的地址上建設他們革命的專政時，便大大地破壞了那些原則，因爲爲着滿足可惡的齷齪的日常需要和打破資產階級的反抗起見，他們不解除武裝，消滅國家，反予國家以一種革命的和過渡的形態。工人不可創設工聯，因爲這就是延長社會的分工，像這種分工是存在資產階級社會中的。然這種分離工人的分工眞是他們奴役的基礎。

「總說一句，工人當袖手旁觀，不當耗費他們的光陰于政治和經濟的運動上。所有這些運動所能給予他們的不是別的東西，只是卽時的結果。他們必須像眞正奉教的人民一樣，鄙視日常的需要，抱着充分的信仰叫道：「只要那萬古不磨的原則存在世間，潔白無疵，即使我們的種族被釘在十字架上，即使我們的種族掃地無存，是不要緊的！」他們必須像虔誠的基督教徒一樣，信仰牧師的話，鄙視地球的俗物，只望得升天堂。他們不要理會天堂，只去理會社會的清算，這種清算在一個良晨美景中是會在世界上任何一隅自己實現的——沒有人知道牠怎樣實現，及何人使牠實現——這種欺詐完全是一樣的。

『工人階級爲着等候這種有名的社會清算，必須馴良如一羣飼養很好的羊一樣，不去驚擾政府，並且常畏懼警察，遵守法律，委命于槍彈礮火之下而無怨言。

『工人在一切日常生活中必須做國家最服從的僕役，但對于國家的存在，心中必須用最大的力量提出抗議，並且必須購買和誦讀關于論剷除國家的小册子，藉此作爲自己在理論上深深鄙棄國家的證據，我們必須防備有別種反抗起而與資本主義的制度對峙，對于將來的社會——在將來的社會中這種可恨的制度是會消滅的——有所宣佈！』（見同書同卷四〇至四一頁。）

以上各節是馬克思政治的局外主義一文中前面的一小半，以後是追溯這種思想的傳統，上及于傅立葉，聖西門，渦文，布累（Bray），下至蒲魯東。他以爲蒲氏雖宣傳經濟上的局外主義，然尚要求工人階級的政治爭鬥，至巴枯甯主義者則變本加厲，宣傳政治上的局外主義了！這些節段對于我們的目的，比較不甚重要，故不再爲介紹。

昂格思和馬克思上面批評巴枯甯主義的文字淺顯而深刻，語語中的，眞使瞎唱空洞的自由與平等原則的無政府主義者無置喙的餘地。我們由此也可以窺見馬克思主義和巴枯甯主義的對抗是達到怎樣登峯造極的程度，雙方的必出于爭鬥，必出于猛烈的爭鬥，是完全自然的事。尤其是馬克思和昂格思領導西歐的無產階級運動歷二十餘年，迨國際黨出生，才算得是一種有羣衆有實力的無產階級的國際組織，幾經努力，才擊敗並肅淸蒲魯東主義，使這個黨一步一步走上馬克思主義的道路；現在忽有一種比蒲魯東主義還要無聊的巴枯甯主義要來幹『拔趙幟立漢幟』的勾當，這不簡單是馬克思主義的盛衰問題，而是國際黨的存亡問題，並且不簡單是國際黨的存亡問題，而是各國無產階級運動前途的生死問題。所以他們爲主義計，爲國際黨和無產階級運動的前途計，對付這種烏託邦的主義和危險的政敵，當然要惟力是視了。

馬克思既決意和巴枯甯派作大決鬥，便以一八七二年的國際黨海牙會議爲戰場，並且先期調兵遣將，從事佈置。他于是年六月二十一日寫信給寄居美國的索爾格說：「此次會議關係國際黨的生死存亡。你必須來，（此外），至少尙須來一二位。至于各支部如不直接派遣代表，可送委任狀前來。」（見倍克，曾慈根，昂格思，馬克思等致索爾格等書信錄五九頁）至七月二十九日他又寫信給柯格爾曼說：「此次國際會議是國際黨的生死關頭，我于退隱之前，至少也願意保護牠，使不受搗亂份子的危害。因此德意志必須在可能的限度內盡量派遣代表。」（見新時代雜誌第二十年度二卷七九九頁）準備旣周，馬克思和昂格思便親自出馬，而馬氏女壻浪規和拉花爾格也一同上陣。馬克思除掉代表中央局外，還受有紐約，萊比錫和梅慈三處支部代表的委任狀，昂格思則受有紐約和布列斯勞兩支部代表的委任狀，浪規則爲法國的代表，拉花爾格則爲西班牙馬得里國際黨聯合會的代表。此外，就大體講，德，法，奧，美和德語瑞士的代表或是極力擁護馬克思的主張，或是表同情于他的主張中的某幾點。

在另一方面，巴枯甯久已處心積慮要向馬克思爭取國際黨，對于一八七二年的大會的決鬥，準備更早。 他在是年一月二十三日致意大利羅馬納的諸同志信中說：『下屆國際黨大會約于九月初間舉行，甚願意大利保持一種偉大而明哲的代表職務。 此外，必須派遣許多代表，一律予以十分確切的訓令，至少對于各主要問題須弄得清楚，並且必須充分了解我們偉大的國際黨的原則，義務，狀況和生活條件。 只有這樣，意大利才能在下屆大會中作有價值的發言，並很適當地參加國際黨確定的再造的大工作。』（見巴枯甯全集第三卷一九九頁。）

巴枯甯不獨召號黨徒準備與會，自己也打算參加，且預計可獲得一種決切的勝利，所以他在是年六月十二日致朱辣同志的信中說：『此外，我總是把一切誹謗者留待一個榮譽法庭去解決，而這種法庭在下屆大會中毫無疑義地是不會拒絕我的。 只要這種陪審員給予我以獨立和嚴正裁判的一切保障，我可以將一切政治和個人事實中必要的詳細情形說明出來，不必怕那無稽之談的危險了。』（見同書同卷二二一九頁。）

可是在巴枯甯發此信的前一日，中央局通告這次大會在海牙舉行，他大概是因不能由瑞士直接通過德法兩國，前往荷蘭，須由意大利浮海，不大願意，竟沒有與會。 幸有他的唯一大將某雲親自到場任指揮之責，也有相當的力量。而西班牙（西班牙所派代表五人，只有拉花爾格是馬克思主義者，餘均爲巴枯甯主義者），比利時，荷蘭，瑞士的朱辣，和英國的代表大半是極力擁護巴枯甯的主張或是表同情于他的主張中某幾點的。雙方的部署既定，轟轟烈烈的爭鬥便開幕了。

海牙會議是從一八七二年九月二日起至七日止的。英格蘭，德意志，法蘭西，比利時，瑞士，荷蘭，西班牙，美利堅，奥大利，匈牙利，丹麥，波蘭，愛爾蘭，和澳洲都有代表出席。節克（Gustave Jaeckh）說，後來有人稱此爲『最大的國際會議』（見節氏國際黨一九一頁，一九〇四年萊比錫出版——Die Internationale），算是很對的。預會的代表共六十餘人，分爲多數派與少數派，就大體講，也可以說分爲馬克思派與巴枯甯派。不過這是有條件的，因爲在一方面，多數派中的布浪葵派尤其非馬克思主義者，僅對于工人在政治領域爭鬥的必要和組織上團結一致的必要這兩個根本問題表示同意，故出來贊助眞正的馬派。在另一方面，少數派也不全是巴枯甯主義者，內中有些人僅因反對中央局的集權等事項而贊助眞正的巴派。

『多數派的組成分子如下：中央局十六人；法國各支部代表六人；德國代表十人；瑞士代表三人（內中有一人來自德國）；美國代表二人；……西班牙代表一人；……波希米亞（Bohemia）一人；丹麥一人；匈牙利一人；共計四十人。少數派的組成分子是西班牙代表四人；朱辣聯合會代表兩人；……比利時七人；荷蘭四人；英國各支部五人（內中有四人爲中央局委員，已經決切地加入反對派，……）；法國一人，代表駐不律塞的法國支部；中央局還有一人；……共計二十四人。』（見斯節克諾夫第一國際黨史二三〇頁。）

海牙大會爲防止冒名預會的人起見，特花三天工夫審查代表證書。巴枯甯派知道自己人數太少，難操勝算，故對于異派的代表證書吹毛求疵，多所留難，因此引起爭端。基雲說代表美國支部的法國布浪蒭派的發永（Vaillant）爲王黨和資產階級的人，西班牙的巴枯甯主義者指摘拉花爾格的證書，拉氏當場辯論，侃侃而談，結果他們的證書爲大多數所承認。于是巴列（Barry）的證書又發生糾紛，巴氏住在倫敦，代表美國支加哥一個支部，穆脫斯赫德（Mottershead）起而反對，說他在倫敦不是一個著名的工人領袖。馬克思反駁道，這倒是一種光榮，因爲英國著名的工人領袖大都被自由黨人收買了。（按馬氏此言是有感而發，因英國工聯運動的首領如盧卡拉夫特——Lucraft——和阿德格等自中央局成立後，即擔任要職，起初利用國際黨替工聯爭選舉改革，及目的既達，想要在選舉中獲得勝利，又向自由黨暗送秋波；旋因中央局發表法蘭西內亂的宣言，藉口國際黨參預巴黎公社的事件，與之斷絕關係。）巴氏的證書也被會中認可。大會審查的結果，只有紐約第十二支部代表衛斯特(West)的證書未得通過，因此支部是在武德哈爾夫人(Mrs. Victoria Woodhull）和克拉夫廬女士（Miss Tennessee Claflin）兩個富人支配之下，專門宣傳自由戀愛，並且沒有繳過黨費，巴枯甯派稱她們爲無政府主義者，其實滿帶着中等階級和敵視工人的臭味。

審查證書之事既畢，接着就有許多人提出攻訐巴枯甯派國際社會主義民主同盟會的書信，大會爲愼重審查起見，特設一個委員會，舉五個和同盟會爭鬥素無關係的人爲委員，詳加考察，故此事沒有即時解決。

海牙會議的第四日才開正式會議。首由法人宰飛(Rauvier)唱革命歌，次由英人雪克思頓（Sexton）用英語宣讀中央局的報告。這種報告出於馬克思的手筆，他在會中復用德、語宣讀一遍，浪規則用法語宣讀一遍，阿伯爾（Von Abeele）則用法蘭德斯語（Flämisch）宣讀一遍。 報告歷述最近三年中國際黨在各國的遭際：如在法國，則拿破崙第三藉口于民衆投票的炸彈案，無故大捕全國的國際黨員，退耳復運用暴力，血剿巴黎公社，在德國，則普魯士政府用國事犯的罪名橫加于布藍士外喜委員會和柏柏爾，李卜克內西的身上；在英國，則自由黨的政府對于愛爾蘭的國際黨支部橫施壓迫。 資產階級的政府對于國際黨的黨員既是暴戾恣睢，任意虐待，而資產階級的報紙對于國際黨尤喜散佈謠言，橫加誣衊，如芝加哥大火指爲牠的陰謀，以及其牠種種無稽之談是。 可是國際黨雖這樣受壓迫，牠的發展却更加迅速，如荷蘭，丹麥，葡萄牙，蘇格蘭，和愛爾蘭，都有國際黨的侵入，如美國，澳洲，新西蘭（Neuseeland）和倍諾斯愛勒（Buenos Aires）都見國際黨的發達。 這種報告大受會中的贊揚，即時通過。 當日比國代表布利斯墨（Brismée）提議對于無產階級在階級爭鬥中所受的一切犧牲，當表示欽仰和同情之意，也爲大會所採納。

至第五日大會開始討論中央局的權限問題。 呂提芝（Lüttich）的代表根據比利時聯合會的意見，主張縮小中央局的權限。 拉花爾格以爲一種中央集權是階級爭鬥所必需的，即使沒有中央局，猶當創設一個，況已有中央局，萬無縮小牠的權力之理。基雲本着朱辣聯合會的意見，出來作一種激昂慷慨的演說。他以爲國際黨不是幾個人的產物，而是由各國工人階級的經濟情形中發生出來的，因爲各國工人的狀況形成他們的感情，努力，思想和利害的一致，遂產生國際黨。朱辣的黨員前在巴塞爾會議贊助擴充中央局的權力，現在要求取消牠的權力，是因他們受了牠濫用權力之害。他們現在主張中央局不當爲中央主權機關，當爲一個通信和統計的中心點，因爲在無產階級的經濟和政治爭鬥中，實在用不着中央局的指導。『索爾格則促大會注意于中央局在龍工時所負的任務，和牠在這一方面活動的成功。「中央局必須爲黨的總參謀部」。……「自主派人說我們的黨用不着任何領袖；反之，我們以爲黨急須一個領袖，急須一個頭腦健全的領袖。」當索氏說這些話時，大家都注視馬克思。他在結論中宣稱需要一種有力的中央集權，而中央局的權力不獨不應減削，並且還當擴充。』（見斯節克諾夫第一國際黨史二三三頁。）

『中央局提議，規程通則第二部分二，六兩條曾經倫敦會議修改過，現應代以兩個新的規條，再予中央局以權力，並鞏固國際黨內部的紀律。大會以四十票對四票通過第二條的議案。棄權者十一票。中央局因此須負責執行大會的議決案，並監視各國嚴密遵守本黨的原則和規條。』（見同書同頁。）

迫大會討論第六條，馬克思特起而作長時間的演說。他以為中央局從前所獲的權力不獨應當保持，並且應當擴充；牠不獨應當具有停止單個支部至下屆常年大會為止之權，並且在一定的謹慎條件之下，還應當具有停止整個聯合會至下屆常年大會為止之權。中央局既沒有警察，又沒有軍隊可以強迫施行牠的決定，牠的權力純粹是一種道德的力量，這毫無疑義是必要的。如果要把牠降為一個通信箱，那不如直截了當地將牠消滅。馬氏這一番話說得有聲有色，是十分動聽的。

當大會對于這個問題討論終結，提付表決時，計贊成者三十六票，反對者六票，棄權者十五票，這一條修正案又以大多數通過了。『修正案予中央局以停止國際黨任何分部，支部，支聯會，或整個聯合會，至下屆大會決定為止的權力。但中央局事前如不徵求各有關係的支聯會的意見，不得施行此權力。如係屏除一個支聯會，須要求聯合會的各分部于三十日以內選舉一個新支聯會。如屏除整個的聯合會，須通告其牠一切聯合會，當大多數聯合會要求召集一個非常會議時，中央局必須照辦，此項會議由每個民族派代表一人，在一個月內集會，確切決定紛爭。」（見同書二三三至二三四頁。）

關于擴大中央局權限的問題，馬克思派是完全勝利，巴枯甯派完全失敗了。從此以後，馬氏不復任職于中央局，更足以表見他是爲主義而奮鬥，不是爲——像巴派所指摘的一樣——個人專政而奮鬥。然就是他前此成爲中央局的唯一領袖，也是分所當然，並不因巴派的指摘而損及他的毫末。德國保守派的歷史家路德福邁耶(Rudolph Meyer)說得對：「他以最合法的形態，變成掌握中央局全權的人，他這樣做，完全是對的。因爲他尤其是國際黨之祖。他是國際黨原則和組織的發起人。畢士烈教授不是說過麼：「沒有一個人對于國際黨的成功比馬克思博士更爲有力，關于歐洲產業運動的歷史和統計知識的深邃，更沒有能及他的。」還有一層，他是一切領袖中最有才能的人。並且具有（像他在海牙大會的演說所表現的一樣，）一種熱忱，這是國際黨的組織中執行偉大工作所必需的。他的觀念要是實現出來，中央局一定需要一個領袖，「一個頭腦健全的領袖」。這樣的領袖正是馬克思。」（見邁氏德意志第四閥的解放爭鬥第一卷一四四頁，一八七四年柏林出版。——Der

Emancipations-Kampf des vierten Standes in Deutschland)

中央局的權限問題既經解決，昂格思卽提出一種遷移中央局至紐約的議案，這是他和馬克思，浪規等共同署名的。昂格思說，在德法戰爭之前，馬克思卽提議將中央局移至不伴塞，因比利時的聯合會不表同意，遂不果行；現在爲國際黨的利益計，當使中央局離開倫敦，至少以一年爲度，至于遷徙的地點，就目前的形勢講，當以紐約爲宜。大家聽了昂格思的話，沉默半嚮，無人發言，最後發永出來反對，布浪葵派附和之。署名于昂格思提案的塞列伊爾（Serraillier）建議此事當分三層表決，第一，中央局是否遷移，第二遷往何處，第三新中央局的組織。大會對于第一問題，贊成遷移者二十六票，反對者二十三票，棄權者九票，對於第二問題，贊成遷往紐約者三十票，對于第三問題，則舉出十二個委員，並承認他們得自由增加七個委員。因此中央局的遷移問題又解決了。

關于中央局的一切問題既經解決，接着就討論發永所提出的政治行動的議案，自開議的第五日晚上起，至第六日才告終結。發氏這種議案全以一八七一年倫敦會議關于政治問題的議決案爲藍本。當時基雲力持反對論，以爲瑞士的工人參加選舉運動，時乎與資產階級的急進派攜手，時乎與反動派聯合，朱辣同人對于這種卑鄙行動，不願過問；他們本來也是政論家，但是消極的政論家，不願意奪取政權，只願意毀滅政權。浪規反駁此說，說巴黎的工人在九月初旬如已組成一個政黨，必知道怎樣進行他們的計畫，不致于束手待斃。此案付表決的結果，贊成者二十九票，反對者五票，棄權者八票；遂得通過。其內容如下：

「無產階級在對各有產階級集合的勢力作戰時，只能作一種階級的行動，將自己的勢力組成一個獨立的政黨，和各有產階級所組的一切舊黨對抗。無產階級這樣組成一個政黨，是達到社會革命的勝利所必需的，尤其是達到牠的最終目的——剷除階級——所必需的。工人階級在產業方面已經形成的諸勢力的聯合必須作爲牠手中反抗剝削者的政治勢力的槓桿。土地和資本的主人爲延長和擁護他們的經濟壟斷並役使勞動起見，必然要利用他們的政治特權：所以奪取政權成爲無產階級的第一種義務。」（見斯節克諾夫第一國際黨史二六五至二六六頁。）

海牙會議于解決此案後，開始聽五個審查委員關于巴枯甯和社會主義民主同盟會的報告。五個委員中有三個爲法人，一個爲德人，一個爲比人，下面的報告是經前列四人同意署名的。

一、一個祕密同盟會曾經存在，這同盟會的綱領和國際黨的黨綱是直接抵觸的。至于牠現在是否仍舊存在，不能確切證明出來。

二、據巴枯甯署名的綱領書和書信，可以證明他曾經企圖——甚至于已經成功——在國際黨裏面設立一個祕密團體，叫做同盟會，此會的綱領在社會方面和政治方面與國際黨的黨綱完全不同。

三、巴枯甯曾有欺詐的行爲，圖取他人全部或一部財產，這是一種不正當的事件。他因爲不肯履行義務，他或他的黨羽曾應用恐嚇手段。

審查委員會基于上述的理由，要求驅逐巴枯甯，基雲和許衞士給柏爾（Schwitzguébel）等出黨，因爲相信基許兩人仍然隸屬于同盟會的緣故。

上面的報告，有一個比國的委員不肯署名，並用書面提出抗議，說：「我對于審查委員會關于同盟會的報告，提出抗議，且保持我向大會陳述理由之權。據我看來，從控訴中找出來的唯一確實事件是：巴枯甯曾企圖在國際黨中組織一個祕密團體。」（見布盧巴台馬克忠與巴枯甯一四六頁。）

大會接到此等報告後，主席介基雲出來辯護，基氏不允，說如此未免把多數派的滑稽劇看得太認眞，况且這原是藉反對幾個人去反對聯合主義的一種行動。　于是荷蘭支部代表達夫(Dave)宣讀巴枯甯派的各聯合會所締結的團結契約（這種契約是由五個比利時代表，四個西班牙代表，兩個朱辣代表，兩個荷蘭代表和一個美國代表共同署名的），其要點如下：「一、我們將和中央局繼續我們的行政關係，如關于繳納黨費，通信，和勞動統計之類；二、我們所代表的聯合會將繼續互相聯絡，並和國際黨一切支部聯絡，三、中央局如干涉聯合會內部的事件，則署名的同人所代表的聯合會將保持牠們的獨立，依國際黨日內瓦會議所定的黨綱，各聯合會並沒有違反黨綱；四、我們要求一切聯合會和支部預備于下屆國際黨會議中贊成自由聯合的原則，使之勝利，作爲國際黨勞動組織的基礎。」（見同書一四七頁。）

自達夫宣讀這種契約後，大會即開始對于巴枯甯和基雲等的事件投票，贊成驅逐巴枯甯出黨者二十七票，反對者七票，棄權者八票，贊成驅逐基雲出黨者二十五票，反對者九票，棄權者九票。　此外，還有數人本在驅逐之列，但投票至驅逐許衛士給柏爾時，贊成者比反對者少兩票，因此遂中止了。

大會于驅逐巴基二人後，令審査委員會將審査同盟會的文件，公佈于世，但後來未能照辦。至一八七三年七月，昂格思和拉花爾格合草一小册子，名爲『社會主義民主同盟會和國際黨』，藉完審査委員會所未履行的責任，而馬克思對于此書的著作也曾參加過。此書的主旨是宣佈巴枯甯的祕密同盟會及其牠種種陰謀，內中攻訐巴氏之處，和我們從前所說的一樣，有些固是事實，但捕風捉影，深文周內之弊，也在所不免，故現在不能視此爲一種正確的歷史。

關于審査委員會的三項報告，其一，二兩項在本書上面一章已經提及過，不必再贅，現在只將第三項說一下。當一八六九年，有一個俄國人爵巴維恩（Ljubowin）偶到柏林，聽說巴枯甯的困狀，雖不識其人，却久耳其名，心中頗爲欽慕，因稍予以金錢的接濟，並向彼得堡一個書店叫做坡爾耶確夫(Poljakof)的，代找文字工作。這個書店允以一千二百盧布請巴枯甯繙譯馬克思的資本論，並預付三百盧布。巴氏于是年十一月二日寫信給爵巴維恩，說卽日開始繙譯，但遲至十二月中旬，還沒有動手，對于爵氏的質問則以過忙對，並允于一八七〇年四月底譯完。然巴枯甯于一八六九年年底共送去譯稿二三十頁，從此遂告終止。一八七〇年一月中旬，涅洽葉夫到巴氏處，勸他不要再繙譯資本論，但一心一意從事于革命的宣傳，至于三百盧布的預支金，當代爲了結。涅氏于二月底，又露出『小老虎』的威風，用『革命委員會』的名義，寫一封信給爵巴維恩，上面飾一斧，一短劍，和一手槍，禁止爵氏向巴枯甯索回三百盧布，否則將有生命的危險。像這樣的嚇詐行爲，巴氏本人自然沒有預聞，不過事情旣和他有直接關係，而當時又不容易查明眞相，所以審查委員會有『他因爲不肯履行義務，他或他的黨羽曾應用恐嚇手段』的話了。

海牙會議將一切重要問題解決之後，國際黨的阿姆斯特丹分部在阿姆斯特丹召集一個公開的會議，倍克，索爾格和馬克思等都有演說；而馬氏在演說中說明無產階級歷史的使命，發揮將來運動的策略，並解釋此次大會對中央局措施的適當，尤關重要，今特介紹其詞如下：

『當十八世紀時，一般君主和大權在握的人總是在海牙集會，去討論他們朝代的利益。我們不顧他人的恫嚇，在同一地方來開勞動裁判會（Assisen der Arbeit）。我們在一種最反動的人口中已經證實了我們偉大的黨的生存，發展和將來的希望。

「當我們決定開這個大會的消息傳播後，即被指爲派遣密使任掃除地面的工作。我們並不否認到處都有密使；但大部爲我們所不認識。我們在海牙的密使就是工人，他們在海牙的勞苦恰和在阿姆斯特丹一樣，此等工人每日作工十六點鐘。這就是我們的密使。其他密使我們是沒有的，在一切國家中，凡我們所至之處，即遇着他們準備對我們表示同情，因爲他們很迅速地了解我們的目的是在改善他們的狀況。

「海牙會議已經完成了重要的工作。牠已經宣佈勞動階級必須在政治和社會方面去攻擊正在崩潰的舊社會；而倫敦會議這種議決案從今以後加入于我們的規程中，實可慶幸。我們黨中有人組織了一個團體，要求工人與政治絕緣。我們的任務就在解釋採用這種原則對于我們的事業是怎樣危險而慘淡。

「工人爲着形成勞動的新組織起見，有一天必須奪取政權，必須破壞那支持舊制度的舊政治，否則將受後者的宰制，恰和初期的基督教徒一樣，鄙視並忽略舊政治，永不能在現世建立他們的國家。但我們並不認爲要達到這種目的，到處必須應用同一手段。我們知道必須顧慮到各國的制度，風俗，和傳說，且不否認某些國家，如美國，英國——我如確切認識你們的制度的話——荷蘭的工人可以藉和平的方法達到自己的目的。雖是這樣，但我們必須承認在〔歐洲〕大陸最大多數的國家中，暴力是我們革命的桿槓；最後要形成勞動的統治，必須在適當的時機訴諸暴力。

『海牙會議給予中央局以重大的新的權力。當着這個時候，各國君主集于柏林，而對付我們的嚴厲的新壓迫手段即出于這個封建制度和過去時代有力的代表的集會中；迫害旣是有組織的，海牙會議以爲增加並集中中央局的權力，去從事于那行將開始的爭鬥，是聰明而必要的；我們如果孤立不相聯絡，在行動上必定無能爲力。此外，除掉我們的仇敵外，誰能感覺中央局的權力是可疑懷的呢？牠有一種官僚體系，或一種武裝警察足以強迫他人服從麼？牠的權力不是一種唯一道德的權力麼？當牠有所決定，不是傳達給各聯合會，由牠們去執行麼？一般君主在這種狀況中，沒有軍隊，沒有警察，沒有官吏，僅把他們的勢力建築在道德的影響和道德的權力上，那他們對于革命的進程必定是一種很弱的障礙物。

『最後，海牙會議將中央局的駐所從倫敦移到紐約。許多人，甚至于我們的朋友，不大喜歡這種議決案。他們却忘記了，美國將成爲工人世界，每年有五十萬工人遷入這個新大陸，而國際黨必須在這個工人勢盛的地方安下堅固的基礎。此外，大會的議決案予中央局以一種權力，使牠爲着公共事業的必要和利益起見，得選擇委員加入其中。我們希望，以中央局的明達，必能選得有才幹的人員，即選得在歐洲知道高舉我們黨的旗幟的人員。

『同志們！我們試想一想國際黨的根本原則——團結一致。我們在各國一切工人中如果能堅固地建立這種富于生命的原則，必能達到我們所爭取的大目的。革命必須團結一致，我們在巴黎公社找着一個絕大的例子，牠的失敗是因一切都城如柏林，如馬得里等等沒有同時爆發一種大革命運動，以與巴黎無產階級這種武裝暴動相聯絡。

『至于我自己，將繼續我的任務，即促成工人的團結一致，此事對于將來是有好結果的。不，我不會退出國際黨，我的餘生和我過去的工作時間一樣，將專注在社會觀念的勝利上，我們確切相信，此等觀念有一天會引導無產階級達到統治的地位。』（見路德福邁耶德意志第四閥的解放爭鬥第一卷一四〇至一四二頁。）

馬克思這篇演說詞意義重大，詞句淺顯，用不着我們來加以解釋。惟有一點須提出來說一下。自馬氏說過英，美甚至于荷蘭的『工人可以藉和平的方法達到自己的目的』這句話後，一般『和平革命家』（其實是機會主義者）就大吹特吹『和平的方法』的好處，去麻醉工人，要實行和平革命。他們所謂和平革命就是永久不革命的代名詞，因爲他們所最注重的是和平，革命而不和平，甯可不革命，所以非統治階級自己放下屠刀，立地成佛，這種革命是無從實現的。然這却不是馬克思的過錯。怎樣講呢？昂格思在一八八六年英譯資本論第一版的序言中說過：馬克思的『全部學說是畢生研究經濟史和英國狀況的結果，而這種研究所達到的結論是：至少在歐洲，英國是一個唯一的國家，可以完全由和平合法的方法實現那不可避免的社會革命。他一定從不會忘記加上一句，就是他並不希望不經過一種『擁護奴隸制的叛變』（Proslavery rebellion），英國各統治階級即會屈服于這種和平合法的革命之前。』（見英文資本論第一卷三二頁，一九二一年芝加哥出版）所以馬克思所謂和平方法的革命仍要經過叛亂，不過是一種『兵不血刃』的武劇罷了。

還有一層，這種革命在馬昂時代的英美雖有很大的可能性，但在現代却絕對不可能了。關于這一點，列甯說得很清楚：當時『英國還是一個純粹資本主義國家的模型，沒有軍國主義，沒有高度的官僚系統。因此馬克思當時把英國除外，此處一種革命，甚至于一種人民（按指無產階級與農民）革命不預先破壞「現成的國家機關」，似乎是可能的。但在一九一七年的現在，在第一次帝國主義大戰的時代，馬克思這種限制不復存在，英美在沒有軍國主義和官僚系統存在的意旨上，本是世界上盎格羅薩克森「自由」最大的和最後的代表，現在却完全淪入整個歐洲官僚系統和軍國主義制度的齷齪流血的深淵中，對于一切加以宰制和壓迫。「每種眞正人民革命的先決條件」在現今的英美也是破壞「現成的國家機關」（這種機關于一九一四年至一九一七年已經達到歐洲帝國主義共同的圓滿點）。』（見列氏國家與革命三三頁。）

現代的英美既有完備的官僚系統，復有龐大的海陸軍，無產階級要奪取政權，須破壞統治階級現成的國家機關，這決不是藉和平的方法能達到目的的，所以在同一狀況之下，暴力也同樣是英美將來革命的楨桿，絲毫不用懷疑了。

我們現在再回轉去講國際黨的事。海牙大會的工作既經完畢，即于第六日宣告閉會。中央局的權力在此次會議中大加擴充了，巴枯甯派也被驅逐了，此後宜若大有可爲；乃自牠西遷紐約，國際黨使一蹶不振，終至于匿跡銷聲。一般淺見的人不去審察當時的局勢，考求深遠的原因，輒認中央局西遷為國際黨消滅的總因。其實歐洲各國的工人自德法戰爭後，心理為之一變，愛國主義的潮流逐漸膨漲，工人運動只有一種離心力，不復具有向心力，再明白些說，各國工人運動的趨勢不復向國際一方面走，而是向國家一方面走的。還有一層，自巴黎公社失敗，法國的無產階級大遭屠殺後，影響所及，各國工人階級不復具有革命的勇氣，更不相信資本主義制度即時會破裂。有了這兩大原因，所以牠們遂忘情于國際黨了。

關于這一點，我們在此也不必多說，現在應當研究的是：馬克思和昂格思在海牙會議忽提出將中央局遷往紐約的議案，究竟原因何在？昂氏于一八七二年五月二十七日寫信給李卜克內西說：『希恩斯（Hins）已經提出一種草案，內有取消中央局的條文。我個人的意見如果是對的，則我和馬克思不加入〔中央局〕，就現在的情形講，我們簡直沒有時間作工，這種情形是不當繼續下去的。』（見新時代雜誌第二十一年度二卷五一頁）照昂格思此信看來，好像是因他和馬克思不願再任中央局的職務，故使之遠離倫敦。可是墨爾林說得好：

「這是一種偶然的話，這是從忿怒中發出來的。　即使馬克思和昂格思拒絕在中央局復行當選，中央局也沒有離開倫敦的必要，至于爲着自己文字上的工作起見，于國際黨的根基穩固之前，便將置之腦後，這一層是馬克思屢次否認的；況當時正是國際黨存亡危急之際，馬氏決不作聽國際黨陷于此等境遇之想。」（見墨氏馬克思傳四八九至四九〇頁。）

昂格思致李卜克內西信中的話既不是中央局遷移的主要原因，那麼，這原因究竟何在呢？　世人于此，議論紛岐，莫衷一是。　有些人說，馬昂兩氏要使中央局遷往紐約，是防備巴枯甯派得勢，宰制中央局，故不能不使之遠處大西洋的彼岸，以避其鋒；又有些人說，馬克思不獨是要完成他的資本論，無暇牠顧，且因晚年爲病魔所擾，心中非常煩悶，又知國際黨的大勢已去，不可救藥，故決計對于中央局的事，不再過問，令其遠徙，樂得不見不聞。（例如節克和波士德格特對于這個問題的解釋，都是根據上列兩說的意思，參看節氏國際黨一九〇頁，和波氏工人的國際黨八〇頁。）　但這都是一些揣測之詞，不中肯棨，因爲巴枯甯派在西班牙，意大利，瑞士和比利時等國雖很佔勢力，還是抵不住馬克思派，中央局更很少他們一派的分子，用不着預先作遷地避難之計。　況自海牙會議解決中央局的權限問題後，兩派的勝負已見，更用不着爲防備巴枯甯派的宰制中央局而作遷徙之舉。至于認馬氏爲一己的原因而忘情于中央局，尤與他後來努力維持中央局的事實顯然不相容。

上列兩說既係憑空推測，與事實不符，然馬克思和昂格思等提出遷移中央局的議案，到底爲的是什麼呢？　爲的是防備布浪葵派宰制中央局，貽誤大局。

布浪葵主義和馬克思主義極相似而實又極相反，相似之點是兩者都主張革命，主張專政，相反之點是，前者的主張是本能的，主觀的，後者的主張是科學的，根據客觀事實的。昂格思于一八七四年對于倫敦三十三個布浪葵主義者所發佈的綱領書，特著論批評，他說：『就大體講，布浪葵是一個政治的革命家，至于他爲社會主義者，那只是因表同情于人民的困苦而出于本能的，他既沒有一種社會主義的學說，復沒有拯救社會一定的實行的計劃。他在政治活動中是一個「實行家」，相信有一小羣組織完備的人乘機引起革命的政變，藉起初一點成效，鼓動羣衆，就可以造成一種勝利的革命。……布浪葵既把每種革命看做一小羣革命者所引起的政變，成功後，自然發生一種專政的必要：大家必須明白了解，這並不是全革命階級——無產階級——的專政，而是一小羣引起政變者的專政，這一小羣人又是以在一個人或幾個人專政之下組織攏來爲前提的。』（見孔拉底編的建國與公社三十四至三七五頁。）『我們的布浪葵主義者和巴枯甯主義者有一個共同之點，就是他們要借一種趨于極端的學說。……這三十三人是共產主義者，因爲他們幻想只要有一種超越過渡行程和讓步的好志願，此等事就免除了，當此等時期——像〔他們〕確說的一樣——「超過了」，他們只要稍微引導一下，後天就有「共產主義出現」。』（見同書三七七和三七九頁。）

布浪葵派的主張既經說明，現在可以歸到中央局遷移的問題上去。中央局的法國委員多爲布浪葵主義者，平日因有馬克思在內作中流砥柱，不能爲所欲爲；但馬氏既決定于海牙會議後退出中央局，而該局的權限又復擴充，使其仍駐倫敦，總有一日將受其宰制。他們便會實行那盲目革命與私人專政的主張，假借名義，在歐洲各國引起無意識的暴動，適足爲一般反動政府撲滅國際黨的口實。故馬克思和昂格思思患預防，不得不提議將中央局遷至紐約，藉此脫離這一派的羈絆，保存國際黨的生命。觀于一方面，當通過此案時，好些巴枯甯派的人認此事對于他們無異『調虎離山』，大有利益，特起而投票贊成，另一方面，許多布浪葵主義者于討論這個問題時力持異議，于通過此問題後，多退出會外，後來並著論攻擊國際黨，說牠逃過大西洋，躲避革命，由此可以尋出其中的蛛絲馬跡了。

我們關于海牙會議的敍述和解釋已完全結束，現在要問那爲此次爭鬥的一方的主將且被大會開除的巴枯甯于事後作何感想，有什麽舉動？　他因不律塞的自由報（Liberté）登載關于他被除名的事，特于是年十月五日寫一封長信給此報的編輯部，陳述事件的經過，批評馬克思的主張，支離瑣屑，殊無介紹的價值。　惟內中有幾句話却十分重要，就是：「上述兩種趨勢在事實上現在是不能夠調和的。　只有社會革命的實施，偉大的歷史的新經驗，和事實的邏輯可以使牠們或遲或早達到一種總解決。……」（見巴枯甯全集第三卷二二四頁。）

海牙大會雖逐出巴枯甯，但並沒有解决巴枯甯派，更沒有撲滅巴枯甯主義。　這自然不是牠的力量所能做到的。　巴氏上面所謂兩種趨勢，不用說，就是指馬克思主義與巴枯甯主義，而他所提出的解決法，的確也是必經的途徑。　一九一七年的俄國十月革命正是「社會革命的實施，偉大的歷史的新經驗和事實的邏輯。」　然牠們都指出馬克思主義的正確，巴枯甯主義的荒謬。　自經過這次大試驗後，馬克思主義愈益發揚，而巴枯甯主義簡直是無聲無嗅，這總算是如了巴枯甯的願，「達到一種總解決」。

海牙會議固爲馬克思主義與巴枯甯主義短兵相接，勝負攸分的大戰場，也是國際黨的歷史正式閉幕的大紀念。因爲自此以後，這個本來要老死的黨忽裂而爲二，一爲馬克思派的國際黨，一爲反集權派或巴枯甯派的國際黨，雙方都延至四，五年之久方才消滅。論名義，則前者繼承正統，名正言順，可是牠的軀殼雖存，靈魂已渺；論實力，則後者稍有可觀，不過牠係異軍突起，面目全非，不得視爲國際黨的嫡派，故我們稱海牙會議爲國際黨歷史的結局，並非形容過當。今特將兩派此後的狀況略述于左，作爲國際黨史上的一種餘波。

巴枯甯派的代表在海牙會議既是屢戰屢敗，一籌莫展，知道國際黨中從此沒有他們用武的餘地，遂急謀另樹一幟，與之相抗。西班牙的代表于散會後，與朱辣代表同赴瑞士的聖提美（Saint Imier），並前往沮利克，問計于巴枯甯，兼和在該處的意大利聯合會代表結合，共謀進行。一八七二年九月十五日聖提美有所謂「反集權」的國際黨會議出現，預會者，有意大利聯合會代表六人，西班牙聯合會代表四人，法國支部代表兩人，美國支部代表一人，餘則爲朱辣的代表。會中所議決的重要事件大致如下：一、各聯合會和支部的自主與獨立爲勞動階級解放根本的先決條件；二、無產階級的第一種任務是毀滅政權，而假手于「無產階級的專政」去達到毀滅政權的目的，其危險與任何種政府形態相等；三、同盟罷工爲一種有效的爭鬥武器；四、將一切基于互助與平等的生產團體結合成爲自由聯合會，才可以達到勞動的解放。這些議決案和布盧巴合所說的一樣，將巴枯甯的見解充分表見出來了；可是其中解放勞動階級的主張是否有實行的價值，大家將一八七三年巴枯甯主義者在西班牙所起的革命看一下（參看本書上面一章），就可以知道了。

至一八七三年九月一日，反集權派在日內瓦開第二次會議，計朱辣代表十八，西班牙代表五人，比利時代表五人，法國代表五人，意大利代表四人，英國代表兩人，荷蘭代表一人（兼爲比利時代表）。會期共六日，會中所議決的重要問題是：（一）不要中央局，免得發生中央專制之弊，（二）不規定主義，免得表見一種正式的會議意見。此外，關於總同盟罷工的討論，尤有驚人的妙論：有人說，總同盟罷工就是社會革命，只要罷工十天，即將現社會制度相繼推翻了；可是又有人說，總同盟罷工是沒有意識的，因爲牠的前提是到處必須有組織，當勞動者的組織一經完備，則社會革命便實現了。當討論終結時，會中乃爲下列的議決：就國際黨組織的現狀講，總同盟能工問題不能夠完全解決，因此敦促各國的工人速起從事于國際的工聯組織。　此次會議眞正是充分表見了無政府的狀態，因爲黨中既沒有中央局，各聯合會和支部便一律平等，又不規定主義，大家可隨意做去，更覺自由。　一般代表名此次會議爲國際黨第六次常年大會，基寗作國際黨史，也是這樣大書特書，都自以爲這是繼承一八七二年第五次海牙大會而來的；可是他們的組織和主義既與舊國際黨不同，而尤自認爲正統派，殊覺無謂。

反集權派于一八七四年九月七日至十三日在不律塞開所謂第七次常年大會，預會者雖只有十五人，但所代表的國家，却有英格蘭，比利時，西班牙，法蘭西，意大利，瑞士，和德意志等等。　斯節克諾夫說：『法蘭西，英格蘭和德意志的代表完全是一個泡影，純粹是在裝門面，這是顯然無疑的。　意大利的代表也只是一個泡影，因爲意大利的社會革命委員會曾經宣言，牠將不派代表。　柏立輿(Berrychen 按柏氏爲比人，充意大利的代表)所代表的只是巴勒摩(Palermo)一個烏有的團體。　在實際上只有西班牙，朱辣和比利時的聯合會代表爲會議中的眞代表，而比利時的代表又佔會中人數的最大部分。』(見斯氏海牙會議後的巴枯甯主義國際黨二一頁）斯氏以爲西班牙，朱辣和比利時的代表是眞正代表各本國團體的，然按之實際，西班牙的支部已成強弩之末，因爲該處的巴枯甯主義者自一八七三年舉行無政府主義的革命失敗後，國際黨的組織爲政府所解散，大批黨員被捕，內中並有六十六人被裝入袋中，投諸大海，至一八七四年各處支部雖猶有存在的，然不久也次第消滅了。因此，就不律塞會議的實力講，已無足觀，而會中的代表又復分爲兩派，就是英德兩國的代表（德代表爲拉塞爾主義者）極力主張由工人階級奪取政權，而西班牙，朱辣和幾個（非全體）比利時的代表則極力主張工人階級不得作政治運動。德國代表說，社會主義的工黨如放任資產階級獨攬政權，便等于自殺，工黨雖不迷信用和平方法可推倒資產階級的國家，但却可利用議會的活動做煽動的工具，如果要想用法子使德國工人拋棄政治活動，那簡直是兒戲。反之，比利時的代表巴士廷(Bastin)和味利與(Verrychen)說，比國的工人談不到政治活動，因爲他們沒有普通選舉權。巴枯甯主義者因工人缺乏選舉權，就拋棄政治運動的主張，這是一個大可注意之點。于是朱辣代表用朱辣聯合會的名義，宣言朱辣的社會主義者本來有選舉權，但因失敗的經驗，遂相戒不作政治運動，因爲朱辣各支部起初是一面贊助資產階級的各政黨，一面提出工人的候選者，這些政黨在表面上允許幫助工人，暗中却欺騙工人，朱辣黨員受了這種教訓，所以反對政治運動。巴枯甯主義者因工人選舉運動失敗，就拋棄政治運動的主張，這又是一個大可注意之點。選舉運動的範圍狹小，政治運動的範圍廣大，他們因一時缺乏選舉權，和偶然在選舉中失敗，遂反對一切政治運動，並以此爲金科玉律，這眞叫做『因噎廢食』！不律塞會議對于政治運動，意見既不一致，于是無政府主義者便不得不出于退讓的一途，會中乃作下列的議決：各國的聯合會和社會民主黨可依自己的判斷，去決定牠們所願取的政治方略。這是此次會議唯一的成績，至于其牠問題雖有討論，却無結果，更不足道了。

一八七四年的不律塞會議已經暴露反集權派的衰敗情形，一八七五年更無會議。至一八七六年十月這一派復在百倫開會。此時的景況更有『江河日下』之勢，因爲原來傾向巴枯甯主義的比利時和荷蘭的工人鑒于這種主義對于他們毫無實益，遂轉入政治行動一途，不再理會這頑意兒了。當時預會的代表雖有二十餘人，而朱辣的代表却佔三分之二。會中意見仍舊不一致，所討論的議案，毫無結果可言，內中唯一可述的事，是關于革命活動的一致一種議决。不過這種空空洞洞的門面話，何嘗有什麼實效？至一八七七年九月反集權派在味未(Verviers)再集會一次，而這個自命為正統派的國際黨遂消滅了。

巴枯甯派新創的國際黨的命運，既是如此悲多歡少，無形消滅，而真正正統派的國際黨的晚景尤為荒凉悽慘，令人不勝今昔之感。中央局于海牙會議後，遷至紐約，總祕書為索爾格。索氏係德國薩克遜人，曾參加一八四八年巴登的革命運動，旋亡命于比利時及瑞士，後乃寄居美國。他的為人品性堅強，尤熱心于共產主義，極得馬克思的信任；他對于中央局遷移一事本來極力反對，尤不肯擔任職務，但因馬氏的敦促，遂犧牲一切，出任鉅艱。可是外則巴枯甯主義者恨之刺骨，稱他為馬克思的奴隸，到處散佈謠言；內則新中央局的委員多對於舊中央局發生誤會，並因索氏與舊中央局有關係而引起反對。又加以局中缺乏經費，一切事業都不能進行，故索氏雖有長才，也竟是一籌莫展。

新中央局受命於國際黨衰敗之際，雖明知大勢已去，無可挽回，還是勉自振作，冀盡人事。牠首先發表一種受任宣言，和一種促各國工人階級組織國際工聯的通告，並宣佈停止朱辣聯合會的職權。至於其牠聯合會和支部如不承認海牙會議的議決案和中央局，是自外于國際黨，將不復視爲黨中的份子。關于停止朱辣聯合會一事，馬克思視爲一大錯誤，因爲此會已自行退出國際黨，不能加以處分。巴枯甯派的聯合會和支部雖與國際黨分離獨立，然此外的聯合會和支部爲數也不少，如能竭誠擁護中央局，國際黨的前途未必無望。可是牠們受了時勢變化的影響，不復措意于此，除美國外，幾乎沒有聯合會及支部向中央局作報告（關于歐洲各國的報告全是由馬克思和昂格思私人擔任的）與繳黨費的，因此這個沒有基礎的中央局便有朝不保夕之勢。

中央局的形勢既如此不佳，牠的唯一希望就是在歐洲召集一個常年大會，共籌大計。牠于是採納昂格思的獻議，決定于一八七三年九月在日內瓦開會，因爲該處的勞動羣衆是擁護中央局的，故昂氏稱之爲『自己的家裏』（參看倍克，曾慈根，昂格思，馬克思等致索爾格等書信錄一〇六至一〇七頁）。但中央局將開會的通告發出後，自己竟籌不出派遣代表的經費，迫不得已，向倫敦找人前往日內瓦代表出席，這樁事將國際黨的衰敗情形和盤托出。馬克思于是月二十七日寫信給索爾格說：『日內瓦會議的失敗是不能倖免的。自從此處知道美國不派代表的時候起，事情便糟了。有人在歐洲極力形容你們是我的傀儡。

所以你們不出席，我們反出席，則反對者所散佈的謠言好像是徵實了。此外又足以證明美國的聯合會只是站在紙面上的。……葡萄牙人，西班牙人和意大利人表明他們在（現今的）狀況之下不能直接派遣代表；德意志，奧大利和匈牙利的消息也是一樣地不好。法國方面的參加更談不到。在這種情形之下，則會中的大多數人必出于瑞士，並且必出于日內瓦本地，這是一定的。』（見同書一二〇至一二一頁。）

日內瓦會議是從九月八日起至十三日止的。預會的代表，除掉德國一人，奧國一人，穆提爾（Moûtier 在朱辣）支部一人，德語瑞士四人外，其餘二十一人都出于日內瓦。即在這二十餘人中還有十三個是由倍克請來撐門面，壯觀瞻的，在實際上並不代表任何支部。至于會中的議決更無足紀，比較重要的，就是決定中央局仍駐美國和下屆常年大會于兩年後（一八七三年）舉行。馬克思此時固已承認國際黨是死去了，所以他在上面致索爾格的信中又說：『依我的意見，按照歐洲的狀況，只好讓國際黨的正式組織退轉去，如果辦得到，則紐約的中央機關不要放手，庶幾一班蠢材如培勒特（Perret）和一班投機者如克洛色勒特（Cluseret）不能奪得這個機關去做投機事業。』（見同書一二一頁。）

索爾格因馬克思和昂格思的叮嚀付託，勉力支持中央局，至一八七四年八月，已精疲力竭，不能不放手了，于是提議將中央局無期的停止開會，所有一切案卷由三個人成立的委員會保管。他的提議未被採納，遂辭去職務，由斯拜爾繼任爲總祕書。昂格思于九月十二日寫信給索氏說：「舊國際黨因你的退出遂完全告終了。這也是好的。舊國際黨屬于〔法蘭西〕第二帝國時代，當時全歐洲所盛行的壓迫使那方才復起的工人運動抑制內部一切爭鬥，而首先呈露一種一致和自制的心理。當時全世界無產階級的共同利益能夠佔首席地位，德意志，西班牙，意大利和丹麥或是方向着這種運動走，或是已經加入這種運動中。就實際上講，當一八六四年的時候，這種運動理論上的特質在全歐洲——這就是說在羣衆中——尚不明瞭。德意志的共產主義還不是以工黨的資格而存在，蒲魯東主義還很軟弱，不能矜炫牠的特別的幻想，巴枯甯新的小零售店簡直還沒有出現于他自己的腦袋中，就是英國工聯的領袖們也相信在規程中所宣佈的綱領可以實現于運動中。一切部分這樣眞實結合起來，必定產生第一種大結果。這種結果就是〔巴黎〕公社，國際黨雖沒有動手去創造牠，然牠在心靈上無條件地是國際黨的產兒，人們要國際黨爲牠負責，也全是對的。國際黨既因公社而成爲歐洲一種道德的勢力，馬上就發生爭端。每個支派都要替自己奪取這種功果。于是不能止住的分裂出現了。有一班八實心預備依向來的黨綱繼續進行，然因妬忌這班八——德意志的共產主義者——的勢力膨漲，遂將比利時的蒲魯東主義者驅入巴枯甯派投機者的懷中。海牙會議在實際上是一條末運——並且是兩派的末運。應用國際黨的名義而尚有可爲的地方只剩着美國，一種幸運的本能將領導機關安置在這裏。現在此處的權威也歸于消滅，再要努力去延長牠的新生命便是愚行，便是妄費氣力。國際黨在一方面——將來「的世界」就在這一方面——支配歐洲的歷史已經十年，回顧自己的工作，也可以自豪了。但在舊形態中牠已經是生存過度。要像舊國際黨的樣子，聯合各國一切無產階級的黨派成爲一個新國際黨，須有工人運動的一種普遍的失敗出現，和一八四九年至一八六四年間所表現的一樣。此外，現在無產階級的世界是太大了，太遼闊了。我相信下屆的國際黨——在馬克思的著作傳播幾年之後——將爲直接共產主義的，並將接受我們的原則。」（見同書一三八至一三九頁。）

昂格思因索爾格退出中央局，發出上面一段議論，是極關重要的，因爲他將國際黨與敗存亡的深遠原因說明出來了。此外，他最後幾句話是希望眞正共產主義的和集權的新國際黨出現，他的希望是中了，不過這不是『下屆的』第二國際黨，而是現今的第三國際黨。考茨基替馬克思的國際黨開幕詞作序，因馬氏批評馬志尼的祕書所提出的黨綱，有那種綱領的目的在作爲歐洲工人階級的中央政府，實不可能的話，便藉此攻擊第三國際黨，說「馬克思在當日斥爲「不可能的」東西，現在竟出現爲第三國際黨，牠的中央政府具有一種無限制的權力，迨爲馬志尼未曾行使過的。」（見馬克思國際黨開幕詞第四頁）其實考茨基這句話不是有心作僞，故意曲解馬克思的意旨，藉遂私圖；就是心粗氣浮，不懂得馬克思主義，因爲馬克思所謂『不可能』，是就當時工人階級的狀況講，不是就主義講的，觀于巴塞爾會議，倫敦會議和海牙會議之際，馬克思都有關于擴充中央局權力的建議，可以知道，觀于昂格思上面的議論，當更明白了。

中央局自索爾格退出後，苟延殘喘，幾及兩年之久。牠和歐洲各國的關係幾乎等于零，至一八七六年，自問已經達到山窮水盡的境界，遂向各聯合會和支部發出一種通告，宣言于是年七月在非列得爾非亞開一個大會，而牠的責任即以各代表集合開會時爲止。歐洲各國向牠作答覆的，只有瑞士一處，其餘的都是充耳無聞。至七月十五日，這個會議開會時，歐洲沒有派遣代表，僅德國社會民主黨委託一個早前到美國的瓦爾斯脫（Walst r）爲代表預會，餘則爲中央局委員十八，和北美聯合會代表十四人。他們共同議決解散國際黨的中央局，並發表一種宣言道：

『同志們！非列得爾非亞的國際會議已經將國際黨的中央局解散，這種組織的外表結合不復存在了。

『各國資產階級又會叫道「國際黨死了」，並且將本其幸災樂禍的心理，指本會的議決爲世界勞動運動失敗的書面證據。我們切不要受敵人叫喊的影響啊！我們放棄國際黨的組織，和歐洲現今的政治狀況是有連帶關係的，但我們却看見這種組織的原則爲全體文明世界進步的工人所承認，所擁護，這就是一種補償。我們予歐洲的工人同志以少許時間，使得鞏固自己國內的事務，他們即刻就會把隔離他們和世界上其牠部分工人的障礙物除去。

『同志們，你們已經將國際黨的原則深深印入自己的心窩中；即使沒有一種組織，你們也會找着方法去擴充你們同志的範圍。你們會獲得新戰士，爲實現吾黨的理想而奮鬥。

你們的美國同志以一事相期許，就是他們將竭盡忠誠，在國內力謀國際黨的勝利，等到情形順利，各國工人再結合攏來共同爭鬥，于是下面的一種呼聲將叫得愈加響亮：

『「各國的無產者聯合攏來啊！」』（見斯節克諾夫第一國際黨史二八五至二八六頁。）

自一八七二年海牙會議以後，國際黨已經是名存實亡，至一八七六年非列得爾菲亞會議以後，國際黨便名實俱亡了。但這只是就牠的軀殼講，至于牠的精神是始終存在，並且日益發揚的。所以馬克思在豪厄爾君的國際黨史（Mr. George Howells Geschichte der Internationalen Arbeiterassoziation）一文中說道：『豪厄爾君從一個褊狹的庸俗人高高在上的觀點出發，向「十九世紀」「受過教育的讀者」揭穿內幕道，國際黨本來不成器，現在是死了。在實際上，德意志，瑞士，丹麥，葡萄牙，奧大利，比利時，荷蘭，和北美形成社會民主諸黨，很少組織在民族範圍之內的，許多國際團體也不復是一些孤立的支部，稀稀鬆鬆地散佈于各國，由一個中央局加以維繫，而是工人們自己在不斷的活動的和直接的交接中，由交換意見，互相幫助和趨赴共同目標這幾點結合起來了。

『自公社失敗後，法國一切工人組織一時自然被破壞，但現在（一八七八年）又開始發展。在另一方面，斯拉夫人，特別是在波蘭，撥門和俄羅斯的斯拉夫人不顧一切政治的和社會的障礙，正在參加國際運動，而他們所達的限度是一八七二年最熱烈的人所不能達到的。所以國際黨並沒有死去，只是由第一個時期轉入一個更高的時期，而牠原來的傾向有一部分是實現了的。在這種進步的發展的過程中，于寫定牠的歷史最後一章之前，牠仍將經過好些變遷啦。」（見新時代雜誌第二十年度一卷五八九頁，巴哈國際黨史料——Max Bach: Beiträge zu einer Geschichte der Internationale）

馬克思既是開創國際黨的主要人物，而黨中的一切重要文件又都出自他的手筆，所以桑姆巴特稱「中央局的各種演說詞和國際黨無數會議中的討論等于研究馬克思主義的歷史觀和馬克思主義的政治一種正式的教課。」（見桑氏社會主義與社會運動二五四頁） 在實際上，國際黨無異馬克思主義的宣傳機關。 現在國際黨的軀殼雖正式消滅，但馬克思主義不獨不隨之消滅，而且愈見發揚，正因為前者的精神「並沒有死去，只是由第一個時期轉入一個更高的時期。」 馬克思主義愈見發揚的證據在那裏呢？ 就在德國無產階級唯一的大政黨——德國社會民主黨——已經奉這種主義為正式黨綱。 因此這個黨的歷史便構成本書下面一章的對象。

第六章　德國社會民主黨

我們要講德國社會民主黨的歷史，當以全德工人聯合會爲出發點，關于此會的起源，成立和拉塞爾當選爲第一屆會長等事，本書第一册拉塞爾一章已經說過，茲不再贅，特從拉氏死後這個會的情形講起。

拉塞爾死時（一八六四年八月）的囑咐，是令伯卡德·倍克（Bernkard Becker）擔任全德工人聯合會會長一職。然倍克是一個毫無能力的人，完全要受哈慈費爾德伯爵夫人的支配，而伯爵夫人復利用自己的財力和地位，把持會務，不使會中進行的事件，絲毫違背拉氏生前的意旨。又加以會中的重要份子互相猜忌，互相水火，故會務沒有什麼大起色。

倍克對于全德工人聯合會會長一職，既不能勝任愉快，至一八六六年一月就有脫爾克（Tölcke）繼他的任做會長，脫氏的才幹遠過于倍克，然當時聯合會拙于財力，也不能有大作爲。是年六月，白爾（Perl）繼脫氏之後，當選爲會長，至一八六七年，石衞茨乂繼白爾之後而爲會長了。石氏出生于佛郎克佛，爲人精明幹練，喜與工人接近，但一八六二年因一件鷄姦男孩案而被判處徒刑，他雖否認有這種行爲，名譽上却受了損失。當拉塞爾在世時，看出他是一個人才，很願意他入會，可是佛郎克佛的會員羣起反對，拉氏乃令其加入萊比錫的支部，並加入聯合會的委員會中。當石氏做聯合會會長時，很喜專權，而又常黨于畢士馬克，因此受議會內會外的攻擊。至一八七一年，他自己也弄得精疲力竭，意懶心灰，以爲與其再任會務，不如去劈木材，打石頭，還好得多，因宣佈辭職，而哈森克列衛(Hasenclever)于七月一日當選爲會長。到了一八七五年，全德工人聯合會與社會民主工黨(Die sozialdemokratische Arbeiter-Partei)合併，成爲德國社會主義工黨。我們于敍述這種合併事件之先，當講一講社會民主工黨的歷史。

自拉塞爾等于一八六三年創設全德工人聯合會後，一般受進步黨支配的工人聯合會旋即在佛郎克佛組織一個共同機關，名爲德意志工聯總會(Verband Deutscher Arbeitervereine)，意在和拉塞爾派對峙，藉作資產階級的堡壘，而柏柏爾且爲總會常川委員會委員之一。柏氏因受李卜克內西的影響，變成一個社會主義者(參看本書第二册一一二頁)，在德意志工聯總會中很佔勢力，因此這個會便一步一步離開進步黨而轉入社會主義一途了。當德意志工聯總會于一八六五年在司徒嘉德開會時，已逆着進步黨的主張，宣佈要求普通選舉權，至一八六六年且公然表示反對舒爾慈代立池的經濟計畫。迨一八六八年努連堡開會時，因柏柏爾和李卜克內西的努力，遂採納國際黨的黨綱；同時並議決創辦一種民主週刊，作爲機關報，歸李氏主持。

柏柏爾和李卜克內西一派與石衛茨一派本來是互相水火的，柏李兩氏因這種現象究非無產階級之福，力謀兩派的團結，乃于一八六九年六月十七日在民主週刊上發佈一種宣言，定于八月七日在挨塞那哈開一個聯合大會。這種宣言是由全德工人聯合會六十三個會員，德意志工聯總會一百零六個會員，和國際黨日內瓦支部兩個黨員署名的。當開會時，石衛茨派到代表一百十八人，反對派到代表二百六十二人，此外，還有奧大利和瑞士的代表。然開會之後，兩派對于事務部的選舉，已起劇烈的爭端，無法調和，因即閉會。反對派于是重新開會，議決組織一個社會民主工黨，並將民主週刊改爲民國報，每星期出版兩次，作爲黨的正式機關報。至于從前的德意志工聯總會于這次會議後，也開會一次，即行解散，牠的會員一律加入社會民主工黨。今特將這一黨的黨綱紀錄于下：

甲、社會民主工黨力求組織一個自由民國。

乙、凡社會民主工黨黨員負有竭全力主張下列各根本原則的義務：

一、現今的政治狀況和社會狀況的不良達于極點，應以最大的力量與之抗爭。

二、勞動階級解放的爭鬥不是一種階級特權和優先權的爭鬥，而是一種爲同等權利和同等義務的爭鬥，一種爲剷除一切階級統治的爭鬥。

三、工人對于資本家經濟上的倚賴構成每種形態奴役的基礎，因此社會民主工黨力求剷除現今的生產方法（工資制度），藉協作勞動之力，使每個工人獲得充分的勞動收入。

四、政治的自由是勞動階級經濟解放萬不可少的先決條件。因此社會問題和政治問題不能分離，前者的解決實有賴于後者，並且只有在民主主義的國家中這種解決才是可能的。

五、工人階級要共同一致從事爭鬥，牠的政治上和經濟上的解放才有可能，社會民主工黨念及這一點，故有一種一致的組織，且使每個人能運用自己的力量替全體謀幸福。

六、勞動的解放既不是一種地方事業，也不是一種民族事業，而是一種社會事業，凡有近世社會存在的國家都包括在內，社會民主工黨念及這一點，特于聯合律許可的範圍內，自視爲國際黨的支部，信仰國際黨所努力奮鬥的事業。

丙、社會民主工黨以下列各項爲煽動中最切近的要求：

一、凡年滿二十歲的男子當賦予普通的，平等的，直接的和秘密的選舉權，使得參加國會，各聯邦議會，省議會，市議會以及其牠一切代表團體的選舉。對于被舉出來的代表當有充足的日給費用的保障。

二、由人民舉行直接立法（這就是指提案權和否決權）。

三、凡閥閱特權，產業特權，門第特權，和專業特權都當取消。

四、組織國民軍去代替常備軍。

五、將教會與國家，學校與教會分離出來。

六、國民學校中的強迫教育，和一切公共教育機關的免費教育。

七、審判廳的獨立，設立陪審官制審判廳和專業審判廳，並實行公開的和口頭的訴訟程序，與免費的裁判。

八、剷除一切（限制）言論，集會和結社的法律；規定標準工作日；限制婦女勞動，禁止兒童勞動。

九、剷除一切間接稅，實行一種唯一直接的累進所得稅與遺產稅。

十、在民主主義的保障之下，由國家推行協作制，並替自由的生產協作社作信用上的擔保。

以上的黨綱是以德意志工聯總會的綱領爲藍本，牠的內容與全德工人聯合會的綱領相同之點極多，所以墨爾林批評道：『當李卜克內西說共產主義最後的結果都含在挨塞那哈黨綱中，固然是對的，然脫學克說挨塞那哈的黨綱在大體上就是拉塞爾派的綱領，也一樣是對的。』（見墨氏社會民主黨史第三卷三六七頁）至于馬克思對于這種黨綱自然是不會滿意，但當時似乎不甚重視社會民主工黨，所以在致昂格思的信中雖偶然提及這一黨，並沒有贊否的表示。不過挨塞那哈黨綱有一部分後來加入哥達黨綱中，受馬克思嚴厲的批評，由此可以窺見馬氏的態度了。

社會民主工黨與全德工人聯合會在主義上雖沒有很大的歧異，然這兩派是互相仇視，互相攻擊的。但自石衛茨于一八七一年辭職，哈森克列衛繼任全德工人聯合會會長後，兩派的嫌隙較前稍微減少了。旋因受環境的壓迫，雙方都覺悟到同階級的黨派應當同心禦侮，不宜同室操戈，遂盡棄前嫌，互相聯合，于是有一八七五年五月二十二日至二十七日哥達大會的出現。全德工人聯合會有七十三人代表一萬五千三百二十二個會員預會，社會民主工黨有五十六人代表九千一百二十一個黨員預會。會議的結果，雙方甚爲融洽，兩派由是合併爲一黨，名爲德意志社會主義工黨，牠的黨綱如下：

甲、勞動是一切財富和文化的泉源，普通有用的勞動既只有藉社會之力才是可能的，所以一切勞動生產物都屬于社會，這就是說，都屬于社會全體人民，以普遍的義務而享同等的權利，各人可按照他合理的需要，（而取得生產物）。

在現社會中，各種勞動工具爲資產階級所壟斷，因此構成勞動階級的倚賴，這種倚賴就是一切形態的痛苦和奴役的原因。

勞動的解放要求將勞動工具變爲社會的公產，並且用協作的方法去支配全體勞動，對于勞動的結果則須爲公共的利益而應用，依公平的方法而分配。

勞動的解放必須爲工人階級的事業，其牠一切對抗的階級不過是一種反動的羣衆罷了。

乙、德國社會主義工黨基于此等根本原則，力求依一切合法的方法，去組織自由的國家，和社會主義的社會，藉剷除工貲勞動制之力，去打破工貲鐵律，並且消滅各種形態的掠奪，除去社會上和政治上一切不平等的事。

德國社會主義工黨雖首先活動于國家範圍之內，然却知道工人運動所具的國際性，並且決定履行這種運動所加諸工人身上的一切義務，藉以實現人類的友愛。

德國社會主義工黨因爲預備解决社會問題起見，要求在勞動人民民主主義的管理之下，藉國家的幫助，組織社會主義的生產協作社。此等生產協作社是爲工業和農業而創設，規模宏大，以後全體勞動的社會主義的組織都導源于此。

德國社會主義工黨要求以下列各條作爲國家的基礎：

一、凡年滿二十的國民在國家及公社的選舉和投票中，都有普通的，平等的和直接的選舉權及投票權，並且採用祕密的責任投票制。凡選舉或投票日期必須爲星期日和休業日。

二、由人民直接立法。由人民決定宣戰及媾和。

三、普遍的軍役。　用國民軍去代替常備軍。

四、取消一切例外的法律，特別取消那些（限制）出版，結社，和集會的法律；即限制言論自由，思想自由和研究自由的法律也當在廢除之列。

五、由人民掌握裁判權。　裁判事務不得徵費。

六、由國家施行普遍的和平等的國民教育。　普遍的入學義務。　一切教育機關都為免費的教育。　宣佈宗教為私人的事業。

德國社會主義工黨要求在現社會之中實行下列各條：

一、依據上列的要求，極力擴充政治權利和自由。

二、國家和公社徵收一種唯一的累進所得稅去代替現有一切病民的間接稅。

三、無限制的結社權。

四、規定一種適合社會需要的標準工作日。　禁止星期日的勞動。

五、禁止兒童勞動，和一切有礙衛生及道德的婦女勞動。

六、工人生命和健康的保護法。　工人住所衛生的管理。　由工人所舉的委員監督礦山，工廠，工場和家庭工業。〔制定〕一種有效的負責條例。

七、〔制定〕監獄勞動的章程。

八、一切勞動基金和義賑基金完全〔由工人〕自行管理。

以上的黨綱是大會前由雙方預先擬就的，布拉克並將這種草案遞送倫敦，徵求馬克思和昂格思的意見。馬克思于是對之下一種嚴厲的批評，這就是他的有名的社會民主黨哥達綱領批評。同時他又草就一信，連同這種批評寄給布拉克，轉寄李卜克內西和柏柏爾等。馬克思表示不贊成社會民主工黨與拉塞爾派為讓步的合併，因為他認前者的黨綱雖不完善，然已含有共產主義的種子，差強人意，至于後者則已成為一個固守門戶的私派，將在歷史的發達中自行消滅，用不着俯就其主張，致弄出這種非驢非馬的黨綱。「我的義務不便對于我所深信為完全可嘗議的和敗壞黨務的黨綱，緘口不言，致同默認。每一步實際的運動比一打黨綱還重要。大家要是不能——現時的狀況也不許——超過挨塞那哈的黨綱，便當簡單協定一種一致的行動去對付公共的敵人。但一訂出黨綱（此事本當待至許久的共同行動之後），便在世人之前標出了界石，而世人將以此去測量黨的運動的高度。拉塞爾主義者的領袖所以過來，是爲現狀所強迫。要是預先向他們宣佈不能討論原則上的問題，那他們必定以協定一種共同行動的行動計畫或組織計畫爲滿足。不此之務，却讓他們挾着委任狀出席，並承認這種委任狀爲有效，因此屈服于這些急需援助者之下。他們爲佔上風計，復于調和會議（指哥達會議）之前開一個會議，而正式的會議反開在後。……大家以爲一般工人對于這種聯合的事件是何等滿意，如果不相信購取這種眼前的結果所費太多，那便弄錯了。此外，這種黨綱除掉拉塞爾信條的神聖話語外，是一無所用的。」（見曾爾和蒙伯特編的經濟學研究選刊第十二卷下集一三七頁）馬克思最後這句話可算是他對于哥達綱領的總評，至對于其中謬誤之處與矛盾之點，分條分句駁斥，尤爲詳盡透澈，今特擇要介紹于左。

馬克思對于哥達綱領的起首一句批評道：「勞動不是一切財富的泉源。自然也恰和勞動一樣，是使用價值（實在的財富也是由這種使用價值而成的！）的泉源；勞動自身只是一種自然力——即人類的勞動力——的表現。……我們現在就讓這句話站着。大家所希望的結論是什麼呢？顯然是：「勞動既爲一切財富的泉源，則（各人）在社會中除掉（收取）勞動的生產物外，便沒有人能夠據有財富。　因此一個人自己如果不去勞動，依賴別人的勞動爲生，而他所得的文化就是犧牲別人的勞動。」』（見同書同卷下集一三八至一三九頁。）

哥達綱領第一句既有語病，而第二句和結論尤甚，所以馬克思說：『照第一句講，勞動爲一切財富和文化的泉源，則沒有一個社會是能夠缺少勞動的。　我們現在所見的却適得其反；沒有「有用的勞動是能夠缺少社會的」。……有用的勞動既只有在社會之中（按「在社會之中」數字是草案中的話，哥達會議中已刪去），藉社會之力，才是可能的，所以勞動的收入便屬于社會，而各個勞動者所得的分子只是維持勞動「條件」——社會——所不需的。就實際上講，在各種時代中，一班擁護當時社會狀況的人也曾經應用過這句話。　第一就是政府的要求，因爲牠是維持社會制度的社會機關；繼則爲各種私產的要求，因爲各種私產是社會的基礎云云。　大家可以看出這種空洞的句子可以隨人應用。』（見同書同卷下集一三九至一四〇頁。）

哥達綱領的第一節既是語弊百出，而第二節尤不免『效顰西施』之誚，馬克思說：『那從國際黨黨綱借來的句子在這種「訂正」版中也是錯的。　在現社會中勞動工具是爲地主

（地主的壟斷是資本壟斷的基礎）和資本家所壟斷。國際黨的黨綱關于這一節沒有指出這一階級的壟斷者，或那一階級的壟斷者。牠所說的是「勞動工具——這就是說生活泉源——的壟斷。」「生活泉源」這種補助句子便足以指出土地是包括在勞動工具中間的。」（見同書同卷下集一四一頁。）

哥達綱領的第三節，草案原爲『勞動的解放要將勞動工具提作社會的公產』，馬克思以爲『提作』（Erhebung）不妥，應改作『變爲』（Verwandlung），關于這一點，哥達大會是照辦的。又他對于這一節中所謂『勞動的結果』一語，斥爲太泛，因爲這是指勞動的生產物講，還是指勞動生產物的價值講呢？如果是指價值，那麼，這是指全部價值講，還是指勞動所生產的一部分價值講呢？此外，他對于此節所謂『公平分配』，便問『公平』的標準何在，並且引用第一節中所謂『勞動的結果屬于社會中一切人民，按照同等的權利，毫不短少，（分配于人民）』，（按此爲草案中的話，哥達大會已加修改，如上文所載）幾句話，大下批評，同時並表示他對于將來共產社會中分配問題的意見，大致是，在共產的初期，勞動者于支付應納的一切公費外，當取得充分的報酬，不能遽言及同等的分配，要到了共產第二期，才可以實行各盡所能，各取所需的原則。

馬克思發表他對于分配問題的意見後，接着就批評哥達綱領第四節道：「起首一句出于國際黨黨綱的首數字，但是「改正過的」。該處所說的是「工人階級的解放必爲勞動者自身的事業」；反之，此處却要「工人階級」去解放「勞動」，這是什麽話呢？誰能夠捉摸牠。在另一方面，下面的陪句純粹是徵引拉塞爾的話，就是：「其牠一切對抗的階級只構成一種反動的羣衆。」共產黨宣言上說：「在現今和資產階級對抗的一切階級中，只有無產階級是眞正革命的階級。其牠階級因大工業而日趨毀敗，無產階級則爲大工業自身的產物。」此處把資產階級看做對抗封建主義者和中等閥閱（Mittelständen）的革命階級——即負有發達大工業的使命者——至于那些封建主義者和中等閥閱對于陳腐的生產方法的形態所造成的社會上一切地位是願意保持的。然牠們構成一種反動的羣衆，却不是和資產階級在一起的。在牠方面，無產階級對抗資產階級而爲革命者，因爲牠自己是由大工業的地皮上生長出來的，牠是力求剷除生產中資本主義的特質，而資產階級則努力保持這種特質。但共產黨宣言又指明：「各中等閥閱……看見自己行將降入無產階級，就會變成革命的。」從這一點看來，說牠們和資產階級及封建主義者對抗無產階級，「只構成一種反動的羣衆」，這又是沒有意義的話。』見同書同卷下集一四七頁。）

馬克思于指出（甲）項中各節的疵點後，又進而批評（乙）項中所謂『工資鐵律』，『生產協作社』，和『自由國家』。他對于前兩者所發的議論已引入本書第二册拉塞爾一章（參看第二册一八八，一八九，和一九〇頁），茲不贅述，對于後者所說的是，在資本主義的社會與共產主義的社會中間，有一個政治的過渡時期，此時的國家形態是無產階級革命的專政，無所謂自由的國家。此外，哥達綱領中的要求多爲資產階級自由派的口頭禪，沒有十分重大的價值，所以馬克思說：『牠的政治上的要求，除掉包含一些舉世都知的民主主義舊祈禱文外，別無所有：如普通選舉，直接立法，人民權利和國民軍等等。這只是資產階級民黨的響應聲，這只是和平聯合與自由聯合的響應聲。這些要求如不是在幻想的觀念中誇示出來的，便盡是一些曾經實現的要求。不過實現這些要求的國家，不在德意志國內，而在瑞士和美國等等。這種「將來的國家」就是現在的國家，不過是生存于德意志「範圍」以外罷了。』（見同書同卷集下一五五頁。）

馬克思上面一段話是批評哥達綱領中第一列前四條的要求，旋又批評五，六兩條對于教育和司法的要求道：『平等的教育呀？ 大家在這種話中所幻想的是什麼呢？ 大家相信在現社會中（大家只能涉及于現社會）一切階級的教育能夠平等麼？ 大家或者是要求強迫各上等階級只得受少許國民學校的教育麼？ 至于這種教育不獨是和工資勞動者的經濟狀况相適合，並且是和農民的經濟狀况相適合的。 「普遍的入學義務。 免費的教育。」 第一項本出現于德國，第二項則出現于瑞士和美國的國民學校中。 美國有幾邦的高等教育機關也是「不徵費的」，在實際上這只是從一般賦稅的款項中替各上等階級支付教育費。 此外，第五條要求「免費的裁判」，情形正復相同。 刑事裁判是到處免費的；民事裁判差不多只是關于財產的衝突，因此，差不多只涉及各有產階級。 牠們的訴訟也當由人民的款項來擔負麼？』（見同書同卷下集一五六至一五七頁。）

可是哥達綱領對于教育方面的要求所暴露的弱點，還不止于上節所說的，所以馬克思接着又說道：『對于學校這一段至少應當要求技術學校（理論的與實習的）和國民學校連結攏來。 「由國家施行國民教育」這句話是完全可訾議的。 用一種普遍的法令去規定國民學校的基金，教員的資格，教課的種類等等，以及由國家視學員去監督這些法令的執行——例如美國已實行這一着——此事和所謂國家爲國民教育者完全不同！政府與教會對于學校的每種影響是當同樣拒絕的。……整個的綱領雖有許多民主主義的聲調，然却爲拉塞爾私派對于國家的臣服信仰（Untertanenglauben）所污染，或者——這也不能較好——爲民主主義的神祕信仰（Wunderglauben）所污染，或者還是爲這兩種和社會主義相去一樣遠的神祕信仰的混合物所污染。』（見同書同卷下集一五七頁。）

以上三段是就第一列各條說的，至于第二列各條非綱領中的重要部分，故馬克思也沒有詳細的批評，我們今特介紹他對于四，五兩條的意見如下：『別國的工黨沒有這樣空泛的要求，只是在當時的狀況之下，按照經常的標準，規定工作日的長短。……規定工作日必須將婦女勞動的限制——關于工作日的長短，休息等等——一起包括在內；否則牠只能指將婦女勞動排出于那些有傷婦女身體或有傷女性道德的工作種類之外。如果是指這一層，便當說明出來。……一概禁止兒童勞動是大工業的生存上所不能堪的，因此這便成爲一種虔誠的空願。當可能的時候，貫徹這種主張，便成爲反動的，因爲按照年齡不同的等級，嚴密規定勞動時間，並且以特別謹愼的方法去保護兒童，則早年和生產的勞動結合而輔之以教育，這是改變現社會最有力的方法之一種。』（見同書同卷下集一五八頁。）

此外，馬克思對于哥達綱領還有批評之處：如所謂『知識自由』，他以爲這一條已載入普魯士憲法中，用不着抄襲出來；所謂『良心自由』，他以爲這是資產階級宣傳宗教的聲調，一個無產階級的黨用不着隨聲附和；所謂『工人階級爲着自己的解放首先活動于現今民族國家的範圍之內』，他以爲這是拉塞爾把工人運動限于最狹義的國家範圍的見解，非常荒謬——這幾點在哥達大會中或是删除了，或是改正了。至于馬氏認爲其牠不妥之處，尤不勝枚舉，因不關重要，我們也不再說了。

馬克思上面的書信和批評于一八七五年五月五日發出，而哥達大會于是月二十五日才舉行，德意志社會民主工黨要是肯聽馬氏的話，主張將兩派所訂草案中謬誤之處去掉，本還來得及。況且昂格思因柏柏爾爲此事徵求意見，已于三月二十八日復一長函（參看柏柏爾我生回顧錄第二卷三一八至三二四頁），內中批評哥達綱領草案之處，雖不及馬克思的詳盡，然大致是相同的，社會民主工黨的領袖如果有意設法修改，自可從長計議。可是他們與拉塞爾派合併的心思甚切，無暇顧及黨綱的謬誤，只一味遷就對方的意思，免致分離。因此，李卜克內西將馬克思的書信及批評祕不發表，自以為是因黨務的發達，不得不如此，所以他後來說：「我們將書信確切審查過，我個人和他為長久奮鬥的同志，是他的學生，和他在倫敦備嘗亡命客的滋味，我得稱為他的學生和朋友，常以此自豪——我曾提出一個問題于自己之前，就是：我們現在照馬克思所志所願的方法做去，果有益于本黨麼？　他在理論上反對這種草案的話，是一字一句正確的，關于這一點，我當時和現在一樣，確切知道；但理論與實行是兩樁事，所以我雖對于馬克思在理論上的批評具有無限的信仰心，然在實行上却自取途徑。　我曾自問道：照馬克思所要求的黨綱，　現在能夠貫徹麼？　我于細心考慮之後，確信此事的不可能，然和馬克思有暫時決裂的危險——決裂之事也曾出現，不過歷時不久——我于是宣言道：此事辦不到，我敬仰馬克思，但我更敬仰本黨！」（見斯巴哥馬克思的生平及其事業德文本三〇三頁。）

當馬克思和昂格思看見哥達綱領草案時，十分詫異，並非常忿怒，因為照這種黨綱看來，則德國無產階級的運動，大有每况愈下之勢，瞻觀所繫，殊覺減色，所以昂格思在是年三月二十八日致柏柏爾的信中說：『就大體講，一個黨的正式黨綱，不及牠所做的事業的重要。然一種新黨綱總是一面公然標出的旗幟，外界將以此爲標準去批評這一黨。因此這種黨綱至少也不應比挨塞那哈（的黨綱）退轉去。大家也應當想一想，別國的工人對于牠將發出何種議論；德意志全社會中的無產階級這樣屈服于拉塞爾主義之前，將發生何種印象啊。』（見柏柏爾我生回顧錄第二卷三二三頁）昂氏不滿意的表示還不止此，因這種黨綱的出現，使自己和馬克思陷于困難的地位，大有與新黨斷絕關係的意思，所以他在同信中又說：『這種黨綱要是被通過，則馬克思和我決不能承認建築在這種基礎上的新黨，我們必定嚴重考慮對于牠將取何種態度，並且將公然宣佈出來。——你試想一想，在外國的人對于德意志社會民主工黨的一切言論和行動，都以爲是由我們負責的。巴枯甯在他的政治與無政府（Politik und Anarchie）一文中就作這種觀察，凡李卜克內西自創辦「民主週刊」以來所發表的未經思索的話，我們都必須負責。一般人懷着幻想，以爲我們從此處宰制（黨中的）全部歷史，其實你我都知道，我們對于黨內的事務，差不多從來絲毫沒有干涉，只對于我們認爲曾經弄出的錯誤——這也只是關于理論方面的——力圖補救。但你自己會看出這種黨綱構成一個轉向點，很容易逼迫我們對于黨卸去一切責任。」（見同書同卷三二二至三二三頁。）

馬克思和昂格思所極不滿意的綱領竟在哥達大會中通過了，他們對之不能不抱悲觀，然在實際上，以後黨務的發展，却有令他們樂觀之處。因爲拉塞爾派雖一口咬定要採納拉塞爾主義，並且在哥達大會中獲得勝利，然李卜克内西和柏柏爾一派的人却是手腕靈敏，能夠亡羊補牢，故旋在實際上占得上風。柏柏爾于是年九月二十一日寫信給昂格思說：「大會所議決的是所志所願的外表。此舉表出牠方面一種可怕的淺腸狹肚的樣子和一部分執拗的態度，大家要是不願意使那鬧得很熱鬧的聯合大會毫無結果而散，致爲反對者所快意，而貽黨中以最大的羞辱，那麼，大家對待這些人必須和對待磁料偶像一樣。然畢竟于用人的問題，使我們能夠有一種滿意的結果。此後對于那淺腸狹肚的樣子以及個人的妄自尊大心雖還有些爭鬥，然我們的動作要是靈敏，則這種爭鬥將無傷于全局，而現今一部分反抗的份子于兩年之後將另具一種完全不同的精神，這是我所不疑的。全局（的事務）是一個教育問題。這一般人浸潤于拉塞爾和石衛茨的精神中八九年之後，不願意即刻相安于另一種方法中，此處所需要的是忍耐。……就大體講，我們對于黨務的進行，能夠十分滿意，到現在大家才看出從前的爭鬥耗費了何等氣力，黨中現在財政狀況的良好是從前所沒有的，現雖遇着工商業不振的時候，然黨費却如期收入。』（見同書同卷三三五頁。）

昂格思于十月十二日答覆此信，雖對于黨綱的謬誤，猶深致不滿，然因黨務進行很順利，外界復沒有攻擊的論調，他和馬克思也樂得默爾而息，不必有所表示。『全部（黨綱）無頭緒，無線索，不合邏輯，令人齒冷，達于極點了。資產階級的報館中要是有一個有批評能力的人，必定將這種黨綱一句一句查驗過，將每句實在的內容探討出來，將內中無意識的地方明白暴露于世，將內中矛盾之點和關于經濟上的謬誤……加以發揮，使吾黨全體成爲一個可笑到萬分的黨派了。然資產階級報館的驢子計不出此，却以完全莊嚴的態度，承認這種黨綱，並且將內中所沒有的東西爲之加入，指牠含有共產主義的意味。一般工人似乎也持同一態度。馬克思和我對于這樣的黨綱能夠不公然否認，完全是由于（外界）這種情形。我們的敵人以及一般工人既誤認這種黨綱爲出于我們的見解，此舉便可以使我們緘口不言了。……至于說全局的事務是一種教育的實驗，在這種狀況之下，此事也會有一種很順利的成功之望，你完全是對的。這種聯合如果保持到兩年，便有一種大結果。可是這樣的聯合毫無疑義地本當以較廉的代價換過來。』（見同書同卷三三七至三三八頁。）

德國社會主義工黨在最初的黨務進行中已十分順利，在以後兩三年中的經過，恰和昂格思所猜想的一樣，更產生『一種大結果』。『黨中自一八七五年六月八日至一八七六年八月十日的總收入，計五萬八千七百六十三馬克，又十七分尼，八個支月薪一百三十五馬克的宣傳者極力爲傳播社會主義的思想而活動；四十六個支取全薪的職員以新聞記者等等的資格而活動，此外還有七十七個特種演說者，預備爲宣傳而呼號奔走。黨中的報紙從十一種增至二十三種；爲着使被警察禁止的地方的黨員履行他們財政上的義務起見，特刊行一種小報，每月出版一次，名爲選舉者（Der Wähler），每分售二十分尼。國民報與新社會民主報〔按後者爲全德工人聯合會的機關報〕現在都消滅了，而代以萊比錫的進步報，這是黨的中央機關報，由李卜克內西和哈森克列衞負編輯的責任。至于此後在形態上組織散漫的狀況中所產生的結果，可于一八七七年五月二十七日在哥達所開的第二次社會主義者會議中證實出來。一八七七年一月十日的選舉使（黨中）國會議員的數目增至十二八，而社會民主黨的票數增至四十八萬六千八百四十三票。此時黨中有四十一種談政治的報，還有十四種具有社會主義精神的工聯報。據呈遞到會中的賬目看，自一八七六年八月十一日至一八七七年八月三十日黨的收入有五萬四千二百十七馬克，又六十分尼，然全黨犧牲的志願就可在這種數目中表現出來。單是在亞爾多納斯托馬（Altona-Stormarn）的選舉團體中，因選舉競爭化去三萬馬克。」（見施雷德德國社會民主黨組織史二七至二八頁，一九一二年出版。W. Schröder—Geschichte der sozialdemokratischen Parteiorganisation in Dentschland. Dresden)

德國社會主義工黨在成立兩三年內的發展既有一日千里之勢，而黨中一般領袖復對于政府取一種攻擊的態度，因此驚動了那位鐵血宰相畢士馬克，處心積慮，要及時予以撲滅。適值一八七八年五六兩月發生兩起行刺德皇的案子，畢氏遂藉為口實而大施其摧殘無產階級運動的政策。我們現在先敘述這兩樁事的經過，然後講畢氏對付的手段。五月十一日德皇威廉一世乘馬車經過一處地方，有一個叫做霍德爾（Hödel）的，向之連發手槍數響，德皇却未受傷。迨兇手被捕後，一時喧傳他是德國社會主義工黨的黨員；畢士馬克在佛利德利系斯儒洛（Friedrichsruh）聞訊，即致電柏林政府，預備用非常法令去對付這一黨。講到霍德爾，係一個私生子，曾習錫匠業，本于是年在萊比錫加入德國社會主義工黨。但他素來招謠撞騙，並且行竊，在萊比錫替黨銷售報紙，因復行撞騙，被驅逐出黨，並于五月九日在進步報上明白宣佈過。這種行刺案和德國社會主義工黨簡直絲毫沒有關係；可是畢士馬克借題發揮，特于是月二十日提出一種取締社會主義工黨暴動的法令，要求國會通過。當時國會中的社會主義者力加反對，固不待言，即資產階級的自由派也窺見畢氏的用心不獨在一網打盡國內的社會主義者，並且還要推倒自由派，實行他的保護稅則和鐵路國有的政策，所以也取同一態度。因此國會對于此案的投票，贊成者只六十票，而反對者乃多至二百四十三票，遂被否決了。

畢士馬克因國會否決他的提案，心中大不高興，可巧六月二日又有一個諾佛靈（Nobiling）博士用槍轟擊德皇，致受重傷的事出現。據柏柏爾告訴我們：「當畢士馬克接到這種消息，與高彩烈地叫道：我現在拿住了這一班八——民族自由派——我現在要把他們抵在牆上，使他們叫苦；（他說了這些話之後），才詢問那位爲諾俾靈槍擊而受重傷的皇帝的康健情形。』（見柏氏我生回顧錄第二卷四一三頁）諾俾靈出身于資產階級，素來反對德國社會主義工黨，就是在審判中也沒有發見這一黨直接或間接和行刺案有絲毫關係。但畢士馬克含沙射影，暗箭傷人，利用權勢與金錢，收買許多報館，叫牠們向民衆散佈種種陷害社會主義工黨的謠言，稱這一黨爲暗殺黨，破壞黨，說牠要使羣衆打破上帝，國王，家庭，婚姻，和財產等等。同時又促德皇解散國會，實行他對于自由派與社會黨雙管齊下的計畫。迨新國會成立，畢士馬克便操得勝算，因爲保守派和中央派的議員人數大增，而社會主義工黨的議員前爲十二人，此時減至九人，民族自由派的議員前爲一百三十七人，此時減至一百零六人，進步黨的議員前爲三十九人，此時減至二十六人。至十月二十一日，新國會果然通過一種取締社會主義者的法律，內中所規定的是：『凡以社會民主主義，社會主義，或共產主義的企圖去推翻現存國家和社會制度爲目的的黨會，都在禁止之列。凡有這種企圖出現的集會當及時禁止或予以解散，凡具有同樣傾向的印刷物，以及爲促成社會主義的企圖而徵集捐款，都在禁止之列。……各地方如有因社會主義的企圖，將危及公共安寧之事，可將這種認爲有害治安的人驅逐出境。」（見達馬士革國民經濟學史第二卷一七三頁。）

取締社會主義者的法律既由國會通過，畢士馬克正是如願相償，便藉此大施其壓制手段。

這種法律自一八七八年十月底施行，至一八九〇年九月爲止，予德國社會主義工黨以一種絕大的打擊，觀于柏柏爾一八九〇年在哈勒（Halle）大會中的報告，卽可見一斑。然墨爾林對于此事的紀載尤爲正確：「就大略統計起來，在〔取締〕社會主義者法律之下，有一千三百種定期或非定期出版物被查禁，三百三十二個種類不同的工人組織被封閉。從戒備地帶被放逐的有九百人，內中負有贍養家室義務的超過五百人：計柏林二百九十三人，漢堡三百十一人，萊比錫一百六十四人，佛郎克佛七十一人，斯德丁（Stettin）五十三人，斯普棱堡（Spremberg）一人；在歐芬巴哈（Offenbach）則黑森（Hessisch）政府以驅逐非本地的德國人爲止。審判機關所判處的徒刑合計約一千年，而分受此刑的人共有一千五百名。所有這些數目固近于實際，然尙不足以盡量形容此等毀滅人類幸福和人類生命的事實，無數烈士——他們是因資本主義的或警察的磨折從自己可憐的家中逼迫出來的——都因此而受亡命的困苦和早年的夭折。」（見墨氏德國社會民主黨史第四卷三二五至三二六頁。）

德國社會主義工黨受了政府這樣嚴厲的壓迫，一切組織都被破壞，一切出版物都被封禁，國內已經沒有活動的餘地，于是許多重要份子逃往瑞士，擬創辦一種社會民主報，就近運入德國，作爲祕密的宣傳品。柏柏爾特爲此事致書昂格思，請他和馬克思加入發起和編輯人之列。他們鑒于黨中從前的機關報將來雜誌（Die Zukunft）的論調不可靠，而主持社會民主報的人又有這個雜誌的份子，所以拒絕參加。我們于敍述此事之前，須將辦將來雜誌的人物說一說。

這種雜誌是一八七七年十月一日出版的，雜誌的經費係由佛郎克佛一個銀行家的兒子合換柏格（Höchberg）一人擔負。他原是一個幻想家，並不懂得社會主義，所以出錢爲德國社會主義工黨辦報，只是出于沽名釣譽的心理。合氏親自主持此雜誌，後來又請到一個銀行事務員卡斯天當祕書，爲雜誌做論文，此外還有一批人加入作者之列。他們的論調和馬克思與昂格思的見解相去甚遠，所以他們向馬昂兩氏要求作品，均被拒絕。馬克思于一八七七年十月十九日在致索爾格的信中說，德意志社會民主工黨『自與拉塞爾派調和後，又有和其牠方面調和之事，在柏林……則與杜林及其「崇拜者」調和，此外並與一批半成熟的學生及過于聰明的博士聯合一起，他們要以一種「更高理想的」轉換點給予社會主義，這就是說，要用近世神話及正義，自由，平等，博愛，這些女神去代替物質的基礎（當大家願意對于這種物質的基礎有所行動時須有嚴密的客觀的研究）。編輯將來的合換柏格博士就是這種潮流中的一個代表，他已經仗着財力，加入黨中了。……他的將來的計畫本很可憐，表現于世，幾乎再沒有一種更「謙遜的傲慢」的樣子。」（見倍克，畓慈根，昂格思，馬克思等致索爾格等書信錄一五九頁）我們看了這段話，便可以知道馬克思和昂格思對于將來雜誌這批人是怎樣地不滿意了。

可是擔任社會民主報編輯事務的人又為將來雜誌的人，宜乎馬克思與昂格思不肯與之合作，後雖經柏柏爾屢次致書昂氏，解釋疑惑，請求贊助，終無所成（參看柏氏我生回顧錄第三卷五一至八九頁，柏昂兩氏關于此事的書信）。現在特借馬克思于一八七九年九月十五日致索爾格的信說明他和昂格思拒絕參加社會民主報的經過。

「柏柏爾寫信給我們，說大家要在汎利克創辦一種機關報，要求我們列名于編輯者之中。〔他〕向我們指定希爾士（Hirsch）為負責的〔正〕編輯。我們承認此議，我並且直接寫信給希爾士（當時在巴黎，旋在此第二次被驅逐），請他擔任編輯事務，因爲只有他，我們就相信，對于一般博士，學生，及講壇社會主義者的混合團體——這種混合團體曾盤據將來，又開始侵入進步報——將遠而避之，並將嚴密保持本黨的路線。但現在證實希爾士已在沮利克發見了一個蜂窩。合換柏格博士，卡斯天（合氏的祕書），施蘭姆(C. A. Schramm），萊比錫所派的衞列克（Viereck），和柏林的商人息格爾（Singer 他于數月前來訪過我，）五個人因萊比錫方面的人〔指柏柏爾等〕充分的允許，構成一個組織委員會，並在沮利克指定三人（即合換柏格，卡斯天，和施蘭姆）組合爲管理委員會和監督編輯委員會，處決一切任務；站在他們上面的，則爲柏柏爾，李卜克內西和幾個德國領袖，構成一個最高的機關。希爾士現在第一就問錢從何來；李卜克內西寫信說出自「黨中和合換柏格博士」；希氏撇開門面話，歸結到此款完全是出于「合換柏格」。第二，希爾士不願屈服于合換柏格，卡斯天，及施蘭姆三角聯盟之下，尤其是很對的，因爲卡斯天答覆他的問題的信，擺出官僚的架子，責備他的明燈（Laterne）報〔按此爲希氏所辦的一種很有價值的小報，可用信封寄出的，〕——說來眞奇怪——是趨于極端革命云云。

『希爾士于長久的書信交換——李卜克內西在這種書信中沒有佔得上風——之後，自行退轉來了；昂格思寫信給柏柏爾，說我們也會退轉來，和我們對于合換柏格的將來及衛德(Wiede)的新社會報（Die Neue Gesellschaft）在起初就拒絕合作一樣。這班人在理論上既等于零，在實行上又不中用，他們要打脫社會主義（這是依照大學校中的藥方正確製出來的）的牙齒，特別要打脫社會民主黨的牙齒，要開導工人，要假手于自己亂七八糟的一知半解，將——像他們所說的一樣——「受教育的份子」，輸入工人中間，尤其是要使本黨在庸俗人的眼中表見得很有體面。這都是一些可憐的反革命的空談家。——也好。現在行將有一種週刊在沮利克出現，受他們的監督，和萊比錫方面的人上級的監督（編輯為服爾馬——Vollmar）。同時合換柏格來此勸導我們。他只遇着昂格思，昂格思對于他（假名為利希脫——H. Richter——博士）所編輯的年刊加以批評，使他明白我們和他中間有一道深溝（隔離着）。……畢士馬克在德國施行強迫的鎮壓，使這一批人得清清楚楚說話給人聽，畢氏此舉對是己沒有什麼好處，却于我們很有利益。

『當昂格思將實話告訴合換柏格時，他才出了雲霧；他是一個「在和平中」發育出來的人，希望無產階級的解放只繫于「受教育的有產者」——這就是說，和他一樣的人——的身上。 然李卜克內西却向他說，我們對于一切事根本贊同。 在德國的一切人——就是指一切領袖——都贊成他的意見等等。 就實際上講，李卜克內西自與拉塞爾派調和，鑄成大錯以後，對于這一切半人（Halbmenschen）大開門戶，已經散佈了敗壞黨務的種子，只有藉〔取締〕社會主義者的法律，才能夠加以剷除。

『現在這種週刊——黨的機關報——如果眞正照合換柏格的「年刊」的辦法進行，那我們迫不得已，對于黨這樣的墮落和學說這樣的敗壞，當公然出來反對！ 昂格思已經草就一種通告（一封信）給柏柏爾等（這自然只是一種給德國黨中領袖的私人通告），明白表現我們的意見，絲毫沒有隱藏一點。 因此這些先生們是預先受了警告，也深深認識我們，知道內中所指的是：屈服或破裂！ 他們要是願意調和讓步，那就更糟了！ 要我們調和讓步，是絕不允許的。 那種議會主義已經使他們變成驢子達到什麼程度，除掉別種證據外，你可以從他們認希爾上犯了一大罪的事看出來——爲什麼呢？ 就是他因凱葉（Kayer）對于畢士馬克保護稅立法的演說詞，在明燈中敲打了凱氏幾下。 現在〔他們〕又說，黨中——這就是說，黨中幾個議會主義的代表——曾以全權授與凱葉，叫他這樣說的！（既是這樣），這幾個人的恥辱便更大了！　但這也只是一種空虛的遁辭。　在實際上，他們是十分愚蠢，致尤許凱葉用他的選舉人的名義談話；然他反用黨的名義說話。　無論如何，他們受了議會主義的愚行（Parlamentarischer Idiotismus）的侵害已經很深，相信要超越批評之上，斥批評爲一種侵犯君主的罪過！』（見同書一六四至一六六頁。）

馬克思上面幾段話非常重要：第一，表見他和昂格思從初時起卽不信任那後來興風作浪的卞斯天，知道卞氏有『官僚的架子』，和反對『趨于極端革命』的改良主義的見解；第二，表見他們反對沒有理論知識和實行能力的投機的智識份子把持黨務，打脫社會主義和黨的牙齒；第三，表見他們不贊成盲目的『議會主義的愚行』，和不接受批評的官僚主義。就當日德國黨的情形講，這種批評當然是對的。　黨中的主要份子如柏柏爾和李卜克內西因爲缺乏理論上的人才，引入一批未成熟的，並且還是小資產階級的青年，擔任報館的著作，這不能不算是一種錯誤。　不過就柏李兩氏本人而論，確是赤膽忠心，力謀黨務的發達；並沒有自覺地抱定何種機會主義，甘心與資產階級調和妥協，馬氏對于他們似乎責備過當。

然這也是有原因的。自巴黎公社失敗，和國際黨消滅以後，歐洲各先進國除德意志外，簡直沒有工人運動可言，因此馬克思愛護德國社會主義工黨自然更深，而希望這一黨不誤入歧途，自然也更切，所以于不知不覺之中，本春秋責備賢者的心理，對于一般領袖便絲毫不肯寬假。關于這一點，昂格思在一八七九年十一月十四日致柏柏爾的長信中已經暗示出來了。

『我們對于本黨在德國所遇的難關，力爭而得的結果的重要，以及一般黨員歷來完全可爲表率的態度，並不輕視。凡在德國所獲的勝利使我們歡喜，恰和在別國所獲的勝利一樣，還是不待言的，並且還使我們更加歡喜，因爲德國的工黨從初時起便是在我們的理論維護中發達出來的。恰恰爲着這個緣故，我們也必須特別注重德國黨實行上的態度，特別是黨務公開的表示，須與一般的學說相符合。有些人對于我們的批評自然不大願意聽，但黨中有幾個人在外國，不爲爭鬥中地方的關係和零星小故所影響，時時依照近世無產階級運動所適用的一切理論去測量黨的言行，並將黨表現于德國以外的樣子所有的印象反映出來，這種舉動對于黨必比一切沒有批評的客氣話較爲有益。』（見柏柏爾我生回顧錄第三卷七四頁。）

可是昂格思對于柏柏爾雖有相當的了解，然彼此書信往來，仍舊不得要領。柏氏遂決計親往倫敦，對馬克思和昂格思當面解釋一切，庶可獲得他們對于社會民主報的贊助。 他因馬昂兩氏特別不滿意于卡斯天（參看卡氏我的亡命時期一六三頁，一九一八年第三，第四版。Aus den Jahren Meines Exils. Berlin.），故于一八八〇年十一月約他同往倫敦，讓他們親自考驗，以備將來社會民主報找不到編輯人時，即令承乏。 至于馬昂兩氏不滿意卡氏的原因，還不止于馬克思上面的信中所說的，昂格思在一八七九年九月十五日致倍克的信中又說：『合換柏格，施閭姆，和卡斯天在社會科學與社會政策年書（Jahrbuch für Soziaiwissenschaft und Sozialpolitik）——合換柏格在沮利克編輯的——中合作一篇論文，題爲德國社會主義運動的回顧（Rückblicke auf die sozialistische Bewegung），表見他們三個人都是完全平常的有產者，都是和平的慈善家；他們責備〔德國社會主義工黨〕專門變成一個〔工人黨〕，責備牠激起了資產階級的怨恨，並要求將指導這種運動之責委諸他們這一類受過教育的有產者。』（見埃系霍恩編的昂格思書簡三一頁） 卡斯天的行動既如馬克思所言，好擺架子，而他的言論，又如昂格思所述，完全帶着資產階級的色彩，難怪他不爲馬昂兩氏所悅了。

當卞斯天隨柏柏爾到倫敦時，馬克思和昂格思對之仍沒有好感，據他自己所述，他們認他爲一個『驕傲的書房社會主義者』（Ein anmassender Stubensozialist. 參看卞斯天我的亡命時期一六九頁）。至于柏柏爾却不虛此一行，到倫敦後卽住在昂格思的家中（卞斯天却不能享受這種權利），備受馬昂兩氏慇懃的款待。他于是將黨務進行的困難情形，以及言論上不一致的原因，一一陳訴于他們之前，卒獲得諒解。他們三人乃共同協訂以希爾士繼服爾馬爲社會民主報的編輯，以廓清前此言論龐雜之弊，馬，昂兩氏當予以贊助。可是柏柏爾返德國後，旋接希爾士的信，不願前往沮利克，請將社會民主報移至倫敦。柏氏特因此事召集會議，大家都不贊成遷移之舉，乃議決以李卜克內西爲此報的主任編輯，以考茨基副之，柏氏卽于是年年底將此事通告馬昂兩氏。然李卜克內西當時正在監獄中，而考茨基也因自己非生長于德國，不熟習德國政情，不願擔負全責，只願從旁贊助，于是編輯的責任遂暫時落在卞斯天的身上了。卞氏本是一個聰明人，自度如不能獲得馬克思與昂格思的歡心，必不能久于其位，于是小心翼翼，在文字上力求裝成一個馬克思主義者，未幾，果爲他們所賞識（參看埃系霍恩編的昂格思書簡四九頁），而昂氏且常爲社會民主報作文。

卡斯大旋即爲正式編輯，直至一八八八年因瑞士政府應德政府的要求，驅逐他出境，才將此報一起搬往倫敦，繼續擔任編輯，至一八九〇年停辦時爲止。

德國社會主義工黨除掉社會民主報外，旋又有一種新時代雜誌在司徒嘉德出現，這是由考茨基編輯的。考氏于一八五四年十月十六日出生于奧大利的布拉格，幼年就學于維也納，及長則專攻自然科學，歷史和經濟學等科。他因受了巴黎公社事件的感應，注意于社會問題，至一八七五年加入左派的社會主義運動，並且潛心于馬克思的學說，至一八八〇年著人口蕃殖的影響(Einfluss der Volksvermehrung)一書，即表見馬克思的經濟學說。至一八八三年，考氏主新時代雜誌(初爲月刊，旋改爲週刊)的筆政，直至一九一七年爲止，歷三十五年之久。馬克思的學說前此不爲德國一般羣衆所知道，考茨基在新時代雜誌中宣傳馬克思主義不遺餘力，這種主義普及德國，他的功績實在不小。此外，他在一八八六年所著的馬克思經濟學說，一八九二年所著的爾伏特黨綱(Das Erfurter Programm)，一九〇六年所著的倫理與唯物史觀，以及其牠小册子，對于傳播馬克思主義是大有助力的。當着這個時期，他是代表革命的馬克思主義，故于俄羅斯一九〇五年革命的問題，能根據革命的觀點，爲之辯護，並贊成武裝暴動。　直至一九〇九年著到權力之路(Der Weg zur Macht)一書，猶不改常態。　但自一九一〇年盧森堡，墨爾林，和澤特金等所領導的『左派急進派』(Die Linksradikalen)的辯論起，考氏便變成中央派。　迨一九一四年世界大戰爆發，他的主張更加搖動，更自附于改良主義之列，而完全否認自己從前革命的學說。　在大戰中（一九一七年）德國社會民主黨分裂，他雖隸屬于德國獨立社會民主黨(Unabhängige Sozialdemokratische Partei Deutschlands)，然至一九一九年春季黨的大會有條件地宣佈贊成無產階級的專政，他又回到老黨去了。　此外，他又領導第二國際黨專向改良一方面走，以致誤入歧途，達到末運，是考氏之功實不足以抵其過了。

德國社會主義工黨的中央機關報既在外國發行，牠的會議，不用說，也是在外國舉行的。　牠于一八八〇年在瑞士的衛登(Wyden)開會，一八八三年在丹麥的哥本哈根(Kopenhegen)開會，一八八七年在聖加倫(St. Gallen)開會。　當時有些黨員憤德國政府的橫暴，遂大倡無政府主義，並主張暴動，他們的領袖是摩斯特和哈塞爾曼(Hasselmann)。至一八八〇年的衛登會議，預會的人共同議決驅逐摩哈兩氏出黨。

關于摩斯特的言行，馬克思在一八七九年九月十九日致索爾格的信中早已表示不滿意的態度，他說：『我們責備摩斯特的地方，不在他的自由報（Die Freiheit）過于革命，而在此報沒有革命的內容，只有革命的空話。 我們不責備他批評在德國的黨中領袖，而責備他（一）不像我們一樣，對于這些人用信件報告他的意見，竟公然加以侮辱；（二）他此舉只是一種口實，想藉此見重于世，並且實行青年織工和商人這些先生們無意識的陰謀詭計。……摩斯特是一個富于小孩子虛榮的人，在實際上相信世界的狀況須遭一種暴力的猝然變亂，因爲這個摩斯特不復住在德國，而是住在倫敦，（可以隔岸觀火）。』（見倍克，曹慈根，昂格思，馬克思等致索爾格等書信錄一六三頁。）

昂格思在同年七月一日致倍克的信中也說：『……在另一方面，那些說革命話的英雄現在出頭了，並且要假手于小組織（Klüngeleien）和陰謀使黨正式解體。 這種企圖的中心是現今的工人聯合會。……一個青年織工，一個商人和其他人等近年來至少已有六次組成歐美工人運動中央委員會，但總是被那無神世界的絕不理會打消了。 現在要用暴力貫徹起來，他們並且找着摩斯特做聯盟者。 自由報上所謂革命，是大談其殺人放火（Mord und

Brand)，這對于老好人的摩氏自然是一種新的享樂，從來未曾嘗試過的。 此外，國會的歷史大大地被誇張，作爲口實，去拆散本黨，並創造一個新黨。 這是幾個空無所有的人利用德國壓迫的狀況和鉗制輿論，自圖私利，他們的野心和自己的能力實在太不相稱，聽說摩斯特宣傳我們站在他的後面，那簡直是說謊。 他自開始幹這種把戲後，即避不見面。」(見埃系霍恩編的昂格思書簡二七至二八頁。)

把馬克思和昂格思的時代與列甯的時代一比，則階級爭鬥還不算十分劇烈，因此黨的組織也不能十分健全。 然馬昂兩氏對于黨的組織的原則及其應取的途徑，固隨時隨地力爲抗爭，或加以指導，如他們在國際黨對蒲魯東派和巴枯甯派的爭鬥，和上文對于卞斯天等的指摘，都是一些顯例。 這次批評摩斯特的信又表見他們對于盲目的冒險主義和野心的小組織是何等深惡痛絕。 由此可以知道摩斯特等的被驅逐出黨，是咎有應得了。

德國社會主義工黨自在衛登會議驅逐摩斯特和哈塞爾曼以後，復于聖加倫會議中作一種反對無政府主義與暴動的議決，牠的黨員在艱難困苦之中，不致因政府的橫暴而激于一時的意氣，盲從無政府主義的學說，採用暗殺和暴動的方法，自陷于迷途與絕境，半由于一般領祗能先事預防，而加倫會議的議決案尤關重要，今特徵引于下：

「本黨大會以爲無政府主義的社會學說既努力爭個人主義的絕對自治權，便是反社會主義的，這種學說批評現社會制度雖也從社會主義的觀點發出，然不過是資產階級自由主義的根本思想中一種流于一偏的形態罷了。　牠與社會主義要求生產工具的社會化，以及生產的受社會支配尤不相容，如果生產不是回轉到小手工業者的小規模上去，牠便流于一種不可解決的矛盾中了。　無政府主義的崇拜暴力政策和僅僅承認暴力政策，是由于對暴力在人民史上的任務有極大的誤解。」

「暴力是一種革命的要素，也是一種反動的要素；而後者比前者更爲常例。　凡個人使用暴力的策略，不會達到目的，這種策略既有傷于羣衆正義的感情，便是積極有害而可斥責的。」

「我們以爲加迫害者和宣告罪犯者對于被迫害者和被宣告罪犯者個人的暴力行動是要負責的，我們覺得這樣（私人暴力行動的）傾向是各時代中在同樣狀況之下所表現的一種現象，也是現今一般被雇傭的偵探爲着反動的目的藉以加害于勞動階級的一種現象。」（見德國社會民主黨聖加倫會議錄三九至四五頁。Verhandlungen des Kongresses der Deutschen Sozialdemokratie in St. Gallen. Zürich 1888.)

德國社會主義工黨當着德國施行取締社會主義者的法律時期中在外國活動的狀況已略如上述，現在將講牠在國內活動的情形。　這一黨自成立以來，勢力增長，一日千里，于是資產階級和小資產階級智識界一班投機份子爭先恐後，加入黨中，藉此爲出風頭和得名譽的場所。　一切黨務遂于不知不覺之中，多爲這些戴假面具的社會主義者所操縱，以致引起馬克思和昂格思的不滿意。　迨取締社會主義者的法律發佈後，黨的大小機關都被摧毀，這些投機份子知道黨的阨運已到，實已無炎可趨，無勢可附，多半逐漸與之脫離關係，另作良圖。　因此一部分黨務才落入工人同志的手中；他們是爲自己一階級做事，不雜有何種作用，故一經動手，便能收得實效。　昂格思于一八八三年五月寫信給倍克說：『自〔取締〕社會主義者的法律使德國的青年脫離一班「受過教育的」先生們的關係以來，我們的青年也是一些眞正傑出的人物，至于這些「受過教育的」先生們在一八七八年以前，企圖用他們在大學中所得的紛亂愚昧的學問，從上面去教導工人，可惜這種「首領」出來幫忙的，人數實在太多。這種腐敗份子現雖沒有完全除去，但〔工人〕運動又已入于決切的和革命的途徑。羣衆比幾乎所有領袖要好得多，這就恰是我們的青年卓絕的地方；凡在〔取締〕社會主義者的法律逼迫羣衆自己去從事運動的地方，以及一般領袖的勢力縮小的地方，這種運動〔的情形〕現在比舊時爲好。」（見埃系霍恩編的昂格思書簡四九至五〇頁。）

德國社會主義工黨的青年黨員既應時勢的要求，攘臂而起，努力奮鬥，于是鐵血宰相手下的警察竟有望風披靡，莫敢攖其鋒之勢。　昂格思於一八八四年二月十四日在致倍克的信中復說：「資產階級的報紙雖將大部分消息壓下不登——這種報紙只時時發出一種恐懼嘆息聲，以爲吾黨不獨沒有喪失立足地，並且還獲得〔新的〕立足地，十分迅速——然德國的煽動並不算壞。　警察已經替我們的黨員開闢一個很好的戰場：即和警察自己作普遍的和不斷的爭鬥。　這種爭鬥到處都有，隨時都有，且大有結果，還有一種妙處，就是，牠帶有很大的詼諧態度。　警察是被制服了——且被人取笑了。　我以爲這種爭鬥在〔現今的〕狀況之下，最爲有用。　牠使我們的青年對於仇敵新鮮活潑地保持一種輕蔑的心理。　像德國警察這樣劣等的隊伍眞用不着送到戰場上來敵禦我們，即使他們處在佔優勢的地方，也要遭一種道德上的敗北，而我們的青年勝利上的保證却一天一天增加起來。這種爭鬥所產生的結果是，壓迫一經放鬆，……則我們人數的增加不復是以幾十萬計，當以幾百萬計。在一般所謂領袖中有許多腐敗的東西，但在羣衆中，我却抱有無限的信任，他們雖缺乏一種革命的遺傳性，然這種和警察的小爭鬥逐漸予以補贖了。你要怎樣說，自可怎樣說，不過我們從來沒有看見一個無產階級在這樣短促的時間，已經學得共同活動，一致進行的。（現在）表面上雖沒有現出什麼東西，然我相信我們可以靜觀集合的號音發出之處，你看他們是要出台的！」（見同書五二二至五二三頁。）

德國社會主義工黨青年黨員努力奮鬥的結果還可于國會的選舉中表見出來。當一八七八年新國會改選之時，這一黨獲得四十三萬七千一百五十八票，共舉出九個議員，至一八八一年國會改選之時，只獲得三十一萬一千九百六十一票，然在一八八四年的國會選舉中，獲得五十四萬九千九百九十票，共舉出二十四個議員，至一八八七年的國會選舉，獲得七十六萬三千一百二十八票，而一八九〇年的國會選舉，獲得一百四十二萬七千二百九十八票，共舉出三十五個議員。由這種事實看來，取締社會主義者的法律給予德國社會主義工黨的打盤只是形式上的，在實際上，除一八八一年外，黨的勢力不獨沒有衰減，而且較前大增了。畢士馬克施行取締社會主義者的法律，用意是在摧毀無產階級的政黨，而其結果只是予這個黨以一種興奮劑，鼓勵其前進。當頒佈這種法律的前一月，馬克思在致索爾格的信中說：『畢士馬克君好好地替我們作工』（見倍克，晉慈根，昂格思，馬克思等致索爾格等書信錄一六一頁），這句話畢竟是說中了。世人震于畢士馬克的功業，把他看得太高，至少也以為他和曹操一樣，『固一世之雄也』，其實馬克思的女兒說得對，自他們的父親看來，畢士馬克只是一個助人興趣的小丑，至多也只是一個於不知不覺中參與無產階級革命而有幾分可用的共謀者（參看墨爾林德國社會民主黨史第四卷二七八頁）。然在另一方面，使德國社會主義工黨遇着畢士馬克嚴厲的壓迫，卽自餒其氣，不復奮勇直前，以為無產階級的先導，則畢氏一時也未嘗不可予智自雄，認為得策；故這個黨的勝利還是由牠的黨員羣衆在爭鬥中不屈不撓，再接再厲獲來的，我們對于他們的奮鬥精神不能不表示一番敬意。

德國社會主義工黨在一八九〇年的國會選舉中既獲得空前的勝利，而施行取締社會主義者法律的惡魔畢士馬克又已於是年三月去職，德皇威廉第二（Welhelm II）知道法律壓不死人心，再要推行下去，不獨結怨于民，並且也徒勞無功，因於是年十月一日起，廢棄這種法律，而恢復一八七八年十月以前的原狀。德國社會主義工黨利用這個機會，即於是月十二日至十八日，開一個空前大會，籌備黨的新組織。當時預會的代表有四百人，而英，法，比，奧，瑞士，荷蘭，丹麥，瑞典，和波蘭的工黨且派十七個專員到會致祝詞，慶賀黨和民衆的勝利。關於黨的組織問題，係依照一般通例，以常年大會爲最高機關，平時一切黨務則由十二個人——會長兩人，祕書兩人，會計一人，和管理員七人——共同處理。大會又議決，柏林民報(Das Berliner Volksblatt)自一八九一年一月一日起，更名進步報，作爲黨的正式機關報，一切公共文件都由牠發表。

德國黨一八九〇年的哈列大會使牠有一種新的組織，而一八九一年的爾伏特會議更使牠有一個新的名稱和一種新的黨綱。牠的新名稱是什麼？就是德國社會民主黨。至于牠的新黨綱，我們且不忙說出，須先敍述一些起源。德國社會主義工黨是由拉塞爾派和挨塞那哈派合併而成，牠的哥達黨綱受馬克思與昂格思嚴厲的批評，牠的黨員的言論行動，多爲馬昂兩氏所不滿，這都是我們在前面說過的。可是這一黨自合併後，內則有『全黨中頭腦最清楚的柏柏爾」（引昂格思語，見昂格思書簡五五頁）與勇敢有爲的李卜克內西任指揮，外則有馬克思與昂格思的責督，故黨的行動有逐漸趨于科學的社會主義一途之勢。迨取締社會主義者的法律頒佈後，又予黨中以澄清一般投機份子和不良份子的機會，而後起的人物如考茨基和卞斯天諾，一時復能本馬克思主義的學說，發爲議論，傳播於世，故黨中的言論也逐漸入于科學的社會主義的正軌。一八九一年距馬克思去世之期雖已有八載，然昂格思仍然健在，監督黨務的進行，不遺餘力。一八九〇年哈列會議的一切建設，出於他的策畫尤多；至一八九一年一月他更將前此被李卜克內西藏着未發表的馬克思社會民主黨哥達綱領批評在新時代雜誌上刊佈出來，使全體黨員得深刻認識哥達黨綱的謬誤，自動起來贊成新黨綱。至於這種新黨綱是由考茨基起草的；草成之後，復預先發表，供一般黨員的研究討論，然後提出於爾伏特大會。

德國社會主義工黨的爾伏特大會是從一八九一年十月十四日起至二十日止的。預會的代表共有二百五十八，而反對考茨基所草的綱領的，僅十餘人，其餘的代表都一致贊成。這種黨綱完全是本馬克思主義的精神作成，凡拉塞爾的主張，如生產協作社，國家幫助，和工資鐵律等等，去得乾乾淨淨，形影全無。今特將牠的全文徵引如下：

『資產階級社會的經濟發展因自然的必要，使小營業傾覆，而此小營業的基礎構成勞動者對於自己的生產工具的私有財產。這種經濟發展將勞動者及其生產工具分離了，並且使他變成一個沒有財產的貧民了，而生產工具便為一般人數比較甚少的資本家和大地主所壟斷。

『伴着這種生產工具的壟斷而起的事，是大規模的營業驅逐零星的小營業，工作器具發達而成機器，和人類勞動生產力巨大的增加。然由此變化所產生的一切利益都為一般資本家和大地主所壟斷。講到無產階級和日就滅亡的各中層——即小市民和農民——這種變化只是指次第增加他們生存上的不安全，禍患，壓迫，奴役，墮落和掠奪。

『無產者的數目總是愈加增多，剩餘勞動者的隊伍總是愈加擴大，掠奪者與被掠奪者的分裂總是愈加寬廣，資產階級與無產階級的階級爭鬥總是愈加激烈，而這種階級爭鬥將近世社會分成兩個互相仇視的營寨，並成為一切工業國家的共同特點。

『因資本主義生產方法的本質而發生的危機使有產者與無產者間的鴻溝愈弄愈寬，這種危機總是愈加擴大，愈加兇惡的，牠將使普遍的不安甯成爲社會中的一種常態，並且證明，現社會的生產力已經超出頂點，而以生產工具爲私有財產一事已經是和這種生產力適當的運用及充分的發達不能相容了。 以生產工具爲私有財產這樁事以前本是一種保障生產者自己生產物的財產的方法，現在却變成一種奪取農民，手藝工人和小商人產業的方法，變成一種使不勞動的人——資本家和大地主——佔據勞動者生產物的方法。 要想使大生產業和繼續增加的社會勞動生產力不復成爲被掠奪階級的痛苦與壓迫的泉源，而變爲最大的幸福與各方面調和發達的泉源，那只有將資本主義生產工具的私有財產——即土地，礦山，原料，器具，機械和交通工具——變爲社會的財產，將商品的生產變爲社會主義的生產，這是替社會並由社會生產的。

「這種社會變革的意義，不獨是無產階級的解放，並且還是在現今狀況之下感受痛苦的全人類的解放。 然這只是工人階級的事業，因爲其牠一切階級雖因（自身的）利益互相衝突，總是站在以生產工具爲私有財產的地皮上，總是以維持現社會的基礎爲共同的目的。

「工人階級反抗資本主義的掠奪所起的爭鬥，必定成爲一種政治的爭鬥。 工人階級沒有政治上的權利，便不能着手實行牠的經濟的爭鬥，便不能夠發達牠的經濟的組織。工人階級沒有取得政治上的權力，便不能夠使生產工具過渡成爲公共的產業。

『社會民主黨的任務是使工人階級這樣的爭鬥成爲一種有覺悟的一致的爭鬥，並且向牠指出牠的必然的目的。

『凡在實行資本主義生產方法的國家，工人階級的利害是相同的。因世界交通的擴充，及應世界市場而起的生產的發達，一國工人的狀況愈加是依其牠各國工人的狀況而決定的。因此工人階級的解放是一種和各文明國工人有同等關係的事業。德國社會民主黨認識了這一點，感覺並宣佈自己和各國有階級覺悟的工人是爲一體。

『德國社會民主黨所爭鬥的不在階級的新特權和優先權，而在剷除階級統治和階級自身，並且在使一切人類享同等的權利，盡同等的義務，而沒有男女和門第的區別。牠基于這種見解，不獨是反抗現社會中對于工資勞動者的掠奪和壓迫，並反抗對于一階級，一黨派，一性別及一人種的每種掠奪和壓迫。

『德國社會民主黨基于此等根本原則，首先要求下列各項：

『一、凡年滿二十的德國人，不分男女，對于一切選舉及投票事件，都應有普通的，平等的和直接的選舉權及投票權，並且採用祕密的投票方法，比例的選舉制度，迨這種制度施行後，按照人口的數目，依法重新規定選舉區域。 立法議會的期限以兩年爲度。 選舉和投票的事務于法定休業日舉行。 凡當選的議員須取得薪俸。 凡關于政治權利的限制，除剝奪公權外，當一律取消。

『二、籍發議權和複決制的權限，由人民直接立法，在全國，各邦，各省和各公社中，人民自主自治。 官吏由人民投票選舉，並〔對人民〕負責任。〔人民〕承認每年納稅。

『三、普遍的軍事訓練。 以國民軍代替常備軍。 由人民的代表決定宣戰與媾和。 以仲裁的方法去調解一切國際間的爭端。

『四、取消一切限制或壓迫言論自由及集會結社權利的法律。

『五、取消一切使婦女在公權及私權方面不能與男子享受同一利益的法律。

『六、宣佈宗教爲私人的事業。 革除一切應用公帑于教會或宗教目的的事件。 凡教會或宗教團體當視爲私人的聯合組織，得在一種完全獨立的狀況中處理自己的事務。

『七、學校中不得混入宗教。〔人民〕有強迫入公共國民學校的義務。豁免國民學校中的教育費，教育用具費，和管理費，凡被認爲具有適當能力，可資深造的男女學生升入各高等教育機關，也同樣豁免此等費用。

『八、裁判事務的受理和法律上的保護不得徵費。由人民選舉的裁判官處理裁判事務。凡刑事案件當准予上訴。凡無罪的人受了誣告，監禁及處罰，當給予賠償。取消死刑。

『九、凡醫藥的療治——如生產的看護及應用藥品都包括在內——不取費用。埋葬事務也不收費。

『十、徵收累進的所得稅和財產稅，作爲一切公共經費，因爲這是當由稅款補充的。〔各人有〕自行核實他的進款和財產的義務。徵收遺產承繼稅，所收的稅額以遺產的多寡及親疏的關係而遞次增加。取消一切間接稅，關稅和其牠爲着少數享特權者犧牲公衆利益的經濟政策。

『德國社會民主黨因爲保護工人階級的緣故，首先要求下列各項：

「一、以下列各項爲基礎，實現一種國內和國際的有效的工人保護立法：

甲、規定一種標準工作日，每天至多不得超過八點鐘。

乙、禁止十四歲以下的兒童從事于圖謀日食的勞動。

丙、除掉依照各項工業的性質，因藝術上的理由，和公衆幸福的緣故，須實行夜間工作外，當禁止夜間勞動。

丁、每個工人每星期至少須繼續休息三十六點鐘。

戊、禁止以貨物代工資的制度。

「二、由全國勞動部，地方勞動公所，和勞動總會監督一切產業的營業，調查並整理各城鎮和鄉村中的勞動狀況。 實行一種極完善的產業衛生制度。

「三、凡務農的勞動者和夫役當與工業的勞動者在法律上居于同等地位；並取消夫役法規。

「四、確切保障結社的權利。

「五、由國家承辦全體工人的保險事業，使工人在這種事業的管理中得爲有效的共同參加。」（見曾爾和蒙伯特編的經濟學研究選刊第十二卷下集一三〇至一三四頁。）

以上的黨綱和考茨基自己所說的一樣：「是分成兩部分，一爲總括的和理論的部分，這是論列社會民主黨的根本原則和終極目的的，一爲實行的部分，牠所包含的要求是社會民主黨以一個實行的政黨的資格向現社會和現國家所提出的，有了這種要求，便開闢一條達到牠的終極目的的道路。……第一部分又分爲三枝：(一)現社會及其發達過程的特點。由此所演出來的是：(二)社會民主黨的終極目的，(三)及其實現的方法。」（見考氏爾伏特黨綱第一頁，一九二〇年十六版）我們如果要討論這種黨綱，自然只提及第一部分，而不必講第二部分，因爲前者是後者的根據，最爲重要；至于後者則條分縷述，綱舉目張，大家很容易明白，不必辭費。然就是講第一部分，也並不是替牠做註釋（考茨基的爾伏特黨綱一書多至二百七十頁，正爲這種目的而作，可供讀者的參考），只將牠和馬克思主義的關係簡單說幾句。黨綱第一部分第一節的起首一句卽含有馬克思的唯物史觀說，因爲牠固明白承認人類的歷史不是由什麼理想決定，而是由經濟的發展決定的。第一節的第一句和第二節的第一二兩句含有馬克思的資本集中說，第一節的第二句和第二節的第三句含有馬克思的痛苦累增說，第四節則含有馬克思的危機說。至于其牠各點，如階級爭鬥的日趨劇烈，階級爭鬥的必成爲一種政治爭鬥，階級爭鬥的國際性，無產階級的解放爲這個階級自身的事業，以及剷除階級統治和階級自身等等，無一不以馬克思的學說爲藍本。因此我們可以說爾伏特黨綱是馬克思主義的結晶品。

當爾伏特黨綱出現時，昂格思猶存在。並且距大會前的兩三月，中央黨部也草就一種綱領，郵寄給他，內中不妥之處甚多，卽由他詳細加以批改，因不合用，旋被棄置而改用考茨基上面的綱領。（昂氏批改的文字後來發表于新時代雜誌第二十年度一卷五至一三頁，名社會民主黨一八九一年黨綱草案批評——Zur Kritik des sozialdemokratischen Programmentwurfes 1891.）昂氏對于這種綱領也曾加以贊助，當被通過時，感覺非常滿意。他于是年十月二十四日寫信給索爾格說：『考茨基的綱領草案，由柏柏爾和我予以幫助，理論部分爲綱領的基礎，已被通過。馬克思的批評已經完全實現，我們很滿意了。』（見倍克，曾慈根，昂格思，馬克思等致索爾格等書信錄三七〇至三七一頁。）

昂格思在生時得親眼看見他和馬克思畢生所創造的學說盡量表現于世界上一個最大的無

產階級政黨中，自然要算一大快事。自此以後，德國社會民主黨在名義上總是奉行爾伏特黨綱，直至一九二一年九月的革力次（Görlitz）會議才所有修改，然已經過三十年了。但不幸一考這三十年間黨的歷史，則所謂奉行黨綱，只是有名無實的。這不是一種偶然的現象，而是一種必然的現象，我們要探索牠的原因，必須回轉去考察這個黨內部向來的種種趨向。

我們在上面已經徵引過昂格思一八八三年和一八八四年兩次給倍克的信，說明黨中的『腐敗份子……沒有完全除去』，『在一般所謂領袖中有許多腐敗的東西』，這正是德國社會民主工黨一個主要的致命傷。這種份子本來不屬于無產階級，是由小資產階級跑來的。取締社會主義者的法律雖趕走了一大部分，但仍有一小部分潛伏在黨中，發生决切的作用，阻礙黨向革命一途前進。關于這一點，馬克思和昂格思看得很清楚，並且甚爲焦灼，尤其是和馬氏分工合作，專門注意于策略問題的昂氏屢次標舉事實，提出警告，現試述數例如下：

一、昂格思在德意志帝國建設中的暴力與經濟中說：『工人畢竟有了自己獨立的政黨之即社會民主黨，一般小有產者也隸屬于牠。』（見孔拉底編的建國與公社一二六頁。）」

二、昂氏在一八七九年十一月二十四日致柏柏爾的信中說：『小有產者和農民的加入，的確是運動大進步的指標，但一經忘記這些人必須要來，因爲必須，所以才來一點，就是一種危險。　他們的來到是無產階級在實際上已經變成領導階級的明證。　不過他們是挾着小有產者和農民的觀念與意志而來，大家不要忘記：當無產階級對此等觀念和意志讓步時，就會喪失自己領導的歷史的任務。』（見柏氏我生回顧錄第三卷八一頁。）

三、昂氏在一八七九年十二月十六日致柏柏爾的信中說：『這篇論文和合換柏格的信明白表見三星〔按此爲合氏，卡斯天和施蘭姆三人名字在報上的符號，〕要將他們在年書中第一次宣佈的小資產階級社會主義的見解，輸入社會民主報，作爲與無產階級的見解有同等意義的東西。　我不能像你們在萊比錫一樣，看不出，車子走得這樣遠，沒有正式的破裂，即願意阻止此舉。　你們始終承認這些人爲黨中的同志。　我們却不能如此。　年書上的論文使我們和他們嚴格而絕對地分離。　當這些人宣言和我們同隸一黨時，我們便不能和他們一起討論問題。　此處所討論的各點，是每個無產階級的政黨絕不會再討論的。　現在黨內將這幾點提出來討論，就使整個的無產階級的社會主義發生問題了。……當德國黨忠于自己無產階級的特質時，我們對于其牠一切顧慮，都置諸腦後。但一般被收入的小資產階級的份子現在公然表現色彩，事情便不相同了。他們如被允許將自己小資產階級的觀念零星夾帶到德國黨的機關中，這機關簡直對我們關門了。」（見同書同卷八四頁。）

四、昂氏在一八八三年二月二十五日致卡斯天的信中說：「黨中小資產階級的淺腸狹肚者和庸俗人的意識，我們向來是極端反對的，因為自三十年戰爭以來，這種意識已經襲擊過一切階級，成為德意志的遺傳病，成為卑諂，屈服和德意志一切遺傳惡德的姊妹。牠是我們在外國被人取笑和輕蔑的因素。牠是德意志人中所流行的懈怠和品性軟弱的總原因。從皇宮起至鞋匠的小屋子止，常受牠的統制。自德意志形成一個近世普羅利達利亞特（Proletariat）並發達為一個階級——牠對于德國這種遺傳的毒症差不多沒有沾染——以後，在爭鬥中才表見自由的見解，精力，氣概和堅決的性質。我們對于庸俗人的淺腸狹肚和懈怠的老遺毒侵入這個健全的，德國唯一健全的階級的每種企圖，不當竭力爭鬥麼？但在暗殺案和取締社會主義者的法律頒佈後最初的恐怖中，一班領袖也慄慄危懼，這只是證明他們自己生活于庸俗人中，並感受庸俗人的意識實在太久了。　當時的黨卽或沒有變成庸流俗物的黨，也很相像。　此事現在幸已過去，不過近來因取締社會主義者的法律而引去的庸俗份子——他們在那大半未畢業的學生中很佔勢力——仍然存在，必須加以嚴格的監視。』（見昂格思致卞斯夭書一一五頁，一九二五年出版——F. Engels Briefe an Bernstein.）

五、昂氏在一八八四年十一月十一日致卞斯夭的信中說：一般領袖中的小資產階級的份子一時將在羣衆中到處找着他們向來所缺乏的根據地。　向來單個人中的反動潮流現在可以成爲必然發展的要素——地方的——而重新出現于羣衆中。　要推動羣衆再向前進，不使他們留在上級不良領袖的手中，必須有一種改變的策略。　這也是要等待着的。』（見同書一五九頁。）

六、昂氏在一八八五年六月十五日致倍克的信中說：『德國黨的爭鬥並不使我驚訝。在一個庸俗人的國家如德意志中，黨必定有一個庸俗的「受過教育的」右派，在緊急的關頭，把牠去掉。　庸流俗物的社會主義在德國開始于一八四四年，共產黨宣言已經批評過。這種主義的不滅亡就和德國庸俗人自身的不滅亡一樣。　當取締社會主義者的法律存在的時候，我不主張引起分裂，因爲武器不是相等的。但這些先生們如果要分裂，如果要壓倒無產階級的特質，而代以一種沒有氣力和精神的粗率的，美術的，感情的博愛，那我們必須承認現狀，任聽牠怎樣就怎樣。』（見埃系霍恩編的昂格思書簡五九頁。）

七、昂氏在一八八七年的住宅問題序言中說：『德國資產階級和小資產階級的社會主義一直到現在，仍有充分的代表。一方面是各種各樣的講壇社會主義者和慈善朋友要使工人成爲自己住宅的所有人。……另一方面，在社會民主黨自身中間，一直到國會組爲止，某種小資產階級的社會主義找着牠的代表。大家對于近世社會主義的根本觀以及將一切生產工具變爲社會財產的要求固然認爲正當，但把牠們的實現看做遙遙無期。因此現在只須從事于社會的補綴工作，而並且可以按照形情，表同情于反動派所謂「提升勞動階級的企圖」。……大家必須明白懂得有這樣的一種趨向存在。當此趨向後來一經取得堅固的形態和有定的輪廓——這是必然的，甚至于爲人所願意的——時，在構成牠的綱領中必定回到牠的先驅者那裏去，因此蒲魯東也難爲人所避免了。』（見昂氏住宅問題序言五至六頁。）

昂格思上面這七段話把一千　百七，八十年代德國黨的內幕完全揭穿了。總括起來說，他：

一、看出黨中包含一部分小資產階級的份子。

二、警告黨對小有產者和農民的觀念與意志不得讓步，否則將喪失自己領導的歷史的使命。

三、不承認小資產階級的智識份子為同志和領袖，以免他們散佈不正確的意見，搖動黨的基礎。

四、宣佈小資產階級的意識為與卑諂，屈服和德國一切遺傳惡德為鄰的東西，必須竭力與之爭鬥，使不侵入黨中。

五、察覺黨中一班小資產階級的領袖份子在沒有革命素養的羣衆中發生作用，妨礙後者的進步。

六、承認黨內已形成一個具有力量的小資產階級的智識份子的右派，要壓倒黨的無產階級的特質，而代以麻醉羣衆的博愛，否則不惜出于分裂。

七、發現黨中小資產階級的社會主義要用改良主義去代替無產階級的革命。

由此看來，德國黨從初時起就是一個極不健全和危機四伏的黨。下面的羣衆既『缺乏一種革命的遺傳性』，上面的領袖又大半滿具小資產階級的意識，這樣上下相合，牠安得不走入歧途?!　尤其是一班領袖有左右黨員羣衆的力量，這個幼稚的黨的命脈全操在他們的手中，所以昂格思對于領袖健全與否的問題視爲一個極重大的問題，首先把全副精力注在這上面，想獲得一種滿意的解決。但這個問題的解決是會使他和馬克思失望的。豈止失望，有時竟使他們絕望，迫得昂氏于一八八〇年四月一日寫信給倍克說：『依我的意見，老黨及其早前的組織是告終止了。』（見埃系霍恩編的昂格思書簡三六頁）從此以後，他們總是用盡氣力與這種小資產階級的份子爭鬥，雖因此引起黨的分裂，也在所不惜。不獨他們具有這樣的決心，甚至于柏柏爾也無不如此，並且早就發表這種意見了。他在一八八二年一月四日致奧爾（Auer）的信中說：

『我的意思也是，如果可能的話，企圖在今年召集一個人數更多的會議。並不是防止分裂，因爲事情如果更向前發展，終久會有此舉。我以爲我們的一部分領袖許久以來，毫無疑義地已疲于爭鬥，依照他們的性情和見解講，是不願前進，竟被驅策出此，早已逆着牠們的意志，現在在外表上還保持着原狀，或因自己不明瞭那見解中的對抗，或因他們宣言很難得到羣衆的同意，于是會喪失他們向來的地位。

『〔雙方〕不同之點，不在是否五年內將爆發一種革命。大家對此或有爭論，但不是分裂的理由，如以此爲一種理由，至少也是毫無意識的。不同之點就在運動當爲階級運動的整個見解中，這種運動具有，並且必須具有改造世界的大目的，因此不能與統治社會調和，倘若出此，牠便簡直消滅在新形態之中，並脫離向來的領導而重新產生出來。』（見柏氏我生回顧錄第三卷二二六頁。）

但這個小資產階級的右派因毛羽未豐，不能高飛，又加以外則受畢士馬克取締社會主義者法律的壓迫，內則有馬克思，昂格思的監督，柏柏爾，李卜克內西的指揮，更不敢發動。還有一層，這一派的中堅份子卡斯天素來善觀風色，既因取得馬昂兩氏所贊助的社會民主報的編輯而變成一個臨時的馬克思主義者，同派中的別人當然更要望風披靡，不能爲所欲爲。所以終馬克思和昂格思之世，這一派雖具有潛勢力，絕不敢肆意妄爲。而爾伏特黨綱且完全接受馬克思主義的學說，好像這種主義是徹底勝利了。但當馬昂兩氏相繼逝世，形勢即爲之一變，黨的眞相暴露于世，而其關鍵，仍在卡斯天，今特述其梗概如下。

我們已經知道卡斯天出身于小資產階級，並爲這個階級的典型的代表，所以昂格思曾稱他爲財主合換柏格的『庸俗人同志』（Mitphilister—見昂格思書簡三六頁）。他自一八八八年移居倫敦後，目視英國比較良好的社會狀況和政治狀況，耳聞英國那個在資產階級智識份子支配之下而『以畏懼革命爲根本原則』（引昂格思語，見倍克，雷慈根，昂格思，馬克思等致索爾格等書信錄三九〇頁）的費邊會（The Fabian Society）社會主義的學說，于是決心拋開臨時馬克思主義者的頭銜，或無產階級革命戰士的假面具，重新露出那副與『卑諂，屈服和德意志一切遺傳惡德』爲鄰的小資產階級意識的尊容，再倡改良主義。不幸——自他看來，也許是『幸而』——昂格思于一八九五年八月五日去世，他便得着飛躍的機會了。

他自異年起至一八九八年止，在新時代雜誌上發表一批論文，名爲社會主義的問題（Probleme des Sozialismus），這是他倡改良主義，並根本反對馬克思主義的起點。他于一八九八年寫一封意見書給社會民主黨的司徒嘉德大會，對于馬克思主義，加以指摘。至一八九九年復以這種意見書爲藍本，著一部書，叫做社會主義的前提與社會民主黨的任務。

(Die Voraussetzungen des Sozialismus und die Aufgaben der Sozialdemokratie)我們爲了解他的學說起見，對于此書的各要點須加以介紹。

卞斯天在書中首先反對馬克思歷史的唯物論，並且拿住昂格思去攻擊馬克思，說後者在政治經濟學批評序言對于唯物史觀的說法，沒有成熟，是不能應用的。他于是依照自己的意思，加以『修正』，說歷史的唯物論中『無論如何，有多種要素存在，牠們中間的聯繫很不容易正確發見出來，可以確切決定在某種已定的場所，找出那最堅強的原動力。純粹經濟的原因不過首先造成接受某些觀念的地面，至于這些觀念怎樣出現，怎樣傳播，並取那種形態，則以一整批的影響所發生的作用爲轉移。』（見卞氏社會主義的前提與社會民主黨的任務三八至三九頁，一九二一年司徒嘉德改正版）『依照這一切看來，現在唯物史觀的形態比牠原來的創造者所給予的，另是一個樣子。』（見同書四一頁）『在實際上……牠不是純粹唯物的，更不用說純粹經濟的。』（見同書四三頁。）

卞斯天這樣『修正』歷史的唯物論後，便用最決切和最勇敢的態度，反對革命的辯證法，公然宣佈『牠是馬克思主義中造反的東西，是正確考察事物途中的陷阱。』（見同書五九頁）

『牠的睥睨眞理和幻燈的睥睨發光體一樣。……馬克思和昂格思所成就的大勞績不是借助于黑格爾的辯證法，而是由于違反這種辯證法。在另一方面，當他們毫不注意地陷入布浪葵主義最重大的錯誤中，第一是由于把黑格爾這種東西加在自己的學說裏面。』（見同書七一頁。）

卡斯天既發見馬克思的方法論（辯證法）和根本學說（歷史的唯物論）都是十分謬誤，其牠學說當然無往而不錯。例如自卡氏看來，馬克思的價値說，危機說，痛苦累增說，崩潰說，武力革命說，無產階級專政說以及國家觀等等，不是陳舊，就是錯誤，都不合時宜了！馬克思和昂格思不爭氣，創造一些亂七八糟的學說，怎樣處置呢？卡斯天告訴我們說：『使學說再歸于一致，使理論與實際再歸于一致，這種任務，他們留給後人了。大家對于學說的漏洞和矛盾處要毫無顧忌地算賬，才能夠解決這種任務。換句話來說，馬克思學說的向前發展和改進，必自批評始。……學生的任務就在不永久重述先生的話。』（見同書五〇頁。）

這樣的學生，不用說，就是『庸俗人同志』卡斯天！他站在小資產階級的地皮上，用九牛二虎之力，來『修正』馬克思主義。他所標榜的是民主主義。據他說：『民主主義是手段，同時又是目的。牠是爭取社會主義的手段，牠是實現社會主義的形態。』（見同書一七八頁）『民主主義是沒有階級統治，是一種沒有享政治特權的階級的社會狀況指標。』（見同書一七六頁）『民主主義的發展的確不會弄出中斷的局面，因爲牠決不從事于普遍的，同時的和暴力的奪取，僅藉組織和法律，漸漸地解決。……封建制度及其硬性的，固定的設施，差不多到處必須用暴力去予以拆毀。至于近世社會的自由設施和前者不同之處，就在牠們是柔性的，可變化的，並適宜于發達的。用不着拆毀牠們，只須讓其向前發展。這固然也需要組織和有力的行動，但不須革命的專政。』（見同書一九七頁。）

大家看啊，卞斯天認定一八九九年以後的資本主義社會制度『是柔性的，可變化的，並適宜于發達的。用不着拆毀牠們，只須讓其向前發展』。這就是說，這種資本主義社會從此只有進化，沒有革命，只有漸變，沒有突變，所以不需要『革命的專政』。但他在自己書的新版註腳中也承認有『一九一七年，一九一八年和一九一九年的諸種革命』（見同書二三〇頁），這樣殘酷的事實和他大大地開過頑笑之後，應當可以塞住他的喉嚨了。不過『庸俗人同志』的臉皮畢竟與別人不同，故他于一九二〇年新版的序中『欣欣然有喜色而相告白』：『總括起來看，我只能說，除掉幾種次要的估計外，二十一年的經驗僅使我對于本書所發揮的見解的自信更加強固了。』（見同書五頁）既是這樣，我們對于他所自信的見解還要擇尤介紹一二。

卞斯天那種幫助資產階級侵略的小資產階級意識最露骨的表示，莫過於他所提出的社會民主黨對殖民地的政策。他以爲取得殖民地，『即預先視爲可斥責的事，是沒有理由的。……當我們顧慮到德國現在每年要輸入大批殖民地的產物時，我們必須也當對自己說，有一個時候會來到，此等產物中至少有一部分可以來自自己的殖民地。……享受熱帶種植的產物既無可斥責，則自己從事于這樣的種植也不能受斥責。此處決切之點不是是否（獲取殖民地的問題），而是怎樣（獲取殖民地的問題）。歐洲人佔領熱帶地方，對于土人既不限定妨害他們的生活享樂，一直到現在，一般的例子也不是如此。還有一層，只能承認野蠻人對于他們所佔據的土地有一種受限制的權利。更高的文化在必要的時候，也具有更高的權利。對于土地的使用給予歷史的法律權利的，不是土地的佔領，而是土地的種植。』（見同書二一〇至二一一頁。）

這段話用不着我們加以解釋或發揮，已經赤條條地表現德國社會民主黨右派的猙獰的面目。『更高的文化在必要的時候』既『具有更高的權利』，則文化較高的德國當然可以統治文化較低的中國。的確，卡斯夫是不諱言這種主張的，所以他明目張膽地替德國資產階級奪取膠州灣作辯護士，說那是有理由的。『有些報紙走得更遠，宣佈在一切狀況之下，黨對于取得〔膠州〕灣必須從原則上予以斥責，我可絕不附和。德意志人民對于瓜分中國以及德國從中國分嘗一臠，不發生興趣。但他們對于中國不為其牠民族的犧牲品一事，極為關切，對于中國的商業政策不隸屬于一個外國的利益之下或列強利益之下，極為關切——總之，關于中國的一切問題，德國應有一種決切的發言權。牠對中國的商業要求這樣的一種發言權。現在取得膠州灣既是鞏固並加強這種發言權的手段，——此事的有助于發言權，是不能爭辯的——依我的意思，社會民主黨便沒有在原則上反對此舉的理由。除掉獲取的方法和口實不計外，這並不是德國外交政策最壞的一擊。

『此事涉及鞏固對中國的自由貿易。即使沒有那種獲取，中國也要一天一天愈加被拖入資本主義經濟的範圍中，俄國也要繼續牠的蠶食政策，一有機會，就會佔領滿洲各海口；

這是沒有疑義的。所以問題只在德國是否應當安然看着中國因一椿一椿造成的事實，愈加陷于依賴俄國的境界，還是應當確定一種位置，使牠在經常的狀況之下，對于中國事情的處理，可以隨時表現牠的力量，不致于被迫以事後的抗議爲滿足。租借膠州灣在過去和現在，既是爲着獲取德國將來利益的保證，和牠所宣佈的一樣，所以社會民主黨也可以贊成此舉，並且絲毫沒有拋棄牠的原則。』（見同書二〇七至二〇八頁。）

我們看到這些話，對卞斯天眞要駡一句不要臉的東西，眞要學列甯一樣，替他加上『叛徒』的尊號。這並不完全因爲我們是中國人，覺得他的話特別可惡，而是因爲絕對違反馬克思無產階級與被壓迫民族聯合戰線的遺教，對于中國問題全沒有替被壓迫的中華民族着想，僅以德帝國主義的商業利益爲前提，要佔領中國的土地，做德國與列強共同掠奪中國的保障。還有一層，中國的沿海土地被強迫租借，實以德爲戎首。自此端一開，俄租旅順，大連，法租廣州灣，英租威海衛，遂相繼出現。使中國陷入半殖民地狀況的最大部分責任應由德帝國主義擔負，而號稱無產階級的政黨中的一派領袖竟毫不知羞地明目張膽宣佈『社會民主黨也可以贊成此舉，並且絲毫沒有拋棄牠的原則』。由此可以證明牠的墮落是達到怎樣的程度了！

統觀以上的敍述，便知道卞斯天的主張與馬克思主義沒有共同之點，絕對沒有共同之點，所以大家稱之爲「修正論」（Revisionismus）。可是這個狡猾的叛徒在名義上並不和馬克思及昂格思斷絕關係，他仍然要和他們聯在一起，以便對無產階級的羣衆易于招搖撞騙。所以他說：「人們如果要稱這種見解爲「修正論」，也是可以的。但大家不應當忘記，馬克思和昂格思在他們的時代也是修正論者，並且是社會主義史上所知道的最大的修正論者。每種新的眞理，每種新的認識，是修正論，發展既沒有底止，而爭鬥的形態及其條件又要受變化律的支配，在實際上總有修正論的學說出現。」（見同書二七至二八頁。）

不錯，馬昂兩氏「也是修正論者」。例如他們經過巴黎公社的事變後，在一八七二年的共產黨宣言的序言中說：「因近二十五年來大工業的大發展，和因此而進步的工人階級黨的組織，以及種種實際的經驗，——首先爲二月革命的經驗，尤其是巴黎公社的經驗，無產階級在此第一次掌握政權至兩月之久——這種綱領現在有一部分是陳舊了。特別是公社已經證明「工人階級不能簡單佔據現成的國家機關，爲着自己的目的而予以運用」。」（見考茨基校的共產黨宣言一八頁，一九二一年柏林第八版）我們看得很清楚，馬昂兩氏是爲着產無階級革命的利益而修正，是無產階級的領導者。但在另一方面，卡斯天是爲着小資產階級和資產階級維持現狀的利益而修正，是在站在無產階級的隊伍中替牠們保鑣，因此他是無產階級的叛徒，和小資產階級及資產階級的暗探。這就是馬昂兩氏與卡氏同樣從事修正而又絕不相同之點。這一不同之點係雙方人格高下攸分的地方，我們是不能隨便看過的。

卡斯天談及自己的見解，說道：『我完全知道，牠們在各重要點上與馬克思及昂格思的學說所表現的見解不相同——他們的著作對于我的社會主義的思想發生過最大的影響，昂格思不獨至死時止把我看做親密的朋友，並且在他的遺囑中對我表現大信任的證據。這種見解的差異不是最近的事，而是長年的內部爭鬥的產物，我的手中並有證據可以證明昂格思是知道此事，我總是必須決切地反對他這樣狹隘，他要求他的朋友無條件地接受他的意見。大家看到下面的陳述將懂得我向來爲什麼儘可能地避免在批評馬克思和昂格思學說的形態中，發表我的不同的意見。此外，關于實際的問題，馬昂兩氏自已已經因時代的推移，大大地修改他們的意見，這也是使我向來容易避免發表不同意見的原因。』（見同書一一至一二頁。）

這段話只能表現卡斯天的不忠實與說謊。他以爲自己和馬昂兩氏的見解不同，由來已久。昂格思當然知道，其實何止昂氏，馬克思也同樣知道他是一個百分之百的小資產階級的代表，我們在前面已經說得很淸楚。他後來恐受馬昂兩氏的排斥，才掩去本來面目，變成一個臨時的馬克思主義者，在他們的監督之下，小心翼翼地作工。他說大家看到下面的陳述，將懂得他爲什麼儘可能地避免于馬昂在世時發表自己不同的見解。但我們細心讀過他的全書後，實在不懂他有什麼光明正大的理由要這樣做。至于說他們對于實際問題，因時代的推移，和他一樣趨于改良主義（他雖沒有明白說出，但言外之意確是如此），因此可以使他避免發表意見，那完全是一種無恥的誣衊，沒有絲毫事實上的根據。他在馬昂兩氏生時不敢妄肆邪說的唯一原因，就是懾于他們的權威，恐他們宣佈他的罪狀，不能再在黨中做暗探。

自他看來，昂格思實在活得太久，使他不得早些露出眞面目，效忠于本階級（小資產階級），所以氣憤憤地指摘昂氏是「這樣狹隘」。不過這種「狹隘」是階級間的分水線，昂格思要防止叛徒的出現，是不能不「這樣狹隘」的！還有一層，昂氏因卡斯天多年來工于掩飾，沒有察出他的奸滑狡詐，遂推心置腹，深信不疑；不意這位老戰士的屍灰猶在英國海峽盤旋之際，那做臨時馬克思主義者過久而不復能忍耐的暗探已在倫敦高舉反叛的旗幟了！　因此，即拋開階級的立場和黨的利益不講，卡斯天在私人的友誼上也是一個最不忠實的人，否則他與昂氏交接二十餘年，如果眞正相信自己的意見是理直氣壯，沒有其牠作用，有何不可及時在黨中提出討論，而必待昂氏的去世然後發動呢?!

他的不忠實眞是隨時隨地可以表現出來。　例如他編訂馬昂兩氏的書信（在名義上是他和柏柏爾共同負責，但柏氏因年老力衰，並不負實際責任），任意裁減他們批評一般人和朋友同志等等的節段，致使我們不能窺見全豹（比原信少去六分之一）。　尤其是昂格思給他的信于昂氏死後延不發表，近來耶薩諾夫抄出一份，在俄付刊，卡氏才于一九二五年將原文印出，然距昂氏去世時足足三十年了！　爲什麼要這樣拖延呢？　因爲內中有反對機會主義的文字，能予卡氏自己以致命的打擊。　舉個例來說：昂格思于一八八五年五月十五日寫信給他道：『不要忘記一條老規則：只顧運動與爭鬥的現在，而忘却運動的將來。　這條規則是隸屬于我們的。』（見昂格思致卡斯天書一六七頁）　可是卡氏在一八九八年却說：『自我看來，運動是極重要，而世人所稱爲社會主義共同的終極目標不算什麼，在這種意旨上我至今猶承認此說。」（見卞氏社會主義的前提與社會民主黨的任務九頁） 這種說法與昂氏教訓他的話直接相反。 這是他甘心做叛徒的明證，這也是他做小資產階級和資產階級暗探的明證，因爲他叫人家只管運動，不管終極目標，試問沒有終極目標的運動是一種什麼運動？不用說，是一種無傷于小資產階級和資產階級根本利益的改良運動，這樣運動一萬年，無產階級也達不到解放的目的。 因爲牠始終墮在機會主義的深淵中而不能自拔！ 機會主義，恰和盧森堡所說的一樣：『牠的固有的傾向是使工人運動向資產階級的軌道上前進，這就是說，使無產階級的階級爭鬥完全停止。』（見盧氏社會改良還是革命？ 四八頁，一九〇八年萊比錫出版——Sozialreform oder Revolution?） 無產階級不從事階級爭鬥，能夠夢想解放麼？ 然做暗探的卞斯天必定微微地笑道『深中下懷』！ 他必定再三向無產階級高聲叫道：儘管運動罷，努力運動罷，『終極目標不算什麼』！

可是我們不要因爲這個暗探在無產階級隊伍中混了五十多年，震于他的聲名，以爲他眞正創造了一種什麼新學說來和馬克思主義對抗，凡他所說的只是一種拾人牙慧的頑意兒，並非自出心裁的見解。所以曾爾提及他的社會主義的前提與社會民主黨的任務，說道：『凡近數十年來德國經濟學者對于馬克思學說的一切反對論差不多都集合起來了。』（見曾氏社會主義，共產主義與無政府主義四二二頁）就是卡氏自己也直言不諱：『同時這裏要一起聲明一下，這種批評並不裝作是自出心裁之作。此處所說的，卽使不是全體，也是最大部已被他人詳細說過，至少也暗示過。本書的合法性不在乎發見從前所未嘗知道的，而在乎承認已經被發見的。』（見卡氏社會主義的前提與社會民主黨的任務五一頁。）

資產階級和小資產階級的經濟學者已經『詳細說過，至少也暗示過』的東西，卡斯天八云亦云地重述一遍，或至多加以發揮，本來沒有什麼重大意義可言。不過因他混在無產階級隊伍中已經有幾十年，一旦起來作資產階級和小資產階級進攻無產階級的內應，這究竟是變出非常，不能不使這種隊伍發生紛亂與內訌，而予敵人以操縱宰制，坐觀活劇和感謝內應的機會。關于這一點，暗探先生是預先估計到的，所以後來在半裝傻，半得意的狀態中說明出來了。『我預先料到自己的書將受同志們的反對，但却沒有料到牠要引起黨內對我一種忿怒的風潮，並使我在非社會主義的各界中獲得一種聲名。……這部書的遭際不同，第一是由于情形不同的緣故，這裏首先由馬克思派中一個社會主義者對于馬克思主義的一批命題自己加以批評，而向來在馬克思主義者中的討論差不多總是限于解釋這些命題，以及由此所發生的結果，把馬克思主義當作那樣的一種社會主義的教義，向工人階級宣佈資本主義的經濟制度馬上要崩潰，使之完全仇視國家，並對于民族的利益取絕對冷淡的態度。有人以爲馬克思學說的鐵律的信仰既經搖動，這種對工人精神上的支配也會搖動，因此使工人轉入不甚仇視國家的趨向中。所以本書受資產階級報紙熱烈的歡迎，和各種各樣的讚頌。』（見同書二五九至二六〇頁）猗歟休哉，暗探先生的功業彪炳史册，而資產階級甚至于小資產階級至少在一個短時期內，可以高枕無憂了！

但如此的大功業也當然不是卡大暗探一手一足之烈造成的，尙有大批的『探夥』幫他辦案。內中比較著名的是：達徽德（David），服爾馬，坎普斐邁耶（Paul Kampfmeyer），倍斯（Heinrich Peus），斐西耶(Edmund Fischer)，厄爾姆（Adolf von Elm），和亞塔爾舒爾慈（Arthur Schulz）等等。這批人就是德國社會民主黨中所謂『修正派』（Die Revisionisten）。此處自然沒有介紹並批評他們的『學說』的可能與必要。我們只徵引墨爾林的幾段話作爲對這一派的「理論」和實際的總評。

「當無產階級的解放爭鬥統制着近世資產階級社會的生活，而這種統制且一年一年加甚時，馬克思主義就是一切社會科學的最後一句話。……誰要看待馬克思主義超過一種科學的方法，而又不願簡簡單單回轉到資產階級的世界中去，誰就會陷入折衷論或懷疑論中。折衷論到處收集材料，造成一種新學說，可與每個紙紮的屋子一路堅固的程度。懷疑論則于馬克思的每個命題之後加上一個疑問符號，或用勒新曾經指出的方法，對于這個或那個命題指爲非人類健全的了解所嘉許，對于其牠一切則用一種勝利的輕蔑態度，置之不顧。修正論就是陷在折衷論的息拉(Scylla)和懷疑論的卡立布狄斯(Charyblis按此爲意大利和西西利海峽的兩個危巖)中，以致進退維谷。

「修正論的本質是空無所有。因爲牠對于自己沒有懂得淸楚，故感覺一切世界盡是錯誤，這也不是沒有原因的；牠既是一種純粹的雲霧，自有幾分權利主張空空洞洞的東西。牠修正社會主義的學說，不從社會主義學說的地皮出發，而是從資產階級的觀念出發。牠自己在此等觀念之前是惶恐畏縮而不願有所議論的。馬克思主義達到目的的手段是不斷的批評，並挾着這種批評去考查一個時期的實際，然修正論却把此事當作一種自足的目的；爲着修正的緣故而修正，牠因爲畏懼絕對的教條，遂蔑視每種相對的眞理。牠的思想從不達到終點，當事實的邏輯使牠感覺心痛時，牠就訴起苦來，說是缺乏「良好的論調」。

『所以牠是從虛無出發，經過虛無而達到虛無。世間從來沒有一個比修正論更拙劣的預言家。當十九世紀下半期產業興盛之際，「正宗派」馬克思主義者起而作詳細和勞苦的探討，要看馬克思危機說的正當性至怎樣的程度，修正論則直截了當地宣佈，像從前那樣的普遍的商業危機，在長時期中是不會有的，然馬上跟着出現的危機却予以一種確切的答覆。當一般馬克思主義者歡欣鼓舞祝賀工聯的繼續發展，而又不因此忽視資本更有力地繼續蓄積時，修正論則預言工聯的成功是逐漸取得資產階級的產業。當一般馬克思主義者正在研究帝國主義政策的新形態，並預先說明牠將完全破毀資產階級的政治力量，造成無產階級的革命力量更大的活動領域時，修正派人則夢想一個社會主義民主主義的工黨，依附那頗爲健全的市民去求幸福，而一九〇三年的國會選舉和邦議會選舉又予以一種確切的答覆。』（見墨爾林德國社會民主黨史第四卷三五三至三五四頁。）

修正派的把戲既不過如此，原是値不得一擊的。當時起來和這一派作戰的，很有好幾員健將，如盧森堡，帕活斯（Parus），蒲列漢諾夫，墨爾林和考茨基等都是。考氏于一八九九年草卡斯天與社會民主黨黨綱（Bernstein und das sozialdemokratische Programm），專門對付卡斯天。他因爲要別于修正派，便自命爲正宗派，而這個正宗派並不是左派，乃是一個中央派。考氏領導這一派日趨于會議主義與改良一途，逐漸將馬克思主義的革命精神忘得乾乾淨淨。他與卡氏不同之點只是他在口頭上尙尊奉馬克思主義，而後者則明目張膽加以反對。當一九一四年世界大戰爆發後，社會主義的運動受一大打擊，考氏的機會主義愈加顯明，而他的眞面目也愈加表現得淸淸楚楚。他前此對于卡斯天反對無產階級專政常加以駁斥，至一九一八年自己却草一個小册子，名爲無產階級專政（Die Diktatur des Proletariats），曲解馬克思的意旨，藉遂其反對俄國無產階級專政的隱衷，被列甯的無產階級專政與叛徒考茨基擊得焦頭爛額，體無完膚，而世人便一眼望見他和卡斯天同是一丘之貉了！其實關于這一點，他自己也是承認的。他在一九二三年的自傳中提及卡氏說道：『我們在大戰中又遇着頭。各人都保持自己理論上的特質，但在實行上我們現在差不多總是一致的。』這眞叫做『不打自招』！所謂正宗派的中央派與修正派的右派在實際上原來是緊接在一起，未嘗分離的。

我們要懂得這種內幕，對于柏爾所說的一種顯然矛盾的現象，才不覺得神祕。就是：『在文字和黨的大會——特別是在一九〇三年可紀念的諸勒斯登大會——中，無產階級革命派佔得勝利，但在日常工作中全部理想是推行一種議會的政府法，和社會立法。修正論以及和牠相關連的民族感情是全線勝利，使工人階級對于革命的可能性充滿了懷疑的心情，對于目前的要求則具一種「實在政治的」意志。』（見柏氏社會主義與社會爭鬥通史第五卷八四頁）這裏所謂『無產階級革命派』自然不是專指中央派，而是包括盧森堡、墨爾林等的左派在內。黨的理論是如此，而黨的實行是如彼，怪不得卡斯天雖受一班著名的理論家的打擊，猶能從實際生活中大舉反攻，使他們無辭以對。我們試聽他說罷：

『在實際上，這就是說，在黨的行動上，牠終久總是做了（指竭全力從事于普通選舉權，民主主義等運動）。但在牠的宣言中，牠的文字上的代表常是加以拒絕，至今猶如此。一個時代作成的語句在歐洲到處具有特權，無限制地統治着，在此等狀況之下猶有可說，一直至某種程度爲止，也是正當的，不過牠們現在只是一種死的重量，竟仍舊爲人所敬畏，以爲運動的進步是繫于牠們，而不是繫于活的認識，因此能有所作爲，而且成爲必要的。例如在一切可能的地方，社會民主黨的代表實際是站在議會工作，數目衆多的人民代表職務和人民立法的地皮上，這一切都是反對專政的，此時猶固守着無產階級專政的話，是否有意義呢？這句話現已陳腐，要剝去專政這個名詞實在的意義，而予以一種柔和的意思，才能夠使牠和實際相符合。社會民主黨全部實際的活動是在創造種種狀況與先决條件，要使近世社會制度能夠免去突然的暴亂而達到一種更高的制度，並當保證能夠如此。牠的信徒因爲覺悟自己是一種更高文化的開路隊，才再三提起勇氣與熱情，而那種想望中的社會收歸己有（Gesellschaftliche Expropriation）的道德的合法權利，最後也是建築在這種覺悟上的。但階級專政是屬于一種低級文化中的，當時還絲毫沒有現今宣傳與法律目標的種種方法，即或有，也陷于一種極不完全的形態中，並且缺乏適宜的機關，可是現在如果激起一種思想，以爲從資本主義的社會過渡到社會主義的社會，也必須在當時的發展形態中實現出來，那除掉事情的是否適宜與是否可行不計，這只能視爲一種復入迷途，只能視爲一種政治的遺傳病復發。」（見卡氏社會主義的前提與社會民主黨的任務一八一至一八二頁。）

卡斯天拿什麼低級文化與高級文化的空洞話做專政與不專政的理由，固然是一種無聊的詭辯，不値識者一笑，然他責備社會民主黨在實行上踏入議會主義的道路（即機會主義的道路），在理論上空喊着革命的口號（如無產階級專政之類），名實不符，是極有理由的。社會民主黨從發生時起（從拉塞爾的時代起）一直到現在，所走的差不多是一貫的機會主義的路線，很少表現革命的行動，尤其 昂格思死後，牠的墮落日甚一日，牠是一個改良黨，而不是一個革命黨。 所以卡斯天老早就打開天窗說亮話，勸牠老實拋開假面具道：「社會民主黨如果具有勇氣，能從已經失時效的語句中解放出來，而願意露出自己實在的眞面目：卽一個民主主義和社會主義的改良黨（Eine demokratisch-sozialistische Reformpartei），那牠的影響必定要大得多。」（見同書二三〇頁） 當然，這樣一來，資產階級和小資產階級更放心，這兩個階級的人加入的也當更多了！

然我們現在要問：德國社會民主黨的上層份子中雖混入不少的小資產階級甚至于資產階級的人物，但下層的羣衆究竟是產業工人，他們怎能允許黨內有一個修正派存在與横行呢？

並且『一之爲甚，其可再乎？』他們又怎能允許黨內有一個實質上與修正派沒有差異的正宗派存在與橫行呢？這是一種偶然的現象麼？當然不是的。（柏爾以爲『德國產業與對外貿易驚人的興盛，以及黨內幾乎不斷的人數的急速增加和對牠的候選人投票數的急速增加是大有助于修正論。』（見柏氏社會主義與社會爭鬥通史第五卷八四頁）如以此去解釋修正派或正宗派的生存與發育，固然不算錯誤，但畢竟不是根本的所在。直接的根本原因是德國社會民主黨的黨員羣衆多係工人貴族，既缺乏革命的遺傳性，而生活狀況又較一般工人爲優良，故樂得維持現狀，苟且偸安，而不思有所進取。一班小資產階級的領袖在這種工人貴族的基礎上才能形成一個強大的修正派。而在口頭上本來要革命的正宗派在這種工人貴族的基礎上，才于不知不覺之中走上了修正派同一的道路。

但我說這句話，絕不是替一般領袖們減輕責任，將他們的過失一齊歸在下層羣衆的身上。

盧森堡說得對：『巴黎公社的墳墓已經結束了第一期的歐洲工人運動和第一國際黨。自此以後開始一個新局面。此後所出現的不復是自發的革命，暴動，和街市戰爭，使無產階級每次于事後再回轉到牠的消極的狀態中去，此後所出現的是有系統的日常爭鬥，利用資產階級的議會主義，羣衆的組織，經濟爭鬥與政治爭鬥的結合，社會主義的理想與頑強的維護目前的日常利益結合。』（見盧氏社會民主黨的危機三頁，一九一九年柏林出版——Die Krise der Sozialdemokratie） 此等工作本來是很煩難的，要有極忠實而幹練的領袖任理論與實際工作的指導，一方面不放鬆日常的爭鬥，另一方面顧到遠大的目標，才能夠避免昂格思所說的『只顧運動與爭鬥的現在，而忘却運動的將來』的毛病。 可是德國社會民主黨中一班小資產階級的領袖不獨缺乏如此才能，並且絕對沒有這樣的忠誠與意志。 試看上面徵引昂氏一八八四年二月十四日給倍克的信所描寫的黨員羣衆奮鬥的情形，就可以知道德國黨並不是一個天然生成的工人貴族黨，只因爲這些不忠實的領袖所麻醉，引入歧途而不能自拔，才逐漸安常守故，不肯努力爭鬥，尤不肯爲着遠大的目標爭鬥。 迨習慣既成，積重難返，于是人以類集，一般生活比較優裕的工人貴族都跑到黨中來幹機會主義的運動了。所以我們雖認德國社會民主黨的下層羣衆很不健全，但應由領袖份子負大部分的責任，因爲他們未嘗加以適當的指導和革命的訓練，以致這些本來缺乏革命遺傳性與爭鬥經驗的人無從走上解放爭鬥的坦途，而盡無產階級先鋒隊的職責。 明白了這一點，就知道德國黨愈到後來，愈加走入機會主義的道路，是要由修正派和正宗派負主要責任的。

除卡斯天的修正派和考茨基的正宗派外，德國社會民主黨中固然還有墨爾林，盧森堡，澤特金和卡爾·李卜克內西（Karl Liebknecht）等所領導的左派急進派，是代表一種革命的潮流；但這一派的發生既遲，而力量又十分薄弱，不足以左右黨的政策，故略去不提。

德國社會民主黨中從事于理論與實際領導工作的上層份子既多為投機主義者，而下層的羣衆又大半為工人貴族，像這樣無聊的黨，一到緊急關頭，是會醜態百出，貽人笑柄的。果然，一九一四年的大戰把牠的『潛德幽光』一齊發露出來了。當戰事爆發的前一星期，全德國各處的黨報一致反對戰爭，一致斥責奧大利的主戰派向塞爾維亞（Serbien）提出哀的美敦書為輕舉妄動，冒險投機。但到了八月四日，黨的國會組却發表宣言道：

『我們現在是站在戰爭的鐵一般的事實前面。仇敵侵入的恐慌迫在眉睫。我們現在要決定的，不是是否贊成戰爭，而是考慮保護國家所必需的手段。——俄國的專制主義已經染着自己人民最好的血，牠的勝利對于我們的人民及其自由的將來即不全部發生危險，也有大部分的危險。我們當防止這種危險，保障本國的文化與獨立。當危急的時候，我們不會聽自己的祖國陷入困難中，這是我們向來鄭重宣佈的，現在要實踐前言。此外，國際黨會經承認每種人民隨時有民族獨立與自衛權，我們覺得此舉正與國際黨一致，恰和牠共同排斥侵略戰爭一樣。——我們受此等原則的指導，對于所要求的戰債特予認可。」（見盧森堡社會民主黨的危機一〇至一一頁。）

「國會組于八月四日因這種宣言而給予的口號，就決定並統制德國工人階級在大戰中的態度。祖國危險呀，民族防禦呀，爲着人民的生存，文化和自由而戰爭呀，——這就是社會民主黨國會代表團所高唱的口號。其牠一切只是此舉簡單的結果：各黨報和工聯報的變更態度，羣衆愛國主義的狂熱，武力監視下的和平，國際黨的突然解散，——這一切不過是國會中所表現的第一次行動不可避免的結果罷了。」（見同書一一頁。）

一九一四年德國黨的國會組對于侵犯比利時中立的德帝國主義戰爭的軍費，是採取投票贊成的態度，我們試回溯一八七〇年黨的國會組對德國初時本爲防禦而迎戰的德法戰爭的軍費，是採什麼態度呢？威廉·李卜克內西和柏柏爾于是年七月二十一日向北德意志國會提出一種書面的宣言道：

『現在的戰爭是一種朝代戰爭，是爲着波那帕脫朝的利益而起，恰和一八六六年的戰爭是爲着霍亨索倫朝而起一樣。

『因進行戰爭向國會要求的金錢，我們不能夠贊成，因爲此舉是對于藉一八六六年的爭變準備了現今的戰爭的普魯士政府一種信任的投票。

『然我們對于所要求的金錢也不能否決；因爲此舉可以被視爲贊成波那帕脫輕躁而犯罪的政策。

『我們是每種朝代戰爭原則上的反對者，是社會共和主義者，是國際黨——牠不分國籍，反抗一切壓迫者，將一切被壓迫者聯合成爲一個大的兄弟會——的黨員。不能直接或間接宣言贊成現在的戰爭，同時我們宣示一種可靠的希望，歐洲各種人民經過這次悽慘事變的教訓，將努力獲取自己的自決權，並剷除現今的武力統治和階級統治，因爲這是一切國家與社會惡德的原因。』（見柏柏爾我生回顧錄第二卷一七九頁。）

李柏兩氏在四十五年前宣佈民族生存的利益與國際無產階級的利益一致，且都反對朝代的戰爭，這是國際黨的原則。一九一四年德國黨的國會組却宣佈民族獨立與國際社會主義不一致，且應贊助本國帝國主義的戰爭，這也是國際黨的原則。爲什麼會有這樣的矛盾呢？我們應當知道，李柏兩氏所指的國際黨是馬克思所領導的第一國際，國會組所指的國際黨是德國社會民主黨所領導的第二國際。前者是趨向無產階級革命的，後者和德國黨一樣，是趨向機會主義的，所以牠們所領導的黨員雖同屬一黨，不過僅有時間上的差異，而對于戰爭的態度絕對相反。柏柏爾說：『馬克思也已經宣言贊成我們的主張。』（見同書同卷一八〇頁）大家試把這四十五年間的兩樁事對比一下，就可以看出社會民主黨近來墮落到什麼地步，和馬克思的意旨相差有怎樣遠了！

就德國社會民主黨對一九一四年的大戰態度講，牠是一個什麼東西呢？維也納的工人報（Die Wiener Arbeiterzeitung）于八月五日稱贊牠爲『有階級覺悟的無產階級組織的寶貝。』盧森堡則于前一日宣佈牠是『一個發臭的死屍』（Ein stinkender Leichnam）。牠到底是『寶貝』，還是『死屍』？二者似乎不可得兼。但牠却不然：是『寶貝』，又是『死屍』。就這是說，牠是德國資產階級的『寶貝』和無產階級的『死屍』。德帝國主義者所以毫不躊躇地敢于從事戰爭，正因爲他們早已知道社會民主黨是資產階級的尾巴，一旦發生戰事，牠必定號召黨員羣衆和無產階級去做資產階級的後盾，不，去做資產階級的前驅，把工人們的血肉之軀擋住敵人的礮火　求取最後的勝利，藉替主人們爭得更好的世界市場。這就是社會民主黨的全部作用。這可愛的「寶貝」，和可惡的「死屍」！

「寶貝」黨或「死屍」黨這樣功業與罪孽並茂，在大戰中不由得不發生分化。就大體講，牠是被分爲三支：即多數派社會主義者的社會民主黨，獨立社會民主黨，和斯巴達卡斯同盟會（Spartacusbund）。多數派是最反動的極端右派，牠的人數最多，勢力最大，據有社會民主黨四分之三的報紙。牠的理論自然是修正派的理論。但說來也奇怪，修正派的首創者卡斯天竟不站在牠的旗幟之下，而隸屬于獨立社會民主黨。卡氏大概是嫌牠過于直截了當地揭開假面具，不甚雅觀，故不願站在一條戰線上，並且多多少少地加以比較委婉的攻擊：「多數派社會主義者對于特別的民族問題——軍事問題包括在內——與資產階級的黨派的見解未免太接近了，獨立派則又和戰前一樣，獲得一種不可調和的觀點。前者對資產階級的利益較之從前，傾于過大的讓步，致使後者望而却步，因爲牠的受斯巴達卡斯份子影響，羣衆忍耐不住，僅取激烈的手段。」（見卡氏德意志的革命六五頁，一九二一年柏林出版。——Die deutsche Revolution）一個黨致被素來主張德帝國主義佔領非洲殖民地和中國膠州灣的卞斯天目爲『未免太接近』『資產階級的黨派的見解』，『對資產階級的利益……傾于過大的讓步』，那牠的價值，也可想而知了！

講到獨立社會民主黨，情形極爲複雜，有向來右派的領袖如卡斯天輩，有向來正宗派的領袖如考茨基輩，也有左派的急進份子，與斯巴達卡斯同盟會極接近，甚至于還有一批加入其中。但語其領袖，雖有時也不贊成多數派的主張，互相衝突，然本質上仍是機會主義者，故始終只能和多數派聯合，很難與同盟會携手同行。

斯巴達卡斯同盟會是由社會民主黨眞正的左派和一般最貧苦的革命的工人組成。牠的領袖爲卡爾·李卜克內西和盧森堡等。牠是德國無產階級眞正革命的政黨，具有布爾希維克的精神，後來改名爲共產黨（名稱經過幾次改變，此處不能詳說）。

以上是德國社會民主黨分裂後的大概情形。多數派既是其中最佔勢力的一派，所以我們首先拿牠來做對象。社會民主黨許多年來即認定機械的時代不是革命的時代，因爲機關槍已經消滅了革命。牠根據這種認識，絕不企圖向革命一途前進，因此缺乏革命的意識，更談不到革命爭鬥的素養。尤其是極右的多數派絕對沒有夢想到要革命，並準備革命。當一九一八年十月德國因軍事失敗，人民怨恨，軍心搖動，資產階級的政權朝不保夕，多數派的社會民主黨不獨不肯遵照馬克思的遺訓，領導無產階級，奪取政權，反派牠的黨員包爾(Gustav Bauer)和霞德曼(Philip Scheidemann)入閣，去替資產階級保鑣。迨德皇威廉第二為大勢所迫，于十月底離開柏林，退居比利時的斯坡(Spa)大本營，十一月九日柏林發生政治的總同盟罷工，首相瑪克斯(Prinz Max von Baden)自知不能再幹下去，將政權交給多數派的亞柏特(Fritz Ebert)，亞氏于當日發出通告，接受政權；而他的最後一句話是：『國民！我很懇切地要求你們離開街市，努力于安甯與秩序！』(見卡斯天德意志的革命三二頁。)

羣衆運動方才開始，社會民主黨就要把牠消滅下去，這是一種很明顯地背叛無產階級的行為。所以斯巴達卡斯同盟會異日的紅旗(Rote Fahne)報上直斥這樣要求『送羣衆回家，是要恢復舊「秩序」』。而多數派要與獨立社會民主黨共同組織政府，這一黨的領袖如需得部耳(Geoge Ledebour)等也目『多數派領袖亞柏特，霞德曼，蘭芝堡(Landsberg)等為社會主義的叛逆，無論如何，不可和他們共同組織政府。』（見卡斯天德意志的革命三四頁）多數派的黨部是怎樣無恥反動，更可以從另一樁事看出來。就是牠藉于『不合民主主義的原則』，拒絕獨立社會民主黨『全部行政，立法和司法的權力僅能歸全體工人和兵士所選舉的親信人掌握』的要求，又藉口于『對人民的糧食大有危險』，拒絕後者『排除一切資產階級人員于政府之外』的要求（參看同書三五頁）。馬克思明明昭示無產階級取得政權，當實行無產階級的專政，多數派社會民主黨却怕損傷了那萬古不磨的神聖的『民主主義的原則』，偏要與資產階級合作，去保護後者的安甯與秩序，這又是明目張膽地背叛馬克思的遺教。

但獨立派與多數派的差異本來不過五十步與百步之間，很少本質上的懸殊，所以雙方磋商妥協，馬上就組織一個所謂『人民委員會』的六人政府。今特將他們的姓名，職務，出身和派別列表于左：

姓名	職務	出身	派別
亞柏特	內務和軍政	馬鞍匠	多數派

哈斯(Hugo Haase)	外交和殖民	律師	獨立派
霞德曼	財政	排字匠	多數派
狄特曼(W. Dittmann)	遣散和公共衛生	細工木匠	獨立派
雷芝堡	報紙和新聞	律師	多數派
巴特(Emil Barth)	社會政策	未詳	獨立派

這些政府大員雖多出身于工人，但都辦過多年的黨務，久已變成黨內的官僚和老機會主義者，早忘却本來面目了。在這些大員之下還有大批的次等官缺，大都爲這兩派人所分據，而考茨基和卡斯天也在外交部與郵務部各佔一個次等位置。于是這一批『黨官』都彈冠相慶，變成『國官』了。『新官上任三把火』，此等官僚更不是例外：他們整天地叫着『努力工作』，『維持秩序』，結果，無產階級的羣衆是被麻醉，不復動彈，而有產階級的舊秩序也被鞏固，可保無虞；不過所謂革命的本身，未免有些滑稽！

但社會民主黨人的看法却大不相同，他們以爲這是一種不流血的革命，並且和奧大利的拆甯伯爵（Graf von Czernin）向羣衆所宣佈的一樣，『是世界上曾經見過的最大的革命。』因此黨的光榮是超過法蘭西有名譽的革命和『俄羅斯不名譽的革命』之上。　就是向來善觀風色，見革命潮流汹湧，向左走了半步的卡斯天，也大加稱讚，說：『從這些佈告（指工人兵士會議和黨部等努力工作，維持秩序的佈告）中可以看出，當革命之日，柏林的工人階級是怎樣受社會民主黨舊有的精神——這是德國社會主義工人運動的創造者灌注給牠的——的統制；勝利的工人階級及其代表是怎樣顧慮到對風潮汹湧的階級爭鬥中的革命自身，保持一種決切的文化運動的性質；他們是怎樣顧慮到對革命中非爭鬥者的幸福，安甯和權利，必須予以最大的注意；對革命開闢新權利的道路，必須不讓兇野的無秩序和低級本能所表現的執拗的精神得以活動。』（見卡氏德意志的革命三九頁）　記得袁子才頌揚某公子，曾稱為『溫文爾雅，吹氣如蘭』，我們對于德國的革命也可以應用同一頌揚語，所以牠不獨是不流血的，而且是十分文雅的，宜乎其為『世界上曾經見過的最大的革命』，替社會民主黨增光不少！

德國社會民主黨人對于這種在實際上不過為中等階級的政治革命，這樣引為殊榮，不可一世，而德國資產階級最著名的經濟學者桑姆巴特卻很直爽地說：『我們和法國人，一切經馬族人，以及俄國人不同的地方，就在缺乏每種革命的才能。（現在仍然如此，自一九一八年十一月的「革命」後，更充分表見出來了。）我以爲如有何處會經證明德國人不會幹革命事業，那就是此次革命，這卻不成其爲革命。十一月九日工人的「勝利」，有幾分和顏俄斯塔（Aosta）公爵的軍隊對于奧國人的「勝利」相似：這是一種對于不在該處的敵人的勝利，是一種沒有爭鬥的勝利。……德國受壓迫的大多數工人生平從沒有作願意幹革命事業的想法；當這種革命突然出現的時候，大家極爲驚駭，不知道要怎樣着手去對付牠。……我相信我們是地球上一種最柔和的民族，絕不能「自拔」。至多不過對于所忍受的痛苦，藉諷刺的詩歌或學理的爭辯，洩一洩憤氣罷了。講到實行，是從不會有的。』（見桑氏社會主義與社會運動二四〇頁。）

『德國受壓迫的大多數工人生平從沒有作願意幹革命事業的想法，』這種責任的最大部分是要歸在社會民主黨幾十年來執行機會主義政策的機會主義領袖的身上。德國人民向來就『缺乏每種革命的才能』，固是事實。但威廉·李卜克內西說過，德意志人民沒有革命的歷史，有之，當自社會民主黨始。 受革命的馬克思主義領導的無產階級政黨如果眞正忠實地奮鬥下去，積下爭鬥的經驗，何至于當『革命突然出現的時候，大家極爲驚駭，不知道要怎樣着手去對付牠』？ 然資產階級的學者明白宣佈爲『不成其爲革命』的『革命』，無產階級的政黨竟大吹大擂 自稱爲世界『最大的』革命，越超法蘭西和俄羅斯的兩大革命之上，而『保持一種決切的文化運動的性質』，眞所謂不知道人世間有羞恥的事了！

然德國社會民主黨所謂不流血的和文雅的革命，只是對資產階級與小資產階級的一種態度，至於對付眞正要革命的無產階級或其同盟者，却不在此例。 當十二月二十一日，政府發下一道命令給柏林市司令威爾斯（Otto Wels 係多數派黨員），令那多少受了斯巴達卡斯同盟會宣傳影響的人民水兵師（Volksmarinedevision）離開原駐的舊王宮，然後發給餉項，並于翌年一月一日由千餘人裁減爲六百人。 這樣一來，當然引起水兵的忿怒，雙方發生衝突，各佈步哨，而威氏且爲他們所扣留。 這是二十三日的事。 是日夜間，亞柏特和蘭芝堡，假德曼商議之後，即令軍政部長術芝 Scheüch）爲拯救威爾斯和鎮壓水兵計，可取必要的手段。 術芝于是馬上令陸軍中將雷啓斯（Lequis）遣兵調將，包圍水兵駐紮所。 迨二十四日晨七點五十分，雷氏派五人到水兵處，不提起釋放威爾斯的事，却令他們于十分鐘內解除武裝，在空場集合，並扯起白旗，否則卽行砲轟。 至八點鐘，白旗沒有出現，政府的軍隊開始轟擊，足足打了兩點鐘，畢竟將水兵打敗了。 當戰事起後，斯巴達卡斯同盟會聞訊，于九點一刻派人參戰；他們在政府優勢軍隊的壓迫之下，自然與水兵同一命運，慘遭失敗。

社會民主黨政府在軍事上雖然獲得一種決切的勝利，但牠幫助資產階級屠殺無產階級的眞面目完全暴露出來了。 連帶獨立社會民主黨的領袖也覺得因這點小事，使用大兵，公然背叛無產階級，有些丟臉，于是哈斯，巴特和狄特曼藉口于多數派的人民委員亞柏特等不徵求他們的意見，以無限的權力授予軍政部長，肆行屠殺，和其牠許多問題，退出內閣，讓多數派去獨當一面。

多數派社會民主黨有了小資產階級，資產階級及其軍隊作爲後盾，對于獨立派的退出政府，也就無所畏懼。 牠馬上選定牠的黨員諾斯克（Gustav Noske 係木工出身）和威塞爾（Rudolf Wissel 係工程師出身）加入政府，並重新分配職務。 牠因眞相畢露，便愈趨反動，再也不講客氣了。 于是令牠所操縱的所謂工人兵士會議中央委員會發表宣言，要「無條件地保持公共安甯，防止用暴力[illegible]犯私有財產和公共財產」（見卡斯大總意志的革命一二九頁），並另發書勸告兵士，叫他們盡忠于新政府，「當你們決心從各方面保護共和國的自由秩序時，沒有人敢攻擊你們」（見同書同頁）。 同時新政府也發出一篇告國民的書，表示要如何如何地安內與和外，藉以鞏固資產階級和小資產階級的信任。

多數派及其政府部署既定，即開始向無產階級進攻。 自獨立派的三大委員退出政府後。 其他大小官僚也大半相率引退。 但這一派向左傾的柏林警察廳長愛彌爾·埃系霍恩（Emil Eichhorn）却仍留任，大受多數派的猜忌，必欲去之而後快。 一九一九年一月四日，他果然接到無[illegible]免職的命令。 凡左派的份子對于此舉都非常憤慨。 翌日清晨，自由報和紅旗報上都登出 柏林各大營業革命領袖會，獨立社會民主黨大柏林社會民主選舉聯合會的中央部和德國共產黨（斯巴達卡斯同盟會）中央部聯合署名的宣言，其全文如下：

「亞柏特和霞德曼政府對大柏林革命的工人階級的仇視行動已經繼續增高，達到一種可鄙的新企圖：牠要用一種陰賊險狠的方法，逼迫警察廳長埃系霍恩去職。 牠要用牠的順從的工具現任普魯士警察部長伊倫斯特(Ernst)代替埃氏。

『亞柏特和霞德曼政府不獨因此除去柏林革命的工人階級所信任的最後一人，尤其是在柏林對着革命的工人階級建立一種暴力的統治。

『工友們！同志們！這裏不是關于埃系霍恩個人的問題，他個人當因公共的行動而消失在革命成功的最後的殘餘中。

『亞柏特政府及其在普魯士內閣中的同謀者是藉刺刀的幫助，維持牠的勢力，並且對資本主義的資產階級希圖固寵，牠從初時起就是這個階級的利益暗中的代表。

『柏林警察廳長的職務一受打擊，德國整個的無產階級，德國整個的革命當同樣遭殃。

『工友們！同志們！這是你們不能夠忍耐的，這是你們不當忍耐的！大家起來作嚴重的羣衆示威運動。從今天起，向有權力者表示你們的力量；表示你們十一月革命的精神並沒有消失。

『今天星期日下午兩點鐘，請你們集合于勝利路(Siegesallee)，作莊嚴的示威運動！

『大批地出來參加運動！這是你們的自由，你們的前程和革命的命運所關！打倒亞柏特，霞德曼，希爾士和伊倫斯特的暴力統治！——革命的國際的社會主義萬歲。」

這一天從上午九時起，卽有工人羣衆向勝利路進發，至下午，該處一帶充滿了人。但羣衆站在寒天大霧之中無所事事，領袖們坐在屋子裏面討論又討論，再三討論，沒有動作，這一天竟白花了。至異日，羣衆又在原處集合，無所事事，雖有持武器的，也不知道自行發動，而一般領袖們仍坐在屋子裏討論又討論，再三討論，沒有動作。這樣又花去一天。至第三日（卽七日）仍沒有什麼值得提及的事故發生。不過斯巴達卡斯的三百武裝隊于五日晚間佔據多數派的進步報，改作大柏林革命的工人階級的機關報，要算一樁最重大的事。

反之，在政府方面，是眼明手快，計劃周詳。牠一面令那些被多數派麻醉的工人立卽舉行政治的同盟罷工，將政府所在地層層疊疊，圍得鐵桶一般，同時還怕這種「肉城牆」擋不住鐵彈子，特發給軍器，將他們武裝起來。另一方面，任命諾斯克爲司令官，調遣資產階級的軍隊入柏林，以備開始屠殺。牠在佈置未臻妥貼之前，對于左派的代表，復虛與委蛇，最初（六日）當獨立社會民主黨中央委員會所派的代表狄特曼和考茨基等的面答應避去對敵行動，設置一個委員會解決紛爭。迨左派同意于此舉，再選舉代表，前去交涉，牠的態度忽轉強硬，須左派從五六兩日所佔據的機關退出來，才能夠有解決的辦法。牠爲什麽要變更前議？因爲此時已得到軍界的消息，對于壓倒左派，確有把握了。

雙方的談判既無從進行，至八日各處即發生小小的戰爭。柏林一班不覺悟的和沒有爭鬥勇氣的工人竟於異日集合數千人開示威大會，議決要求雙方停戰，並宣言，工人兵士聯合會的中央委員會和政府如允許在『社會主義的調和的精神』中進行談判，反對派當首先交出進步報館。本來缺乏爭鬥決心的『大柏林各大營業革命領袖會』和獨立社會民主黨都同意於此舉，但斯巴達卡斯同盟會不予認可，佔據進步報館的同志們表示甯可埋在此報館的廢址中，不願自行退出。

在這樣的情勢之下，左派的必然失敗，早成已定之局。至十日政府進行奪回進步報館的戰爭，諾斯克於十一日下午率領兩千軍隊入柏林，未幾此處即陷落了。政府軍見着這個報館的俘虜，就用槍打死，雖確實沒有拿槍作戰的人，也不能倖免。這一幕武劇剛收場，十二日清晨又開始攻警察廳，旋亦得手。至十三日所謂大柏林各大營業的革命領袖，宣佈取消總同盟罷工，再也不革命了。 資產階級的代理政府於是獲得一種徹底的勝利。

勝利的政府及其軍隊當然有牠們的威風。 通緝中的卡爾·李卜克內西和盧森堡于十五日晚上被捕，當帶到科爾庶斯頓達姆（Kurfürstendam）的騎兵師部，略加審問後，聲言分別送他們到摩比特（Moabit）監獄去。 但李卜克內西是晚才押解出師部的門，即被守衛兵郎格（Otto Runge）用槍柄在他的頭上重重地擊了兩三下，弄得頭破血流，不能動彈。 上車後，經過動物園路，汽車忽發生障礙，于是令他步行。 六個武裝齊備的軍人陪着他走，竟說他逃跑了，追趕不及，迫得發槍將他擊死。 然後由伴送的陸軍大尉普夫洛格·哈唐（Pflugk-Hartung）發令將屍身帶交動物園的某車站，說是一個不相識的人的臭皮囊。

李氏離開師部一刻鐘之後，盧森堡也被押解出門。 郎格又「如法泡製」，用槍柄在她的頭上重重地擊了幾下。 她的身體本來很弱，至此已昏迷不省人事。 她在中途雖沒有「逃走」，也同樣被槍斃了！ 她的屍身沒有交出，藏在哥尼流橋（Corneliusbrücke）附近，幾個月之後才被發覺。

關於李盧兩氏被殺事件的紀載，是取材于當時猶在政府供職，並主張「諾斯克……用武力蕩平暴動，不能受責備』見卡氏德意志的革命一四四頁）的卡斯天德意志的革命一書（參看是書一六五，一六六及一六九等頁），當不致有絲毫不實不淨之處。卡氏且極力替政府辯護，說牠毫不知情。這也許是事實。不過多數派政府既建築在資產階級的武力上，既縱容——至少是不得不放任——這種軍隊小題大做，屠殺左傾的水兵及斯巴達卡斯同盟會人，並槍斃俘虜，那他們要以最殘酷的手段去對付革命的無產階級最忠實最著名的領袖，自是必然的事。『我雖不殺伯仁，伯仁實由我而死』！多數派的社會民主黨及其政府能夠辭去這種責任麼?! 牠們的罪惡貫仍，還有什麼話可說?!

德國社會民主黨在大戰時即變成『一個發臭的死屍』，中間經過一九一八年的革命和此次的屠死無產階級及其領袖，更不止于發臭，並且全部潰爛了。但多數派也是一條好漢，『一不做，二不休』，發臭就發臭，潰爛就潰爛，有什麼關係？所以牠在一九二一年革力次的大會中率性把一八九一年爾伏[illegible]黨綱那塊僅有的遮屍布拋棄，讓大家來『一飽眼福』。牠的新黨綱開宗明義就說：

『德國社會民主黨是城市和鄉村勞動人民的黨（Die Partei des arbeitenden Volkes）。』

牠力求集合一切自食其力的體力的與精神的勞動者，從事于共同的認識和目標，爲着民主主義和社會主義而共同爭鬥。』（見馬克思和昂格思綱領批評附錄一三二頁，柏林第二版——Marx-Engels: Programm Kritiken）

此寥寥數語是明目張膽揭穿德國社會民主黨向來即非純粹無產階級政黨的面幕，拋棄唯物史觀的立場而採取惟意志是向的唯心論，並且更表示牠此後要做小資產階級的智識份子，工人貴族，小商人和自耕農等等的混合體，要做一個別開生面的德國式的士農工商黨，所以牠用『勞動人民』來代替無產階級或工人階級了。 這和馬克思主義的階級黨相差何止十萬八千里！ 這種認小資產階級智識份子爲主要的組成元素之一的黨，必然要受此等份子的支配，因此黨的趨向是『牠視民主共和國爲歷史發展中必然發生的國家形態，對于這共和國的每種攻擊，視爲對于人民生命權的暗殺行爲。』（見同書附錄一三四頁） 這還不是百分之百的小資產階級意識的表現麽?!

像這樣的黨綱係卡斯天修正論的結晶，是不待言的。 卡氏擔任政府的職務，至一九一九年二月底才去位。 據他自己說：『他相信兩個社會民主黨必然重新聯合，爲樹一個榜樣起見，在不久之前，沒有脫離獨立社會民主黨，即加入多數派社會民主黨。後來因前者的議決，不能跨黨，他才決定隸屬于多數派，理由是他認多數派內部政策的格言對于幼稚的共和國是唯一正當的。』（見卡氏德意志的革命一三〇頁）這個老機會主義者，對于黨籍問題，忽彼忽此，固屬無恥，然多數派的理論既是一貫的修正論，則修正論的祖宗自然有回老家的權利。他一回來，革力次的黨綱便愈加出色了。

像上面那樣拋棄向來假面具的黨綱，尚可諉之于久已出面反對馬克思主義的右派——修正派——的作孽。我們再來看看多數派與獨立社會民主黨合併後，一九二五年海登柏爾格大會的黨綱罷。這次黨綱的確比考茨基也感覺到將『唯物史觀……弄暗淡了』（見考氏無產階級革命及其綱領五頁——Die proletarische Revolution und ihr Programm. Berlin. 1922）的革力次黨綱漂亮一點，其中的唯物史觀也要明亮三分。但『庸俗人同志』卡斯天的見解不獨沒有洗刷乾淨，並且充分地保存着。例如牠說：工人階級『在共和國家中所獲的國家形態的保持與發展，對于牠的解放爭鬥是一種萬不可少的必要。』（見馬克思和昂格思綱領批評附錄一四頁）又說：『民主共和國是工人階級解放爭鬥最有利的地基，因此也是實現社會主義最有利的地基。』（見同書一四一頁） 這還不是卞斯天派對于民主共和國換湯不換藥的說法麼？ 德國社會民主黨現在死死抱着『民主共和國』不放手，說牠是『實現社會主義最有利的地基』，試問馬克思和昂格思所指示的無產階級專政，在這一黨的心目中當佔得絲毫的地位？！ 所以一九二五年海登柏爾格的黨綱也依照一九二一年革力次黨綱的榜樣，把一八九一年爾伏特黨綱那塊僅有的遮屍布拋棄了。 從此以後，德國社會民主黨在理論上和在實行上一樣，對于馬克思主義沒有絲毫的關係。

我們做馬克思的傳記，對于德國社會民主黨的歷史、尤其是對于他和昂格思死後這個黨的歷史，爲什麼要寫得這樣詳細呢？ 因爲像盧森堡所說的一樣：『德國社會民主黨是被視爲馬克思主義的社會主義最純粹的結晶品。』（見盧氏社會民主黨的危機三頁） 是不是如此呢？ 假定是的，眞正名副其實麼？ 要解决此等問題，全靠我們把牠所表現的理論與事實，盡量加以剖解，故對牠自發生時一直到現在的歷史，不能不像上面那樣作詳細的探討。還有一層，中國的所謂社會民主黨，舊的已有十餘年的歷史，新的正在興起，並且還不止一二個。 新的沒有明顯的表現，姑置不論，舊的怎樣呢？ 據一個絲毫不懂馬克思主義的發起人和領袖孫傳璋自己說：『一九二八年游歷全國，檢閱全國的社會民主黨黨員，始知各地的黨員都是一些小官僚或大學教授，只富于個人主義，毫無革命情緒，已令我大失所望。』（見孫氏怎樣幹序言三至四頁）孫某看見這種情形，覺得奇怪，至於『大失所望』。其實這正是德國社會民主黨的一幅縮影，毫不足怪的。他如果眞正想做馬克思主義的革命黨的黨員，而又略懂德國社會民主黨的歷史，何至於襲用這個『寶貝』黨或『死屍』黨的名稱，在中國來作孽，誤己誤人，至十餘年之久?! 所以我們爲防止孫某這一類人自覺地或不自覺地欺騙革命的青年起見，在馬克思的傳記中，實有詳細評述德國社會民主黨歷史的必要，因爲這種工作具有現實的意義。

末了，我們因上面評述德國社會民主黨史，篇幅甚多，恐大家不容易拿着牠的要點，特在此作一種簡單的回顧，順便且加以批評的補充。當馬克思和昂格思的生時，這個黨雖不斷的受他們的指導與監督，但俗語說得好：『狗口裏生不出象牙』，他們對於充滿了小資產階級智識份子的領袖和缺乏革命遺傳性而又不肯繼續努力奮鬥的工人的黨，也實在沒有法子使之成爲無產階級一個健全的革命政黨。至一八九一年社會民主黨雖正式掛上馬克思主義的招牌，但黨員羣衆奮鬥的革命的情緒比施行取締社會主義者法律的期間既有顯著的退步」，而一般領袖機會主義的色彩又與時俱進，所以情形並不見得好些。昂格思當時雖仍存在，「一木焉能支大廈」，他實在有些照顧不來。不獨卞斯天龍久已懷着鬼胎，蠢蠢欲動，就是中央黨部，甚至于口頭正在談革命的考茨基也不受指揮。我們已經說過，昂氏于一八九五年替馬克思的法蘭西階級爭鬥作一篇極長的導言，談及將來巷戰的一段及好些句子，都被中央黨部藉口于顧慮國會取締社會主義法的新提案，一筆勾銷了（參看本書第二册一四至一六頁）。昂格思得悉此事後，大不謂然，于是年四月一日寫信給考茨基說：

「今天看見進步報所載的導言，不等我知道，竟爾割裂，把我裝成一個無條件的合法的和平崇拜者，不勝驚駭。甚願導言的全文登入新時代，藉以洗去這種可恥的印象。我將向李卜克內西很決切地發表我對於此事的意見，對於那些給予他以改竄我的意見的機會的人，不論他們是誰，也當有所表示。」（見馬克思和昂格思綱領批評七頁。）

我們看了這段話，知道昂格思對於德國黨人割裂他的導言，是何等痛心疾首！進步報的總編輯是威廉•李卜克內西，他也幹起這種勾當來了；然還有給予他以改竄機會的黨部人員存在，可見他仍是被動的。　昂格思于一八八七年三月十六日寫信告索爾格說：『我信賴考茨基，和信賴我自己一樣。』（見倍克，晉慈根，昂格思，馬克思等致索爾格等書信錄二五九頁）　不意這個無價値的考氏値不得信賴，對於昂氏上項請求，同樣置若罔聞，不肯照辦。　他後來僅宣佈：『當時的黨部因爲「警察的緣故」和避免給予一般「青年」（一八九一年被逐出的反對派）以辯論的口實，令進步報勾去一些。』（見國際通信第四年度四四號，一〇六三頁——Internationale-Press-Korrespondenz. 1924.）　考氏這種理由是極不充分的。昂格思爲無產階級奮鬥歷五十餘年，在當時爲黨中碩果僅存的老將，然德國黨人因他遠居倫敦，又値風燭殘年，遂任意加以戲弄，可見他們中機會主義的毒已深，所謂病入膏肓，已經不可救藥了。

迨昂格思死後，卡斯天便首先發難，獨樹一幟，是爲修正派。　這一派完全表現小資產階級和資產階級的意識。　此外，有所謂正宗派，名雖和牠對峙或爭鬥，但爲保持黨內的和平起見，在實際上是事事遷就牠，使牠的勢力愈形膨脹。　所以資產階級，小資產階級，修正派，正宗派實在是連貫一氣，不能分開的。　有了這種連鎖，然後社會民主黨對于德帝國主義的戰爭，才肯投票贊成軍費，對於德皇退位，資產階級政權根本搖動的時候，才肯挺身出來替牠保鏢；對於無產階級及其先鋒隊和領袖才藉故加以最無人道的慘殺；至於一九二一年和一九二五年兩次修改黨綱，使自己與馬克思主義完全脫離關係，猶其餘事。

大家要明白了解這些事實的詳細經過，才能夠確切知道德國社會民主黨與馬克思主義的關係是一種怎樣的關係，才能夠確切相信這個黨變成德國資產階級的『寶貝』和無產階級的『死屍』，絕不是由于實行馬克思主義，而是由於背叛馬克思主義。我們須先把這件事交代清楚，然後能在下面一章去着手結束馬克思的傳記。

第七章　疾病與死亡

我們對於馬克思的生平大事以及和他有關係的一切大事，在本書上編一，二，三册中已大致說過了，現在只剩着一樁不幸而又不可避免的事待講，就是他的病亡。 當馬氏五十二歲時（一八七〇年），旅居日內瓦的俄國青年們寫信給他，尊之為老前輩，他嘗告訴昂格思說：『這些青年把我當做老前輩，我是永不會原諒的。 他們儼然以為我的年紀已在八十與一百之間。』（見昂格思與馬克思書信錄第四卷二五九頁） 這雖不過一種笑話，然即此可以窺見衰老為馬氏所不願聞，他的意思顯然是在『老當益壯』。 他的身體本來十分強健，可是壯年因奔走革命，到處見逐，既飽經世變，晚年復因兒女夭亡，家計困難，尤備嘗憂患，又加以矢志為無產階級造成一種獨立的學說，刻苦自勵，從事著作，以致體力大受損傷，而容貌也居然呈出一個『龍鍾老叟』的樣子。 卡斯天於一八八〇年在倫敦看見他和昂格思，後來回憶他們兩人當時的情形說：『馬克思比昂格思雖只大兩歲，然他的容貌却表現老得多。』（見卡氏我的亡命時期一六九頁）由此可想見馬氏體質上的犧牲所達的程度了。

昂格思常說馬克思的晚景十三年（一八七〇年至一八八三年）只是一種遷延的死症時期，這句話雖形容得稍微過當，然自一八七〇年起，馬氏實已入於疾病的時期。他旣是從此多病，而他對於國際黨的事務，猶奮不顧身，盡量參與，他于是年五月十日寫信給昂格思說：『我自上次訪波克海姆受寒得鼻病後，至今猶爲所苦，女孩子們禁止我今晚往中央局，如不聽從，就以向昂格思盡量宣佈我的行爲相恫嚇。然在實際上我出席局中是很重要的。』（見昂格思與馬克思書信錄第四卷二八三至二八四頁）就馬氏這些話看，似乎他所患的病只是一種感冒，其實尙雜有牠種病症，如風濕病，和失眠症等等。昂格思屢次勸他于是年夏季往奧大利的卡爾斯巴德（Karlsbad）去養病，因爲該處是歐洲最有名的溫泉之一，極有益于病人的調養。然他不以爲意，及病劇時才移居英國海濱的藍玆給特（Ramsgate）。他于八月十二日在此處報告昂氏說：『當我來此之前，左腿上已經很痛，並且開始蔓延到腰部。不知道這是什麼一回事。但此病現已帶一種嚴重的性質。這是一種風濕病，十分兇猛，我晚間很難安眠。』（見同書同卷三一七頁）同月二十二日他又告訴昂格思說：『我的風濕病非常厲害，家人決定送我往倫敦，就診於馬的孫（Madison）醫生。』（見同書同卷三二五頁）他於九月一日寫信給索爾格說：『你屢次來信，我沒有答覆，是由于兩種情形的貽誤，起初因「作工過度」，後來則大病臨身。八月初間醫生送我往海水浴地方。但我在該處患臂骨筋的風濕症甚劇，至幾星期之久。昨天才回倫敦，然尚沒有完全復元。』（見倍克，畲慈根，昂格思，馬克思等致索爾格等書信錄一六頁）他的病既『沒有完全復元』，此後竟力疾作工，毫無限制，他在同月十四日致柯格爾曼的信中說：『我的時間完全耗在國際黨的工作上，夜間從沒有在三點鐘以前上牀睡過。』（見馬克思與柯格爾曼書七七頁）至十二月十三日，他復報告柯氏說：『這次戰爭（指德法戰爭）使中央局最大部分的外國通信祕書馳赴法國，幾乎全部國際通信都要我來擔任。』（見同書同頁）他在這一年的病勢本已不輕，可惜不能從工作中擺脫出來，安心靜養，以致不獨沒有早日復元的希望，並且還讓其深入膏肓，貽後日無窮之憂。

關於馬克思的病狀，當時似乎沒有人作一種有系統的紀錄，遺留下來，因此我們不能知道他病中經過的詳細情形，只能從他的書信中偶然窺見一鱗半爪。他於一八七一年八月雖聽醫生的忠告，往布來屯（Brighton）養病數星期，然在這一年中似乎沒有什麼大病，不過工作非常之忙。他於七月二十七日向柯格爾曼訴苦道：『卽使每天有四十八點鐘，然幾個月以來，我還是不能做完每日的工作。國際黨的工作極多，還有亡命客充滿倫敦，我們必須予以救濟。此外各種各樣的人和報館記者都來訪問，想藉此親眼看一看我這個「怪物」。』（見同書九〇頁）至九月十二日又告訴索爾格說：『我們此時非常忙碌，自三個月以來，我迫得（現在仍然如此）停止十分迫切的理論工作。』（見倍克，晉慈根，昂格思，馬克思等致索爾格等書信錄二九頁）但他也並不是完全無恙的，所以於十一月十日致書斯拜爾（Speyer），有『過度的工作和後來生病使我不能早日回信』（見同書三四頁）的話。

馬克思在一八七二年的健康情形似乎還較前一年爲好，因爲他從三月至六月寫信給索爾格共有六次，除掉間或提及自己因德法文的資本論付印等事非常忙碌外，從未說到病痛的事；迨九月國際黨在海牙開會，且親自出席。此後昂格思寫信給索氏，提及馬克思一家的情形，沒有關於馬氏生病的話，他自己在十二月二十一日致索氏的信中，也只說因對法譯資本論作工過度，以致不能寫信，可見他在這一年中總算是很平安的。

可是一到一八七三年，情形便不相同了。　他于是年八月十二日寫信給丹尼爾孫（Danielson）說：『好幾個月以來，我害病非常厲害，有時並陷入一種危險的狀況中，這是作工過度的結果。　我的頭痛甚劇，恐怕會有中風之一日。』（見波士德格特工人的國際黨八〇頁）　至九月二十七日他復對索爾格說：『我的妻子已經將我的健康情形，幾次寫信告訴你〔按馬夫人此等信件未見刊佈出來，恐已遺失了〕；我大有中風之虞，腦子至今仍受痛苦，所以我的工作時間必須力加限制。』（見倍克，雷絲根，昂格思，馬克思等致索爾格等書信錄一二〇頁）　昂格思于十一月二十五日也告訴索氏說：『馬克思及其幼女于昨日前往約克州（Yorkshire）的哈洛格得（Harrogate），他們兩人應在該處休養幾時。　此舉對于他尤爲必要，自本年春季以來，急性的病徵雖已消滅，然壓迫的腦病旋又出現，使他不能作工，並不願動筆，此病如果延長下去，也能發生不好的結果。　他現在將往曼切司特去訪我們的朋友哥白特，這是他充分信任的唯一醫生，在春季也曾受其診治。』（見同書一二九頁）　越五日馬克思寫信給昂氏說：『哥白特替我驗過身體，發覺肝臟稍微擴張，據他的意見，我當往卡爾斯巴德去調養，才能痊癒。』（見昂格思與馬克思書信錄第四卷三五四頁）　但馬氏當時並沒有聽哥氏的話前往該處，仍寄居哈洛格得，至十二月七日復報告昂氏說：『我的寒症從前非常厲害，至今還沒有完全痊癒，現仍服藥，這是哥白特于得信後馬上由曼切司特開給我的方子。我希望此病得于一二日內告痊。可是此地的空氣與靜悄的生活（我絕對沒有作工），對於非我常有益，你可知道，我雖得了這種煩惱和頭昏的病症，然許多年來，却沒有覺得和現在這樣舒服的。』（見同書同卷三五六頁）我們從這些信中可以窺見他在這一年中的病況已經是十分沉重了。

馬克思在當時不過五十多歲，年紀不算十分大，就是他的病也並非一種什麼免不了的老病，只因他要完成資本論二三卷，及從事其牠著作和黨務等等，奮不顧身，遂致一病再病，並且大病特病。他不獨于病癒後，復拚命作工，即在病中仍想繼續不輟，所以他于一八七四年四月四日寫信給索爾格說：『可惡的肝氣病現又加劇，竟使我絕對不能繼續訂正《資本論的》法文譯本（在實際上此書差不多要完全修正過），要聽醫生的命令往卡爾斯巴德養病，實在是逆着我的意志。』（見倍克，曾慈根，昂格思，馬克思等致索爾格書信錄一三五至一三六頁）至五月十八日他復告訴柯格爾曼說：『我自從哈洛格得回來後，起初受癰瘡的襲擊，隨後又發生頭痛，和失眠等症，所以不得不于四月半至五月五日逗留于藍茲給特（海濱）。自此以後，身體又好得多，不過還沒有完全復元。我的特別醫生（曼切司特的哥白特）主張我往卡爾斯巴德，並當立即起程，但我必須將完全停頓的法文繙譯（指資本論第一卷），告一個結束，此外，很願在該處和你相會。當我不能動筆的時候，已經替第二卷搜集了很多的新材料。不過在結束法文版和完全恢復健康之前，我不能作出這第二卷。」（見馬克思與柯格爾曼書九二至九三頁。）

然馬克思爲恢復工作能力起見，畢竟于是年八月偕同幼女伊利安樂往卡爾斯巴德養痾。昂格思在九月十二日致索爾格的信中提及此事，並追述馬氏以前的狀況說：「馬克思現在卡爾斯巴德，飲該處的礦泉，藉以恢復他的肝臟。他已經經過許多不幸的事變。七月間在外特島（Wight）還沒有收得何種效果，又因幼女驟重病，必須回來。剛才到家，〔小〕燕妮的一歲小兒便死了。此事使他十分傷心。我想〔他的〕肝臟一經復元，診治那用功過度的神經系統，當易爲力。」（見倍克，晉蕬根，昂格思，馬克思等致索爾格等書信錄一四〇頁。）

馬克思抵卡爾斯巴德後，于九月一日寫信給昂格思說：『此次遷地養病，對于托細實有奇效；我〔自己也〕覺得好一點，但失眠症還沒有痊癒。』（見昂格思與馬克思書信錄第四卷三六二頁）　他於同月十八日復報告昂氏說：『你知道我是懶于執筆的；然此次久不通音問，却非出于這個原因。　起初所經過的三星期幾乎不能睡眠，這樁事和在此努力守規則一事合起來就可以向你解釋一切。　飲礦泉雖只在早晨（晚間臨睡之前，飲一杯冷水，這是由一個特別礦泉取來的），然總覺得終日是一種機械式的〔生活〕，差不多沒有片刻可以自由。　早晨五點或五點半鐘起牀。　于是飲各礦泉的水六杯。　每飲一杯，至少須隔十五分鐘。　然後購買依診治所規定的麵包，預備早餐。　此後則出去散步，至少一點鐘，最後就在城外一個珈琲店中飲珈琲，這種飲料是此處最馳名的。　飲了珈琲之後，在近處山上步行一陣；約于十二點鐘歸寓，但每隔一天洗澡一次，又花去一點鐘。　然後更換衣服；隨便在任何旅館中午餐。　食後眠睡是受嚴格的禁止（食前則准眠睡），我自己試過一次，相信這是對的。　餐後再出遊行，有時驅車前進。　晚間六時至八時回到卡爾斯巴德，飲一盤清湯——于是就寢。　這種出遊有時又變作往戲園看戲（戲園總是九點鐘關門，和其牠一切游樂事一樣）。

赴音樂會聽音樂，或到閱報室看報。」（見同書同卷三六五至三六六頁。）

馬克思在卡爾斯巴德依照醫生所指示的方法，盡力調養，果然獲得大效，他的病暫時已告痊癒。他似乎于是年九月底或十月離開此地。可是他的工作能力一經恢復，又盡量作工，至一八七五年病復大發。他於八月間重往卡爾斯巴德，至二十一日寫信給昂格思說：「我〔每日〕至少在露天中度過十二點鐘，于解決應履行的事件後，主要遊樂就是山中散步，和看風景，這種風景愈加奪取我的注意力，我便愈加喪失辨識方向的能力。」（見同書同卷三七〇頁）至九月八日他復將自己的療養狀況報告昂氏說：『此次的旅行療治，于我非常有益；就是夜間睡眠，除掉少數例外，也十分良好。然據許多和我講交情的醫生說，我也是卡爾斯巴德一個頭等旅客。這些先生仍藉口于「現時的療治」等等，到處努力來引我離開「安全」的路，但這些誘惑者只是枉費氣力。我是第二年〔來遊〕的病人，在礦泉表上得升高等級。在去年則忒累濟井（Theresienbrunn爲累奧睦耳——Reaumur——〔寒暑表〕四十一度），馬克特井（Marktbrunn爲〔累奧睦耳〕三十九度），和謀爾井（Mühlbrunn 爲〔累奧睦耳〕四十三度六分）爲我供給飲料的泉井，我當時飲斯布諾德爾（Sprudel）泉井只有兩次。今年〔自寄居〕第二個星期起，每早在阜爾孫井（Felsenquelle 爲四十五度，每天一杯），柏拉慈井（Bernardsbrunn 爲五十三度八分，〔每天〕兩杯），和斯布諾德爾井（五十九度至六十度，〔每天〕兩杯）飲熱泉水五杯，此外，起牀時飲一杯施洛斯井（Schlossbrunn）的冷泉水，臨睡時也飲一杯冷泉水。』（見同書同卷三七二至三七三頁。）

馬克思在卡爾斯巴德第二次養病，又獲得大效，于是年九月回家，復拚命作工。他因索爾格要求他和昂格思往美國參與國際黨最後的會議，于一八七六年四月四日回信說：『昂格思和我極爲忙碌，不能前赴菲列得爾菲亞，我尤不可失去光陰，因爲我的健康情形總是逼迫我〔每年〕到卡爾斯巴德去治病，約花費兩個月工夫。……我能從紐約獲得一八四三年一直到現在的美國書目麼？（自然是由我出貲。）我（爲着資本論第二卷的緣故，）須親自看一看關于美國農業，土地產業關係，和信用（危機，貨幣，以及這一類有連帶關係的事件，）的出版物有沒有可用的材料。』（見倍克，晉慈根，昂格思，馬克思等致索爾格等書信錄一四七至一四八頁）倫敦博物院中偌大的圖書館不足以應馬克思的要求，竟于晚年多病之秋，要向美國購買三十餘年的書目，藉替資本論搜集材料，他對于做學問力求精確與淵博的精神，眞是世所罕見。

馬克思旣因著作的緣故而『極爲忙碌』，其結果又是舊疾復作。在一八七六年這一年中不獨他自己害病，卽其夫人及幼女也同樣害病。他在六月二十六日致昂格思的信中說：『當我們回家時，我的妻子仍然病得很厲害，迨我們離家時，才略微好一點。』（見昂格思與馬克思書信錄第四卷三七九頁）到了八月，他復往卡爾斯巴德去養病，于十九日報告昂氏說：『托細在旅行途中頗有微恙，到此處竟復元了，至于我自己，卡爾斯巴德對于我總和往昔一樣，是有奇效的。我在最近幾月中又開始患劇烈的頭痛，此病現在竟完全若失。』（見同書同卷三八一頁）我們看了這幾句話，便知道馬克思如安心靜養，毫不作事，則他的病並非不可救藥，可惜他的工作太多，以致恢復健康，只等于曇花一現。

至一八七七年，馬克思及其夫人仍是患病，而他自己仍舊作工不輟。他于七月十八日寫信給昂格思說：『上星期的幾天和本星期的開始，我患失眠症，並因此發生神經錯亂的狀態，達到很嚴重的程度。』（見同書同卷三九四頁）八月八日，他又報告昂氏說：『我的妻子的健康情形毫不能使人滿意。』（見同書同卷四〇七頁）他于同月前往普魯士的紐恩拉（Neuenahr）浴場養病，至十七日將病狀告訴昂氏說：『我的肝臟沒有表現再行擴張的痕跡；消化器官却不大如法，但是本病還在神經系。施美慈（Schmitz）今天又向我說，在此處寄居三星期之後，必須往黑林（Schwarzwald）的高處去吸山林的空氣。我們將看看，到底怎樣。施氏又勸我的妻子同去，她還須吃藥，並且在病沉重之前，恰來此處了。』（見同書同卷四○八至四○九頁）　至九月二十七日，他從倫敦發信給索爾格說：『今天從歐洲大陸回來（醫生令我前往的），才看見你的信。因此我的回信未免太遲。抱歉之至！但是這一年來可惡的失眠症復來侵襲，使我懶于執筆，因爲我的適宜于做事的時間是絕對要花在工作上的。』（見倍克，雷慈根，昂格思，馬克思等致索爾格等書信錄一五四頁）　馬克思這段話直接表見他在『適宜于做事的時間』必然作工，間接表見他的遷地養病，並非求一己的幸福，不過要在垂暮之年設法延長他的『適宜于做事的時間』罷了。

當一八七八年，馬夫人的病有增無減，而馬克思也不見得較前好許多。　他于九月四日寫信給索爾格說：『我今天往馬爾維（Malver）去養病，將在該處寄居三星期。……我的妻子在該處已有好幾個星期，她的病很沉重，小外甥孫也病得很厲害。』（見同書一六一頁）。

至一八七九年，馬克思的病已有轉機，而馬夫人的病却更加沉重。馬氏于九月十九日報告索爾格說：『我起初寄居格塞（Gersey），後來寄居藍茲給特共有七星期之久，昨天才回倫敦。……我久居鄉中是因爲〔療治〕神經系統的緣故——此病加劇了，兩年以來，因畢士馬克作梗；不能前往卡爾斯巴德——這種神經系統竟至使我差不多不能從事于一切精神工作。然現在却好得多了。』（見同書一六二頁）昂格思于是月二十四日寫信給倍克且說：『馬克思現在又在此處，他的健康情形好極了，所以他現在可以很順利地從事于資本論第二卷的工作。』（見埃系霍恩編的昂格思書簡三二一頁）至于馬夫人的病就大不相同。馬氏于十一月十九日致書索爾格，有『我的妻子仍是病得很危險』（見倍克，晉慈根，昂格思，馬克思等致索爾格等書信錄一六七頁）的話。昂格思于下月同日寫信給倍克也說：『我們這裏也不見得十分好，然我却不抱怨，〔因爲〕馬克思的病較往年爲好，不過沒有復元能了。許久以來，馬夫人卽害消化不良症，現在並不見得好些。〔資本論〕第二卷進行得很慢，然馬氏如沒有一個比本年更好一點的夏季，使之恢復原狀，此書是不會迅速告成的。』（見昂格思書簡三三一頁。）

馬克思夫婦在一八七八年和一八七九年的情形既不能令人樂觀，在一八八〇年的景況尤十分悽慘。昂格思于是年四月一日寫信給倍克說：『此處也不過爾爾，馬夫人仍舊沒有痊癒，馬克思也不見得十分順利，一過了冬季，便是他的最壞的時期，一種極厲害的咳嗽妨害他的眠睡。』（見同書三五頁）至八月十七日昂氏復告訴倍克說：『我們都在此處，馬克思及其夫人，和各女兒，女婿，外甥孫等等（會集一堂），這種集會特別有益于馬氏，我希望他能恢復原狀。可惜他的夫人許久以來就害病，然尚勉強歡樂。』（見同書三八頁）昂氏對于馬夫人的病狀似乎是輕描淡寫，馬克思却看得十分沉重，故于八月三十日對索爾格說：『我和我的妻子此時在藍茲給特，特從此處寫信給你；我從前和她到曼切司特就診于友人哥白特醫生。她是害了很危險的肝氣病。』（見倍克，晉慈根，昂格思，馬克思等致索爾格等書信錄一六八頁）至十一月五日，他再答索氏的信說：『我許久不寫信，必須向你表明是（一）由于工作緊迫，（二）由於我的妻子年餘來那種有生命危險的病痛。』（見同書同頁。）

我們在一八八〇年既目覩馬克思夫婦陷入愁雲慘霧之中，至一八八一年便看見他們的大悲劇。馬氏于是年六月三十日寫信給索爾格，說他患一種六個月以上的咳嗽，傷風，頸病，和風濕症等等，而馬夫人的病更是每況愈下，所以他很悲慘地說：『我們講句私話，可憐我的妻子的病是不可救藥了。我于幾天之內和她同往伊斯特本（Eastbourne）海濱「去養病」。』（見同書一七七頁）然馬氏夫婦旋又力疾往巴黎，因爲他們長次兩女的家庭都在該處，馬夫人自知病將不起，欲和自己親生的骨肉作最後的會合。馬克思于七月二十七日將旅行的狀況報告昂格思說：『從倫敦至多維（Dover）的行程恰如所願：這就是說，當我們從麥特蘭公園出發之際，我的妻子病很沉重，然在途中並不見得有什麼變象。她在船上居婦女室中，躺在很舒適的安樂椅上。海不揚波，而天氣尤爲清爽。她在卡雷（Calais）上岸時，比在離開倫敦時的景况好一點，因此决定再前進。……我們于晚間七點半至巴黎，……于十點鐘達到目的地。』（見昂格思與馬克思書信錄第四卷四二六頁）至八月中旬，馬氏接到幼女患病甚劇的消息，遂于十八日與他的夫人從阿戎忒厄布（Argenteuil）長女的家中分道返倫敦。他們兩人自返倫敦後，便大病而特病。昂格思於十一月四日報告倍克說：『馬夫人好幾個月以來病在牀上，十分危險，馬克思也得一種劇烈的氣管枝鬱熱症，此症在他這樣年齡和健康狀况中眞不是好玩的。幸而最壞的時期已經過去，目前一切危險都沒有了，然他每日大部分的時間仍須躺在牀上，並且非常軟弱。』（見昂格思書簡四六頁。）

馬夫人的病已成不治之症，距臨終之期也不遠了。不過我們現在不能急轉直下地敍下去，還須徵引她的幼女對於他們兩人病中經過的紀述，以補上文的不足。

『現在講到卡爾斯巴德的事。我們于一八七四年第一次到該處。黑人是因診治肝氣和失眠症才去的。至一八七五年——他第一次寄居獲得非常的效果——他一人獨往。我於一八七六年復陪着他同去，因爲他說去年和我同住的日子太少。他在卡爾斯巴德利用醫藥最爲審慎，凡開給他的醫方，都盡量照行了。我們在該處結交許多朋友。黑人做遊客是心暢神怡的。他總是用他的好脾氣去看待一切事情，因使自己喜不自勝，對於清秀的山水固然如此，即對於一杯啤酒也無不如此。凡我們所到的地方，因他那淵博的歷史知識，便使之愈加顯出生活的神氣，愈加顯出過去比現在還要新鮮活潑。

『我相信關於黑人在卡爾斯巴德的寄居，〔別人〕曾有各種記載。在我所聽見的記載中有一種長篇論文，但我不復知道在那種報上；或者是在 M. D. in D. 黑人曾向我說及一篇很好的論文。

『一八七四年，我們到了萊比錫。 我們當要回家的時候，前往丙根(Bingen)旅行——黑人要把該處指給我看，因爲他和我母親作結婚旅行，曾到該處。 此外，我們在這兩次旅行中又經過諸勒斯登，柏林，布拉格，漢堡，和努連堡(Nürnberg)。

『一八七七年，黑人又須往卡爾斯巴德，然却有人報告我們，說德奧兩國的政府有意放逐他，這種旅行路途既長，費用又大，要是被放逐，殊不值得，所以他中止前往。——這是于他最不利的，因爲他每于旅行該處之後，便覺得和新生的人一樣。

『我們到柏林的主旨是去訪父親的朋友，即我親愛的舅父亞德高。 在該處住了幾天。 後來聽說，當第三日，警察在我們所住的旅館中搜人——恰在我們離開該處之後一點鐘——〔逃出羅網〕，是黑人所欣喜的。

『一八八〇年的秋季——我們慈愛的小麥姆當時病得很沉重，她在病痛中很少復元之時——黑人患肋膜炎，十分厲害。 這種肋膜炎已經很危險，因爲他對于自己的病痛總是過於疎忽。 醫生(我們的好朋友唐卿——Donkin)以爲這種症候幾乎沒有希望了。 當時是一個可怕的時期。 我們的母親睡在前面大房中，黑人睡在旁邊的小房中。 這兩個人本是同起居的，並且是同長大的，斯時竟不復能同住在一個房中。

『我們善良的老蘭欣……和我須看護兩個病人。醫生說，我們的看護將黑人救出來了。不管此事是否如此，然我只知道，在三個星期之中，蘭欣和我都沒有上牀睡過。我們整天整夜坐着站着，要是疲極了，便輪流休息一點鐘。

『黑人的病倘好過一次。他有一天早晨覺得強健一點，走到母親的房中，這一早晨，我是永不會忘記的。他們斯時是返老還童——母親是一個可愛的女孩，黑人是一個可愛的少年——不復是一個爲病魔所傷害的老人和一個行將就木的老婦，他們是終身作別。

『黑人病好一點，他雖沒有氣力，然似乎是會有氣力了。

『（一八八一年）十二月二日，母親死了；……她的死拖延至幾個月之久，並且受盡一切極可怕的痛苦，這是由于癰毒所致。然她的好脾氣，她的無盡藏的詼諧……未嘗一刻離開她。她對于（一八八一年）德國選舉的結果，和小孩子一樣忍不住細細盤問；對于（選舉的）勝利是何等歡喜啊！她到死時還是歡樂，常力求用詼諧的話來破除我們對于她的恐懼心。她患病雖十分厲害可怕，然總是說詼諧話，發笑聲，並嘲笑我們和醫生，因爲我們十分沉悶。她至彌留之際，還完全清白，當不能再說話的時候——她的臨終的話是向着「卡爾」說的——便和我們握手，猶欲勉強發笑。」（見李卜克內西馬克思紀念册八六至九〇頁。）

馬克思與馬夫人相依爲命，差不多自孩提時卽開始，自結婚後，魚水交歡，愛情膠漆，尤非尋常的夫婦可比。拉花爾格說：「馬克思和他的夫人是由一種最深的愛情結合攏來的，馬夫人的美貌爲他所心喜，並且是他所自豪的，馬夫人性情的溫柔和誠篤已經使他在困苦中覺得容易忍受，至于這種困苦是他做革命的社會主義者煩惱的生活中萬不能避的。」（見新時代雜誌第九年度一卷四一頁）馬氏當此風燭殘年，忽然喪失終身的伴侶，其悲痛的深切，可不言而喻。昂格思于馬夫人死後卽說：「黑人也死了，」這句話要算是將他們兩人的關係形容出來了。

馬克思于他的夫人死後，雖一息尚存，却已病得十分沉重，故當夫人入土之際，醫生禁止他前往送葬。他于燕妮葬後兩日寫信給長女說：「我對于這種禁令是依從的，因爲親愛的死者在未死的前數日已經向她的侍疾者表明，她入土時不要一點葬儀；「我們不注重外表」，……她的氣力消失得這樣快，（沒有受很多的痛苦），我大爲安慰。她的病和醫生所預言的一樣，具有一種死症的性質，這是起于衰老。當彌留之際——沒有死的痛苦，只是一種慢慢的長眠；而她的眼睛較平常並且更大，更美，更有光芒。』（見同書第二十六年度一卷八六八頁。）

馬夫人的葬期爲十二月五日，馬家遵她的遺囑，不用一點葬儀，而送葬的人也只有幾個親戚和朋友。昂格思在馬夫人的墓前作下列的演說·

『我的朋友們啊！我們現在所埋葬的豪俠的馬夫人是一八一四年在沙爾慈慰得爾(Salzwedel)出生的。她的父親威斯特華倫男爵旋爲政府顧問，移居居利，並且和該處的馬克思家相善，（兩家的）小孩是同在一起長大的。這兩個才具優長的人相遇在一起。當馬克思進大學時，他們將來共同的命運已經決定了。

『自一八四三年馬克思初次所主持的萊因報被封後，就是（他們的）結婚期。自此以後，馬夫人不獨是和她的丈夫同命運，同工作，同鬥爭，並且以最大的了解力和最高的熱忱參加此等事業。

『這一對少年夫婦同往巴黎，作一種自由意志的亡命，然這種亡命不久就變成一種眞正的亡命。普魯士政府也在此處跟着馬克思了。還有一事，我必須附帶聲明，並且深爲悼惜。就是像洪保德這樣的人，對于實現驅逐他的命令一事，也加入活動。他一家遂遷往不律塞。後來二月革命爆發。這種風聲傳到不律塞，也發生騷動，因此不獨使馬氏被捕，此政府且無緣無故地把他的夫人一併投入獄中。

『一八四八年革命的騷動，在下一年即一齊失敗。（馬氏夫婦）于是重新亡命，初則出走巴黎，繼則因法政府又起干涉，出走倫敦。在實際上，此役對于馬夫人是一種具有許多恐怖的亡命。她眼見兩個男兒和一個女兒在物質的壓迫之下夭折了，然她對于這種物質的壓迫也是要制服的。但是（上自）政府，（下至）資產階級的反對派——從庸俗的自由派起至民主主義派止——共同作成一種大陰謀反對她的丈夫，他們以種種最卑鄙和最下賤的讒言蜚語誣衊她的丈夫，報界全體排斥她的丈夫，使之不能申辯，所以她的丈夫站在反對者——這種人必定是他們夫婦所鄙視的——之前不得正當的防衛，——凡此種種使她受氣很深，並且歷時甚久。

『但這也不是終古如斯的。歐洲的無產階級在有幾分可以自由行動的種種生存狀况中又突然興起。國際黨亦應運而生。無產階級的爭鬥從一處侵入牠處，她的丈夫是最前驅中的先驅者，努力從事奮鬥。她斯時開始經過一個時期，減去許多煩難的困苦。她親自看見種種對馬克思施行攻擊，並和冰雹一般密的讒言蜚語，像風前的枯草一樣消滅了，她親自看見，從前一切反對派——封建派以及民主黨——費絕大的氣力壓制她丈夫的學說，現在在一切文明國中和一切有文化的語言文字中，這種學說為窮家小戶所宣傳了。她親自看見，無產階級的運動——她的全部生活是與這種運動結合在一起的——撼動舊世界，從俄羅斯一直達到美洲，使世界脫出軌道，並且使一切抵抗望風披靡，因而勝利前進。我們德國工人在上屆選舉中〔所獲的勝利是對于無產階級的運動〕不可毀滅的生活力，呈出一種決切的證據，這也是她近來所歡喜的事件之一。

『這位夫人具有如此敏銳和批評的理解力，具有如此政治的機智，具有如此熱烈的品性，具有如此的才能，在〔無產階級的〕運動中替戰鬥同志服務，幾及四十年之久，凡她所做的事，還沒有在公衆的面前，和當世報紙的編年紀事中表現出來。這是大家必須親自去考察的。但這是我所知道的，〔巴黎〕公社亡命者的妻子們將時常思念她，而我們這些人將永遠失去她的勇敢和聰明的忠告——〔她的〕勇敢是沒有矜誇的，她的聰明是絲毫不累及體面的。

『至于她個人的特長，用不着我來說。她的朋友們都知道，而且是不會忘記的。〔世間〕如有一個婦人，以使別人享幸福爲〔自己〕最大的幸福，那就是這位〔馬〕夫人。』（見同書第九年度一卷四一至四二頁。）

馬克思夫婦眞可以算是一對『比目魚』，馬氏自喪偶後，雖勉強度日，終覺得愁苦萬分。

他于十二月十五日寫信給索爾格說：『自你的兒子從此處帶給你的口頭報告後，你當確已得到我的親愛的和永不忘記的生平女伴逝世（十二月二日）的消息。我自己當時沒有十分復元，可以向她盡一種愼終的敬禮。在實際上我至今還囚在家中，但下星期當往文特那（Ventnor 在外特島中）（去養病）。我從此次病中抽身出來受兩重磨折，在心神上的〔磨折〕是由于我的妻子的去世，在身體上的〔磨折〕是由于肋膜炎的加劇，和氣管枝鬱熱症的刺激性更大。再過些時候，我將和〔我的〕健康狀況的運動一起歸于烏有了。』（見倍克，當慈根，昂格思，馬克思等致索爾格等書信錄一七九至一八〇頁。）

馬克思上面這段話表現他已經不復感覺生活上的興趣，然他爲什麼反僕僕于風塵之中，急想延年益壽呢？他的幼女伊利安樂說：『母親的生命一去，黑人的生命也完了。他努力奮鬥，求保持生命，因爲他至臨終時還是一個奮鬥者——可是他却衰敗了。他的健康每況愈下。他要是自私自利的，那簡直可聽其自然。獨有一椿事，自他看來是超蓋一切——這是他所繫念的。他力求完成他的大著，因此決定再作一種休養精神的旅行。』（見李卜克內西馬克思紀念册八八頁。）

馬克思雖想休養精神，恢復健康，藉此完成資本論，然這種志願始終不能實現，因爲他的健康已無復元的希望，中間復經過大憂患，故竟于馬夫人死後十五個半月，即溘然長逝。昂格思于他死後一日寫信給倍克，說他的心中『或者已流血了』（見昂格思書簡四八頁），昂氏誠不愧爲他的眞知己。關于他旅行中的經過情形，和臨終時的狀況，昂格思于一八八三年三月十五日報告索爾格，極爲明白，今特徵引原信如下：

『他在他的夫人去世之前，即一八八一年十月，患一種肋膜炎症。此症痊癒後，于一八八二年二月被送往阿爾及耳（Algier），當時天氣寒冷，並且潮濕，他在該處又患肋膜炎症。不好的天氣仍然繼續下去；當他的病醫好時，又因將屆夏天的酷暑，被送往蒙的加羅(Monte Carlo)。他復患一種慢性肋膜炎症。天氣仍是不好。後來病勢稍有轉機，即往巴黎附近的阿戎忒厄，寄居于女兒浪規夫人的家中。他在該處利用翁季盎(Enghien)附近的硫磺礦泉，醫治自己根深蒂固的氣管枝鬱熱症。該處的天氣也很惡劣，然診治上却有效驗。他在味薇(Vev y)住六個星期，于九月離開該處，差不多已經恢復健康。于是送他往英格蘭的南方海濱，度過冬季。至于他自己對于這種無效驗的旅行生活十分厭倦，向南歐的新亡命，對于他在心神上所損傷的與在身體上所補益的，或恰恰相等。當倫敦降霧期一到，他被送往外特島。該處大雨連綿，並且天氣又變寒冷。當着新年的時候，匀列墨爾(Schorlemmer)和我本要去看他，旋接到消息，使托細不得不即刻前往。未幾(小)燕妮去世(一八八三年一月十二日)。他于是回到此地(倫敦)，又患氣管枝鬱熱症。照前此一切經過的情形和他的年齡看，這是很危險的。一種複雜的病症隨即出現，就是肺臟膿腫，四肢喪失氣力，極為迅速。情形雖是如此，然全體的病狀還算好，為他診病的主任醫生是倫敦第一等少年醫生之一，並且是由累·蘭卡斯脫(Ray Lankaster)特別薦來的，這位醫生于上星期五日尚以最好的希望期許我們。但一經在顯微鏡之下檢驗〔他的〕肺部肉膶，便知道危險很大，因爲在肺臟的膿腫處，有一次一根血管竟完全破裂了。因此自六個星期以來，我每天早晨一來到轉角處，卽有死的恐懼來襲擊我，房中的幃幔終會取下。昨天下午兩點半鐘，正是日間訪他最適當的時候，我來他家——全家哭泣，好像是到了臨終之期。我問清原委，察看底細。有一點失血，但一種突然絕氣的樣子跟着出現。我們忠實的老蘭欣看護他竟比任何母親看護自己的兒子還好，蘭欣走上樓去，下來說：他半睡着，我可同上去。當我們進去的時候，他躺在那裏，睡着，可是不復醒來。脈息和呼吸都已停止。在這兩分鐘之內，他安安靜靜，毫無痛苦地長眠了。

『凡一切因自然的必要而出現的事件，無論如何可怕，自有其佳處。這裏的事也是如此。醫生的技術也許可以替他維持一種苟延殘喘的生活至數年之久，這是因醫生技術的勝利，使一個難于救治的人的生命不突然死去，而漸漸地死去。然這是我們的馬克思決不能忍受的。生存在世上，有許多沒有完成的工作橫在自己的面前，心中急欲完成，而在能力上又辦不到——此事對于他比那奪去他的生命的死還要苦一千倍。他必定會與伊壁鳩魯同說：「死對于死者並非不幸，不過對于後死者爲不幸罷了。」眼見這個有偉大力量和天才的人像廢物一樣殘存人世，眼見他替醫藥增更大的榮光，眼見他被他強壯時一齊壓倒的庸俗人加以揶揄——那我們後天將他送入他夫人長眠的墳墓中，何止好一千倍。』（見倍克，曾慈根，昂格思，馬克思等致索爾格等書信錄一八六至一八八頁。）

昂格思于馬克思逝世之日寫信給李卜克內西，追想他的功績道：『我今天晚上雖看見他直挺挺地躺在床上，臉部慘白，然絕不能想像這個有天才的頭腦將不復用他的偉大的思想，去培養新舊兩世界的無產階級運動。我們大家所以有今日，是由于受他之賜；現今的運動所以有如此的成績，是由于他的理論與實際的活動；沒有他，我們當永遠陷入紛亂之中，毫無辦法。』（見李氏：馬克思紀念册二〇頁。）

三月十七日爲馬克思入之土期，他和他的夫人同葬在高門地方，葬儀也和他夫人的一樣，非常簡樸。是日送葬的，除他的家人外，只有一些親戚和同志，如浪規，和拉花爾格則來自法國，李卜克內西則來自德國，其餘的人大概是在英國就近來的。至於本非同志而十分同情于馬克思的朋友前來參與葬儀的，僅有倫敦皇家科學院的兩個學者，即動物學家累．蘭卡斯脫和化學教授勺列槑爾。（當一八七〇年代，馬克思還在世時，英國資產階級的名種報紙常常宣佈他的死訊；迄他眞正死去，牠們却默不作聲，僅倫敦泰晤士報于數日後由巴黎一個通信員的口中偶然說及資產階級社會的危險仇敵馬克思死于倫敦。卽德國資產階級的報紙對于馬氏之死也一字不提。）　昂格思當時在墓前演說道：

『當三月十四日午後二點四十五分，這位生存在世上的最大的思想家不復思想了。他一人獨處房中不到兩分鐘，迨我們進去，看見他已安安靜靜睡在椅子上——但是長眠不起了。

『歐美兩洲爭鬥的無產階級對于斯人的損失如何，與歷史的科學對于斯人的損失如何，簡直是計算不出來。　因這個有大力量的人之死所扯破的裂口，卽刻就會充分表現出來的。

『達爾文發現生物界的發達律，而馬克思則發現人類歷史的發達律，向來被籠罩在冠冕堂皇的意識形態底下的簡單事實是：人類在能夠從事于政治，科學，藝術，和宗教等等之時，必首先備有衣食住三者；因此直接的物質生活資料的生產以及一民族或一時代經濟發達的階段構成一種基礎，所有人類國家的組織，法律的見解，藝術，甚至于宗教的表象，都是由這種基礎上發達出來的，因此也必須從這種基礎上去解釋——卻不是和向來所遇見的一樣，從反面去加以解釋。

『可是還不止此。 馬克思又發現現今資本主義生產方法以及由這種方法所產生的資產階級社會的特別運動律。 資產階級的經濟學者和社會主義的批評家早前〔對于資產階級社會的〕一切探討，都迷離于黑暗之中，因剩餘價值的發見，此處便突然現出光亮來了。

『一個生命有兩種這樣的發見，眞是了不得。 一個人只要能有一種這樣的〔發見〕，已是〔一生〕幸事。 可是馬克思〔在學問上〕所探討的每一門類，都有獨立的發見，甚至對于數學〔也無不如此〕，至于這些門類爲數亦復不少，且沒有一門他只是淺嘗而不深入的。

『他爲學者已如上所述。 然這卻沒有講到他的一半。 馬克思把科學看做一種歷史的運動力，看做一種革命力。 任何種理論的科學在實行的效能上雖或絲毫看不見，他對于這種科學的一種新發見，能具有純粹的興味——至于一種發見即刻以革命的態度侵入產業中以及歷史的發展中，則他又感覺一種完全不同的興味。 他對于電氣學一門種種發見的發展，和最近對於對晉雷(Marc Deprez)的發見，是嚴密注意的。

『馬克思尤爲一個革命家。他一生眞正的職業是在這種或那種方法中，對于推倒資本主義的社會以及由這種社會所造成的國家組織，共同活動，是對于近世無產階級——他首先使無產階級覺悟自己的地位與需要，並覺悟自己解放的條件——的解放，共同活動。這種爭鬥就是他的綱要。他和極少數人一樣，純以一種熱忱，一種毅力，和一種效能，從事爭鬥。〔他〕于一八四二年〔主持〕萊因報，一八四四年〔投稿〕于巴黎進步報，一八四七年〔投稿〕于德文不律塞報，于一八四八年至一八四九年〔主持〕新萊因報，于一八五二年至一八六一年〔投稿〕于紐約特里標報——此外還有許多爭鬥的小冊子，在巴黎，不律塞和倫敦各聯合會中的服務，最後就有一個大國際黨的崛起，作爲全部運動的冠冕——這的確又是一種結果，卽使他沒有其牠成就，然促成這種結果，也足以自豪了。

『不過馬克思却因此成爲當時一個最被人憎恨並最被人誹謗的人。共和政府和專制政府一樣驅逐他，保守派的有產者和極端民主主義派的有產者一樣爭奇鬥勝地來造他的謠言。他把這些東西推在一邊，和掃除蜘蛛網一樣，絲毫不睬，直等到受着極大的壓迫，才予以答覆。他現在是一瞑不視了，千百萬革命的勞動同志無不表示敬愛與悲哀，他們所散佈的地方，自西伯利亞的礦山起，經全部歐洲和美洲，一直到加里福尼亞，我敢說：他現在或還有些反對者，但不會有一個私人的仇敵。

『他的聲名將于千百年中繼續存在，他的事業也將于千百年中繼續存在。』（見一九二三年柏林出版的馬克思紀念雜刊三至四頁。）

昂格思這種演說詞是對于馬克思的爲人及其功績下一種簡單明瞭的批評，他的話既沒有絲毫虛僞，復沒有一點誇張，正是恰如其分，我們將他這些話徵引出來，做本書的一種頌贊，眞是再好也沒有了！ 昂格思說，努力于近世無產階級的解放是馬克思一生眞正的職業，讀者試一回顧本書所敍述的事實，便知道這句話是千眞萬確的。 馬克思對于全世界無產階級的運動，既是鞠躬盡瘁，死而後已，則凡屬有覺悟的無產者以及完全表同情于無產階級運動的智識份子，對于他自當具有無限的敬意，因而發爲詩歌，形諸詠歎，這是人情中應有之事。 可是德國一位大學教授說得對，世人以詩詞讚頌拉塞爾的，隨在都是，且幾視拉氏爲天神，至對于馬克思，却寥寥無幾。 這種情形在馬氏出生的德國爲尤甚。 然利歐破爾得·雅各俾（Leopold Jacoby）于馬氏死後五日，即作有十一首詩替各國的無產者哀悼他，感謝他，語簡而意賅，辭約而情篤，這是世界上有數的作品，今特繙譯如下，並在第六首後增補一首，表示中國人的景仰之意，作爲本書上編的收場白。

成千成萬的人穿上作工衣服。
他們整天地坐着立着。
他們嗡嗡的聲音，
充滿偌大的堂屋。

在世界各國中，
一切語言，一切文字，
都發出送終的哀聲，
追悼這位死去的戰士。

英國人說：「在草廬茅舍中受人敬愛，

在皇宫巨室內爲人忌妒，
他生平只是不趨不停地，
盡情活動，努力奮鬥。

『在我們的城市鄉村中，
凡有機器轟轟作聲處，
凡在工廠戛戛發音時，
他的姓名被人稱道不置！』——

俄國人說：『在專制魔王的統治下，
千百萬人脚鐐手銬，
累月經年，飽嘗恐怖，
他的姓名實爲人所思慕！』——

馬克傳思　下

法國人說：「他是世界的解放者，
他反抗野心的戰爭，
他抵制民族的尋釁，
這次追悼就是我們勝利的保證！」——

中國人說：「他生平有兩大發現，
資本主義要將宇內走遍；
只有奉他的主義為準繩，
才不辜負現今的紀念！」——

德國人說：「我們直至於今，
滿具敬愛的熱忱，

謹替這位思想家與戰士，
撞着喪鐘，表示哀思。

「有若昔時哥白尼，
創造了天文新律，
他口中所發的呼聲，
正對準一種科學射擊。

「這種科學是人民的禍災，
是勞動的窮困。
咳，魔鬼業已僵死，
這就是資本！

第四篇　第七章　疾病與死亡

「在我們人世的爭鬥中，
他遺下一把利劍，
新世界得由此造成；
所以他配受人敬念！

「沒有人送給我們的寶物，
比得上雷聲一般的呼籲：
各國的無產者，
聯合攏來啊！」

馬克思傳（下）完

附錄一 馬克思大事年表

一八一八年 五月五日出生于德國萊因省居利一個猶太法律博士家中。

一八二四年 隨父母捨棄猶太教，改奉基督教，取得一張『歐洲文化入門券』。

一八三五年 九月畢業于居利中學，爲高材生。

秋季升入邦恩大學，習法律學等科。

一八三六年 暑假與燕妮祕密戀愛。

十月轉入柏林大學，習法律，哲學，歷史等科。

十一月作詩三卷（一九二九年才出版）贈與燕妮。

一八三七年 與燕妮訂婚。

因用功過度患病，然在病中猶自行研究黑格爾哲學，變成『少年黑格爾派』的同志，並加入博士會。

附錄　馬克思大事年表

一八三八年　五月十日父死。

一八四一年　四月十五日因提出博士論文于葉那大學的結果，取得哲學博士學位。
謀爲邦恩大學講師，不成。

一八四二年　作評普魯士新近的檢查令一文，爲注意政治事件的開端。
五月擔任萊因報的編輯。
十月移居寬恩，就萊因報主筆之職。
十一月與昂格思初次在寬恩相見，因自己曾拒絕登載柏林的自由團人的稿件發生裂痕，故對于名列此團的昂氏十分冷淡。

一八四三年　三月十七日退出萊因報，此報于四月一日被政府勒令停版。
春季遊荷蘭。
六月十九日與燕妮結婚，居哥洛慈拉哈岳母家。
十一月偕燕妮往巴黎，此後專研究法英美等國歷史，社會主義，經濟學等等，結識漢訥，蒲魯東，巴枯甯，及其他社會主義者。

一八四四年

二月與露格同主德法年書筆政，發表黑格爾法律哲學的批評和猶太人問題，表見思想的變遷——由資產階級的自由主義者變成社會主義者。

四月十六日因德法年書事被普魯士政府下入境逮捕令。

五月長女小燕妮生。

八月投稿于巴黎的進步報。

九月與昂格思第二次在巴黎相見，此時雙方情投意洽，並共同開始著神聖家庭一書，表見公然反對黑格爾的哲學而過渡到佛愛巴黑的人本主義，且間露唯物史觀的星光。

十二月十二日因進步報事被普魯士政府第二次下入境逮捕令。

一八四五年

一月法政府應普魯士政府之請，下令驅逐出境，遂亡命比國。

從上年起至本年上半年止，與昂格思各自發見歷史的唯物論。

四月與昂格思同居不律塞的工人區域。

附錄　馬克思大事年表

夏季與昂格思旅行英國六星期，得與近世大工業接觸。

九月與昂格思開始共同著德國精神文化（一九三二年才出版），至一八四六年八月大體完成，批評佛愛巴黑，布魯洛·包爾，施提列所代表的哲學和許多預言家的社會主義。

九月次女樂娜生。

十二月一日因普魯士向比政府要求下令驅逐，遂脫去普魯士國籍。

一八四六年

三月三十日因政見不同，與威特靈發生衝突，至五月更因克力格事件完全決裂了。

長子亞德高生。

與昂格思等創設共產主義通信委員會，發行一批小冊子，批評當時的公正同盟會的教義等等。

冬季開始著哲學的貧窮（異年出版）答覆蒲魯東貧窮的哲學，因此和他決裂了。

一八四七年

一月加入公正同盟會（後來更名爲共產黨）。

投稿于德文不律塞報。

八月與昂格思，哇爾夫等創設德意志工人聯合會。

九月民主協會成立，十一月七日當選爲副會長。

十一月被民主協會派往倫敦，參加博愛民主社所舉行的波蘭革命紀念會，並于開會時致演說詞。

十一月三十日在公正同盟會演講比國工人運動和宗教問題。

十二月初旬參加公正同盟會的改組大會，與昂格思同受委託，起草共產黨宣言。

十二月中旬返不律塞，旋在德意志工人教育聯合會演講工資勞動與資本。

一八四八年

一月九日在民主協會演講自由貿易。

法國二月革命爆發，因出一己私財，在不律塞預備工人武裝，旋與燕妮同被捕。

二月共產黨宣言出版。

三月二日被驅逐，四日攜家眷離不律塞，赴巴黎。

三月在巴黎組織共產黨的新中央局，與昂格思同被舉爲委員長，發表德國共產黨的十七條要求。

與昂格思等派遣三四百旅法的德國工人（多爲共產黨員）返國，參加革命運動，並反對黑維武裝闖入德國。

四月初旬與昂格思等同返德國寬恩，籌辦新萊因報，旋加入民主黨，揭出民主主義的旗幟。

六月一日新萊因報出版，自任主筆，並將此報作爲民主黨的機關報。

法國發生六月屠殺慘劇，在是月二十八日的新萊因報上聲罪致討。

與拉塞爾初次相遇。

八月取道柏林往維也納，參加民主聯合會和第一總工人聯合會的三次大會，並于八月三十日和九月二日演講兩次。
十月担任寬恩工人聯合會會長職務。
十一月十八日因反動勢力日益高漲，與佽白爾，施萊德等用萊因民主聯合會的委員會名義，發表宣言，要求抗稅，並武裝民衆。

一八四九年

二月七，八兩日兩次受審判，都被宣告無罪。
四月十五日與佽白爾，倍克，哇爾夫等宣佈退出民主黨的支柱萊因民主聯合會，並于退出這一黨前變更策略，注重無產階級的政治教育和組織，四月五日起新萊因報登載工資勞動與資本。
四月往漢堡替新萊因報籌款 五月四日回來。
五月十六日新萊因報接到普魯士政府驅逐主筆的命令，此報遂于十九日告終，而自己的私財都因此報花盡。
五月與昂格思等赴佛郎克佛，擬鼓動國會的左派取革命行動，不果，轉往巴登和普法爾次參加革命運動，因對軍事情形失望折回。在中途被捕，解至佛郎克佛，旋被釋放。

五月底銜民主黨之命，挈眷往巴黎。

七月十九日法政府下驅逐令，于八月亡命倫敦。

十一月次子基多生。

一八五〇年　與威里系等組織亡命者委員會，救濟亡命客，並團結共產黨員，計畫恢復新萊因報。

此報的另一名稱爲政治經濟評論月刊，于二月出現，至十一月共出六期，一，二，三期登有法蘭西階級爭鬥；第二期開始用專篇文字討論中國問題，又指出加里福尼亞金鑛的發見比二月革命更重要；第五，六期指出資產階級社會的生產力雄飛突進，一時談不到眞正的革命，要在一種新危機之後才有可能。

三月與昂格思替共產黨中央局合草一通告書給德國黨人，闡明對小資產階級的策略，提出『不斷的革命』的口號。

從是年至異年在工人教育聯合會演講經濟學。

因欠房租被房東鳴警杳抄，迫得借款並出售牀鋪等物償還一切小賬而遷入旅館。

九月十五日共產黨中央局因政見不同，分裂爲馬克思等的多數派和威里系等的少數派。同時多數派人並脫離德意志工人教育會。

十一月十九日次男基多死。

不斷地到不列顚圖書館去，對經濟學，歷史和政治等科作深刻的研究。

一八五一年

三月三女佛蘭集思卡生。

八月初間獲得紐約特里標報的駐英通信職務，初時因英文作文不佳，請昂格思代庖，直至一八五三年一月才動手作英文論文，故最初的革命與反革命出自昂氏手筆。任此報通信歷十二年論文所涉的方面甚多，最重要的爲：德國狀況，英國政局，東方問題，俄土戰爭，多惱河諸國的撤兵，古里米亞遠征，西班牙革命和中國問題。

一八五二年　替革命月刊作路易拿破崙的霧月十八日。
復活節三女佛蘭集思卡死。
十一月十七日宣告解散共產黨。
著寬恩共產黨人訴訟眞相記(異年出版)，暴露普魯士政府的警察制度壓迫黨人和反抗社會發展的行動。
一八五三年　投稿于民權黨的機關報人民新聞。
一八五四年　十二月起至異年年底止供給紐阿德報稿件，取得微小的報酬。
一八五五年　四月六日長子亞德高死，最爲馬氏夫婦所痛悼。
一八五六年　一月四女伊利安樂生。
一八五七年　因美國危機的影響，對特里標報的論文由每星期兩篇減爲一篇。日間爲謀日食作工，夜間爲創造經濟學作工，極度緊張，從這一年到異年爲研究室中最重要的時期。
一八五八年　二月二十二日在致拉塞爾的信中說出擬議中的經濟學著作的大計畫，共分六大項：一、資本，二、地產，三、工資勞動，四、國家，五、國際貿易，六、世界市場。

送給特里標報關于中國的一切論文（中英商業全史等等）都當作社論登出。

一八五九年 與昂格思共同參加美國新百科全書中關于哲學，經濟和軍事的編纂。

政治經濟學批評第一册出版，與是年出現的達爾文物種原始，同爲劃時代的著作。此書的序言中第一次發表歷史的唯物論的學說。

發表對是年爆發的意大利戰爭以及普魯士政策等論文于倫敦的德文報人民上面。

一八六〇年 因國民報任意造謠誣衊，從二月至十月，歷控負責編輯雜柏爾于柏林各法院，均被駁斥。

著佛格特先生一書暴露佛氏的罪狀。

一八六一年 四月往柏林，寓拉塞爾處，又到居利看老母。

附錄　馬克思大事年表　五七〇

一八六二年　十一月至翼年十二月投稿于維也納報。
五月失去特里標報通信員的位置。
七月九日拉塞爾來訪，住馬家至八月初間才離去，正值極窮困時期，質物以待客。
九月爲窮困所迫，往英國鐵路局謀做書記，因字跡不佳，不錄。
一八六三年　一月七日昂格思的妻馬麗死，因自己心境不寬，忘却對老友加以充分的安慰，友誼上發生裂痕，然這是最初和最後的一次。
十二月二日母親去世，旋即返居利故鄉料理喪事。
一八六四年　五月九日同志威廉·哇爾夫死，因死者的遺囑，取得遺產八百餘金鎊。
九月二十八日參加國際黨成立大會，當選爲三十二委員中之一員。旋起草國際黨開幕詞和規程。
十一月三日與闊別十六年的巴枯甯重相見。
十二月替中央局起草賀林肯再當選爲美國大總統的公文。

一八六五年　二月投稿于石衞茨的社會民主報。
六月二十六日在中央局演講價值，價格及利潤。
九月由中央局派遣參加國際黨的倫敦會議。
一八六六年　十月五日畢士馬克的親信人布合來信請替國家指導報撰稿，不允其請。
替中央局起草八點鐘工作日，限制兒童勞動等等提案，提出于九月的日內瓦大會。
一八六七年　四月攜資本論第一卷稿子至德國漢堡付印，並往漢諾威訪柯格爾曼。
四月二十三日畢士馬克遣瓦列博爾德在漢諾威來相訪。
資本論第一卷卽于是年出版。
反對國際黨與資產階級的和平自由聯盟會攜手合作。
一八六八年　四月次女樂娜與法人拉花爾格結婚。
九月國際黨不律塞大會的議決案表見共產主義觀念的勝利，自是向來統制年會的蒲魯東派失勢，馬克思派起而執牛耳。

巴枯甯加入國際黨。

自亡命倫敦後，因生活困難，不斷地受昂格思的接濟，是年十一月更因昂氏將退出商業界，獲得巨款，一面允許為之償還宿債二百一十鎊，一面保證每年予以三百五十鎊的生活費。

一八六九年　三月替中央局草擬對國際社會主義同盟會要求加入國際黨的答案。

替中央局草擬對九月巴塞爾大會的提案。　大會中表見馬克思派與巴枯甯派的對峙。

一八七〇年　一月學俄文。

三月應駐日內瓦的國際黨俄國支部的要求，擔任駐中央局的代表。

三月二十八日替中央局發出所草就的機密通告。

七月二十三日中央局發表馬氏所草的對德法戰爭第一次宣言，九月九日發表第二次宣言。

九月，一年前脫離商業界的昂格思移居倫敦，彼此的住所相距甚近，時相過從。

一八七一年 三月巴黎公社成立，曾以私人的資格予以種種幫助和指導。

五月三十日向中央局提出一種宣言，旋作為黨的正式文件發出，即法蘭西內亂。

八月往布來屯養病數星期。

九月與昂格思同以中央通信秘書的資格，出席于國際黨的倫敦秘密會議。會中關于政治效能和增加中央局權力的議決案表見馬克思主義的勝利。

一八七二年 因救濟巴黎公社的亡命者的工作，幾花去五個月工夫。

三月五日中央局發出他和昂格思所草的所謂國際黨的分裂。

六月二十一日致書索爾格厚集力量，準備與巴枯甯派決戰。

九月與昂格思等出席于國際黨海牙大會，對巴枯甯派的爭鬥，獲得決切的勝利，巴氏和基雲被逐出黨。

在阿姆斯特丹的民衆大會中公開講演。

一八七三年　中央局移往紐約，關于歐洲各國的通信仍由自己和昂格思共同擔任。與昂格思共編國際社會主義民主同盟會和國際黨。

因工作過度，患重病數月，而腦病，肝病等爲主要病症。

一八七四年　長女小燕妮與法人浪規結婚。

因訂正資本論的法文譯本和替第二卷搜集材料，作工過度，患癰瘡，頭痛，失眠症等病，于八月偕幼女往奧國有名的溫泉卡爾斯巴德去養病，獲得奇效，九十月間回家。

一八七五年　五月草德意志工黨綱領批評，指摘埃塞那哈派與拉塞爾派合併的理論上的錯誤。

八月因病復往卡爾斯巴德，又收得效果，九月回家。

一八七六年　七月十五日國際黨在菲列得爾菲亞開過最後一次會議，即宣告解散了。

夫婦及幼女都患病，八月偕幼女往卡爾斯巴德養病。

一八七七年 替昂格思的反杜林作批評史一章。患肝臟病，消化不良症和神經系病，于八月往德國的紐恩拉浴場養病，九月底回家。

一八七八年 到柏林訪妻舅亞德高，幾被捕。夫婦都患重病，因畢士馬克作梗，不能前往卡爾斯巴德，在馬爾維（英國）養病。

一八七九年 八月因神經系病加劇，在格寨，藍兹給特等處養病七星期。 馬夫人重病。

一八八〇年 夫婦都患重病，自己更患肋膜炎，同就診于曼切司特友人哥白特醫生，八月同在藍兹給特養病。

一八八一年 患咳嗽，傷風，頸痛和風濕症等，馬夫人病加劇，于七月同到伊斯特本海濱養病。 旋同往巴黎與長次兩女相團集，八月因幼女患病甚劇，遂返家。

附錄　馬克思大事年表　　五七六

十二月二日馬夫人去世。自十月起自己復患肋膜炎和氣管枝鬱熱症。

一八八二年　二月往非洲的阿爾及耳養病。在暑天前往蒙的加蒙。旋復到法國，居長女家中，後又在瑞士的味徽住六星期。冬季居英國南方的外特島。

一八八三年　一月十二日長女死。自己復患氣管枝鬱熱症。

三月十四日逝世。

一八八四年　由昂格思從遺稿中編著家庭，私產和國家的起源出版。

一八八五年　由昂格思編成資本論第二卷出版。

一八九一年　德國社會民主黨爾伕特會完全採用馬克思主義的黨綱。

一八九四年　由昂格思編成資本論第三卷出版。

一八九五年　八月五日昂格思去世。

一九〇一年　由墨爾林編訂馬克思與昂格思文匯（一八四一至一八五〇年）三卷出版。

一九〇五年　由考茨基編訂剩餘價值論第一二兩卷出版。

一九〇六年　由索爾格編訂倍克，晉慈根，昂格思，馬克思等致索爾格等書信錄出版。

一九一〇年　由考茨基編訂剩餘價值論第三卷出版。

一九一三年　由卞斯天和柏柏爾校訂昂格思與馬克思書信錄（一八四四年至一八八三年）四卷出版。

一九一六年　由耶贊諾夫編訂馬克思與昂格思論文集（一八五二年至一八六二年）兩大卷出版（還有兩大卷未出）。

一九二一年　由邁耶編訂拉塞爾與馬克思書信錄一卷出版。

一九二四年　與柯格爾曼書出版。

附錄二 中國與歐洲的革命

本書中册六八頁說過，馬克思『于一八五三年六月二日寫信給昂格思，說他已經草就兩篇關于中國對英關係的論文送給紐約特里標報了。 可是我們檢查馬克思與昂格思論文集一，二卷，並沒有發見此等文字。』 旋見在馬克思主義旗幟之下(Unter dem Banner des Marxismus)第一年度第二期載有耶贊諾夫選訂的馬克思中國與歐洲的革命(Die Revolution in China und in Europa)一文，註明出于一八五三年六月十四日的紐約特里標日報，大概就是馬氏信中所指兩篇論文之一。 因本書一時不能改版，而此文又極爲重要，故乘再版的時機，特將其譯出，略加解釋附刊于此。

『一個極深思遠慮而又富于幻想的思想家，想到指導人類運動的諸原理時，常是把他所稱爲兩極相接律(Das Gesetz der Berührung der Extreme)的，提起來作爲那統制自然的祕密之一。 依照他的見解，「兩極相遇」這句很流行的諺語在生活的一切方面都是一種有力的大眞理，哲學家不能缺少這種公理，和天文學家不能缺少刻卜勒（Kepler）的定律或牛頓（Newton）的大發見一樣。

『現在不管「兩極相接」是否爲一種普遍有效的原則，然我們在中國革命對于文明世界所發生的影響中却看見一個顯著的例子。歐洲下一次的人民崛起，歐洲下一次有利于共和自由與廉潔政府的運動，倚賴現今歐洲對面的天國之處，也許要較其牠任何現成的政治機緣爲多，甚至于要較俄羅斯的威嚇及因此而起的歐洲大戰的可能性爲多，這種主張似乎是一種很稀奇古怪的逆說。然細心考察事實，也並非逆說。

『不論中國近十年來所發生的錮疾般的和現在結晶爲一種武力革命的暴動社會的原因是什麼，不論此等暴動是取宗教的，朝代的或民族的形態，然促成牠們爆發的導火線，毫無疑義地是英國的大礮，這些東西強迫中國接受一種麻醉品，卽我們所謂鴉片。淸朝的威望在英國武器的面前，像火絨一樣毀滅了。〔人民〕對于帝國永久性的迷信打得粉碎了。牠離開文明世界，處于野蠻和閉關之境，受着一種打擊，自此以後，因加利福尼亞和澳洲金礦的吸引力而迅速發展的交通，也在牠的中間發軔了。同時中國的銀元——牠的生命的精華，

——開始向英屬東印度流出。

『一直到一八三〇年爲止，中國的商業均衡是有利的，印度，英國和美國不斷地將銀子輸入中國。　自一八三三年以後，尤其是自一八四〇年以後，從中國輸出銀子往印度，爲數甚巨，幾乎使牠自己枯竭了。　因此皇帝下嚴厲的諭旨取締鴉片貿易，但他這種手段遇着一種更猛烈的抵抗。　除掉這種直接的經濟上的結果外，那因私運鴉片而發生的賄賂把中國南方各省的官僚完全敗壞了。　人民通常視皇帝爲全中國的父母，而官僚也被視爲所治理的地方的父母。　這種家長式的權威是支持龐大的國家機關的唯一道德的維繫物，然官僚因贊助私運鴉片獲得大利，他們的腐敗逐漸使這種權威消滅了。　這就是叛亂發生的南方各省的主要事件。　此外應注意的是，皇帝及其驕矜的官僚集團喪失他們的統治，是以鴉片對中國人的統治爲比例的。　這全體人民的歷史似乎是在牠開始擺脫其傳統的愚魯之前，必須首先醉臥于煙霞中。

『東印度公司對中國的商業壟斷，自一八三三年起轉爲私人的〔自由〕貿易，英國從前輸入中國的棉織物爲數甚少，毛織物尤少，自這一年起表見增加甚速，從一八四〇年起增加更速，因爲其牠民族，特別是我們自己的民族，對于中國貿易也參加一部分。這種外國製造品的輸入對于國內工業所發生的結果，和從前對小亞細亞，波斯及印度一樣。中國的紡紗者和織布者在這種外國競爭之下受着很大的痛苦，而公共的事業也同樣受其打擊，被其搖動。

「自一八四〇年不幸的戰爭以後，必須對英付給賠款，不生產的鴉片消費甚高，因這種貿易使大批的金錢外溢，國內製造品因外國的競爭，受着破壞的影響，公家的管理日趨墮落——這些事件發生兩種結果：一方面是舊稅更重，更煩苛，另一方面是舊稅之外更加新稅。我們發見「一八五三年一月五日北京」對于武昌和漢陽的總督巡撫所下的上諭是減免並緩繳賦稅，尤其不可額外浮徵，否則——上諭中說——「貧民何以堪此？」皇帝又說：「如是則吾民可免苛吏之誅求而不致陷入水深火熱之中。」像這樣的語法和讓步，我們從一八四八年的奧大利——德意志的中國——也聽見說過。這些解體的要素影響于中國的財政，風俗，工業和政治結構，因一八四〇年英國的大礮——牠們完全毀滅了皇帝的威望，並強迫天朝上國出而與塵世交接——而達到充分的發展。完全孤立構成維持舊中國的主要條件的，這種孤立現在因英國的干涉，行將強制告終，牠的必然解體，就和密封的棺材中所保存的木乃伊（Mumie）一與新鮮空氣相接觸，必然腐化一樣。自從英國引起中國的革命以後，現在卽生出一個問題，就是這種革命逐漸對于英國發生何種反響，並經過英國對于歐洲發生何種反響。這個問題是不難答覆的。

『讀者的注意力常是集于一八五〇年以來英國製造業空前無比的發展。恰當這個驚人的繁榮時期，不難着出一種快要來到的工業危機明白的象徵。不管加利福尼亞和澳大利亞怎樣，不管從來未有的向外大移居怎樣，如果沒有特別的事變發生，在一定的時期以後，終有一日使市場的擴充必不能與英國製造業的擴充同其步驟，這種均衡的喪失必不可免地要產生一種新危機，恰和從前所見的一樣。最大的市場中的一個如果突然緊縮起來，則這種危機的出現必更爲迅速。中國的叛亂現在對于英國恰恰發生這種影響。開闢新市場或擴大舊市場的必要，是英國減低茶稅的主要原因之一，因爲牠希望茶葉輸入增加的結果，製造品對中國的輸出也會增加。在一八三四年取消東印度公司的商業壟斷以前，英國對中國的全年輸出品的價值不過六十萬鎊；一八三六年達到一百三十二萬六千三百八十八鎊，一八五四年達到二百三十九萬四千八百二十七鎊，一八五二年約有三百萬鎊。從中國輸出的茶的數量，一七九三年不過一千六百一十六萬七千三百三十一兩；一八四五年已經增至五千七百五十八萬四千五百六十一兩，現在却超過六千萬兩。

『從上海的輸出表上已經明白看見最近一季茶的收成比前一年增加二千萬兩。這種增加是兩項情形的結果：在一方面一八五一年底的市場大受壓迫，大批過剩的存貨于一八五二年得以輸出，在另一方面，英國有利于茶葉輸入的立法上的改變，消息傳至中國，市場上全部茶葉存貨的價格馬上高漲起來。至于當前茶葉的收成，情形却完全不同。倫敦一個重要的茶葉店的通信表見下列的狀況：

『「上海發生大恐慌。金子的價格漲起百分之二十五，並且爲着徵稅起見，被熱烈地搜索着。銀子消失不見，以致無從取得去付行將出航的英國船的船鈔。奧爾科克（Alcc-ck）君因這種局勢的結果，宣言準備用東印度公司的匯票或其牠有價證券向中國官吏抵付關稅。從最近的將來貿易的觀點看來，缺乏貴金屬是一種最不利益的要素，因爲此事的出現恰在極需要牠們給絲茶的購買人到內地去購買絲茶，要使生產者能夠進行生產，需要大批的貴金屬以資週轉。」

『在歷年這一季中，收買新茶，通常已經開始，但大家現在只談保護個人的安全與財產；一切營業都歸停頓。 如果不在四、五月盡力把茶葉摘下帶到家中，則做紅茶和綠茶的嫩葉的早期收成便會喪失，恰和復活節〔按原文爲冬至節，恐係一種錯誤〕時還沒有收穫小麥一樣。

『同時使茶葉獲得安全的方法，的確不是泊在中國河海中的英、美、法艦隊所能給予的。 反之，牠們的干涉只能引起糾紛，產茶的內地和輸出茶的海灣間每種商業的關係都會因此斷絕。 茶的價格可以因現在的收成而高漲——倫敦的投機已經開始——下屆收成的歉薄是一定的了。 不僅是這樣。 中國人雖怎樣準備——像一切革命騷動中的民族一樣——對外國人出售自己手中所有的一切笨重的商品，然他們要收藏現金，東方人當預料有什麼大變動的時候，常是這樣做的，所以他們的絲茶非取得現金，不肯脫售。 英國在這種價格飛漲之中，要爲着牠的主要必需品之一付出現金，而牠的棉織物和毛織物的重要市場又會大大地緊縮起來。 經濟學者報(The Economist)平常對于威嚇商業界的安甯的一切危險，總是故作樂觀的術士，就是牠也迫得作下列的宣言：

『「我們不要幻想，對中國的輸出可以像向來一樣找着十分重要的市場。我們對中國輸出的貿易要受影響，對曼切司特和格納斯哥產物的需要行將減少，這大概是一定的。」

『大家不要忘記，像茶葉這樣不可少的物品價格的高漲，像中國這樣重要市場的緊縮，將和西歐收成的歉薄，肉類，穀類及其牠一切農產物價格的高漲，連結在一起。由此對于工業產物的市場發生緊縮，因爲每種重要的生活必需品價格的高漲，在國內和在國外一樣，將有一種工業生產品需要的減少與之相適應。英國各處都埋怨最大多數收穫狀況的不良。經濟學者報對于此事說道：

『「英格蘭的南部不僅有許多土地沒有耕種，以致每種生物的種植都來不及，並且有一重要部分已經耕種的土地也被證明爲磽确不毛，或不宜于種植五穀。在本來要種小麥的潮濕地或瘠地上的象徵，顯然可見的是不良的情形愈見發展。現在種甜菜根的時期可以視爲已經告終，但這種東西種得很少；預備種蘿蔔地面的時期也快過完，但對于這種重要產物並沒有取相當的手段。燕麥的種植因雨雪而大受損傷。及時下種的燕麥甚少，過了時，種的燕麥自不會有好收成。……有好些區域牛類的損失爲數不貲。」

「其牠農產物如五穀之類的價格，比去年增加百分之二十，三十，甚至五十。〔歐洲〕大陸穀類的價格比英國還要高些。比利時和荷蘭的黑麥漲至百分之一百，小麥和其牠穀類也稱是。

「在這樣的狀況之下，講到英國商業已經經過牠的經常週轉的更大部分一點，可以確切預言，中國的革命對于現今產業制度的火藥箱將投下一個火花，對于久已準備着的普遍危機的爆發將促其實現，這種危機將侵入外國，在最近的將來，〔歐洲〕大陸將有政治的革命伴着出現。一齣特別戲演給我們看：當中國在西方世界引起騷動時，西方列強便假手于英、法、美的兵艦在上海、南京和大江其牠出口處創造「秩序」。販賣「秩序」的列強要企圖贊助搖動中的清朝，已經忘記了中國怨恨並驅逐外人從前只是地理和人種狀況的結果，自從滿洲的韃靼人種征服中國以後，才變成一種政治制度麽？歐洲各民族于七世紀末，爲着對中國的貿易而互相爭鬥，牠們中間很厲害的軋轢予清朝的閉關政策以一種有力的幫助，這是沒有疑義的。大部分中國人在被韃靼人征服的最初五十年中，心中極不滿意，而這個新朝唯恐外人對于這種感情推波助瀾，此事比上面一點所發生的力量更要大些。基于這些理由，除掉遠離北京的廣州以外，當時外人與內地中國人的任何交通是被阻礙，成爲不可能的。產茶區域及其貿易，僅以政府所特許的對外貿易的行商的交接爲限，其餘部分的人民與可恨的外國人的任何接觸都被阻止。西方列強現時的干涉，無論如何，只能使革命的激烈程度增高，和商業的停滯延長。

『同時試把印度來看一下，英政府從此處所取的七分之一的收入是得自出賣鴉片給中國人，而印度對英國商品的需要，有一重要部分恰以這種鴉片在印度的生產爲轉移。中國人不會拋棄鴉片的享樂，就和德國人不會拋棄煙草一樣，這的確是對的。但據說新皇（指咸豐帝）自己主張在中國種罌粟，並製造鴉片。在最近的將來，對于印度鴉片的製造，印度國庫的收入，印度斯坦商業的泉源，顯然有致命的打擊之勢。這種打擊固不是直接涉及上述諸利益，但在一定的時期內，當發生決切的影響，使那普遍的財政危機——牠的梗概上面已經說過——愈加尖銳化，並愈加延長。

『自十八世紀開始後，歐洲沒有一次嚴重的革命不是預先發見商業和財政危機的。的一七八九年的革命和一八四八年的革命都是如此。在當權得勢的列強及其臣民間，在國家與社會間，在各階級間，我們不獨每天看見一種衝突愈來愈近的象徵，並且看見列強間的衝突逐漸達到一個頂點，必須使劍出鞘，而統治者最後的理論（Ultima ratio 指戰爭）實現出來，這是的確的。在歐洲各首都中，每日聽得到指明世界戰爭可能的消息，然此等消息在新消息——牠們向我們表示新的和平希望至一個星期之久——的印象之下又消逝了。不管此事是怎樣，我們可以確切斷定的是，歐洲列強間的衝突雖達到頂點，外交的地平線雖好像十分慘淡，這一國或那一國任何熱烈的黨派雖領導什麼運動，但統治者的忿怒和人民的憤激將被繁榮時期的呼吸同樣銷滅下去。戰爭和革命一樣，只有在一種普遍的商業危機和工業危機之後，才會捉住歐洲，而此等危機的信號通常必定發自歐洲在世界市場的產業代表英國。

「英國產業的發展空前無比，牠的各正式政黨完全解體，法國全部國家機關變成一種龐大的欺騙集合場和交易所投機集合場，奧國的破產迫在眉睫，人民正待報復的冤屈到處增加，反動的列強自身間的利益互相對抗，最後還有俄羅斯在全世界的面前重新表見牠的侵略夢——眼見這一切現象，則這樣一種危機尚在必定招致的政治上的結果，便用不着討論了。』（見在馬克思主義的旗幟之下第一年度第二期三七八至三八五頁。）

當馬克思草這篇論文時，正是洪秀全定都南京三個月之後（定都係一八五三年二月初間事），當時太平軍以數十萬衆縱橫大江南北和上下游，大有直搗幽燕，顛覆滿清的氣概，而歐洲則伏處于反動派統治之下，共產黨既自行解散（一八五二年十一月），馬志尼等所組織的米蘭（Miland）暴動（一八五三年二月）又復失敗。　馬氏在這一動一靜的對照之下，對于中國民族大警醒的革命便發生很大的希望，所以有『歐洲下一次的人民崛起，歐洲下一次有利于共和自由與廉潔政府的運動，倚賴現今歐洲對面的天國之處，也許較其牠任何現成的政治機緣爲多』的話。　但過了九年，即一八六二年七月，他再論太平運動時，這種革命因內訌釁起，早成強弩之末，便不復使他懷有何種希望了。　所以他說：『好些時候以前，檯桌開始震動（按此爲關亡時幽靈已至的表示，起源于美國，爲當時的歐洲所流行的一種迷信）而活的化石的中國也開始革命。　就這種現象的本身講，沒有什麼非常的特點，因爲東方的國家向我們所表見的是，社會的下層建築物老是不變動，而支配政治的上層建築物的個人和宗氏却不停地更換。』（見同書同期三七四頁。）

然馬克思這篇論文不獨不因太平天國革命運動的失敗及其未曾影響歐洲的民衆運動而減少牠的價值，並且在八十年後的今日，中國與歐洲的關係（與美洲和其牠國家的關係也準此）要完全依照此文所指示的途徑去觀察，才能夠捉住眞相。　例如英國工人階級革命的問題，其主要部分不繫于英國本國，而繫于牠的殖民地和中國（半殖民地）。　英國在此等地方如果能維持牠輸入工業品和輸出原料的優勢地位，牠的工人階級即不會起來作猛烈的爭鬥，更不會起來革命。　關于這一點，昂格思在一八八五年早就暗示過了：

「英國的工業壟斷一日存在，則英國工人階級在某種程度內是分潤了這種壟斷的利益。此利益在牠中間的分配很不平均；享特權的少數人吸收了最大部分，然就是大多數羣衆至少也常是暫時分得一杯羮。　這就是渦文主義消滅後英國沒有社會主義的原因。　壟斷一經崩潰，英國工人階級便會喪失這種特權的地位。　牠終有一天將一律——享特權的和居領導地位的少數人不在例外——降至外國工人的水平線上。　這便是英國將再發生社會主義的原因。」（見昂氏英國工人階級的狀況序言二三頁。）

英國資產階級以強大的海軍維持牠在印度和中國的壟斷的地位，將牠所實現的剩餘價值全部分給本國工人階級的上層份子，造成一種工人貴族，復以殘餘的殘餘分配給普通工人，並使工人貴族爲之領導與操縱，以擁護資產階級的利益。這就是英國工黨內閣死心踏地替資產階級保鑣（德國社會民主黨等等也是如此）的根本原因。所以要英國工人階級起來革命，不是單靠宣傳主義所能奏效的。問題是在殖民地和半殖民地的國家，爲着生存的緣故，發動猛烈的反帝國主義的運動，消滅英國工商業的壟斷，推翻英國工人貴族特權的地位，使他們爲圖存起見，同樣不得不向本國資產階級作勇猛的階級戰爭。在這種局勢之下，才可以談到中國民族的解放和世界革命。

『中國的革命對于現今產業制度的火藥箱將投下一個火花，對于久已準備着的普遍危機的爆發將促其實現，這種危機將侵入外國，在最近的將來，（歐洲）大陸將有政治的革命伴着出現。』馬克思這幾句話是中國民衆解放自己和拯救全世界的不二法門。中國民衆要想脫離半殖民地奴隸狀況的境遇，只有不再做『活的化石』，起來革命，起來擴大反帝國主義的運動。

以上不過舉英國做一個例子，自然不以牠爲限。我們目前要圖自救，尤其當集中全力去反對日本帝國主義；牠的根柢淺薄，危機四起，我們要活用馬克思的遺訓，絕對排斥日貨，使中國這樣重要市場的緊縮成爲牠的致命傷，把中國革命的火花首先投在牠的產業制度的火藥箱裏，爆發一種東方革命，再轉變爲世界革命。我們如果不甘心做奴隸，或——像日帝國主義的走狗山田武吉的新滿蒙政策所咀咒的一樣——『睡豬』，而拚命起來幹的話，這種革命不獨是可能的，而且是必然會來到的。中國的革命青年一齊努力能！

一九三二年九月二十五日